Die Bonus-Seite

Ihr Vorteil als Käufer dieses Buches

Auf der Bonus-Webseite zu diesem Buch finden Sie zusätzliche Informationen und Services. Dazu gehört auch ein kostenloser **Testzugang** zur Online-Fassung Ihres Buches. Und der besondere Vorteil: Wenn Sie Ihr **Online-Buch** auch weiterhin nutzen wollen, erhalten Sie den vollen Zugang zum **Vorzugspreis**.

So nutzen Sie Ihren Vorteil

Halten Sie den unten abgedruckten Zugangscode bereit und gehen Sie auf **www.galileocomputing.de**. Dort finden Sie den Kasten **Die Bonus-Seite für Buchkäufer**. Klicken Sie auf **Zur Bonus-Seite / Buch registrieren**, und geben Sie Ihren **Zugangs-code** ein. Schon stehen Ihnen die Bonus-Angebote zur Verfügung.

Ihr persönlicher
Zugangscode

5w2n-9mj6-8bef-vqdg

Andrea Ertel, Kai Laborenz

Responsive Webdesign

Anpassungsfähige Webseiten programmieren und gestalten

Galileo Press

Liebe Leserin, lieber Leser,

vermutlich geht es Ihnen so wie mir. Sie verwenden ganz selbstverständlich verschiedene Endgeräte im Alltag. Mit dem iPhone oder Android- oder Windows-Smartphone mal eben etwas auf einer Website nachschauen. Auf dem Sofa mit dem Tablet schnell ins Internet. Und natürlich verwenden Sie auch ganz selbstverständlich weiterhin das Laptop oder den Desktop-PC fürs Surfen. Internet auf dem Fernsehen, so weit bin ich noch nicht, aber auch so ärgere ich mich ständig, dass viele Webseiten nicht an das jeweilige Endgerät angepasst sind. Häufig genug sind sie auf dem Handy kaum benutzbar, weil ich die Navigation nicht bedienen kann oder die Inhalte, die mich interessieren einfach nicht finde. Dabei könnte alles so einfach sein.

Als Entwickler von Webseiten stehen Sie vor der Aufgabe, Lösungen zu finden und Responsive Webdesign ist hier das richtige Stichwort. Kai Laborenz und Andrea Ertel haben dabei in den letzten Jahren viele Erfahrungen bei der Entwicklung von Webseiten in ihrer Agentur gesammelt. Ich freue mich, dass sie ihr Know-how nun zusammengestellt haben. So finden Sie schnell einen Zugang im Umgang mit den richtigen Layouts. Viele Praxisbeispiele können Sie direkt nachvollziehen und umsetzen. Sie lernen, wie Sie Strategien für Navigationen und Inhaltsbereiche anwenden können. Dabei berücksichtigen die Autoren selbst Bereiche, die häufig vernachlässigt werden wie Werbung oder externe Anwendungen. Ich bin mir sicher, dass Sie von den vielen Tipps und Tricks profitieren werden.

Dieses Buch wurde mit großer Sorgfalt lektoriert und produziert. Sollten Sie dennoch Fehler finden oder inhaltliche Anregungen haben, scheuen Sie sich nicht, mit mir Kontakt aufzunehmen. Ihre Fragen und Änderungswünsche sind jederzeit willkommen. Ich freue mich auf Ihre Rückmeldung!

Bis dahin,

Ihr Stephan Mattescheck
Galileo Press Computing

stephan.mattescheck@galileo-press.de
www.galileocomputing.de
Galileo Press · Rheinwerkallee 4 · 53227 Bonn

Auf einen Blick

Wir hoffen sehr, dass Ihnen dieses Buch gefallen hat. Bitte teilen Sie uns doch Ihre Meinung mit. Eine E-Mail mit Ihrem Lob oder Tadel senden Sie direkt an den Lektor des Buches: *stephan.mattescheck@galileo-press.de*. Im Falle einer Reklamation steht Ihnen gerne unser Leserservice zur Verfügung: *service@galileo-press.de*. Informationen über Rezensions- und Schulungsexemplare erhalten Sie von: *britta.behrens@galileo-press.de*.

Informationen zum Verlag und weitere Kontaktmöglichkeiten finden Sie auf unserer Verlagswebsite *www.galileo-press.de*. Dort können Sie sich auch umfassend und aus erster Hand über unser aktuelles Verlagsprogramm informieren und alle unsere Bücher versandkostenfrei bestellen.

An diesem Buch haben viele mitgewirkt, insbesondere:

Lektorat Stephan Mattescheck, Erik Lipperts
Fachgutachten Jens Grochtdreis
Korrektorat Heike Jurzik
Herstellung Martin Pätzold
Einbandgestaltung Nils Schlösser
Coverbilder 123rf_9566406 – Interieur mit leere mauer-frame © avian;
123rf_15158400 – Design-Elemente © alhovik;
iStock_20645566 – All kinds of frames © Hilch
Typografie und Layout Vera Brauner
Satz SatzPro, Krefeld
Druck und Bindung Himmer AG, Augsburg

Dieses Buch wurde gesetzt aus der TheAntiquaB (9,35/13,25 pt) in FrameMaker. Gedruckt wurde es auf chlorfrei gebleichtem Offsetpapier (90 g/m^2).

Der Name Galileo Press geht auf den italienischen Mathematiker und Philosophen Galileo Galilei (1564–1642) zurück. Er gilt als Gründungsfigur der neuzeitlichen Wissenschaft und wurde berühmt als Verfechter des modernen, heliozentrischen Weltbilds. Legendär ist sein Ausspruch *Eppur si muove* (Und sie bewegt sich doch). Das Emblem von Galileo Press ist der Jupiter, umkreist von den vier Galileischen Monden. Galilei entdeckte die nach ihm benannten Monde 1610.

Bibliografische Information der Deutschen Nationalbibliothek
Die Deutsche Nationalbibliothek verzeichnet diese Publikation in der Deutschen Nationalbibliografie; detaillierte bibliografische Daten sind im Internet über *http://dnb.d-nb.de* abrufbar.

ISBN 978-3-8362-2582-3
1. Auflage 2014
© Galileo Press, Bonn 2014

Inhalt

3   Die Schlüsseltechnologie Media Queries   57

4 Ein responsiver Workflow 87

5 Design und Typografie 111

6   Semantik und Barrierefreiheit

7   Desktop First Responsive Layout-Patterns

10 Flexible Bildelemente

11 Mehr flexible Inhalte

12   Qualitätssicherung und Optimierung   385

13 Fazit

DVD zum Buch

Geleitwort des Fachgutachters

Das Web ist noch immer eine junge Plattform, die sich aber glücklicherweise mittlerweile stark professionalisiert hat. Im Gegensatz zu allen anderen Medien wandelt sich im Falle des Internets der Transportweg. Schon von Anfang an war das Internet auf Flexibilität angelegt. Wir haben jahrelang vor dieser Tatsache die Augen verschlossen. Erst war die Analogie zu Printprodukten zu stark, dann hatte man sich an die Vorteile der vermeintlichen Kontrolle von Designumgebungen gewöhnt. Doch gerade Kontrolle ist es, die wir aufgeben müssen. Unser Layout war schon immer nur ein Vorschlag. Jeder Nutzer konnte eingreifen, musste es vielleicht sogar, um unseren Inhalt konsumieren zu können.

Smartphones und Tablets haben sich in Windeseile als wichtige Zugangsgeräte für das Internet durchgesetzt. Die Konsequenzen sind vielfältig, denn es müssen offene technische Probleme gelöst werden. Aktuell existieren nicht für alle offenen Fragen auch Standards. Hinzu kommt eine disparate Browserlandschaft. Die insbesondere in Behörden und Großfirmen genutzten Internet Explorer sind meist Lichtjahre hinter der technischen Entwicklung hinterher und werden nur selten aktualisiert. In diesem Spannungsverhältnis ist es wichtig, einen guten Überblick über die wichtigsten Herausforderungen zu bekommen. Andrea Ertel und Kai Laborenz erfüllen genau diesen Anspruch mit ihrem hier vorliegenden Buch.

Als erfahrene Webentwickler und -designer können sie den Bogen von den Anfängen unserer Profession bis heute spannen. Das Buch widmet sich allen wichtigen Aspekten von Responsive Webdesign. Es ist dabei sehr viel mehr als ein einmal zu lesender Text. Der wahre Wert dieses Buches kommt zum Tragen, wenn man es häufiger zu Rate zieht. Die Informationsdichte innerhalb des Buches ist enorm. Viele wichtige Artikel und Techniken werden vorgestellt. Deshalb wird es ein unverzichtbarer Begleiter auf den ersten Schritten in Responsive Webdesign sein – Webdesign, wie es eigentlich von Anfang an gedacht war.

Jens Grochtdreis
Mainz

Jens Grochtdreis ist freier Webentwickler und Berater (*http://grochtdreis.de*). Er ist dabei auf moderne Frontend-Entwicklung und Barrierefreiheit spezialisiert. Vor seiner Selbständigkeit arbeitete er zehn Jahre in Agenturen, u. a. für eine sehr große deutsche Bank und einen großen Telekommunikationsanbieter.

Jens gründete 2005 die Webkrauts (*http://webkrauts.de*), um für ein besseres Medium zu streiten. Wenn er nicht gerade bloggt, twittert, surft oder codet, dann entspannt er sich bei Comics, Krimis, hört Blues oder kocht.

Vorwort

»Responsive design is the way things will be from now on, so get used to it and be smart and learn it as soon as possible. Otherwise, someone possibly a decade younger than you will snatch your job/contracts from you and you'll be eating fish heads and rice.«
Kommentar von eteich auf css-tricks.com – 07.02.13

»Responsive Webdesign ist fantastisch!«

Responsive Websites sind eine feine Sache: endlich gibt es eine Möglichkeit, Design und Zugänglichkeit miteinander zu vereinen. Endlich müssen wir uns nicht mehr fragen, für wie viele verschiedene Bildschirmgrößen wir denn unsere Werke noch optimieren sollen und auf welchem Gerät jemand unsere Website ansieht. Und endlich gibt es eine Besinnung darauf, dass doch die Inhalte das Wichtige an einer Website sind.

Über die Lösung drängender Probleme hinaus fühlt sich Webdesign mit responsiven Mitteln endlich »richtig« an. Endlich geht es nicht mehr darum, ein statisch-fixiertes Design nach einer Photoshop-Vorlage nachzubauen und alle Besonderheiten des Browsers als Hindernis zu sehen. Mit responsivem Design wird die veränderbare Bildschirmgröße zum kreativen Ansporn und bringt neue bewegte Gestaltungsideen hervor, die die Besonderheiten des Mediums Internet nutzen, um zu überraschen und zu begeistern.

Von oben nach unten: Stuff & Nonsense (*http://stuffandnonsense.co.uk*), die Rainbow Nursery (*http://myrainbownursery.co.uk*) und Enochs Fish & Chips (*http://www.enochs.co.uk*) – um die Effekte zu genießen, müssen Sie sich die Sites aber online ansehen. Wir warten so lange!

»Responsive Webdesign ist furchtbar aufwändig!«

Nicht schon wieder eine völlig neue Technologie! Gerade als es so aussah, als ob die marktüblichen Browser CSS endlich so weit verstehen, dass das Layouten einer normalen Website keine Herausforderung mehr darstellt kommt etwas völlig Neues. Und diesmal müssen wir nicht nur eine neue technische Disziplin lernen, sondern unseren Arbeitsablauf komplett überdenken. Hinzu kommt, dass es – wie mit jeder neuen Technologie – erst mal eine Weile dauern wird, bis sich erfolgreiche Ansätze und Designmuster durchgesetzt haben. Eine Zeitlang werden wir wohl vermehrt auf schlechte Umsetzungen und wenig überzeugende Beispiele responsiven Webdesigns stoßen.

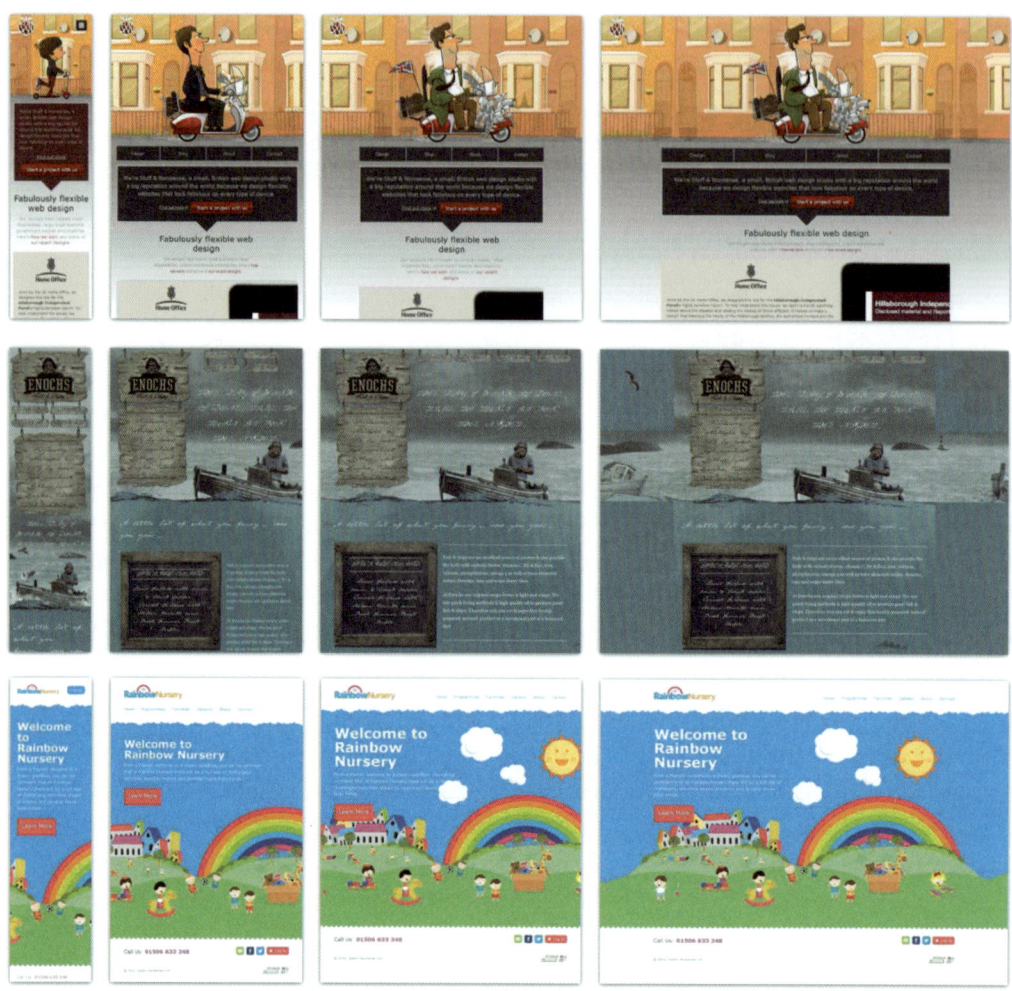

Abbildung 3.1 Responsives Webdesign eröffnet mehr Raum für das kreative Spiel mit den Mediengrößen.

»Responsive Webdesign ist die Zukunft!«

Als wir vor drei Jahren durch den Artikel von Ethan Marcotte auf das Thema »Responsive Design« aufmerksam wurden, waren wir spontan begeistert. Diese Begeisterung hat bis heute angehalten. Wenn das neue »Handwerk« erst mal verstanden ist und das Denken in flexiblen Strukturen, der neue Workflow und die neuen Techniken in Fleisch und Blut übergegangen sind, werden nicht nur die Ergebnisse überzeugen. Auch der Zusatzaufwand für das responsive Design ist dann nicht mehr so dramatisch. Im Laufe verschiedener Projekte haben wir natürlich auch die dunkle Seite von responsivem Webdesign kennengelernt und gesehen, dass eine optimale Lösung mit dieser neuen Technologie sehr viel Aufwand erfordert. »One-code-fits-all« ist auch bei responsiven Websites nur die halbe Lösung – beim Blick auf die Details zeigt sich, dass es für eine erstklassige Umsetzung viel zu beachten und zu optimieren gibt.

Wir sind fest davon überzeugt, dass responsives Design die einzige Antwort auf die Entwicklungen hin zu mobilen Geräten und einer immer größeren Vielfalt von Bildschirmgrößen ist und gleichzeitig neue Spielräume für kreative und nützliche Lösungen eröffnet. Deswegen haben wir uns sehr über die Gelegenheit gefreut, unsere Erfahrungen in diesem Buch weitergeben zu können. Wir haben dabei auch selbst noch viel gelernt: Beim Recherchieren, beim Ausprobieren und beim Schreiben.

Unser Dank geht an die großartige Webentwickler-Community! Die vielen Informationen und Erkenntnisse die ständig zum Thema in neuen Büchern, Blog-Artikeln, Tutorials, Testcases oder als hilfreiche Tools veröffentlicht werden, haben uns dieses Buch erst möglich gemacht. Insbesondere Brad Frost, Chris Coyier und natürlich Ethan Marcotte haben uns inspiriert. Ein großer Dank geht auch an unseren Fachlektor Jens Grochtdreis, der uns mit seinem Feedback sehr geholfen hat und an Dirk Jesse für seine Anmerkungen zu Frameworks. Natürlich möchten wir hier auch die angenehme Zusammenarbeit mit unserem Lektor Stephan Mattescheck nicht unerwähnt lassen. Und ein weiteres Dankeschön geht an Ferenc Domsodi, der uns sein schönes Bild von Tim Berners-Lee Auftritt bei der XXX. Olympischen Zeremonie im Juli 2012 in London zur Verfügung gestellt hat.

Andrea Ertel und **Kai Laborenz**
Berlin

Kapitel 1
Denken in flexiblen Strukturen

»There is no Mobile Web. There is only The Web, which we view in different ways.
There is also no Desktop Web. Or Tablet Web. Thank you.«
Stephen Hay auf Twitter

In unserem ersten Kapitel geht es darum was *Responsive Webdesign* ausmacht – nämlich das Denken in flexiblen Strukturen. Wir schauen uns an, was sich verändert hat zwischen dem Web von gestern und heute und zeigen Ihnen, warum die Anpassungsfähigkeit im Web zukünftig immer wichtiger sein wird und die getrennten Mobile- und Desktopversionen »out« sind. Wir stellen Ihnen ein paar responsive Websites vor und zeigen Ihnen, wo Sie sich inspirieren lassen können, um richtig einzusteigen. Wir erklären Ihnen die Unterschiede zwischen fixen, fluiden, adaptiven und responsiven Layouttypen, und wir verraten Ihnen, wie Sie jedes feste Layoutraster ganz einfach in ein fluides umrechnen können und welche Tools Sie dabei unterstützen. Des Weiteren werden Sie, wenn Sie dieses Kapitel gelesen haben, auch die drei Hauptzutaten für Responsive Websites kennen gelernt haben.

1.1   Responsive Webdesign: Was bedeutet das eigentlich?

Unter *Responsive Webdesign* verstehen wir ein Bündel von Maßnahmen (im Wesentlichen auf der Clientseite), mit dem Websites so angelegt werden, dass sie sich unterschiedlichen visuellen Ausgabegeräten möglichst optimal anpassen.

Dabei besteht eine responsive Website aus drei »Hauptzutaten«:

▶ einem fluiden Layoutraster
▶ anpassungsfähigen Inhalten
▶ Layoutumbrüchen durch Media Queries

Geprägt hat den Begriff *Responsive Design* der Bostoner Designer und Entwickler Ethan Marcotte in einem Artikel für das Webmagazin »A List Apart« (*http://alistapart.com/article/responsive-web-design*) im Mai 2010. Er beschreibt dort die Grundzüge der Technik, die wir in diesem Buch ausführlich erklären, und wirbt für ein neues Verständnis von Webdesign im Angesicht der Zunahme mobiler Geräte.

Der Artikel stieß auf riesige Resonanz, weil er ein Problem behandelt, das vielen Entwicklern bewusst war, für das sie aber selber noch keine Lösung gefunden hatten: Das Web entwickelt sich in immer schnellerem Tempo weg von einem »Computermedium«, das am traditionellen PC, Mac oder Laptop genutzt wird, hin zu einem »Überallmedium«, das überall und auf einer unüberschaubaren Vielzahl von Geräten stattfindet. Immer unklarer wird, unter welchen Bedingungen ein Nutzer eine Website wahrnimmt; andererseits steigen die Anforderungen an Usability und Performance.

Tatsächlich hat schon ein anderer dieses Thema viel früher erkannt. Cameron Moll (»The Man in Blue«) hatte bereits 2004 (!) ein Experiment veröffentlicht (*http://www.themaninblue.com/experiment/ResolutionLayout*), das ein voll funktionsfähiges responsives Layout zeigte (siehe Abbildung 1.1). Aufgrund der Tatsache, dass damals noch JavaScript zwingend benötigt wurde und mobile Geräte noch eher exotisch waren (das erste iPhone wurde ja erst 2007 vorgestellt), blieb der Ansatz weitgehend unbeachtet.

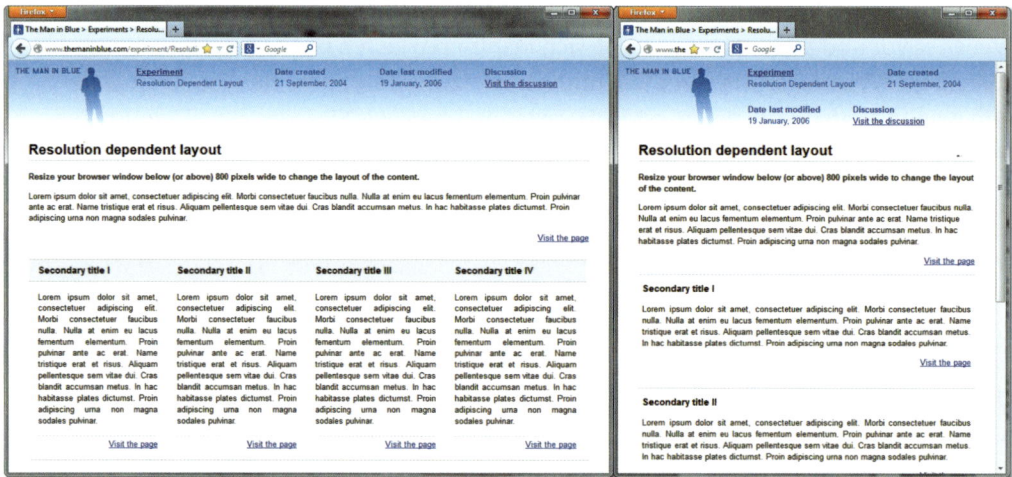

Abbildung 1.1 Seiner Zeit um Jahre voraus: das auflösungsabhängige Layout von »The Man in blue« (Cameron Moll)

1.1.1   Veränderte Anforderungen an die Darstellung von Websites

Das Web verändert sich. Im Grunde waren die ersten Websites bereits perfekt an unterschiedliche Bildschirmgrößen angepasst; durch Verzicht auf Breitenangaben floss ihr Inhalt in jedem Ausgabegerät wie es passte. So war das World Wide Web konzipiert – flexibel und anpassungsfähig (siehe Abbildung 1.2).

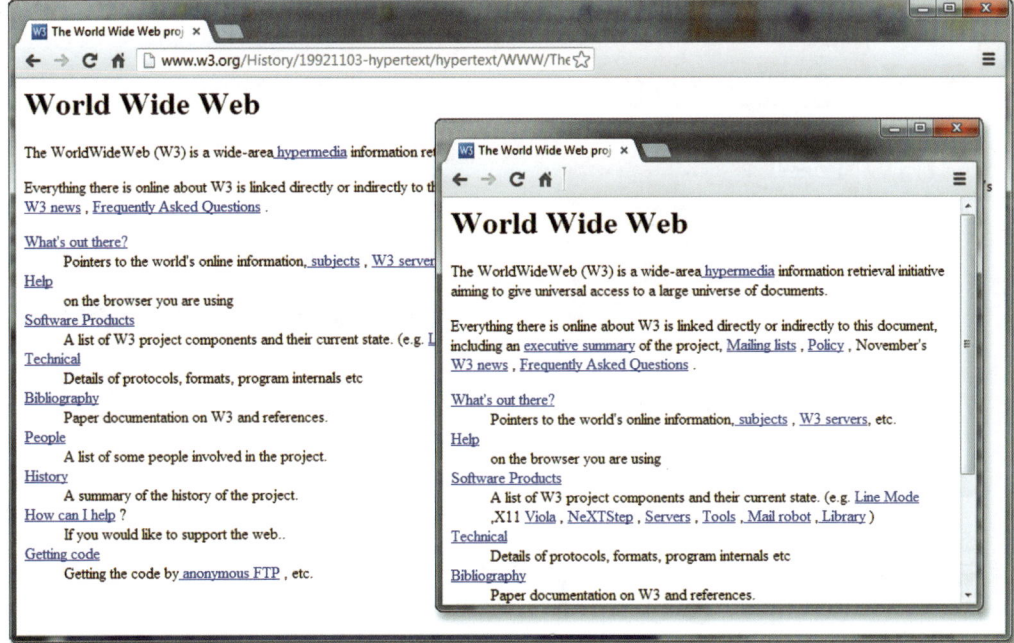

Abbildung 1.2 Alte Site in neuem Browser: Die erste Website musste sich um das Design noch keine Sorgen machen.

Im Laufe der Zeit ging die Flexibilität immer mehr verloren. Zugunsten eines komplexeren, an Printprodukte angelehnten Layouts wurden immer mehr Websites auf feste Größen »optimiert«. Insbesondere die Frage nach der üblichen Bildschirmbreite war lange Zeit für viele Webdesigner (oder deren Kunden) eine der wichtigsten Fragen. Aber selbst in der Höhe wurden die Layouts auf fixe Maße angepasst. »Gelungen« ist das durch die Verwendung fester Größen für alle Layout-Bestandteile. Bis zum Jahr 2000 wurde dies hauptsächlich mithilfe von Tabellen- und Frame-Layouts erreicht, später dann als CSS-Layouts mit festen Pixelmaßen.

1984 hatte der erste Macintosh-Computer eine Monitorauflösung von 512 × 342 Pixel. Anfang der 90er-Jahre (des letzten Jahrhunderts) kamen 17"-Displays mit einer Auflösung von 1024 × 768 Pixeln auf den Markt. Heute haben viele Laptops und Desktopcomputer Geräte mehr als 1600 Pixeln in der Breite. Zusätzlich gibt es eine große Vielfalt von mobilen Geräten wie Smartphones und Tablets in sehr unterschiedlichen Größen. Hinzu kommen neue Werte für die Pixeldichte, wie beim Retina-Display des iPhones (1136 × 640 Pixel) oder gar beim MacBook Pro Retina (2880 × 1800 Pixel). Was schon früher nicht wirklich funktionierte, ist heute angesichts dieser unzähligen Geräteklassen erst recht nicht mehr praktikabel.

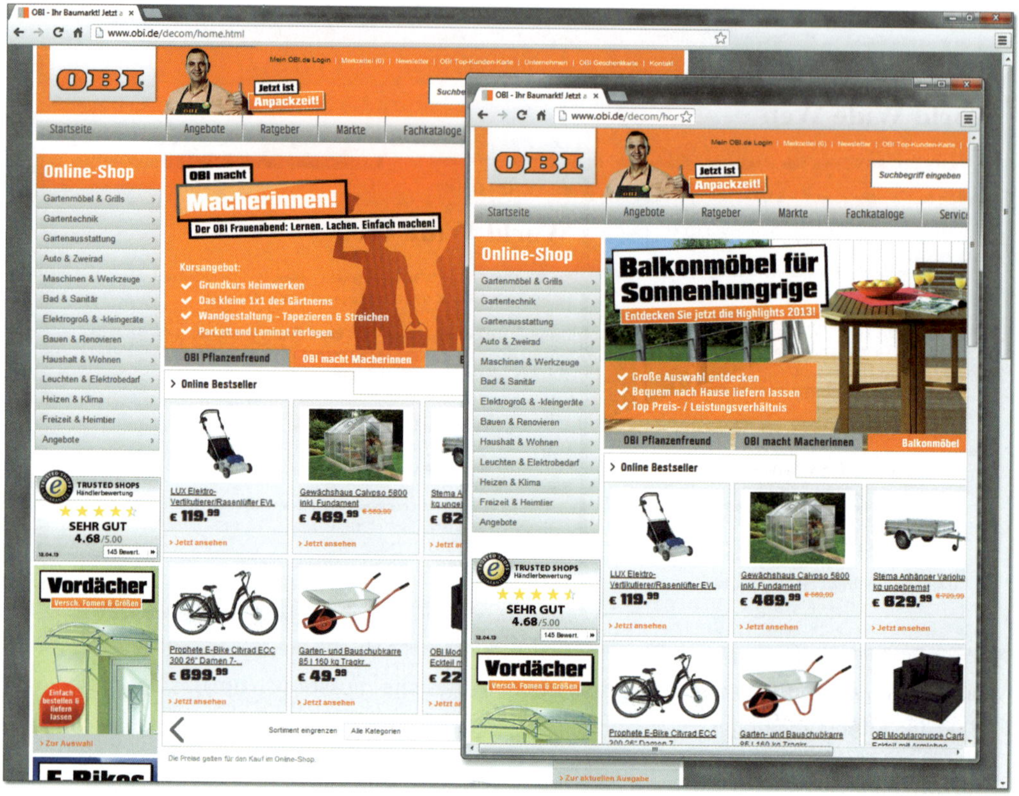

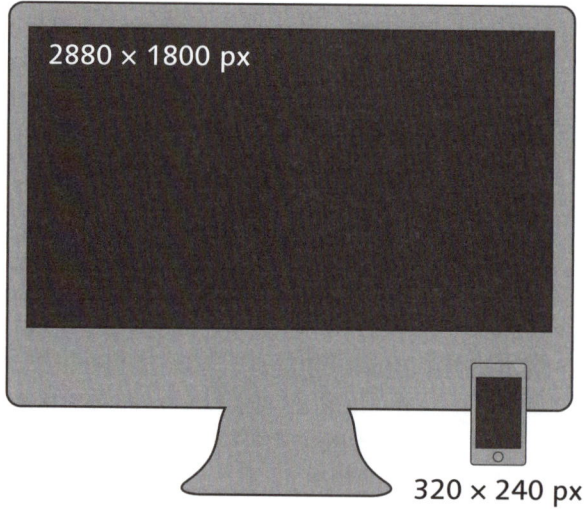

Abbildung 1.3 Mal zu groß und mal zu klein: Das feste Layout der 90er-Jahre passt selbst auf traditionellen Monitoren nur selten so richtig gut.

2880 × 1800 px

320 × 240 px

Abbildung 1.4 Retina-Display versus iPhone 3: Kein normales Layout kann diese Unterschiede abdecken.

Das Layout muss wieder flexibel werden. Gleichzeitig wollen wir aber auch nicht mehr zurück in das letzte Jahrhundert und auf Gestaltung größtenteils verzichten. Heute sollen unsere Websites sowohl mit mobilen Geräten als auch mit großen Desktop-Monitoren harmonisch dargestellt werden. Das Design muss nicht nur auf der heutigen Gerätegeneration funktionieren, sondern auch mit neuen Produkten, deren genaue Spezifikationen wir noch gar nicht kennen. Wir benötigen flexible kontrollierbare Layouts, eigentlich genau das, was Tim Berners-Lee für das Web vorschwebte – also auf, zurück in die Zukunft!

Abbildung 1.5 »The web is for everyone«, sagte auch Sir Tim Berners-Lee. Und der muss es ja wissen – schließlich hat er's erfunden! (Das Bild wurde freundlicherweise von Ferenc Domsodi, flickr.com/photos/55350999@N07, zur Verfügung gestellt.)

1.1.2   Anpassungsfähige Websites versus Mobilversionen von Websites

Responsive Design grenzt sich bewusst von der Mobilversion einer Website ab. Die Unterschiede liegen einerseits darin, dass eine responsive Website nur eine Basis an Inhalten hat – im Gegensatz zu den meisten Mobilversionen, die nur einen kleinen Teil der Inhalte und Funktionen der »großen Website« abbilden.

Bei der Website von T-Mobile sieht man den Unterschied sehr deutlich (siehe Abbildung 1.6): Mobil- und Desktopversion haben größtenteils völlig unterschiedliche Inhalte (auch das lästige Kleingedruckte wird dem mobilen Kunden erspart). Wer von seinem Desktoprechner kommend eine Recherche auf seinem Smartphone vollenden will, muss sich erst mal neu orientieren und findet sich dann aufgrund der fehlenden Inhalte trotzdem nicht zurecht. Das ist den Machern offenbar auch selbst nicht so ganz geheuer, und sie spendieren einen Link zur »klassischen Website«.

Das ist nicht nur eine technische Unterscheidung, sondern resultiert aus einem neuen Verständnis, wie und wann Websites mit mobilen Geräten genutzt werden Wir gehen darauf in Kapitel 5, »Design und Typografie«, noch weiter ein.

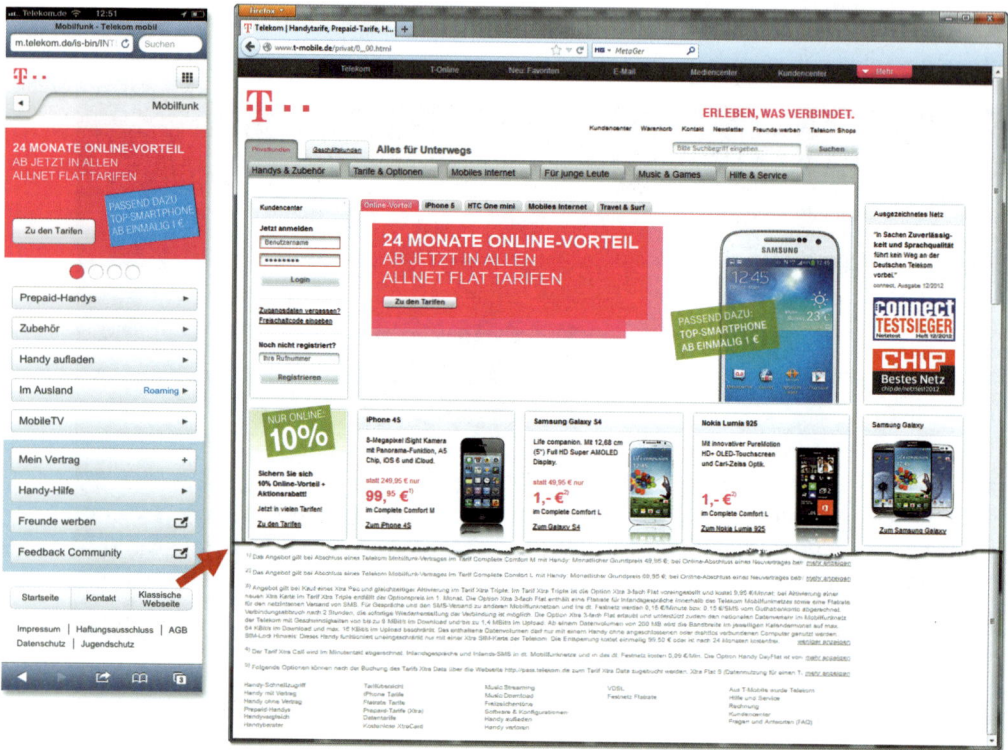

Abbildung 1.6 Mobil- und Desktopversion von T-Mobile: Komplett unterschiedliche Strukturen für unterschiedliche Geräte sind verwirrend für die Nutzer.

Außerdem sind mobile Websites in der Regel für traditionelle Smartphones (oft sogar nur für das iPhone) optimiert. Auf Tablets oder anderen Geräten (auch solchen, die heute noch gar nicht existieren) sehen die »Minidesigns« oft nicht gut aus. Responsive Websites hingegen haben den Anspruch, auf jedem Gerät gut auszusehen und den verfügbaren Platz optimal zu nutzen.

1.1.3   Beispiele für anpassungsfähige Websites

Ein viel beachteter Relaunch fand 2012 statt, als Microsoft seine Website komplett auf responsives Design umstellte (siehe Abbildung 1.7).

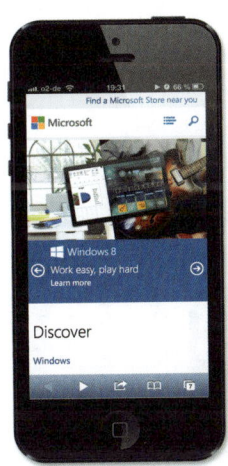
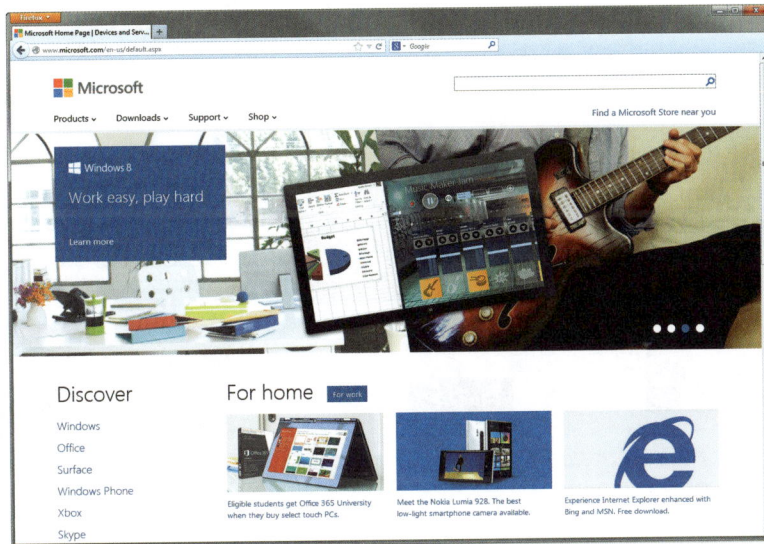

Abbildung 1.7 Mobil und responsive: die neue Microsoft-Homepage

Mit dem Relaunch einer so großen Corporate-Website war endgültig klar, dass *Responsive Webdesign* nicht nur ein Thema für kleine Blogs oder übermotivierte Webentwickler mit zu viel Zeit ist, sondern ein belastbarer neuer Ansatz. Interessante Einblicke in die Designentwicklung dieser Website bieten zwei maßgeblich Beteiligte in ihren Blogs: Trent Walton (*http://trentwalton.com/2012/10/03/a-new-microsoft-com*) und Nishant Kothary (*http://rainypixels.com/words/the-story-of-the-new-microsoft-com*).

Die Kombination aus Einsparungen bei der Wartung der Website und verbesserter Darstellung ist aber nicht nur für Branchengrößen wie Microsoft attraktiv. Die Website der mittelständischen Windwärts GmbH (*http://www.windwaerts.de*) zeigt ihre Inhalte in drei verschiedenen Auflösungen in einer Kombination von responsivem und adaptivem Layout (siehe Abbildung 1.8). Was es mit dem Unterschied zwischen responsivem und adaptivem Layout auf sich hat, werden wir im nächsten Abschnitt erläutern.

Und auch für Medien eignet sich responsives Design. Das Time Magazine (*http://www.time.com/time*) hat bei der Umsetzung seiner Website aus den Vollen geschöpft: Mit einer Vielzahl von Anpassungen wird für jede Auflösung der knappe Bildschirmplatz optimal ausgenutzt (siehe Abbildung 1.9). Nur bei der kleinsten Ansicht sind die Überschriften etwas groß geraten. Zum Verhältnis von Schriftgrößen zu Bildschirmgrößen schreiben wir in Kapitel 5, »Design und Typografie«, etwas, damit Ihnen das später nicht passiert.

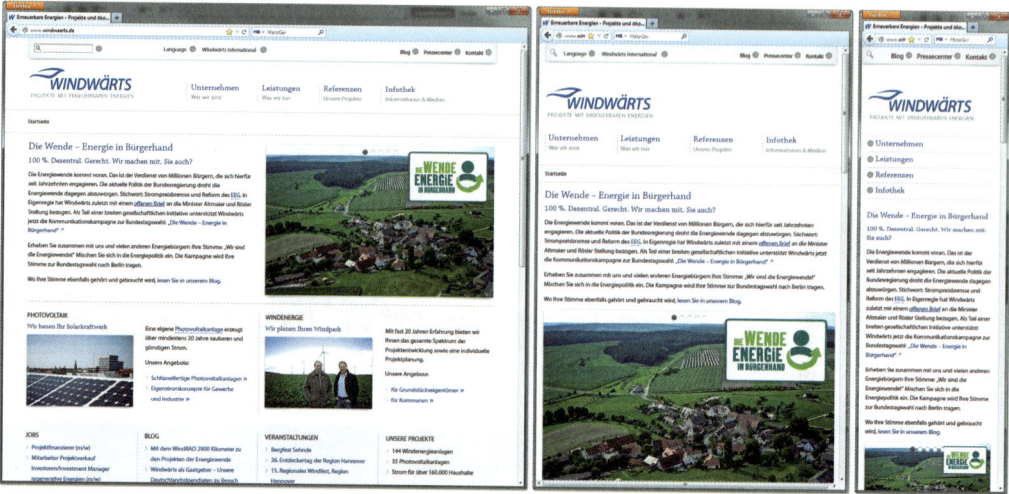

Abbildung 1.8 Komplexe Website in verschiedenen luftigen Ansichten

Abbildung 1.9 Alle Dutzend Pixel gibt es eine Änderung – die Website vom Time Magazine ist super-responsive.

1

Einen radikalen Ansatz verfolgt das Webdesign-Magazin »A List Apart« (*http://alistapart.com*). Die Website ist weitestgehend nur für die mobile Ansicht gestaltet; in höheren Auflösungen wird sie einfach nur größer (diesen Ansatz nennt man *Mobile Only*). Das mag für klassische Homepages mit vielen unterschiedlichen Anforderungen nicht sinnvoll sein. Für ein periodisch erscheinendes Magazin mit immer einem wichtigsten Inhalt – dem aktuellsten Artikel – passt es gut und verursacht zudem sehr wenig Arbeit.

Abbildung 1.10 Nahezu Mobile Only: die Website von »A List Apart«

Weitere schöne Beispiele responsiver Umsetzungen finden Sie unter:

▶ Media Queries (*http://mediaqueri.es*)

▶ Responsive Deck (*http://responsivedeck.com*)

▶ ZURB Responsive Gallery (*http://zurb.com/responsive*)

▶ Blog von Mobify (*http://www.mobify.com/blog/70-stunning-responsive-sites-for-your-inspiration*)

Nun ist klar geworden, was unter *Responsive Design* zu verstehen ist, warum wir responsive Websites brauchen und wie diese aussehen können. Jetzt müssen Sie nur noch wissen, wie man sie erstellt. Lassen Sie uns anfangen!

1.2   Layouttypen: fest, fluide und flexible

Die erste Komponente einer responsiven Website ist das Layout. Um zu verstehen, worin sich das responsive Layout von anderen Layoutansätzen unterscheidet, stellen wir Ihnen im Folgenden die unterschiedlichen Varianten kurz vor.

1.2.1   Das feste Layout

Als festes (oder fixes) Layout bezeichnen wir ein Layout, dessen Dimensionen in der Einheit Pixel angegeben sind und das sich darum auf unterschiedlichen Geräten nicht anpassen kann (siehe Abbildung 1.11). Ist der Bildschirm zu klein, zeigt sich ein Scrollbalken (oder das komplette Layout wird von Geräten wie dem iPhone linear verkleinert).

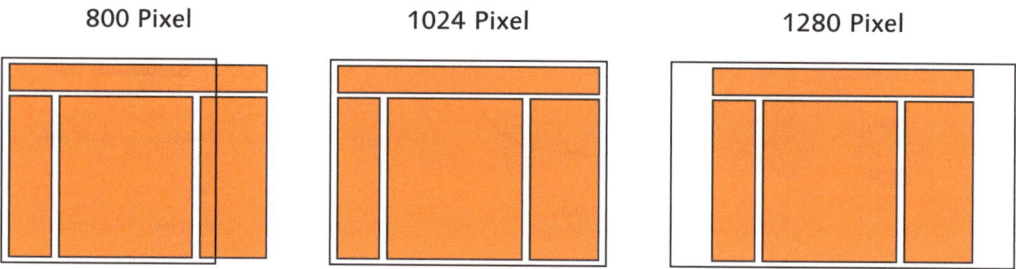

Abbildung 1.11 Ein Layout mit fester Größe kann sich nicht an seine Umgebung anpassen.

1.2.2   Fluides und elastisches Layout

Ein fluides (oder flexibles) Layout wird in Prozenten des *Viewport* (also des Anzeigefensters) definiert. Ändert sich die Größe des Fensters, ändern sich auch die Dimensionen des Layouts; Inhalte wie Texte oder Bilder bleiben jedoch in ihrer Größe erhalten.

Abbildung 1.12 Frei fließende (fluide) Layouts nehmen bezogen auf ihre Umgebung immer die gleichen relativen Dimensionen an.

Eine Mischform zwischen einem festem und einem fluidem Layout ist das elastische Layout. Hier werden die Breitenangaben in der Einheit em notiert, die sich auf die Schriftgröße bezieht. Damit ändert sich das Layout nicht bei Änderungen der Bildschirmbreite, aber bei Änderungen der Schriftgröße. Das ist im Prinzip das Verhalten, das auch die meisten Browser inzwischen als *Page-Zoom* anbieten.

1.2.3 Das adaptive Layout

Das adaptive Layout ist im Prinzip ein festes Layout, das aber in mehreren Versionen existiert. Je nach verfügbarem Platz »springt« das Layout bei unterschiedlichen Bildschirmbreiten um. Zwischen den Umbruchpunkten verhält es sich wie ein festes Layout – es bewegt sich nicht (siehe Abbildung 1.13).

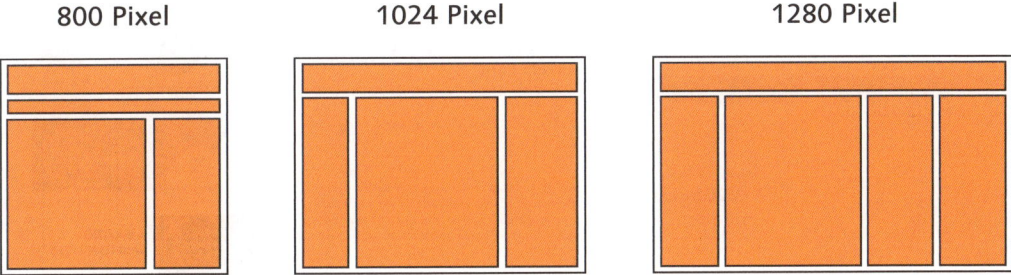

Abbildung 1.13 Eine sprungweise Anpassung zwischen mehreren fixen Darstellungsgrößen gibt es im adaptiven Layout.

1.2.4 Das responsive Layout

Das responsive Layout vereint die Eigenschaften des adaptiven und des fluiden Layouts. Es verfügt ebenfalls über Schwellenwerte, ab denen das Layout sich deutlich ändert. Dazwischen aber verhält es sich wie ein fluides Layout. Zusätzlich ist es mit skalierbaren Inhalten ausgestattet; Bilder passen sich ebenfalls dem verfügbaren Platz an (siehe Abbildung 1.14).

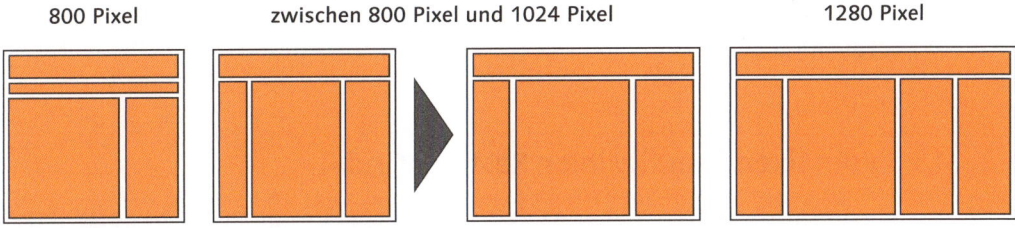

Abbildung 1.14 Das Beste aus den flexiblen Welten (fluid und adaptiv) vereint das responsive Layout.

Es gibt auch Mischformen, in denen bestimmte Bereiche fest notiert sind, z. B. eine Menüspalte in Pixeln, um einem Werbebanner in jeder Ansicht den gleichen Platz einzuräumen, und der Rest ist relativ bemessen, wie beim Smashing Magazine (siehe Abbildung 1.15). Oder es handelt sich um Sonderformen wie ein Layout mit fest definierten floatenden Kästen, die sich aber an der Bildschirmbreite orientieren und deren Anzahl pro Zeile schwankt. Wenn weniger Kästen nebeneinander passen, rutscht der letzte Kasten in die nächste Zeile – quasi ein Vorläufer des adaptiven Layouts.

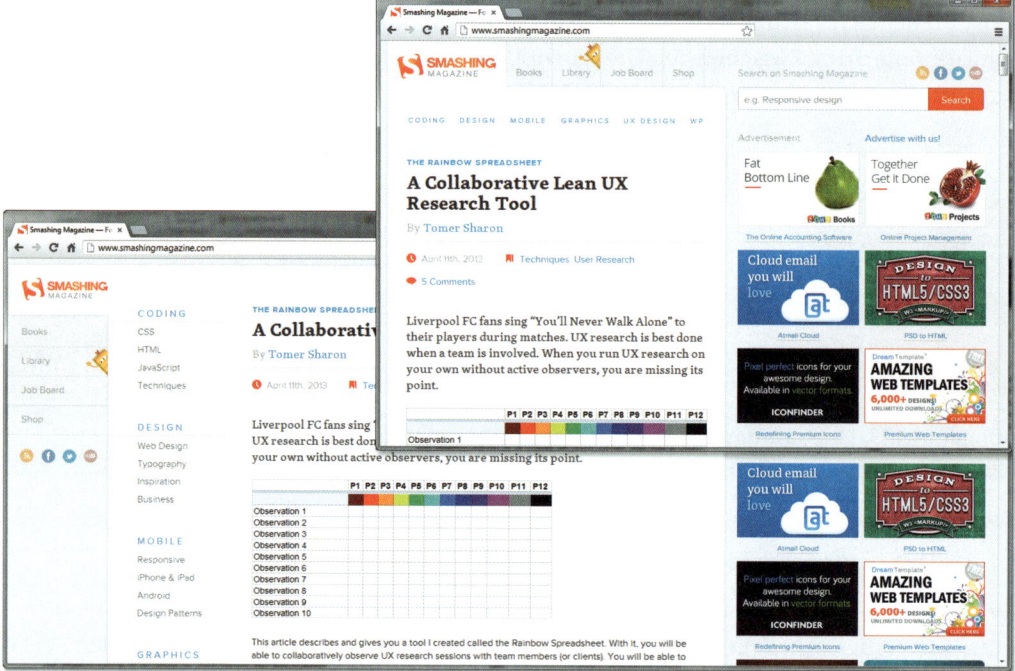

Abbildung 1.15   Um Standard-Werbebanner unterzubringen, bleibt die Marginalie beim Smashing Magazine fest.

Wie kommen Sie nun von einem festen rasterbasierenden zu einem flexiblen responsiven Layout?

1.3   Vom fixen zum flexiblen Raster (»Grid«)

Ein erster Schritt zu einer responsiven Website ist die Erstellung eines anpassungsfähigen Rasters. Der HTML-Code vieler Websites – insbesondere bei Rastersystemen – beginnt mit einem Container, der die Weite des Layouts festlegt:

HTML:

```
<div id="wrapper">
    ...
</div>
```

CSS:

```
#wrapper {
    width: 960px;
}
```

Manche Raster sind bereits intern prozentual aufgebaut; hier genügt es, einfach diese umgebende fixe Beschränkung zu entfernen. Meist aber sind alle Spalten in Pixelwerten notiert. Auch wenn Sie mit einem Designentwurf aus einem Grafikprogramm (naturgemäß mit festen Abmessungen) beginnen, haben Sie erst einmal ein fixes Design vorliegen. Dann müssen Sie die festen Pixelwerte in flexible Einheiten umwandeln – nämlich Prozente.

Die Umrechnung ist ganz einfach (man kann das kaum »Formel« nennen):

Der Basiswert ist die Breite des gesamten Designs (sagen wir 960 Pixel). Die Breite der einzelnen Spalten wird durch den Basiswert geteilt und mit 100 multipliziert, um die Breite in Prozent zu errechnen.

Spaltenbreite × 100 ÷ Gesamtbreite

Eine 220 Pixel breite Spalte wäre dann

220 × 100 ÷ 960 = 22,91666666666667

Prozent breit.

Auch wenn es etwas albern erscheint, müssen Sie die kompletten Zahlen mit allen Nachkommastellen wie sie aus dem Taschenrechner kommen (wir gehen einmal davon aus, dass Sie einen verwenden) in das Stylesheet eintragen. Der Grund dafür ist, dass die Browser die Prozente zur Anzeige wieder in Pixel umrechnen müssen. Das klappt am besten mit einer möglichst genauen Zahl und verhindert Rundungsfehler. Es hindert Sie natürlich auch niemand daran, ein Raster zu entwerfen, das auf geraden Prozentwerten beruht.

Tipp: Berechnungstools

Eigentlich ist die Umrechnung von festen Pixelwerten in Prozente nicht schwer. Aber Entwickler ersparen sich gern unnötige Arbeiten, und so gibt es gleich mehrere Onlinetools, die Ihnen die Umrechnung noch ein bisschen einfacher machen. Uns persönlich gefällt der Responsive Calculator von der Londoner Agentur Chambers

Judd Limited (*http://hoverstud.io/calculator*) am besten, weil er so einfach aufgebaut ist. Wer es gern etwas komplexer mag (oder einen schwarzen Hintergrund bevorzugt), kann sich einmal den RWD-Calculator (*http://www.rwdcalc.com*) ansehen. Und schließlich gibt es bei Jasper Haggenburg (*http://jpunt.nl/#/blogposts/2*) auch noch ein Widget für OS X.

Das beliebte Gridsystem 960gs (*http://960.gs*) beruht z. B. auf 12 Spalten zu je 60 Pixeln mit je 10 Pixeln Außenabstand. Um daraus nun eine flexibles Raster zu machen, müssten Sie alle Werte in Prozente umrechnen. Wenn Sie die Datei *960.css* (auf der DVD im Ordner */praxisbeispiele/kap01/01_960gs/css/*) öffnen, sehen Sie, dass hier alle Angaben für Spalten und Spaltenkombinationen in Pixeln notiert sind – eine wahre Fleißaufgabe, dies alles umzurechnen.

Wir ersparen uns und Ihnen das und nehmen einmal den einfachsten denkbaren Fall an: zwei Spalten, eine mit 220 Pixeln und eine zweite mit 700 Pixeln bei einer Gesamtbreite von 960 Pixeln. Das sieht dann so aus:

```
<!DOCTYPE html>
<html lang="de">
<head>
...
<style>
...
body {
  min-width: 960px;
}
.container_12 {
  margin-left: auto;
  margin-right: auto;
  width: 960px;
}
.grid_3,
.grid_9 {
  display: inline;
  float: left;
  margin-left: 10px;
  margin-right: 10px;
}
.container_12 .grid_3 {
  width: 220px;
}
```

```
.container_12 .grid_9 {
  width: 700px;
}
...
</style>
</head>
<body>
  <h1>960 Grid System – fixed</h1>
  <div class="container_12">
     <div class="grid_3">
       <p> 220 </p>
     </div>
     <div class="grid_9">
       <p> 700 </p>
     </div>
  </div>
</body>
</html>
```

Listing 1.1 Auszug aus dem HTML-Code für einen fixen Zweispalter mit 960 Pixeln Breite

Wir haben den Code hier zur besseren Übersicht auf das Wesentliche gekürzt. Im Verzeichnis */praxisbeispiele/kap01/01_960gs/* auf der DVD finden Sie den kompletten Code.

Sie finden dort neben dem <body> mit einer festen Breite von 960 Pixeln auch die Klassen für Spalten fest in Pixel gemauert. Das Ergebnis sieht dann so aus wie in Abbildung 1.16. Auf einem 1024 Pixel breiten Monitor passt alles, aber bei kleineren Auflösungen kommt es zu hässlichen horizontalen Scrollbalken.

Zur Umwandlung nehmen Sie erst einmal den bereits oben berechneten Wert 22,91666666666667 und setzen ihn als Prozentwert für die Breite der ersten Spalte ein. Für die zweite breitere Spalte ergibt sich:

$700 \times 100 \div 960 = 72{,}91666666666667$

Nun berechnen Sie noch die Abstände von 10 Pixeln:

$10 \times 100 \div 960 = 1{,}041666666666667$

Löschen Sie die Anweisung zur Gesamtbreite im `.container_12`, und schon haben Sie Ihr erstes fluides Gridsystem geschaffen (siehe Abbildung 1.17).

Versuchen Sie, das Design durch Verändern der Datei *960gs-fixed.html* nachzubauen. Falls es nicht klappt finden Sie die Lösung in *960gs-fluide.html* im selben Verzeichnis.

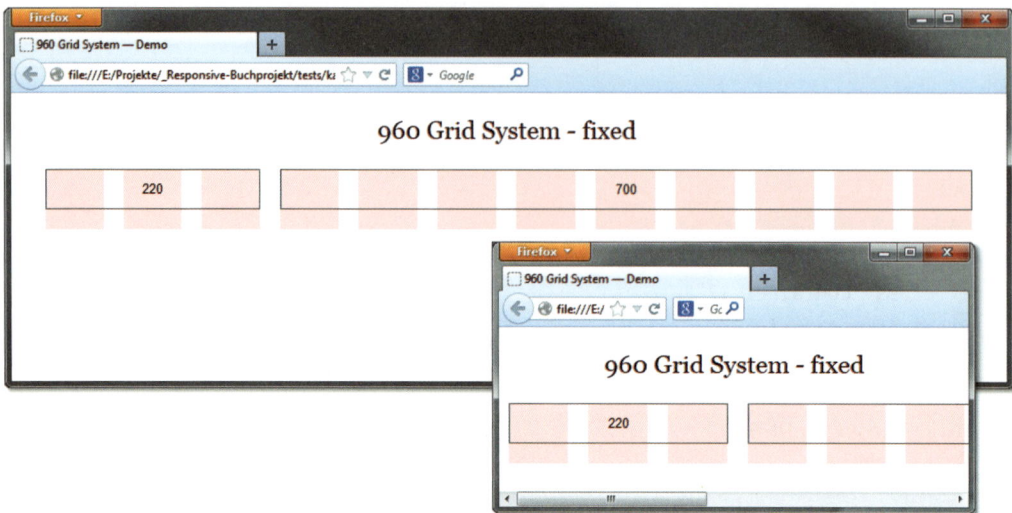

Abbildung 1.16 960 Pixel und keinen Pixel weniger – so viel Platz braucht das Layout, um gut auszusehen.

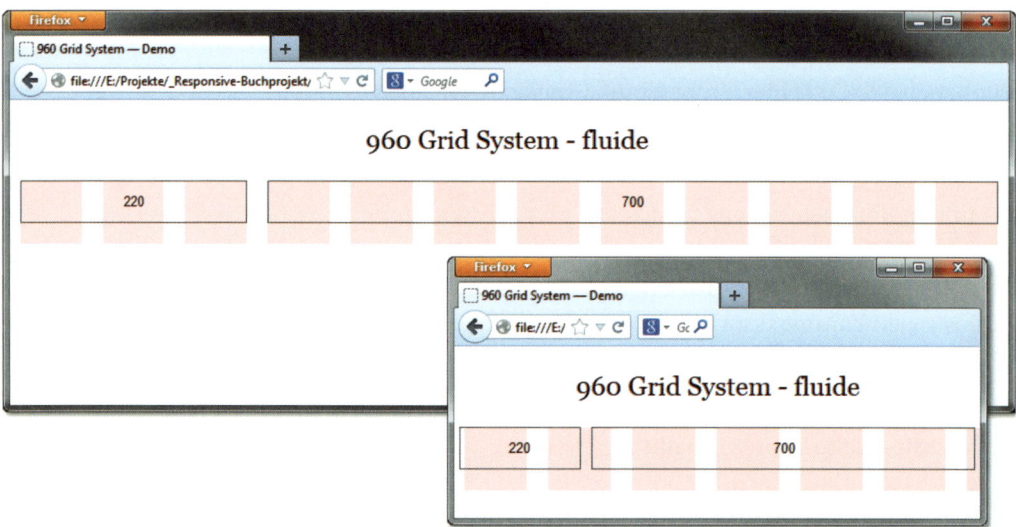

Abbildung 1.17 Bei nur noch 520 Pixeln im kleinen Fenster sitzt das Raster immer noch. Was wollen wir mehr?

Gratulation! War nicht schwer, oder? Das Raster passt sich nun der verfügbaren Breite des Browserfensters an (im Hintergrund sehen Sie zum Vergleich noch das alte Pixelraster).

Bevor Sie aber jetzt loslegen und das ganze 960er-Grid umbauen: Unter *http:// unsemantic.com* finden Sie eine fluide Variante.

1.4   Adaptives Layout: festes Layout mit Umbrüchen

Ein weiterer Weg zu mehr Flexibilität ist das Einfügen von Layoutumbrüchen (*Break-points*), an denen das Layout sich ändert. Dabei werden unterschiedliche Layouts für verschiedene Auflösungen erstellt, die dann mittels CSS per Media Query oder Java-Script umgeschaltet werden. Die einfachste Variante wäre nur ein Umbruchpunkt für eine mobile Version auf kleinen Bildschirmen.

Ein Beispiel ist die Website der Agentur Sunday Best (*http://sundaybest-designs.com*), deren Layout zwar auf einem Desktopbrowser mit 1024 Pixeln Breite genauso gut aussieht wie auf einem kleinen Screen, aber bei Zwischengrößen werden Teile der Website abgeschnitten, und bei größeren Screens bleibt der zusätzliche Raum ungenutzt (siehe Abbildung 1.18).

Abbildung 1.18 Auf definierten Bildschirmgrößen sieht die Website super aus, aber auf nicht definierten gibt es Probleme.

Die Kerntechnologie Media Queries, mit der solche Layoutumbrüche möglich sind, stellen wir Ihnen in Kapitel 3, »Die Schlüsseltechnologie Media Queries«, ganz ausführlich vor. Für den Moment genügt es zu wissen, dass mit

```
@media (max-width: 960px) {
    /* CSS-Anweisungen */
}
```

ein Block von Anweisungen ausgeführt wird, wenn die aktuelle Fensterbreite maximal 960 Pixel beträgt, also bei 960 Pixeln und weniger. Sie werden das im nächsten Kapitel gleich einmal ausprobieren.

1.4.1 Gegenüberstellung: adaptives versus fixes Layout

Vorteile

▶ Höhere Flexibilität als einfaches festes Layout

▶ Leichter aus herkömmlichen festen Designs umzusetzen

▶ Mehr Detailkontrolle über das Layout

▶ (Bei wenigen Umbruchpunkten) geringerer Aufwand für die Umsetzung

Nachteile

▶ Optimiert nur für bestimmte Gerätegrößen

▶ Weniger zukunftssicher

▶ Unsanfte Sprünge im Layout

▶ Erst »der halbe Weg«, dafür aber doch erhöhter Aufwand

1.5   Responsive Layout: fluides Layout mit Umbrüchen

Ein Nachteil der adaptiven Variante ist ihre Sprunghaftigkeit. Durch das Ansprechen von bestimmten Breiten sieht das Layout eben auch nur auf diesen Breiten optimal aus. Wenn ein iPad (Hochformat) als Vorlage für die Definition des Umbruchpunktes dient, ist das Layout für das Nexus 7 deutlich zu schmal. Für den Aufwand, den man schon für ein adaptives Layout treiben muss, ist das unbefriedigend.

Dazu kombiniert ein responsives Layout ein fluides Layout mit einer adaptiven Umschaltung dort, wo das fluide Layout alleine an seine Grenzen stoßen würde. Das ist quasi der nächste evolutionäre Schritt. Nun haben wir ein Layout, das tatsächlich bei allen denkbaren Geräten jeweils optimal angezeigt werden kann. Als zusätzlichen Vorteil können Sie durch ein fluides Layout auch Entwicklungszeit sparen, wenn Sie weniger Umbrüche einsetzen.

Ein wunderschönes und exzellent umgesetztes Beispiel einer responsiven Website liefert der britische Webdesigner Andy Clarke mit seiner Agentur Stuff & Nonsense (*http://stuffandnonsense.co.uk*). Hier werden die unterschiedlichen Bildschirmgrößen nicht als Problem betrachtet, mit dem man sich notgedrungen befasst, sondern (auch) als Gelegenheit, der Website eine zusätzliche gestalterische Ebene hinzuzufügen (siehe Abbildung 1.19).

Abbildung 1.19 Immer ganz vorn: Andy Clarke mit seiner Website von Stuff & Nonsense (Smartphone-Ansicht, Tablet und Desktop)

Wenn Ihnen außer dem bewegten Hintergrund nichts auffällt, verändern Sie die Breite des Bildschirms und beobachten dabei die Figuren; Nutzer eines breiten Bildschirms sollten das Bildschirmfenster wirklich weit öffnen. Auch für die unterschiedliche Darstellung des Menüs gibt es verschiedenen Lösungen im responsiven Webdesign – darauf werden wir in einem späteren Kapitel näher eingehen.

1.5.1   Gegenüberstellung: responsives versus adaptives Layout

Vorteile

▶ Hohe Flexibilität für alle Bildschirmgrößen (auch für die, die noch kommen werden!)

▶ Fließender Übergang zwischen den Umbruchpunkten

Nachteile

▶ Mehr Aufwand als nur fluides oder adaptives Layout (über ein ausschließlich fixes Design denken wir inzwischen gar nicht mehr nach)

▶ Weniger Kontrolle über die Pixel

1.6   Zusammenfassung

In diesem Kapitel haben Sie erfahren, was man unter dem Begriff *Responsive Webdesign* versteht, welche drei Hauptzutaten dafür erforderlich sind (nämlich ein fluides Layoutraster, anpassungsfähige Inhalte und Layoutumbrüche mit Media Queries), und welche Layouttypen es bei Websites generell gibt. Wir haben Ihnen gezeigt, wie Sie ein festes Raster in ein flexibles umrechnen können, und Ihnen das erste Media Query (zumindest in diesem Buch) aufgetischt. Im nächsten Kapitel zeigen wir Ihnen an einem einfachen Beispiel, wie Sie diese Elemente kombinieren und Ihre erste responsive Website erstellen.

Kapitel 2

Umsetzung eines fixen Designs in ein flexibles Layout

»A great designer is the one who keeps moving stuff, even when everyone else leaves the room.«
Milton Glaser

In diesem Kapitel werden wir mit den Grundlagen des ersten Kapitels eine kleine responsive Website aufbauen. Sie haben ja mit uns bereits einen kleinen Blick auf die Umsetzung responsiver Layouts geworfen. Nun zeigen wir Ihnen anhand eines Anwendungsbeispiels, wie Sie ein bestehendes festes Design mithilfe der drei Hauptzutaten des responsiven Designs (fluides Raster, flexible Inhalte und Media Queries) in ein anpassungsfähiges Layout umwandeln. Los geht's!

2.1 Die Ausgangslage: ein grafischer Entwurf mit festen Abmessungen

Stellen Sie sich vor, Sie haben ein Layout, wie in Abbildung 2.1 zu sehen, von einem Kunden als Photoshop-Vorlage zur Umsetzung erhalten.

Sie sehen ein ziemlich typisches dreispaltiges Layout mit einem Menü, einer Inhaltsspalte und einer Marginalie. Leider sind die Texte für die Website noch nicht fertig, sodass Sie mit Blindtext arbeiten müssen (auch das Logo ist noch in der Abstimmung, wird aber nachgeliefert, und an der Struktur der Website wird noch gearbeitet). Sicher ist aber, dass es ein Hauptbildmotiv geben soll (eventuell mit einer Slideshow) und mehrere Artikel-Teaser auf der Startseite. Die Farbwelt ist immerhin vorhanden. Ein ganz normaler Auftrag also.

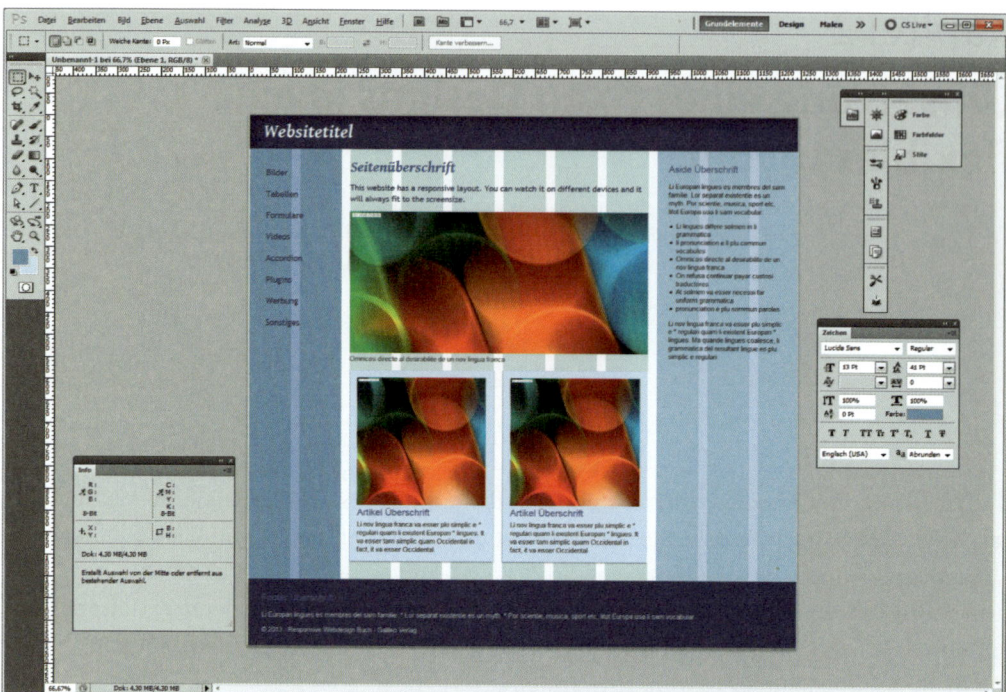

Abbildung 2.1 Die Layoutvorlage in Photoshop mit eingeblendetem Raster

Aus der Photoshop-Vorlage ergeben sich die folgenden Abmessungen:

Gesamtbreite	1245 Pixel verteilt auf 11 Spalten mit einem Spaltenabstand von 20 Pixeln
Navigation	210 Pixel
Inhaltsbereich	710 Pixel
Marginalie	325 Pixel

Header und Footer gehen über die gesamte Breite

Tabelle 2.1 Kernabmessungen der Designvorlage

Die Umsetzung in HTML5 ist keine große Sache: Sie verwenden die HTML5-Elemente `<header>`, `<footer>` und `<nav>` für die entsprechenden Bereiche und setzen einen Container außen herum. Die Inhalte werden in einem Bereich `.main` wiederum in zwei Bereichen untergebracht: `.mainContent` dient als Container, in dem wir später noch mehrere `<section>`-Elemente unterbringen können, und die Marginalie setzen Sie mittels `<aside>` um. Je nachdem, wie die Inhalte aussehen, sind natürlich auch andere Umsetzungen denkbar (aber die Inhalte liegen ja leider noch nicht vor).

Das komplette Beispiel finden Sie auf der DVD im Verzeichnis */praxisbeispiele/ kap02/01_fixes-design-flexibles-layout/*. Leicht gekürzt sieht der HTML5-Code dann so aus:

```html
<!DOCTYPE html>
<html lang="de">
  <head>
    <meta charset="utf-8">
    <title>Praxisbeispiel: Responsive Layout</title>
    <link href="../css/normalize.css" rel="stylesheet">
    <link href="../css/styling.css" rel="stylesheet">
    <link href="../css/layout.css" rel="stylesheet">
  </head>
  <body>
    <div class="page-wrapper">
      <header>
        <h1>Websitetitel</h1>
      </header>
      <nav>
        <ul id="navMain" class="main-nav">
          <li><a href="#">Link 1</a></li>
          <li><a href="#">Link 2</a></li>
          <li>...</li>
        </ul>
      </nav>
      <div class="main">
        <div class="mainContent">
          <h2>Seitenüberschrift</h2>
          <p class="teasertext">... </p>
          <figure class="slides">
            <img src="../img/dummy-1.jpg" ↵
              width="800" height="385" alt="">
            <figcaption>... </figcaption>
          </figure>
          <section class="teaser-articles">
            <article class="box teaser">
              <figure>
                <img src="../img/dummy-2.jpg" ↵
                  width="500" height="500" alt="">
              </figure>
              <h3>Artikel Überschrift</h3>
              <p>Li nov lingua ... </p>
            </article>
```

```
            <article class="box teaser">
               ...
            </article>
         </section>
         <section>
            <h3>Artikel Überschrift</h3>
            <p>Li nov lingua franca ... </p>
         </section>
      </div> /* Ende mainContent */
      <aside>
         <h3>Aside Überschrift</h3>
         <p>Li Europan lingues ... </p>
      </aside>
   </div> /* Ende main */
   <footer>
      ...
   </footer>
   </div> /* Ende page-wrapper */
</body>
</html>
```

Listing 2.1 Auszug aus dem HTML5-Quellcode für die Beispielseite

Im ersten Schritt verwenden Sie bei der Umsetzung zur besseren Anschaulichkeit die festen Größen aus der Photoshop-Designvorlage. Der Aufbau des Layouts erfolgt mit den folgenden CSS-Anweisungen:

```
.page-wrapper {
   margin: 0 auto;
   width: 1245px;
}
.main {
   width: 1035px;
   float: left;
   overflow: hidden;
}
nav {
   width: 210px;
   float: left;
   overflow: auto;
}
.mainContent {
   width: 710px;
   float: left;
```

```
    padding: 20px;
    box-sizing: border-box;   /* Präfixe */
}
aside {
    width: 325px;
    margin-left: 710px;
    padding: 20px;
    box-sizing: border-box;   /* Präfixe */
}
```

Listing 2.2 Auszug aus der Datei »layout.css«: CSS-Anweisungen
der Grundelemente mit Pixelmaßen

Der übergeordnete Container hat eine feste Breite von 1245 Pixeln. Das ist der verfügbare Platz bei einer Bildschirmbreite von 1280 Pixeln. Der .page-wrapper ist durch das margin: 0 auto; horizontal zentriert (der Abstand nach oben und unten ist 0, nach rechts und links automatisch). Dann folgen Navigation und Inhalte nebeneinander gefloatet und mit festen Breiten versehen. Als Letztes haben wir im Inhalts-Container den Hauptinhalt und die Marginalie (<aside>) ebenfalls nebeneinander gefloatet. Um uns das Rechnen etwas zu vereinfachen, haben wir für alle Container mit zusätzlichen Innenabständen das Boxmodell vom Standardwert box-sizing: content-box auf box-sizing: border-box umgestellt. So müssen wir nicht lange border, padding und width addieren, um den tatsächlichen Platzbedarf eines Elements zu wissen, sondern können einfach die Breite angeben, die das Element insgesamt einnehmen soll – eine sehr nützliche Eigenschaft wie wir finden. Als kleinen Wermutstropfen müssen wir allerdings erwähnen, dass der Internet Explorer 7 diese Eigenschaft noch nicht versteht; deswegen müssten Sie entweder eigene Styles für ihn vorsehen oder einen Workaround verwenden (z. B.: *http://www.snackoclock.net/2012/08/simple-box-sizing-border-box-fallback-for-ie*).

Achtung Präfixe!

CSS-Eigenschaften, die noch nicht als offizieller Standard verabschiedet sind, müssen oft noch mit sogenannten Hersteller-Präfixen (*vendor prefixes*) versehen werden. Sie sollten in solchen Fällen immer als Letztes den offiziellen Vorschlag verwenden, da die Browserhersteller nach einer Weile die Unterstützung für die »gepräfixten« Bezeichnungen einstellen.

Für die Eigenschaft box-sizing sieht die komplette Version z. B. so aus:

```
-webkit-box-sizing: border-box;   /* ältere Webkit-Browser */
-moz-box-sizing: border-box;       /* Firefox */
box-sizing: border-box;            /* W3C/Chrome/Opera/IE */
```

Wir verwenden in den gedruckten Listings aus Gründen der Übersichtlichkeit immer nur die W3C-Varianten (also ohne Präfixe) und kennzeichnen diese mit einem Kommentar /* Präfixe */ entsprechend – die Codebeispiele auf der DVD sind aber komplett mit allen benötigten Präfixen.

Die Anweisungen zu Farben und Typografie befinden sich in der Datei *basis.css*, die Sie auf der Buch-DVD im Verzeichnis */praxisbeispiele/kap02/01_fixes-design-flexibles-layout/css* finden. Das fertige Layout (mit Pixelwerten) passt exakt in die Viewport-Breite von 1280 Pixel. Bei breiteren Bildschirmen passiert nichts Schlimmes; die Website wird wie geplant im Browserfenster horizontal zentriert, aber in kleineren Fenster gibt es ein ernstzunehmendes Problem: Rigoros werden hier die Inhalte abgeschnitten, wie in Abbildung 2.2 zu sehen.

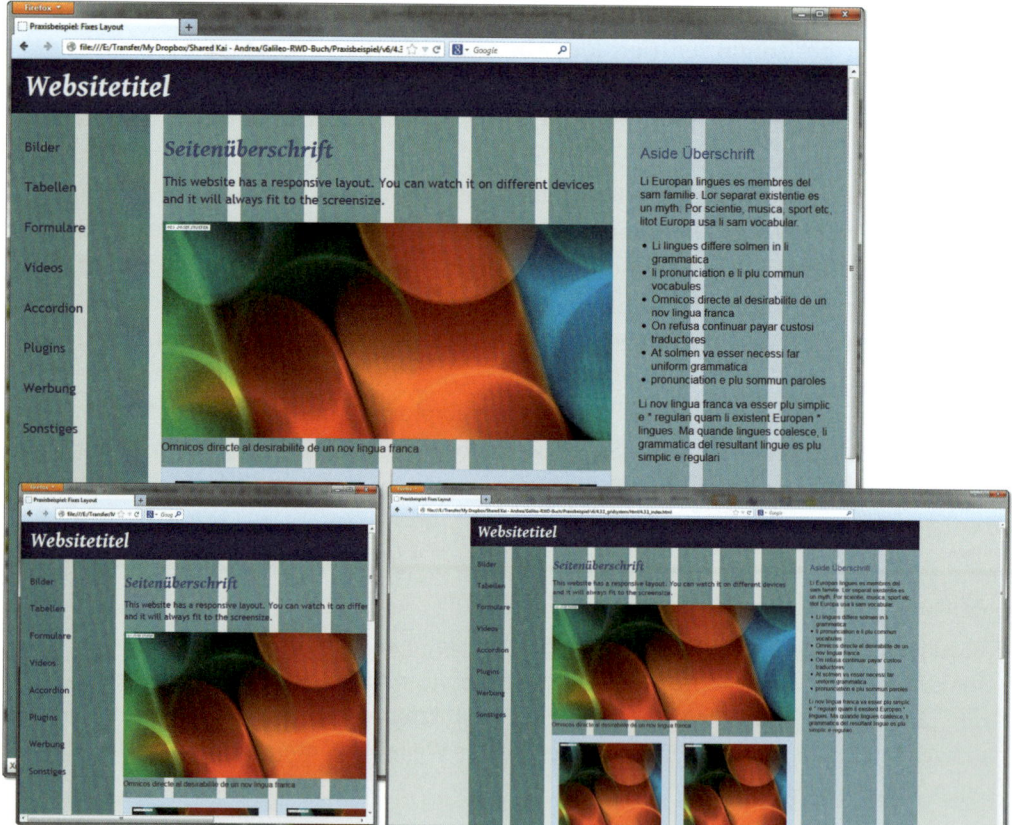

Abbildung 2.2 Die fixe Umsetzung ist geschafft; jetzt fehlt noch die Flexibilität, damit sich das Layout mit der Seitengröße verändert und nicht abgeschnitten wird.

2.2   Der erste Schritt: feste Raster in flexible umrechnen

Um nun aus dem fixen Layout ein fluides zu machen, müssen Sie als Erstes die festen Pixelgrößen in eine relative Einheit umwandeln. Im ersten Kapitel haben wir Ihnen die kleine Formel ja schon vorgestellt, mit der Sie ganz einfach die Pixelwerte von HTML-Containern in Prozentwerte umrechnen können.

$$\text{Breite\_in\_Prozent} = \frac{\text{Breite\_in\_Pixel} \times 100}{\text{Breite\_des\_Elternelements\_in\_Pixel (Kontext)}}$$

Anstelle von *Breite des Elternelements* wird oft auch der Begriff *Kontext* verwendet.

Die Umrechnung von `<header>`, `<footer>` und Navigation ist einfach, da alle Werte auf die Gesamtbreite des Layouts von 1245 Pixeln bezogen werden. Etwas trickreicher ist die Umrechnung für `.mainContent` und `<aside>`, da diese innerhalb von `.main` liegen und ihre prozentuale Breite sich daher auf dieses Element bezieht. Trotzdem stellt Sie das vor keine größeren Probleme, und am Ende kommen Werte wie diese heraus:

Element	Werte in Pixeln (width/padding)	Werte in Prozent (width/padding)
header	1245px / 20px	100 %[1] / 1,606425703 %
nav	210px / 20px	16,86746988 % / 1,606425703 %
main	1035px	83,13253012 %
mainContent	710px / 20px	68,59903382 % / 1,93236715 %
aside	325px / 20px	31,40096618 % / 1,93236715 %
footer	1245px / 20px	100 %[1] / 1,606425703 %

[1] 100 % Breite muss nicht angegeben werden, da Blockelemente ohne Größenanagabe automatisch 100 % der Breite beanspruchen.

Tabelle 2.2 In Prozente umgerechnete Abmessungen für das Beispiellayout

Die krummen Prozentwerte haben Sie ja schon im ersten Kapitel kennen gelernt. Übernehmen Sie diese in ihrer vollen Länge in Ihre CSS-Anweisungen; nur so lassen sich eventuelle Rundungsfehler beim Nachbau von Pixellayouts vermeiden. Je mehr Größen aufaddiert werden, umso größer ist die Gefahr, dass Rundungsfehler in dem einen oder anderen Browser die Darstellung Ihres Layouts beeinträchtigen. Es gibt einen interessanten englischsprachigen Artikel zum Thema »Rundungsfehler« von John Albin Wilkins (*http://palantir.net/blog/responsive-design-s-dirty-little-secret*), in dem er unter anderem auch eine Methode erklärt, die er als »container-relative floats« bezeichnet und die in dem von ihm entwickelten Framework für das responsive Zen Grids (*http://zengrids.com*) verwendet wird.

Umstellung des CSS-Boxmodells von content-box auf border-box

Gerade für die Verwendung von prozentualen Werten mit vielen Nachkommastellen, aber auch für den Einsatz von unterschiedlichen Einheiten für die Abstände (px oder em) und die Spalten (%) im Layoutraster, ist die schon oben erwähnte Veränderung des CSS-Boxmodells der Container von content-box auf border-box sehr hilfreich.

Um nun in unserem Beispiel die Änderungen umzusetzen, müssen Sie lediglich alle Pixelwerte durch die berechneten Prozentwerte aus Tabelle 2.2 ersetzen. Beachten Sie, dass durch die Verschachtelung der beiden Spalten .mainContent und <aside> in .main ein neuer *Kontext* gebildet wird und die Berechnungen sich nun auf die Breite von .main (1035 Pixel) anstatt auf die Gesamtbreite beziehen. Für die wichtigsten Elemente sieht das so aus:

```
.page-wrapper {
    margin: 0;
}
header {
    padding: 0 1.606425703%;
}
footer {
    padding: 1.606425703%;
    clear: left;
}
.main {
    width: 83.13253012%;
    float: left;
}
.mainContent {
    width: 68.59903382%;
    float: left;
    padding: 1.93236715%;
    box-sizing: border-box;  /* W3C */
}
aside {
    width: 31.40096618%;
    margin-left: 68.59903382%;
```

```
    padding: 1.93236715%;
    box-sizing: border-box; /* W3C */
}
```

Listing 2.3 Umstellung der festen Werte auf das fluide Raster

Für den umgebenden Wrapper wird die Breitenangabe komplett entfernt – es soll ja ein fluides Raster werden. Alle anderen Werte werden einfach umgerechnet, und fertig ist das fluide Raster.

2.3   Der zweite Schritt zu mehr Flexibilität: anpassungsfähige Inhalte

Als Nächstes müssen Sie sich um die Inhalte im fluiden Layout kümmern. Für Text ist erst einmal wenig zu tun; normalerweise fließt er einfach in das neue Raster. Eine Herausforderung im Responsive Webdesign sind jedoch alle Elemente, die grundsätzlich fixe Abmessungen haben wie beispielsweise Bilder, Videos, Flash-Applikationen oder Inline-Frames. Schauen wir uns zunächst einmal die Bilder an; zu anderen Inhalten kommen wir in Kapitel 11, »Mehr flexible Inhalte«.

Bilder (Grafikdateien) beziehen ihre Größeneigenschaften (zunächst) aus sich selbst heraus. Ein Bild hat immer eine bestimmte Breite und Höhe, die sich einfach aus den Pixeln des Bildes selbst ergibt. Wenn Sie also ein Bild ohne weitere Angaben in eine HTML-Seite einsetzen, richtet sich die Anzeige nach den tatsächlichen Abmessungen des Bildes:

```
<img src="beispielbild.png">
```

In HTML ist es dann möglich, dem Element `<img>` Angaben zu Breite und Höhe hinzuzufügen:

```
<img src="beispielbild.png" width="200" height="300">
```

Diese Angaben wiederum lassen sich mittels CSS überschreiben:

```
img {
    width: 100px;
    height: 150px;
}
```

Im responsiven Layout sind die Bilder im Unterschied zum Text erst einmal nicht flexibel. Sie passen sich der Umgebungsgröße nicht an und sehen darum bei Layout-Veränderungen schnell entweder mickrig aus oder sprengen das Layout. Was lässt sich dagegen tun? Wenn für Bilder im HTML-Code keine `width`- und `height`-Attribute notiert sind, lässt sich die Anpassung recht einfach erreichen. Sie müssen lediglich dem Bild per CSS eine passende Breite mitgeben, z. B. 100 %. Im HTML-Attribut können nur dimensionslose Werte angegeben werden, die als Pixel interpretiert werden.

```
img {
    width: 100%;
}
```

Bilder, die über ihre natürlichen Maße hinaus skaliert werden, sehen meist etwas unglücklich, verschwommen oder pixelig aus. Aber das lässt sich verhindern, indem Sie statt width die CSS-Eigenschaft max-width verwenden. Damit skaliert der Browser das Bild nicht größer als seine natürliche Größe es hergibt – aber bei Bedarf kleiner.

Es ist üblich, Bilder mit den echten Größenangaben im HTML zu notieren; viele Content-Management-Systeme lassen es auch gar nicht anders zu. Damit das Bild nicht mit max-width: 100 % und dem im <img>-Tag notierten Höhenwert (z. B. height="300") angezeigt und damit verzerrt wird, muss noch ein height: auto her:

```
img {
    max-width: 100%;
    height: auto;
}
```

Voilà – responsive Bilder mit Maximalwert.

Es gibt noch eine andere Methode, die Bilder auf das verkleinerte Layout anzupassen – eine etwas brutale, nämlich die Bilder einfach abzuschneiden. Dazu benötigen Sie einen Container, der das Bild umschließt, z. B. das HTML5-Element <figure> oder einfach ein <div>. Wenn Sie nun diesem Element die Eigenschaft overflow: hidden geben und es durch das responsive Raster skaliert wird, bleibt das Bild in der normalen Größe erhalten, wird aber durch den Container beschnitten (siehe Abbildung 2.3).

HTML:

```
<figure>
    <img src="beispielbild.png" width="800" height="500">
</figure>
```

CSS:

```
figure {
    overflow: hidden;
}
```

Bei Bildern mit konkreten Inhalten mag es nicht besonders hilfreich sein, wenn nur noch Bruchteile des Motivs erkennbar sind. Bei eher musterartigen Motiven (z. B.

einem Wolkenhimmel) oder atmosphärischen wie beim Children's Museum (*https://pittsburghkids.org*) ist diese Methode aber durchaus brauchbar (siehe Abbildung 2.3).

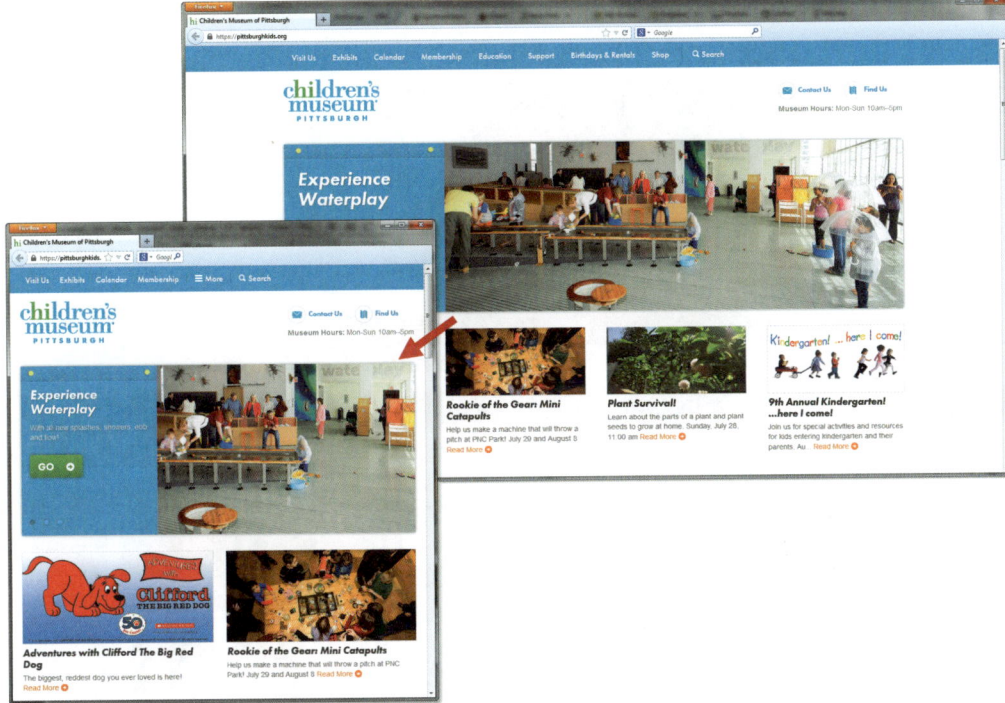

Abbildung 2.3 Das Children's Museum nutzt atmosphärische Bilder, die auch in Ausschnitten noch ihren Zweck erfüllen.

Zurück zu unserem Anwendungsbeispiel: Um alle Bilder proportional anzupassen, notieren Sie einfach Folgendes:

```
img {
    max-width: 100%;
    height: auto;
}
```

Das Headerbild wird damit über die gesamte Spaltenbreite angeordnet; solange es dazu nicht vergrößert werden muss (um unschön hochskalierte unscharfe Bilder zu vermeiden), verwenden Sie hier nicht `width: 100 %`, sondern `max-width: 100 %`. Da die Angaben generell für das `<img>`-Element notiert sind, wirken sie sich auch auf die beiden Bilder in den redaktionellen Teasern aus. In der Praxis würde man die Anweisungen eher nur auf Bilder mit einer bestimmten Klasse anwenden.

Belohnt werden Ihre Anstrengungen durch ein fluides Layout, das auch bei einer verkleinerten Ansicht noch eine ordentliche Figur macht, wie Abbildung 2.4 zeigt.

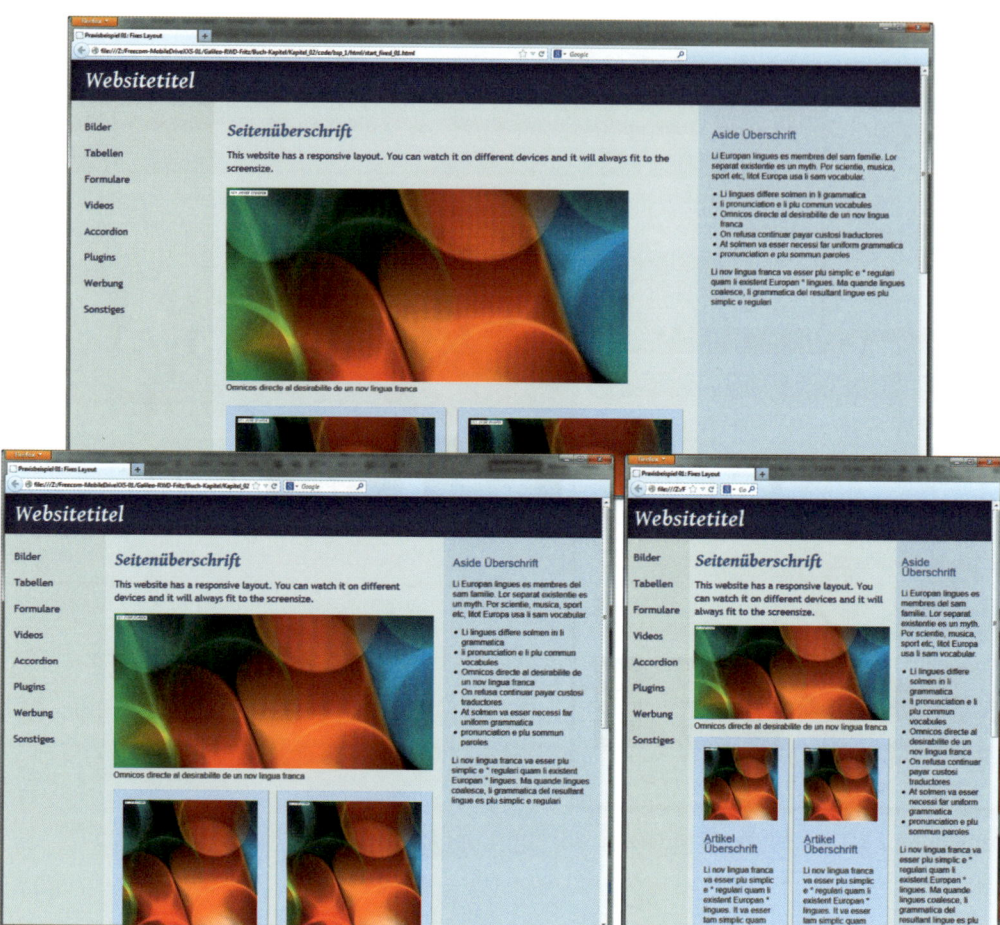

Abbildung 2.4 Das ehemals feste Layout ist nun völlig flexibel.

Das Layout skaliert nun zwar schon im Browser, stößt aber bei größerer Abweichung von der geplanten Breite auf Schwierigkeiten. Entweder ist einfach nicht mehr genug Platz vorhanden für eine vernünftige Darstellung der Inhalte, oder die Zeilen werden zu lang. Auf jeden Fall ist dies eine Verbesserung gegenüber der Layoutvariante mit festen Größen, aber noch nicht gut genug!

2.4 Der dritte Schritt: Layouts mit Media Queries umschalten

Jedes mehrspaltige Layout stößt irgendwann an seine Grenzen, wenn die verfügbare Bildschirmbreite nicht mehr genug Raum für die Inhalte lässt. Und auch in die andere Richtung ist es nicht sinnvoll, Layouts endlos auszubreiten. Die Lesbarkeit von Text lässt ab einer Länge von 60 bis 70 Zeichen deutlich nach. Hier kommen die

Media Queries ins Spiel – eine Möglichkeit, die erst in den letzten Jahren von ausreichend vielen Browsern unterstützt wurde, um sie vernünftig einsetzen zu können (genauer gesagt von allen gebräuchlichen Browsern neuer als der Internet Explorer 8).

Die Media Queries sind ein so wichtiges und komplexes Thema, dass wir ihnen ein ganzes Kapitel widmen. Um unser Beispiel aber abzurunden, haben wir eine Kurzfassung vorbereitet. Media Queries sind CSS-Anweisungen, die einen Block von Anweisungen ausführen, wenn bestimmte Bedingungen eintreffen. In Kapitel 1, »Denken in flexiblen Strukturen«, haben Sie ja schon ein Media Query kennen gelernt:

```
@media (max-width: 960px) {
    /* CSS-Anweisungen */
}
```

Wir verwenden das erste Media Query, um das Vergrößern der Seite zu begrenzen. Dazu haben wir im Text in die erste Zeile als 75. Zeichen ein * gesetzt und skalieren den Browser solange, bis dieses Zeichen gerade noch in der Zeile bleibt – damit ist diese Zeile genau 75 Zeichen lang. Länger soll sie nicht mehr werden. Wenn Sie nun die Breite der Seite messen (z. B. in Firefox EXTRAS • WEBENTWICKLER • BILDSCHIRM-GRÖSSEN TESTEN), erhalten Sie einen Wert von etwa 1230 Pixeln. Das passende Media Query lautet:

```
@media only screen and (min-width: 1230px) {
    .page-wrapper {
        width: 1230px;
        margin: 0 auto;
    }
}
```

Die Notation only screen ist aus Gründen der Rückwärtskompatibilität erforderlich (darüber erfahren Sie mehr in Kapitel 3, »Die Schlüsseltechnologie Media Queries«); dann erfolgt die Abfrage auf eine Mindestbreite von 1230 Pixeln. Die Abfrage ist »wahr«, wenn die Breite mindestens 1230 Pixel beträgt, also bei allen Werten von 1230 Pixeln und mehr. Mit der Vorsilbe min- ist das etwas verwirrend: Wenn min- geschrieben steht, passiert etwas, wenn die Breite größer ist. In diesem Fall wird die Breite des Wrappers fest auf 1230 Pixel gesetzt, und der gesamte Bereich wird horizontal zentriert.

Als Nächstes können Sie sich die Artikel-Teaser vornehmen. Ab etwa 800 Pixeln Breite sieht das doch ziemlich gedrängt aus. Mit der folgenden Anweisung heben Sie das Nebeneinanderfließen der Boxen auf und setzen sie untereinander:

```
@media only screen and (min-width: 800px){
    .box.teaser {
        float: none;
```

```
        margin: 0 0 1em 0;
        width: 100%;
    }
}
```

Allerdings gibt es dann ein anderes Problem: Die visuelle Hierarchie stimmt nicht mehr. Die auf 100 % skalierten Bilder wirken wesentlich dominanter als das eigentliche Hauptbild. Das kann so nicht bleiben. Aber kein Problem – Sie setzen die Bilder einfach in den Text:

```
@media only screen and (min-width: 800px){
    .box.teaser figure {
        width: 30%;
        height: 30%;
        float: left;
        margin: 0 2% 2% 0;
    }
}
```

Das in der Teaser-Box befindliche Bildelement wird auf 30 % skaliert und innerhalb der Box gefloatet. Nun passen Sie noch die Überschrift <h3> und die Absatzabstände etwas an, und das Element sieht gut aus.

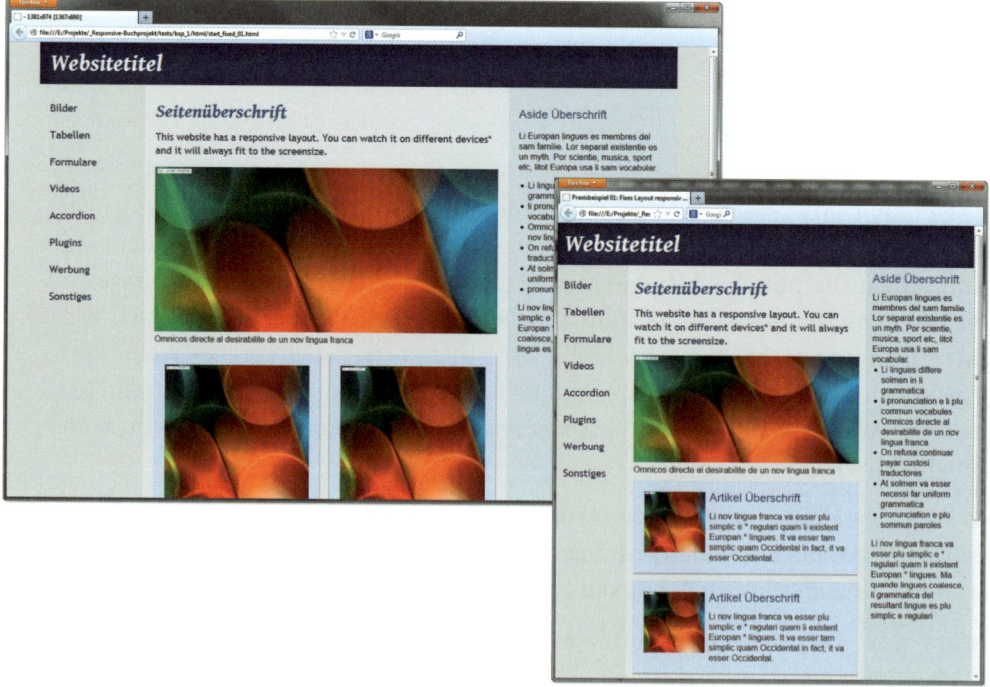

Abbildung 2.5 Das erste responsive Layout – »Hello World«!

2.5 Zusammenfassung

In diesem Kapitel haben Sie Ihr erstes vollwertiges responsives Layout umgesetzt. Mithilfe der drei Zutaten ist aus einem festen statischen Layout ein anpassungsfähiges entstanden, das nach oben begrenzt und nach unten gestalterisch angepasst wurde. Sie haben erfahren, wie Sie ein flexibles Raster anlegen, Bildinhalte mit einer einfachen CSS-Anweisung responsiv machen können und mit Media Queries unterschiedliche Layouts je nach Größe des Anzeigefensters erzeugen.

Im nächsten Kapitel beschreiben wir die Media Queries, also die Schlüsseltechnologie des Responsive Webdesigns, im Detail.

Kapitel 3
Die Schlüsseltechnologie Media Queries

»Start with the small screen first, then expand until it looks like shit. Time to insert a breakpoint!«
Stephen Hay

Media Queries sind neben den flexiblen Layoutrastern und den anpassungsfähigen Inhalten die dritte wichtigste Komponente, die Sie im Responsive Webdesign verstehen müssen. Mit Media Queries können Sie verschiedenen Ausgabemedien individuelle CSS-Styles zuweisen und so die unterschiedlichen Eigenschaften der Ausgabetypen berücksichtigen.

Bereits HTML 4 und CSS 2 unterstützen mit dem Medientyp (*media type*) eine medienabhängige Stylesheet-Zuordnung. Unterschiedliche Medien, wie z. B. Bildschirme, Projektoren, Drucker, aber auch blindenschriftfähige Ausgabegeräte, können dadurch gezielt angesprochen und mit eigenen CSS-Eigenschaften adressiert werden.

Mit CSS3 wurde die Medienabfrage um die Medieneigenschaft (*media features*) ergänzt. Diese Erweiterung ermöglicht es, zusätzlich zum Medientypen auch Eigenschaften wie Ausgabegrößen, Gerätegrößen, Farbtiefen, Ausrichtung und viele andere zu erfassen, um noch gezielter Stylesheets für bestimmte Gerätebesonderheiten zur Verfügung zu stellen.

In diesem Kapitel zeigen wir Ihnen, wie Media Queries im Detail funktionieren. Aufgrund der vielen möglichen Eigenschaften und Parameter, die es in den W3C-Spezifikationen gibt und die wir Ihnen hier nicht vorenthalten möchten, wird es jetzt recht theoretisch. Neben einer ausführlichen Beschreibung der Media-Query-Definitionen wird es dann noch ein bisschen abstrakter, wenn es darum geht, was man alles unter dem *Viewport* verstehen kann (Layout-Viewport, visueller-Viewport) und was es für unterschiedliche Arten von Pixeln gibt (Geräte-, CSS- und Bilderpixel). Seien Sie gespannt.

Zum Ende des Kapitels werden Sie sehen, dass Sie trotz allem mit relativ wenigen konkreten Media-Query-Eigenschaften in der Praxis im responsiven Webdesign auskommen. Sie erfahren, wie Sie unterschiedliche Displaygrößen und Auflösungen adressieren und wie Sie mit hochauflösenden Retina-Displays umgehen.

3.1 Cascading Stylesheets (ein kurzer Rückblick)

In den 90er-Jahren des letzten Jahrhunderts wurden für die Präsentation der Inhalte einer Website Cascading Stylesheets (CSS) als Standard entwickelt. Gestaltungsmerkmale wie Farben, Layoutanordnung und Schrifteigenschaften konnten dadurch unabhängig von der HTML-Struktur definiert werden. Eine Website konnte auf einmal alleine durch den Austausch der Stylesheets in einem anderen Design präsentiert werden.

Die Faszination dieser Möglichkeit wird besonders schön deutlich an der im Jahr 2013 zehn Jahre alt gewordenen Website CSS Zen Garden (*http://www.csszengarden.com*) von Dave Shea. Pünktlich zum Zehnjährigen gibt es im Zen Garden nach längerer Stille auch wieder neue Designs – inzwischen natürlich responsive (siehe Abbildung 3.1).

Abbildung 3.1 Happy Birthday, CSS Zen Garden (wünscht der Zyklobot).

3.1.1 Zuweisung von CSS-Eigenschaften

Die Zuordnung von Stylesheets kann auf mehrere Arten erfolgen. Mittels Referenz im Header der HTML-Datei wird auf ein externes Stylesheet verlinkt:

```
<link rel="stylesheet" type="text/css" href="styles.css">
```

Mit dem HTML-Element `<style>` können die CSS-Deklarationen direkt im Header der HTML-Datei gemacht werden:

```
<style type="text/css">
   /* CSS-Anweisungen */
</style>
```

Mit einer `@import`-Anweisung im `<style>`-Element (oder in einem weiteren einge-bundenen Stylesheet) wird ein Stylesheet verlinkt:

```
<style type="text/css">
   @import url("styles.css");
</style>
```

Zusätzlich können einzelne CSS-Anweisungen auch direkt im HTML-Element als Attribut `style="..."` gesetzt werden, was aber nur in Einzelfällen sinnvoll ist.

Tipp: Type-Attribute in HTML5

Da der Verweis `<link rel="stylesheet">` eindeutig auf ein Stylesheet deutet, ist es in HTML5 erlaubt, das Attribut `type="text/css"` wegzulassen.

In unseren Praxisbeispielen orientieren wir uns an dieser Vereinfachung und verzichten in weiteren Codebeispielen auf das `type="text/style"` im `<link rel="style-sheet">`. Das Gleiche gilt im Übrigen auch für das `<script>`-Element, das standard-mäßig für JavaScript-Zuweisungen gedacht ist. Auch hier kann in HTML5 auf die Verwendung von `type="text/javascript"` verzichtet werden.

3.2   Medientyp (media type)

Mit der Einführung des Medientypen (*media type*) wurde die Möglichkeit geschaffen, einer Website mehrere Stylesheets zuzuordnen, die nun abhängig vom Ausgabegerät Verwendung finden. Wenn Sie schon einmal ein Druck-Stylesheet zugewiesen haben, kennen Sie bereits einen der am häufigsten verwendeten Medientypen: `media="print"`. Den Medientyp `media="screen"` hingegen verwenden Sie für die Aus-gabe auf Bildschirmen. Wird der Medientyp nicht definiert, gelten die CSS-Anweisun-gen automatisch für alle Ausgabetypen und entsprechen somit `media="all"`. Eine Übersicht aller Medientypen und wofür diese gedacht sind, finden Sie in Tabelle 3.1. Allerdings sind nur wenige der Medientypen tatsächlich implementiert. Vor allem `screen` und `print` sind in Benutzung und Ihnen vermutlich auch bereits bekannt.

3.2.1 Medienabfrage für den Medientyp setzen

Das `media`-Attribut kann in jeder CSS-Einbindungsart ergänzt werden:

In einer Referenz auf ein externes Stylesheets wird dem `<link>`-Element das Attribut `media="[medientyp]"` mit dem entsprechenden Schlüsselwort für den Medientypen zugeordnet:

```
<link rel="stylesheet" href="styles.css" media="screen">
<link rel="stylesheet" href="print.css" media="print">
```

Als kommaseparierte Liste sind auch mehrfache Zuordnungen von Medientypen möglich:

```
<link rel="stylesheet" href="styles.css" media="screen, projection">
```

Innerhalb eines Stylesheets definieren Sie die CSS-Eigenschaften für unterschiedliche Medientypen in geschweiften Klammern, denen ein `@media [medientyp]` vorangestellt wird:

```
@media print {
    /* CSS-Anweisungen */
}
```

Auf die gleiche Art können Sie das `@media` auch im `<style>`-Element im HTML-Header verwenden:

```
<style>
    @media screen {
        /* CSS-Anweisungen */
    }
    @media print {
        /* CSS-Anweisungen */
    }
</style>
```

Und Sie können den Medientyp auch in einer `@import`-Anweisung unterbringen:

```
<style type="text/css">
    @import url("styles.css") screen;
</style>
```

3.2.2 Medientypen in der Übersicht

Die am häufigsten verwendeten Medientypen sind `screen` und `print`.

Eigentlich gibt es mit `handheld` einen Medientyp, der speziell für mobile Geräte gedacht ist. Da in der frühen Entwicklung für das mobile Web die meisten Websites,

3

die `handheld` überhaupt unterstützten, eine stark abgespeckte Minimalversion aus-
lieferten, passten die Hersteller mobiler Geräte ihre Kennung an und gaben sich als
Medientyp `screen` aus, um Websites in der »vollen« Version ausgeliefert zu bekommen. Dadurch ist der Medientyp `handheld` für Smartphones generell nicht nutzbar.
Sie könnten ihn verwenden, um spezielle Styles für ältere, leistungsschwache Geräte,
sogenannte *Feature Phones* auszuliefern. Durch die Entwicklung der Medieneigenschaften lassen sich mobile Geräte trotzdem gezielt adressieren, wie wir noch sehen
werden. Für sehr alte Geräte reicht in der Regel eine reine HTML-Version oder ein
Basisstylesheet aus.

In Tabelle 3.1 finden Sie eine Übersicht aller Medientypen, die mit CSS 2 und HTML 4
eingeführt wurden.

media type	Ausgabeart
all	Gilt für alle Ausgabegeräte.
braille	blindenschriftfähige Ausgabe
embossed	blindenschriftfähige Drucker
handheld	Handhelds: Palmtops, PDAs, WinCE-Geräte
print	Zuordnung des Druck-Stylesheets
projection	Ausgabe mit Beamern und Overhead-Projektoren
screen	Bildschirme
speech	Screenreader
tty	Ausgabegeräte mit feststehenden Zeichentypen
tv	TV-Geräte

Tabelle 3.1 Alle Medientypen in der Übersicht

3.3   Medieneigenschaften (media features)

Mit CSS3 wurde zu der Abfrage des Medientypen die Abfrage von Medieneigenschaften (*media features*) eingeführt – und damit das moderne responsive Design ermöglicht. Als Medieneigenschaften gelten unter anderem:

▶ die Größen von Viewports oder Ausgabegeräten

▶ die Farbtiefen

▶ die Ausrichtungen der Geräte

Eine vollständige Übersicht der Medieneigenschaften finden Sie in Tabelle 3.2.

Genau wie die Abfrage für den Medientypen schreiben Sie die Medieneigenschaften, die für Ihr Media Query gelten sollen, in das `media`-Attribut des `<link>`-Elements oder in die `@import`- oder `@media`-Anweisung.

Im `<link>`-Element, das auf ein externes Stylesheet verweist, setzt sich ein typisches Media Query dann folgendermaßen zusammen:

```
<link rel="stylesheet" href="styles.css" media="only screen and
(max-width: 480px)">
```

In einer `@media`-Anweisung sieht das ganz ähnlich aus:

```
@media only screen and (max-width: 480px) {
    /* CSS-Anweisungen */
}
```

In einer `@import`-Anweisung steht analog dazu:

```
@import url("styles.css") only screen and (max-width: 480px)
```

3.3.1   Medieneigenschaften in der Übersicht

In der folgenden Tabelle finden Sie allen Medieneigenschaften, die im Rahmen von CSS3 entwickelt wurden. Die meisten Medieneigenschaften sind auch mit den Präfixen `min-` und `max-` und zusätzlichen absoluten oder relativen Größen einsetzbar.

Eigenschaft	Beschreibung	Abmessungs-einheiten
`width` `(min-/max-)`	Breite der sichtbaren Ausgabe (Viewport)	px, %, em
`height` `(min-/max-)`	Höhe der sichtbaren Ausgabe (Viewport)	px, %, em
`device-width` `(min-/max-)`	Breite des Displays des Ausgabegerätes (oder der Breite einer gedruckten Seite)	px, %, em
`device-height` `(min-/max-)`	Höhe des Displays des Ausgabegerätes (oder der Höhe einer gedruckten Seite)	px, %, em

Tabelle 3.2 Alle Medieneigenschaften im Überblick

Eigenschaft	Beschreibung	Abmessungs-einheiten
orientation	Prüft die Ausrichtung eines Ausgabegerätes. orientation: portrait erfasst die Ausrichtung, bei der die Höhe größer als die Breite eines Gerätes ist, und orientation: landscape erfasst den umgekehrten Fall.	portrait, landscape
aspect-ratio (min-/max-)	Prüft das Seitenverhältnis der sichtbaren Ausgabe.	Breite/Höhe, z. B. 16/9, 1280/720
device-aspect-ratio (min-/max-)	Prüft das Seitenverhältnis des Ausgabegerätes.	Breite/Höhe, z. B. 16/9, 1280/720
color (min-/max-)	Prüft die Farbtiefe des Ausgabegerätes. Bei Schwarz-Weiß-Geräten ist der Wert für color: 0 (0 Bits per Color).	Integer
color-index (min-/max-)	Prüft das Ausgabegerät auf die Verwendung von indizierten Farben.	Integer
monochrome (min-/max-)	Prüft die Farbtiefe (Bits per Pixel) auf monochromen Ausgabegeräten. monochrome: 0 wäre der Wert für nicht-monochrome Geräte.	Integer
resolution (min-/max-)	Prüft die Pixeldichte in dpi (dots per inch) oder dpcm (dots per centimeter).	dpi, dpcm
scan	Testet TV-Geräte auf die Bilddarstellungsarten Vollbild- (progressiv) und Halbbild (interlace).	progressive, interlace
grid	Prüft die Rastereigenschaft. Bei Ausgabemedien, die Inhalte in einem Raster darstellen, ist der Wert 1, bei einer Bitmap-Darstellung ist der Wert 0.	0, 1

Tabelle 3.2 Alle Medieneigenschaften im Überblick (Forts.)

Momentan sind die Medieneigenschaften monochrome, scan und grid kaum einsetzbar, und auch die Browser-Unterstützung für color, color-index und device-aspect-ratio ist noch nicht groß (aber an einigen entscheidenden Stellen vorhanden).

Bevor wir im Abschnitt 3.6, »Media Queries im Responsive Webdesign«, beschreiben, wie Sie die Medieneigenschaften im Responsive Webdesign einsetzen, folgt hier noch ein wenig mehr zur Theorie der Media Queries.

3.4 Media Queries schreiben

Mit Media Queries testet man die Ausgabegeräte auf bestimmte Ausdrücke. Wenn der Ausdruck zutrifft (true), wird der CSS-Anweisungsblock in den geschweiften Klammern des Media Querys verwendet.

3.4.1 Komponenten eines Media Querys

Sehen wir uns einmal den logischen Aufbau eines Media Querys an:

```
@media [not|only] type and (expression) [AND (expression)] {
    /* CSS-Anweisungen */
}
```

Ein Media Query setzt sich aus mehreren Komponenten zusammen. Die beiden Hauptkomponenten haben wir uns bereits angesehen:

▶ Das Schlüsselwort für den Medientyp (siehe Tabelle 3.1); Sie haben in Abschnitt 3.2.1, »Medienabfrage für den Medientyp setzen«, gesehen, dass ein Medientyp entweder für sich alleine stehen kann oder kommasepariert mehrere Typen gelistet werden können.

▶ Der Ausdruck für die Medieneigenschaften; die Schlüsselworte und möglichen Werte haben Sie in der Tabelle 3.2 kennen gelernt. Die Medieneigenschaften stehen immer in runden Klammern. Wie bei den Medientypen können auch hier mehrere Medieneigenschaften kommasepariert aufgelistet werden. Die Struktur eines Media Querys mit mehreren Typen und Eigenschaften sieht dann so aus:

```
@media [not|only] type1,type2 and (expr1, expr2, expr3) {
    /* CSS-Anweisungen */
}
```

Neben den Hauptkomponenten, den Medientypen und den Medieneigenschaften, gibt es noch logische Schlüsselwörter.

▶ Ein optionales Schlüsselwort not oder only kann einleitend vor dem Medientyp stehen:

– not negiert den gesamten Ausdruck eines Media Querys; wenn der Rest des Media Querys zutrifft, wird das Stylesheet nicht interpretiert.

– only wird verwendet, um Stylesheets mit Media Queries vor älteren Browsern zu verbergen.

Die Verwendung von not oder only stellt sicher, dass Ausgabemedien, die nur den Medientyp, jedoch nicht die Medieneigenschaften interpretieren, das Stylesheet in keinem Fall laden.

Tipp: Verwenden Sie immer das Schlüsselwort »only«

Wenn Sie das Schlüsselwort only verwenden, wird der gesamte Block von Anweisungen vor Browsern verborgen, die Media Queries nicht verstehen. Anderenfalls würden solche Browser die CSS-Anweisungen für alle Media Queries ausführen!

- Wenn Sie sowohl Medientypen als auch Medieneigenschaften in einem Media Query verwenden, muss das logische and dazwischen gestellt werden. Der Ausdruck ist wahr, wenn sowohl die Typ-Definitionen als auch alle Eigenschaften-Definitionen zutreffen.

- Es ist möglich, mehrere Media Queries (Typ und Eigenschaften) in einem Ausdruck zu setzen. Dafür listen Sie diese einfach kommapariert auf. Das Komma entspricht dem logischen or. Der gesamte Ausdruck ist wahr, wenn wenigstens eines der Media Querys in ihm wahr ist, also entweder type1 und expr1 oder type2 und expr2 oder type3 und expr3.

```
@media [not|only] type1 and (expr1), type2 and (expr2), type3 and (expr3) {
    /* CSS-Anweisungen */
}
```

- Sie können auch verschiedene Eigenschaften testen, indem Sie diese mit and verbinden. Die Styles werden angewandt, wenn der type1 gegeben ist und sowohl expr1 als auch expr2 als auch expr3 zutreffen. Wenn not gesetzt ist, würden in diesem Fall die Styles nicht ausgeführt.

```
@media [not|only] type1 and (expr1) and (expr2) and (expr3) {
    /* CSS-Anweisungen */
}
```

- Die letzte Komponente eines Media Querys sind seine CSS-Eigenschaften, die in ihm in geschweiften Klammern notiert werden.

Logische Operatoren in Media Queries

Medientyp- und Medieneigenschaften werden durch das Schlüsselwort and verbunden. Ein Komma zwischen Typen-Eigenschaften-Paaren wirkt wie ein logisches or, das heißt, nur ein Ausdruck muss stimmen, damit der gesamte Ausdruck wahr wird. Mit dem Operator not kann der Ausdruck negiert werden, und mit dem Operator only verstecken Sie die CSS-Eigenschaften vor Ausgabegeräten, die mit Media Queries nicht umgehen können. Die Medieneigenschaften selbst stehen immer in runden Klammern. Wenn der komplette Ausdruck »wahr« ist, werden seine Syles angewandt.

Warnung: Auch nicht angewandte Stylesheets werden geladen!

Ein etwas unintuitives Verhalten ist, dass auch die Styles in Media Queries geladen werden, bei denen der Ausdruck nicht zutrifft. Sie werden nur nicht angewandt. Grund dafür ist, dass verhindert werden soll, dass z. B. bei einer Änderung der Browserfenstergröße (oder der Orientierung beim Smartphone) wieder etwas nachgeladen werden muss. Wir gehen in Kapitel 12, »Qualitätssicherung und Optimierung«, noch darauf ein, was dies in der Praxis für Probleme verursachen kann und wie Sie damit umgehen sollten.

3.5   Viewports und Pixel

Um zu verstehen, wie Media Queries funktionieren und was sie bewirken, müssen wir Ihnen ein paar Begriffe nahebringen, die auf den ersten Blick ein wenig verwirrend sein können.

3.5.1   Der visuelle Viewport

Als *Viewport* wird der sichtbare Bereich des Ausgabemediums bezeichnet. Bei Desktoprechnern ist das der innere Bereich des Browserfensters. Wenn Sie das Browserfenster verkleinern oder vergrößern, ändert sich der Viewport entsprechend. Erstreckt sich Ihr Browserfenster über den gesamten Bildschirm, entspricht der Viewport der verwendeten Bildschirmauflösung abzüglich der Ränder Ihres Browsers.

3.5.2   Der Layout-Viewport auf mobilen Geräten

Als Apple 2007 das iPhone auf den Markt brachte, hatten die Entwickler das Problem, dass es quasi keine Websites gab, die für die Anzeige auf kleinen Bildschirmen geeignet waren. Um möglichst viele Websites vernünftig auf den neuen Smartphones darstellen zu können, erfanden sie den *Layout-Viewport*. Dabei wurde für Mobile Safari eine Viewport-Breite von 980 Pixeln (eine typische Breite für feste Desktoplayouts dieser Zeit) festgelegt. Für alle Websites wurde also angenommen, dass sie 980 Pixel in der Breite messen, und diese Breite wurde dann vom Browser in den sichtbaren Bereich des Gerätes eingepasst. Natürlich sind die Texte und Bilder in dieser Skalierung kaum zu erkennen, aber durch die Zoomfunktionen des Browsers kann der

Benutzer jeden beliebigen Ausschnitt einer Website vergrößern und hat, wenn auch nicht sehr komfortabel, auf diese Art einen Zugriff auf alle Inhalte (innerhalb der ersten 980 Pixel).

Andere Browserhersteller übernahmen das Prinzip des Layout-Viewports, implementierten diesen jedoch mit unterschiedlichen Weiten. Bei Android WebKit sind es beispielsweise nur 800 Pixel. Opera Mobile verwendet hingegen wie Mobile Safari 980 Pixel.

Begriffsdefinition: Layout-Viewport

Der *Layout-Viewport* ist die Bezugsgröße für die Darstellung der Website im mobilen Browser. Prozentuale Größenangaben im CSS beziehen sich immer auf den Layout-Viewport. So würde ein Element mit der CSS-Eigenschaft `width: 50%;` relativ zum Layout-Viewport die halbe Viewport-Breite ausfüllen.

Der Layout-Viewport hat unabhängig von der Ausrichtung (Orientation) und dem Zoom immer die gleiche Größe.

Das bedeutet, dass von einer Website, in der keine andere Viewport-Größe definiert wurde (dazu gleich mehr weiter unten), beispielsweise auf einem iPhone im Querformat und im Hochformat jeweils 980 Pixel in der horizontalen Ausrichtung dargestellt werden. Diese 980 Pixel werden dafür in den visuellen Viewport (also das mobile Browserfenster) hineinskaliert.

Mit diesem Verhalten konnte also sichergestellt werden, dass die meisten nicht optimierten Websites in Ihrer Gesamtheit auf kleinen mobilen Geräten dargestellt werden. Gleichzeitig bedeutet es aber auch, dass ein beispielsweise auf eine Breite von 320 Pixel festgelegtes Element ohne Anpassung des Viewports auf einem iPhone weniger als ein Drittel der verfügbaren Ausgabebreite einnimmt, weil ja insgesamt 980 Pixel der Seite dargestellt werden. Das Prinzip zeigt Abbildung 3.3.

Wenn Sie Ihre Website für kleinere Ausgabegeräte anpassen wollen, müssen Sie den Layout-Viewport passend setzen. Dafür gibt es zwei wichtige Elemente: den Viewport-Metatag und die `@viewport`-Anweisung. Beide stellen wir Ihnen gleich vor, aber schauen wir vorher noch einmal, wie sich die neuen hochauflösenden Displays auf die Viewport-Definition auswirken.

3.5.3   Gerätepixel und CSS-Pixel: der »virtuelle« visuelle Viewport

Mit der Entwicklung der hochauflösenden Displays wie dem Retina-Display von Apple wurde die Welt der Smartphone-Bildschirme noch ein wenig komplizierter – ein Pixel ist nicht mehr ein Pixel.

Gerätepixel

Die Gerätepixel sind die physikalischen Pixel des Displays, also die einzelnen Einheiten, aus denen der Bildschirm aufgebaut ist. Ihre Anzahl oder Größe kann sich nicht verändern. Die Geräteauflösung des iPhone 3 beträgt beispielsweise 320 × 480 Pixel, die des iPhone 4 hingegen 640 × 960 Pixel.

Lange Zeit war klar: Ein (physikalischer) Pixel des Gerätedisplays entspricht einem Pixel in den CSS-Deklarationen. Bilder mit 320 Pixeln Breite werden auf dem Bildschirm mit 320 (Hardware-)Pixeln bildschirmfüllend dargestellt. Bei hochauflösenden Displays ist das nicht mehr so. Eigentlich würde ein 320 Pixel breites Bild auf dem iPhone 4 nur noch die Hälfte der vorhandenen 640 Pixel des Bildschirms ausfüllen. Um dies zu verhindern, wurde die Definition des Pixels verändert. Ein Pixel im Sinne der Darstellung (wir nennen diese Einheit *CSS-Pixel*) entspricht nicht mehr einem Gerätepixel.

CSS-Pixel

Die CSS-Pixel sind eine Einheit für die Darstellung der Inhalte auf dem Display. Jede CSS-Größendeklaration bezieht sich auf die CSS-Pixel. Beim Zoomen der Website werden die CSS-Pixel vergrößert oder verkleinert; dadurch ändert sich auch die Anzahl der bei einer Zoomstufe darstellbaren Pixel auf dem Display.

Auf Geräten mit höherer Pixeldichte entsprechen mehrere Gerätepixel einem CSS-Pixel. Aus dem Verhältnis der physikalischen Gerätepixel zu den CSS-Pixeln ergibt sich die Pixeldichte (`device-pixel-ratio`).

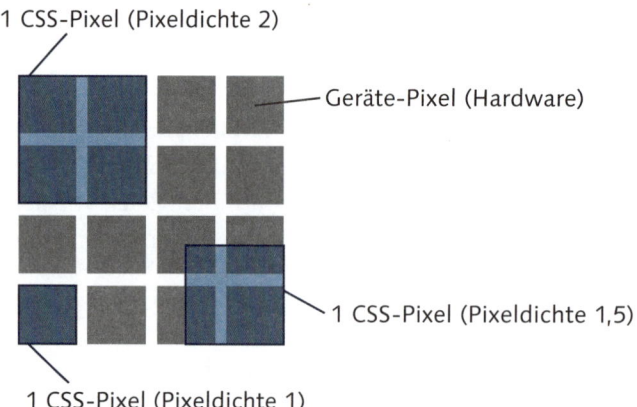

Abbildung 3.2 Ein CSS-Pixel erstreckt sich bei unterschiedlichen Display-Pixeldichten über unterschiedlich viele Gerätepixel.

Das Retina-Display des iPhone 4 hat eine Pixeldichte von 2, das heißt, ein CSS-Pixel dehnt sich zur Seite und nach unten jeweils über zwei physikalische Pixel des Displays aus und deckt also vier Gerätepixel ab. Somit hat das Display eine (CSS-)Breite von 320 Pixeln, und Grafiken werden genau so breit angezeigt wie auf dem iPhone 3 (aber mit einer doppelt so hohen Auflösung).

Somit haben die neuen Geräte eine virtuelle Auflösung, die viel geringer ist als die tatsächliche, und das iPhone 4 hat den gleichen sichtbaren Viewport wie das iPhone 3, nämlich 320 × 480 Pixel.

Man kann hier von einer »virtuellen« Viewport-Größe sprechen. Bei einer Pixeldichte von 2 wie beim iPhone 4 entspricht sie sowohl in der Höhe als auch in der Breite der halben Geräteauflösung.

Visueller Viewport

Der visuelle Viewport bezeichnet die sichtbare Displaygröße in Pixeln. Durch ihn blicken wir auf den Layout-Viewport der Webseite. Aus dem visuellen Viewport, welcher der Browserbreite entspricht, wurde durch die Festlegung der »virtuellen« Displaygröße ein »virtueller« visueller Viewport. Für die Anweisungen im Media Query sind der visuelle und der »virtuelle« visuelle Viewport identisch. Sie adressieren den Viewport mit den Medieneigenschaften `width` und `height`.

Wenn Sie darüber mehr lesen möchten, können wir Ihnen den englischen Artikel »A Tale of two Viewports« von Peter-Paul Koch empfehlen (*http://www.quirksmode.org/mobile/viewports.html*). Er beschreibt sehr ausführlich die Viewport-Konzepte, was Gerätepixel und CSS-Pixel unterscheidet und liefert auch für alle Elemente gleich die passenden JavaScript-Eigenschaften.

Gerätepixel und Bilderpixel

Für die Darstellung eines CSS-Pixels auf dem Display hat sich also auch bei höherer Pixeldichte nichts wirklich geändert. Für Retina-Displays optimierte Bilder können jedoch auf der Größe eines CSS-Pixels jetzt vier Bildpixel darstellen und ermöglichen dadurch mehr Detailreichtum. Wenn die Bilder und Grafiken einer Website nicht für Retina-Displays optimiert sind, werden sie zwar in der »richtigen« Größe angezeigt, wirken allerdings auch oft recht verwaschen auf den hochauflösenden Displays.

Abbildung 3.3 Durch den visuellen Viewport blicken Sie auf den Layout-Viewport, dessen Breite die Ausgabe der Website bestimmt.

iPhone 4 Retina   iPhone 3

Abbildung 3.4 Das iPhone 4 hat eine doppelt so hohe Auflösung (Gerätepixel), aber dieselbe Anzahl CSS-Pixel wie das iPhone 3.

3.5.4   Das Viewport-Metatag und seine Eigenschaften

Sehen wir uns das Viewport-Metatag mit seinen Einstellungsmöglichkeiten einmal an. Sie definieren es wie alle Metatags im Header Ihrer HTML-Datei und verwenden dabei folgende Syntax:

```
<meta name="viewport" content="kommaseparierte Viewport-Eigenschaften">
```

Beispielsweise könnten Sie für eine Website, die 800 Pixel Breite hat, den Standard-Layout-Viewport der mobilen Browser mit `content="width=800px"` überschreiben und auf 800 Pixel festlegen.

```
<meta name="viewport" content="width=800px">
```

Beim mobilen Aufruf Ihrer Website würde jetzt auf Geräten mit größeren Standard-Layout-Viewports kein Platz mehr verschenkt und die initiale Viewport-Breite auf 800 Pixel gesetzt werden. Das Festlegen der Höhe ist auf die gleiche Art möglich, wird aber in den wenigsten Fällen Sinn ergeben, es sei denn, Sie haben sich für ein horizontales statt für ein vertikales Scrollen Ihrer Website entschieden.

Eine weitere wichtige Viewport-Eigenschaft ist der anfängliche Zoomgrad. Mit `initial-scale=1.0` setzen Sie den Zoom auf 100 %.

```
<meta name="viewport" content="width=800px, initial-scale=1.0">
```

In diesem Fall wird die Website also nicht mehr skaliert, um sie auf dem kleinen Display darzustellen, sondern 1:1 dargestellt – dann natürlich mit Scrollbalken. Entsprechend kann man hier auch kleinere oder größere Werte für die Anfangszoomstufe definieren.

Ebenso lassen sich mit `minimum-scale` und `maximum-scale` minimale oder maximale Zoomstufen festlegen oder mit `user-scalable=no` das Zoomen sogar unterbinden. Mit diesen Eigenschaften schränken Sie die Benutzer in ihren Möglichkeiten ein, Ihre Webseite zu betrachten. Setzen Sie diese Eigenschaften nur ein, wenn Sie wirklich notwendig sind!

iOS-Orientation-Bug

Nichtdestotrotz ist auf nicht wenigen Websites das Skalieren durch die Nutzer (mit `user-scalable=no` oder einem `maximum-scale=1.0`) unterbunden – warum nur?

Bei älteren Versionen des iOS-Betriebssystems wurde jede Website, die die Skalierung durch die Benutzer zuließ, beim Drehen vom Hochformat in das Querformat über den Viewport hinaus vergrößert, und die Benutzer mussten mit einem Doppelklick auf den Touchscreen die Skalierung wieder auf 100 % zurückbringen. Seit iOS 6 gibt es diesen Fehler nicht mehr, aber die Hinterlassenschaften sind leider noch häufig zu finden. Falls Sie kein iOS 5 mehr zur Verfügung haben, können Sie sich ein Video des Bugs bei Jeremy Keith ansehen (*http://adactio.com/journal/5088*).

Achtung: Schließen sie keine Nutzer von Ihrer Website aus!

Bedenken Sie, dass Sie Nutzer, die auf hohe Zoomstufen angewiesen sind, weil sie ein weniger gutes Sehvermögen haben, von Ihren Websites ausschließen, wenn Sie die Zoomstufen begrenzen oder die Zoomfähigkeit sogar komplett deaktivieren! Machen Sie diesen Fehler nicht, und lassen Ihren Besuchern die Möglichkeit, die Größe der Website ihren Wünschen entsprechend anzupassen.

Wenn Sie den iOS-Orientation-Bug noch angehen wollen, gibt es ein kleines Skript von Scott Jehl, das mittels des Beschleunigungssensors (*Accelerometer*) des mobilen Gerätes erfasst, wenn das Gerät gedreht wird, und dann einfach kurzzeitig die Skalierung durch die Benutzer unterbindet. Die restliche Zeit kann die Website ohne Einschränkungen skaliert werden. Sehr clever! Sie finden das Script unter *https://github.com/scottjehl/iOS-Orientationchange-Fix*.

Wie setzen Sie den Viewport für eine mobil-optimierte Website richtig?

Um im Responsive Design die per Media Queries optimierte Darstellung Ihrer Website beim ersten Aufruf richtig anzuzeigen, müssen Sie die Skalierung durch den Browser abschalten – schließlich haben Sie die ja selbst in die Hand genommen. Dazu setzen Sie die Breite des Layout-Viewports mittels `width=device-width` auf die Breite des visuellen Viewports, also die sichtbare Ausgabebreite.

```
<meta name="viewport" content="width=device-width, initial-scale=1.0">
```

Mit dieser Angabe werden dann auch die unterschiedlichen Standard-Layout-Viewports der verschiedenen Geräte normalisiert und jeweils auf die aktuelle Displaygröße angepasst. Dazu gehört auch die Angabe `initial-scale=1.0`, um einen Bug bei den iPhones zu berücksichtigen. Wenn Sie `initial-scale=1.0` weglassen, behält das iPhone beim Drehen des Gerätes von der Hochformat- in die Queransicht die `device-width` von 320 Pixeln und skaliert die Seite dann auf die nun längere horizontale Breite. Als Ergebnis wird das gesamte Layout um den Faktor 1,5 (480 Pixel zu 320 Pixel) beim iPhone 4 vergrößert. Das liegt daran, dass iOS als `device-width` immer die schmalere Seite annimmt – also auch, wenn das Gerät horizontal gehalten wird und man annehmen könnte, dass die `device-width` sich jetzt auf die längere Seite bezieht.

Das klingt ziemlich abstrakt, aber testen Sie es einfach einmal selbst, indem Sie in einem der Beispiele von der DVD die Angaben `initial-scale=1.0` entfernen und dann das iPhone drehen. Sie sehen den Unterschied sofort.

Die Eigenschaften des Viewport-Metatags in der Übersicht

Viewport-Einstellung	Werte	Definition
`width` / `height`	`device-width`, `device-height`, `[ganze Zahl]px`	Ermöglicht das Setzen des Layout-Viewports auf die Größe des virtuellen Viewports oder eine feste Breite.
`initial-scale`	0.5 entspricht 50 %, 1.0 entspricht 100 %, 2.0 entspricht 200 %	Anfangswert des Zoomgrades, in dem eine Seite aufgebaut wird
`user-scalable`	`yes` (default), `no`	Erlaubt oder unterbindet das Skalieren der Website für den Benutzer.
`minimum-scale` / `maximum-scale`	0.5 entspricht 50 %, 1.0 entspricht 100 %, 2.0 entspricht 200 %	Schränkt die minimale oder maximale Skalierung der Seite ein.

Tabelle 3.3 Die Eigenschaften des Viewport-Metatags

3.5.5 Die @viewport-Anweisung in CSS

Das Viewport-Metatag wurde ursprünglich von Apple für Safari auf iOS-Geräten eingeführt und von den meisten anderen Browser-Herstellern übernommen, obwohl es nie als Standard definiert wurde. Seine Interpretationsregeln weichen wohl auch daher in verschiedenen Geräten voneinander ab, insbesondere wenn die `device-width` adressiert wird. Außerdem wurde mit dem Viewport-Metatag wieder eine Layoutdefinition in das HTML geholt, die eigentlich in die CSS-Deklaration gehört.

Die neuere CSS-Anweisung `@viewport` hat vergleichbare Eigenschaften und soll das Viewport-Metatag ablösen. Zusätzlich bietet es auch neue Möglichkeiten, da es in verschiedenen Media Queries unterschiedlich deklariert werden kann. Die Spezifikation des W3Cs für die `@viewport`-Anweisung (*http://dev.w3.org/csswg/css-device-adapt*) ist noch im Entwurf und wird zur Zeit nur von Opera und dem Internet Explorer 10 unterstützt. Für den IE 10 ist es allerdings auch schon dringend notwendig, da dieser im Snap-Modus von Windows 8 das Viewport-Metatag nicht mehr interpretiert (*http://timkadlec.com/2012/10/ie10-snap-mode-and-responsive-design*).

Die Eigenschaften von `@viewport` ähneln denen des Viewport-Metatags, allerdings müssen Sie bei der CSS-Deklaration mit den Browser-Präfixen arbeiten. Mit der folgenden Anweisung überschreiben Sie den browsereigenen Layout-Viewport mit der Gerätebreite für alle (derzeit) denkbaren Fälle:

```
<meta name="viewport" content="width=device-width, initial-scale=1.0">
<styles>
    @-ms-viewport { width: device-width; zoom:1; }
    @-o-viewport { width: device-width; zoom:1; }
    @viewport { width: device-width; zoom:1; }
<styles>
```

Tipp: Definieren Sie Viewport-Metagtag und @viewport-Anweisung

Wir empfehlen, bis sich die Standards durchgesetzt haben, sowohl das Metatag als auch die CSS-Eigenschaft für den Viewport zu definieren, um sicherzustellen, dass Sie auch zukünftig alle Browser adressieren.

Weitere Eigenschaften für `@viewport` finden Sie in der folgenden Tabelle:

Eigenschaft	Werte	Beschreibung
width, height	auto, device-width, absolute oder relative Längenangaben	Ermöglicht das Setzen des Viewports auf die Größe des virtuellen Viewports oder eine feste Breite.
max-width, max-height	auto, device-width, absolute oder relative Längenangaben	Gibt an, wie breit bzw. hoch der Viewport maximal werden kann.
min-width, min-height	auto, device-width, absolute oder relative Längenangaben	Gibt an, wie breit bzw. hoch der Viewport minimal werden kann.
zoom	auto, Zahlenwert (z. B. 1.5), Prozentwert (z. B. 150 %)	Entspricht dem initial-scale im Metatag.
min-zoom	auto, Zahlenwert (z. B. 1.5), Prozentwert (z. B. 150 %)	Entspricht dem minimum-scale im Metatag.
max-zoom	auto, Zahlenwert (z. B. 1.5), Prozentwert (z. B. 150 %)	Entspricht dem maximum-scale im Metatag.
user-zoom	zoom, fixed	Entspricht dem user-scalable im Metatag.

Tabelle 3.4 Vergleich der CSS-@viewport-Eigenschaften mit den Eigenschaften des Viewport-Metatags

Eigenschaft	Werte	Beschreibung
orientation	auto, portrait, landscape	Gibt an, dass ein Dokument im Hoch- bzw. Querformat betrachtet werden soll – ein anderer Wert als auto verhindert eine automatische Drehung des Dokuments beim Drehen des Geräts.

Tabelle 3.4 Vergleich der CSS-@viewport-Eigenschaften mit den Eigenschaften des Viewport-Metatags (Forts.)

Das @viewport darf auch innerhalb eines Media Querys gesetzt werden. Das ermöglicht im Gegensatz zum Viewport-Metatag auch unterschiedliche Angaben für verschiedene Medien.

```
@media only screen and (max-device-width: 480px) {
    @viewport { width: device-width; }
    /* CSS-Anweisungen */
}
```

3.6   Media Queries im Responsive Webdesign

Wir haben Ihnen gezeigt, welche Syntax Media Queries haben und welche Schlüsselworte für die unterschiedlichen Medientypen und Medieneigenschaften verwendet werden können. Sehen Sie jetzt, auf welche Arten Sie Media Queries im Responsive Design einsetzen können. Von den vielen genannten Medieneigenschaften werden Sie eine besonders intensiv verwenden, nämlich die Abfrage der Viewport-Breite.

In unseren folgenden Beispielen verwenden wir die Syntax für die @media-Einbindung. Nach dem beschriebenen Schema können Sie die Media Queries natürlich auch im <link>-Element unterbringen:

```
<link rel="stylesheet" href="styles.css" media="only screen and (max-device-width: 480px)">
```

3.6.1   Medieneigenschaft: width

Für die Abfrage der Viewport-Breite verwenden Sie die Eigenschaft width. Mit width erfassen Sie alle Viewports, die Ihrer Größendefinition exakt entsprechen. Mit min-width erfassen Sie alle Viewports, die mindestens so groß sind wie der Wert, also auch alle, die größer sind. Mit max-width erfassen Sie die Viewports, die maximal so groß und kleiner sind wie der im Media Query gesetzte Wert.

```
@media only screen and (max-width: 480px) {
    /* CSS-Anweisungen */
}
```

---

min-width für Mobil First, max-width für Desktop First

Bei einem Mobil-First-Ansatz gelten Ihre Default-CSS-Styles für die kleinsten Bildschirme. Mit min-width:[Breakpoints] passen Sie das Styling dann nach und nach für immer größere Viewports an. Beim Desktop-First-Ansatz arbeiten Sie hingegen mit max-width:[Breakpoints] und definieren Ihre Styles für immer kleinere Viewports.

Zur Strategie »Mobile First« erfahren Sie mehr in Kapitel 7, »Responsive Layout-Patterns«.

Mit der Medieneigenschaft (max-width: 480px) erreichen Sie also alle Ausgabemedien mit einem Viewport von 480 Pixeln Breite oder weniger. Das gilt sowohl für ein auf unter 480 Pixel verkleinertes Browserfenster auf einem 1920 Pixel breiten Monitor als auch für ein Smartphone mit einer Auflösung von 320 × 480 Pixel.

3.6.2 Medieneigenschaft: device-width

Verwenden Sie hingegen (max-device-width: 480px), gelten Ihre CSS-Styles nur für Ausgabemedien, deren Displaygröße 480 Pixel beträgt oder kleiner ist, also nicht mehr für größere Monitore mit auf 480 Pixel verkleinerten Browserfenstern.

```
@media only screen and (max-device-width: 480px) {
    /* CSS-Anweisungen */
}
```

Achtung: Abweichende Interpretation bei Mobile Safari

Während sich bei den anderen mobilen Browsern device-width und device-height ändern, je nachdem, in welcher Ausrichtung das Gerät gehalten wird, bezieht sich beim Mobile Safari auf iOS die device-height auch im Querformat immer auf die längere Seite des Displays.

Um ein quer gehaltenes iPhone zu identifizieren, müssen Sie daher die etwas weiter unten beschriebene Eigenschaft orientation einsetzen. Alternativ nutzen Sie, wie wir es an anderer Stelle auch schon vorschlagen, width und height anstelle von device-width und device-height.

Vergessen Sie nicht: device-width und device-height adressieren nicht die physikalische Auflösung der Bildschirm-Hardware. Auch mit diesen Medieneigenschaften beziehen Sie sich auf die Abmessungen des visuellen Viewports auf einem Gerät.

width statt device-width

Durch die weiter oben beschriebene Anweisung `width=device-width` im Viewport-Metatag wird die Viewport-width auf die Größe der `device-width` gesetzt. Um Ihr Design auch für kleine Viewports auf größeren Geräten responsiv zu machen (und damit Sie auf dem Desktop vernünftig testen können), verwenden Sie in Ihren Media Queries `width` statt `device-width`.

3.6.3   Media Queries in em

Auch wenn es natürlich erscheint, die Media Queries in Pixeln zu spezifizieren (schließlich ist der Bildschirm ja auch in Pixeln bemessen), ist es besser, die Einheit em zu verwenden. Sie müssen dann zwar in dem meisten Fällen den gewünschten Pixel-wert anhand der Basisschriftgröße erst einmal umrechnen, erhalten aber eine zusätzliche Funktionalität: Die Media Queries funktionieren auch für den Page-Zoom des Browsers.

Pixel-basierende Media Queries reagieren auf manchen Geräten ausschließlich auf das Verändern der Bildschirmgröße, em-basierende hingegen immer auf das Verhältnis Browserabmessung zu Schriftgröße. Wenn Sie also auf einem Desktoprechner die Schriftgröße durch das Verwenden der Zoomfunktion des Browsers vergrößern, würde bei Verwendung von Pixeln das Layout linear so vergrößert, dass es bald nicht mehr lesbar ist bzw. nicht mehr auf den Bildschirm passt. Verwenden Sie hingegen em, wird der passende nächstkleinere Breakpoint angesteuert, und der Nutzer erhält das Tablet-Layout, das viel besser zu seiner gewählten Schriftgröße passt.

```
@media only screen and (max-width: 60em) {
    /* CSS-Anweisungen */
}
```

Mittlerweile lösen alle aktuellen Desktopbrowser dieses Verhalten auch aus, wenn die Media Queries in Pixeln definiert sind, was für Menschen mit Seheinschränkungen eine große Hilfe ist. Ältere Browser (Safari 5) und andere Geräte wie der Amazon-Kindle hingegen interpretieren Pixel-Media-Queries weiterhin ausschließlich auf Basis der Pixelabmessungen des Bildschirms und zeigen bei großen Schriften eventuell ein – bezogen auf den tatsächlich verfügbaren Platz und die verwendete Schrift – ungeeignetes Layout an. (Lesen Sie dazu auch den Blogartikel von Lyza Gardner: *http://blog.cloudfour.com/the-ems-have-it-proportional-media-queries-ftw.*)

Daher sollten Sie em als relatives Maß auch in den Media Queries verwenden – es ist auch nicht schwer, es in der Praxis umzusetzen (siehe nächsten Kasten).

Umrechnen der Breakpoints von Pixel in em

Man verfährt hier genauso wie auch bei der Umrechnung für einzelne Elemente, wie Schriftgrößen, Dimensionen oder Abstände. Zu beachten ist lediglich, dass die Bezugsgröße immer die Basisschriftgröße ist – auch wenn diese für eine Ansicht in den Media Queries schon überschrieben wurde.

Beispiel zur Umrechnung:

320px ÷ 16px/em = 20em

Bei einer Basisschriftgröße von 16 Pixeln entspräche

```
@media only screen and (min-width: 320px) {...}
```

also

```
@media only screen and (min-width: 20em) {...}
```

Abbildung 3.5 Layoutveränderungen für unterschiedliche Zoomstufen in Chrome sind eine gute Hilfe für Menschen mit Seheinschränkungen.

3.6.4   Medieneigenschaft: height – vertikale Media Queries

Im Gegensatz zur Eigenschaft `width` fristet ihre Schwester `height` ein eher kümmerliches Dasein – man begegnet ihr kaum einmal in Projekten. Das liegt vermutlich daran, dass Designs in erster Linie darauf ausgelegt sind, horizontal in einen Bildschirm zu passen; vertikales Scrollen ist bei Websites die Regel. Genau wie die Breite lässt sich aber auch die Höhe per Media Query abfragen, und in manchen Fällen ist das auch sehr sinnvoll.

Einerseits eignet sich die Abfrage der Höhe für kleinere Anpassungen, mit der Sie z. B. für kurze Bildschirme (ältere iPhones, Seitenverhältnis 2:3) Elemente wie Bilder in der Höhe beschneiden, die auf längeren Bildschirmen (9:16 oder 5:3 auf vielen Android-Geräten) vollständig ausgegeben werden oder generell Absatzabstände oder den Zeilenabstand verringern können.

Andererseits eignen sich vertikale Abfragen auch zur Lösung eines anderen Problems: Mit einer Bildschirmanpassung, die rein auf die Breite des Gerätes setzt, sorgen Sie beim Drehen eines Smartphones von der vertikalen in die horizontale Position für eine Vergrößerung des Layouts und dies ist eventuell mit einer Änderung der Schriftgröße verbunden. Da aber der verfügbare Platz auf dem Screen nicht größer geworden ist, sondern die Höhe nach dem Drehen deutlich geringer, ist das nicht unbedingt gewünscht. Auch hier können Sie mit einer Abfrage der `height` gegensteuern – oder mit der nächsten Medieneigenschaft `orientation`.

```
<style>
    /* CSS-Anweisungen für normale Höhe */

@media only screen and (max-width: 320px) and (min-height: 460px){
    /* CSS-Anweisungen für besonders lange Screens */
}
</style>
```

Listing 3.1 Vertikales Media Query für das iPhone 5/iOS 7

Mit dem Listing 3.1 erreichen Sie eine unterschiedliche Darstellung zwischen iPhone 3/4 und iPhone 5 (das genauso breit ist wie seine Vorgänger, aber länger). Sie sehen, dass für `min-height` 460 Pixel gewählt ist statt der 480 Pixel, die der Screen an Gesamthöhe meldet. Das liegt daran, dass Sie aufgrund des schon genannten iOS-Bugs nicht `device-width` verwenden können und `height` nur die Höhe des Browsers misst – da müssen die Menü- und Statusleisten noch abgezogen werden. An diesem Beispiel sehen Sie auch, dass das Zielen auf bestimmte Geräte problematisch ist. Beim iPhone unterscheidet sich der verfügbare Platz für das Browserfenster je nachdem, welche iOS-Version verwendet wird. Kein Problem, wenn Sie die Media Queries nicht nach Geräten setzen, sondern danach, was die Inhalte brauchen. Mehr zur Wahl der richtigen Breakpoints schreiben wir auch in Abschnitt 7.3, »Auswahl der Breakpoints«.

3.6.5   Medieneigenschaft: orientation

Mit dieser Eigenschaft adressieren Sie die Geräteausrichtung. Mit `orientation: portrait` erfassen Sie die hochformatige Ausrichtung und mit `orientation: landscape` das Querformat. Beispielsweise können Sie für die Smartphone-Variante Ihrer Website generelle Styles für beide Geräteausrichtungen vergeben und mit einem weiteren Media Query gezielt Änderungen für eine Orientierung einbauen:

```css
@media only screen and (min-width: 480px) {
    /* CSS-Anweisungen */
}
@media only screen and (min-width: 480px) and (orientation: landscape) {
    /* CSS-Anweisungen */
}
```

3.6.6   Medieneigenschaft: aspect-ratio, device-aspect-ratio

In der Praxis weniger gebräuchlich ist die Abfrage des Seitenverhältnisses des Viewports (`aspect-ratio`). Die Unterstützung der Eigenschaft `device-aspect-ratio` ist noch nicht sehr hoch.

```css
@media only screen and (aspect-ratio: 16/9) {
    /* CSS-Anweisungen */
}
```

Damit könnten Sie beispielsweise Tablets mit ungewöhnlicheren Seitenverhältnissen adressieren, wenn sich diese zu sehr vom allgemeinen für Tablets-optimierten Layout unterscheiden und dem Basis-Layout einige andere Abstände zuweisen. Hauptsächlich ist die Abfrage des `aspect-ratio` für App- oder Spieleentwickler interessant.

3.6.7   Medieneigenschaft: resolution und device-pixel-ratio

Zur Auslieferung von größeren Hintergrundgrafiken an Geräte mit hochauflösenden Displays brauchen Sie eine Möglichkeit, die Pixeldichte der Geräte abzufragen. Dafür verwenden Sie die Eigenschaft `resolution`. Zum Beispiel adressieren Sie mit `min-resolution: 192dpi` Browser mit einer minimalen Pixeldichte von 192 dpi. Bei Geräten mit nicht quadratischen Pixeln wird für `min-resolution` die weniger pixeldichte Ausrichtung betrachtet und für `max-resolution` die pixeldichtere Ausrichtung. Eine Ausnahme bilden hier die WebKit-Browser. WebKit-basierte Browser verwenden eine eigene Medieneigenschaft für die Erkennung der Pixeldichte, den `-webkit-min-device-pixel-ratio`. Die 192 dpi entsprechen einer Pixeldichte (dppx) von 2, also einem `-webkit-min-device-pixel-ratio: 2`.

Richtwert für Pixeldichte und Auflösung

1 dppx entspricht 96 dpi.

In Ihrem Media Query sollten Sie deshalb beide Eigenschaften berücksichtigen. Wie schon weiter oben beschrieben erzeugen Sie durch die Kommatrennung mehrerer Ausdrücke eine logische Oder-Abfrage in einem Media Query. Es muss also nur ein Ausdruck zutreffen, damit die CSS-Eigenschaften angewandt werden.

```
@media
   only screen and (-webkit-min-device-pixel-ratio: 2),
   only screen and (min-resolution: 192dpi) {
      /* CSS-Anweisungen */
}
```

Listing 3.2 Diese CSS-Eigenschaften greifen für Geräte mit einer Mindestauflösung von 192 dpi, was einer Pixeldichte von 2 entspricht.

Leider wird es noch ein bisschen komplizierter. Opera und Mozilla haben die `device-pixel-ratio` mit ihren eigenen Präfixen später adaptiert. Die Angabe der Pixeldichte erfordert weniger Rechenkunst als die der Auflösung in dpi (dots per inch) und dpcm (dots per centimeter), wie es für die `resolution` gefordert war. Allerdings wurde auch hier nachgebessert und zu den beiden vorhandenen Einheiten (dpi und dpcm) gibt es jetzt auch für die `resolution` die Möglichkeit, den Wert für die Pixeldichte mit der Einheit dppx (dots per pixel) zu verwenden, was dem `device-pixel-ratio` entspricht.

Aus diesem Grund ist das Media Query zur Abfrage der Pixeldichte vorerst sehr umfangreich geworden, um sowohl ältere als auch neuere Browserversionen zu berücksichtigen.

```
@media
only screen and (-webkit-min-device-pixel-ratio: 2),
only screen and (   min--moz-device-pixel-ratio: 2),
only screen and (     -o-min-device-pixel-ratio: 2/1),
only screen and (       min-device-pixel-ratio: 2),
only screen and (             min-resolution: 192dpi),
only screen and (             min-resolution: 2dppx) {
   /* CSS-Anweisungen */
}
```

Listing 3.3 Diese CSS-Eigenschaften würden auf alle Geräte mit einer Mindestauflösung von 192 dpi angewandt, was einer Pixeldichte von 2 entspricht.

Sonderfall: -moz-device-pixel-ration

Die Schreibweise `min--moz-device-pixel-ratio` ist übrigens kein Fehler in dem Listing. Auch der `max`-Wert weicht von der allgemeinen Schreibweise ab. Es scheint, als wäre hier bei der Festlegung etwas schiefgegangen, und es gibt auch Meinungen, zusätzlich (`-moz-min-device-pixel-ratio: 2`) mit in das Media Query aufzunehmen, für den Fall, dass die Schreibweise von den Mozilla-Entwicklern noch angeglichen wird. Aber da die Empfehlung eindeutig dahin geht, zukünftig `resolution` zu verwenden und nicht `device-pixel-ratio`, vermuten wir, dass hier keine Anpassungen mehr vorgenommen werden.

Sonderfall: -o-device-pixel-ration

Die Opera-Entwickler haben die Implementierung von `device-pixel-ratio` wieder etwas anders vorgenommen, und zwar können hier nicht ganze Zahlen oder Dezimalzahlen verwendet werden wie bei allen anderen, sondern nur Brüche. 2 entspricht 2/1, 1.5 entspricht 3/2 usw.

Soll Ihre Media Query ab einer Pixeldichte von 1.5 gelten, was ein gebräuchlicher Wert für Android-Geräte ist, sähe das entsprechende Media Query so aus:

```
@media
only screen and (-webkit-min-device-pixel-ratio: 1.5),
only screen and (   min--moz-device-pixel-ratio: 1.5),
only screen and (     -o-min-device-pixel-ratio: 3/2),
only screen and (        min-device-pixel-ratio: 1.5),
only screen and (                 min-resolution: 144dpi),
only screen and (                 min-resolution: 1.5dppx) {
    /* CSS-Anweisungen */
}
```

Listing 3.4 Diese CSS-Eigenschaften greifen für alle Geräte mit einer Mindestauflösung von 144 dpi, was einer Pixeldichte von 1.5 entspricht.

resolution in ferner Zukunft

Wenn sich der neue Wert für `resolution` als Standard durchgesetzt hat und keine älteren Browser mehr unterstützt werden müssen, geht es auch kürzer:

```
@media only screen and (min-resolution: 1.5dppx) {
    /* CSS-Anweisungen */
}
```

Listing 3.5 Diese Anweisung ersetzt hoffentlich in einigen Jahren den Rattenschwanz von oben.

Gerät	Hardwarepixel, Auflösung (px)	Seitenverhältnis: aspect-ratio	Pixeldichte: -webkit-device-pixel-ratio	Bildschirmauflösung: resolution (ppi)	CSS-Pixel: (device-)width × (device-)height (px)
iPhone, iPhone3	480 × 320	3:2	1	163	480 × 320
iPhone4	960 × 640	3:2	2	326	480 × 320
iPhone5	1136 × 640	16:9	2	326	568 × 320
Samsung Galaxy S I und II	800 × 480	5:3	1.5	218	533 × 320
Samsung Galaxy S III	1280 × 720	16:9	2	306	640 × 360
Samsung Galaxy S IV	1920 × 1080	16:9	3	441	640 × 360
HTC Evo	800 × 480	5:3	1.5	217	533 × 320

Tabelle 3.5 Kenngrößen gängiger Smartphones

Gerät	Hardwarepixel Auflösung (px)	Seitenverhältnis: aspect-ratio	Pixeldichte: -webkit-device-pixel-ratio	Bildschirmauflösung: resolution (ppi)	CSS-Pixel: (device-)width × (device-)height (px)
iPad1, iPad2	1024 × 768	4:3	1	132	1024 × 768
iPad3, iPad4	2048 × 1536	4:3	2	264	1024 × 768
iPad Mini	1024 × 768	4:3	1	163	1024 × 768
Nexus 7	1280 × 800	8:5	1.3333	216	960 × 603
Nexus 7 2.Gen.	1920 × 1200	8:5	2	323	960 × 600
Amazon Kindle Fire	1024 × 600	128:75 (~ 16:9)	1	169	1024 × 600

Tabelle 3.6 Kenngrößen gängiger Tablets

3.7   Media Queries im HTML-Header oder im Stylesheet

Sie können Ihre Media Queries direkt in den `<link>`-Elementen im HTML-Code unterbringen:

```
<link rel="stylesheet" href="480base.css" media="all" />
<link rel="stylesheet" href="720bp.css" media="only screen and ⤶
  (min-width: 720px)" />
<link rel=stylesheet" href="986bp.css" media="only screen and ⤶
  (min-width: 986px)" />
<link rel="stylesheet" href="1200bp.css" media="only screen and ⤶
  (min-width: 1200px)" />
```

Allerdings führt das leider nicht dazu, dass nur die Stylesheets geladen werden, die
entsprechend der Viewport-Größe auch gebraucht werden, sondern es werden auch
die Stylesheets geladen, deren Queries nicht zutreffen – sie werden allerdings nicht
ausgeführt. Wenn Sie die HTTP-Requests Ihrer Website reduzieren wollen, sollten Sie
also lieber alle Media Queries in einem Stylesheet sammeln. Dem Thema »Performance-Optimierung« haben wir am Ende des Buchs ein eigenes Kapitel gewidmet;
dort werden wir auch auf die Reduzierung von Dateiabfragen eingehen (siehe Kapitel 12, »Qualitätssicherung und Optimierung«).

3.8   Das wichtigste Media Query ist kein Media Query!

Die wichtigste Regel bei der Entwicklung von Websites mit Media Queries ist: Berücksichtigen Sie Geräte, die Media Queries nicht interpretieren können, und erstellen Sie
einen Fallback, der diese Situation abfängt. Bei einem Mobil-First-Ansatz könnte das
die Basisversion Ihrer Website sein, bevor mit dem ersten Media Query die nächstgrößere Version adressiert wird. Natürlich geht das auch mit einem Desktop-First-
Ansatz. Wichtig ist, dass eine funktionsfähige Version Ihrer Website ohne Media Queries zur Verfügung steht.

3.9   Media Queries und die alten Internet Explorer

Die schlechte Nachricht ist, dass der Internet Explorer erst ab der Version 9 Media
Queries unterstützt. Die gute Nachricht ist, dass das nicht so schlimm ist, weil der
Marktanteil der alten Browser mittlerweile verschwindend gering ist und weil wir das
in unserer Stylesheet-Zuweisung berücksichtigen und den IEs kleiner 9 eine Layout-
stufe fest zuordnen können. Außerdem sind alle mobilen Geräte, auf die es ja bei den
Media Queries ankommt, mit modernen Browsern ausgestattet. Im Notfall können
Sie auch noch JavaScript zur Hilfe nehmen.

3.9.1   Nur Basislayout zuweisen

Die einfachste Methode ist, den alten IEs nur das Basislayout (das ja ohne Media Queries funktioniert) zur Verfügung zu stellen. Das funktioniert eher besser bei einem Desktop-First-Ansatz:

```
<link rel="stylesheet" href="480base.css" media="all">
<link rel="stylesheet" href="720bp.css" media="only screen and ↵
  (min-width: 720px)">
<link rel="stylesheet" href="986bp.css" media="only screen and ↵
  (min-width: 986px)">
```

3.9.2   Mittlere Layoutstufen mit Conditional Comments zuweisen

Falls das Basislayout bei einem Mobile-First-Ansatz nicht den Umsetzungswünschen entspricht, weisen Sie den alten IEs (< 9) die Stylesheets einer größeren Layoutstufe als Default in *Conditional Comments* zu:

```
<link rel="stylesheet" href="480base.css" media="all">
<link rel="stylesheet" href="720bp.css" media="only screen and ↵
  (min-width: 720px)">
<link rel="stylesheet" href="986bp.css" media="only screen and ↵
  (min-width: 986px)">
<!--[if lt IE 9 ]>
<link rel="stylesheet" href="720bp.css" media="screen">
<link rel="stylesheet" href="986bp.css" media="screen">
<![endif]-->
```

3.9.3   Media-Query-Unterstützung mit JavaScript nachrüsten

Sie können natürlich die fehlende Unterstützung von Media Queries auch mittels JavaScript beheben. Bedenken Sie dabei, dass möglicherweise in Umgebungen, in denen noch alte Internet Explorer im Einsatz sind, eventuell auch JavaScript aus Sicherheitsgründen deaktiviert ist. Zudem ist die JavaScript-Ausführung des IE 8 nicht gerade eine Rakete.

respond.js

Scott Jehl hat ein Polyfill für die Nachrüstung der fehlenden Unterstützung der CSS3-Medieneigenschaften `min-width` und `max-width` in Browsern (nicht nur IEs) geschrieben und das Skript unter *https://github.com/scottjehl/Respond* zur Verfügung gestellt.

css3-mediaqueries.js

Nicht ganz so schnell und klein wie *respond.js* ist das Script *css3-mediaqueries.js* von Wouter van der Graaf. Dafür kann es auch mehr und stellt älteren Browsern alle geläufigen CSS3-Medieneigenschaften zur Verfügung. Sie finden das Script unter *http://code.google.com/p/css3-mediaqueries-js*.

3.10   Zusammenfassung

In diesem Kapitel haben Sie erfahren, was Medientypen und Medieneigenschaften sind und wie Sie diese mit Media Queries abfragen können. Wir haben Ihnen die vielen Parameter der Medieneigenschaften vorgestellt und Ihnen gezeigt, wie Sie unterschiedliche Styles für Bildschirme mit unterschiedlicher Größe zuweisen.

Sie haben das Retina-Display kennengelernt und erfahren, wie sich durch hochauflösende Displays der vermeintlich feste Pixel in eine virtuelle Einheit verwandelt hat, die von den physikalischen Eigenschaften des Gerätedisplays unterschieden werden muss. Alle Media Queries beziehen sich nur auf diese virtuellen oder CSS-Pixel.

Das Wichtigste, was Sie für den Einsatz von Media Queries wissen müssen:

Media Query zur Abfrage unterschiedlicher Viewport-Breiten:

```
@media only screen and (min-width: 50em) {
    /* CSS-Anweisungen */
}
```

Das only ist wichtig, um die CSS-Anweisungen vor den Browsern zu verstecken, welche die Eigenschaften min-width und max-width nicht interpretieren können.

Vergessen Sie nicht, eine Basisversion Ihrer Website ganz ohne Media Queries bereitzustellen.

Verwenden Sie min-width, wenn Sie von einer schmalen Version zur Desktopversion stylen, und max-width, wenn Sie mit der Desktopversion als Basisversion beginnen und in den Media Queries die schmaleren Layouts definieren.

Das Sie nur mit dem richtigen Viewport-Metatag im <header> Ihrer Website auch auf den kleinen mobilen Geräten das Layout angepasst darstellen können, haben Sie ebenfalls in diesem Kapitel gelernt:

```
<meta name="viewport" content="width=device-width, initial-scale=1.0">
<styles>
    @-ms-viewport { width: device-width; zoom:1; }
    @-o-viewport { width: device-width; zoom:1; }
    @viewport { width: device-width; zoom:1; }
</styles>
```

Kapitel 4
Ein responsiver Workflow

»The world as we have created it is a process of our thinking. It cannot be changed without changing our thinking.«
Albert Einstein

Bevor wir zu weiteren technischen Aspekten des responsiven Webdesigns kommen, machen wir uns erst noch ein paar grundsätzlichere Gedanken zum gesamten Entwicklungsprozess. In diesem Kapitel beschreiben wir den Workflow näher, mit dem Sie responsive Websites planen, designen und erstellen, und Sie lernen, warum ein neuer Prozess überhaupt nötig ist. Wir zeigen Ihnen dazu einige wichtige Tools, mit denen Sie sich die Arbeit erleichtern können.

4.1　Der alte Prozess

Vielleicht ist es Ihnen auch schon so gegangen, aber je länger wir uns mit dem Erstellen von Websites für Kunden befassen, umso deutlicher haben wir das Gefühl bekommen, dass der herkömmliche und in den meisten Agenturen übliche Ansatz, eine Website zu entwickeln, nicht ausreichend ist. In der Regel werden Websites auf Basis mehr oder weniger konkreter Vorgaben des Kunden in einer Art »Wasserfall«-Systematik abgearbeitet. Oft gibt es inzwischen eine alte Website, die relaunched werden soll. Ein Logo, Farben und Schriften oder etwas gestaltetes Gedrucktes oder gar ein festgelegtes Corporate Design Manual (in den wenigsten Fällen mit aussagefähigen Vorgaben für das Web) sind vorhanden. Aus diesen Materialien und den strategischen Ideen erstellt ein Designer mittels Photoshop oder einer alternativen Grafiksoftware statische Designentwürfe, die dann dem Kunden vorgestellt werden.

Um den Aufwand im Rahmen zu halten, und weil in der Regel auch der echte Inhalt noch nicht vorliegt, werden ausgewählte Seiten entworfen, zum Beispiel die Homepage und wichtige typische Unterseiten. Diese Designs werden dann vom Kunden abgenommen (gegebenenfalls mit weiteren Korrekturrunden) und danach an die Frontend-Entwickler zur Umsetzung übergeben – in der Regel mit »Lorem-Ipsum«-Blindtexten. Wenn uns Kunden oder deren Marketing-Agenturen die Layouts liefern, gibt es oft detailliert vermasste bemessene Inhaltselemente, und manche Kunden messen später genau nach, ob die fertige Website den Pixelvorgaben auch exakt entspricht. Mit etwas Glück gibt es zusätzliche Informationen, z. B. zum Rollover-Verhalten von Menüs. Am Ende müssen dann in der Regel Backend-Entwickler das Ganze in ein Content-Management-System integrieren oder anderweitig interaktive Elemente umsetzen. Umsetzungsprobleme werden oft erst sehr spät im Prozess entdeckt und dann nur noch provisorisch behoben (symbolisiert durch die rückweisenden roten Pfeile in Abbildung 4.1).

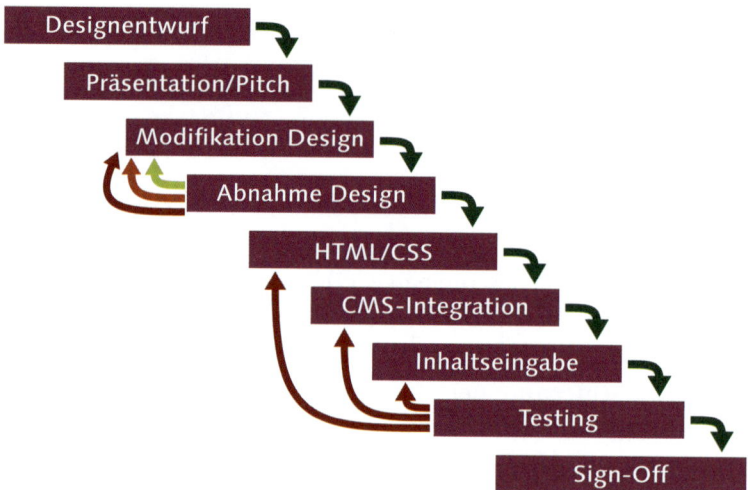

Abbildung 4.1 Webdesign-Workflow nach dem Wasserfallmodell

In diesem Workflow stecken (mindestens) zwei Annahmen:

1. Eine Website sieht in allen Browsern und anderen Endgeräten (!) gleich aus.
2. Das Design lässt sich mit statischen Abbildungen adäquat beschreiben.

Beide Annahmen sind falsch, und im Grunde waren sie das schon immer – bei statischen Designs ist das nur nicht so richtig aufgefallen! Wenn ein Photoshop-Mockup als Grundlage für eine Abnahme verwendet wird, müsste es alle relevanten Eigenschaften so abbilden, dass ein Entscheider auf dieser Basis bewerten kann, wie das fertige Ergebnis später aussehen und funktionieren wird.

Bei modernen und insbesondere responsiven Websites sind jedoch so viele Elemente flexibel und dynamisch und müssen den unterschiedlichen Gegebenheiten angepasst werden, dass ein auf statischen Mockups basierender Entwurf endgültig fehlschlägt. Der Aufwand, alle Seiten in allen möglichen Versionen statisch zu erfassen, wäre immens – und er könnte trotzdem keinen umfassenden Eindruck des fertigen Produkts (alle möglichen Ansichten einer responsiven Website) bieten. Wir brauchen also einen neuen Entwurfsprozess!

Dieser neue Workflow muss zwei wesentliche Ziele erreichen: Zum einen muss er sich dynamisch veränderliche Inhalte, wie z. B. den sich beim Hovern oder Anklicken ändernden Status eines Menüs, so dokumentieren, dass Entwickler diese umsetzen können. Zum anderen muss er in der Lage sein, diese Dynamik auch für Kunden nachvollziehbar und erfahrbar zu machen. Auch wenn ein Rollover-Effekt durch zwei statische Ansichten und etwas Text beschrieben werden kann, wird dadurch nur unzureichend die Erfahrung einer Animation zwischen den Zuständen beschrieben. Bei der Produktion von Kinofilmen geben Regisseure inzwischen oft animierten Pre-Visualisierungen den Vorzug vor statischen Storyboards.

Moderne Websites sind dynamisch; sie unterscheiden sich stark von Broschüren oder anderen Produkten des Printdesigns. Im responsiven Design – wie auch im modernen Webdesign generell – ist der Entwurf viel stärker mit der Entwicklung verzahnt. Browserspezifische Funktionen, an Fenstergrößen angepasste Layouts, Transformationen, Animationen und dynamische Funktion sind auf Papier (oder im PDF) nicht abbildbar. Müssen Sie also nun von Anfang an alle Designentwürfe auch umsetzen? Oder muss der Kunde bis zur fertigen Umsetzung warten, bevor er wirklich einen Eindruck erhält, wie seine Website aussehen wird?

Nicht unbedingt – auch wenn insgesamt, auch auf Seiten des Kunden, mehr Vorstellungskraft benötigt wird, als das früher der Fall war. Die Lösung ist, den Entwurfsprozess besser aufzuteilen und die alten Designentwürfe, die sowohl Look & Feel als auch Layout und Funktionalität zeigen, durch angepasste Mittel zu ersetzen. Nebenbei lässt sich so der Entwurfsprozess weiter strukturieren, und Diskussionen über Umsetzungsdetails lassen sich besser auf die relevanten Aspekte beschränken. In Abbildung 4.2 sehen Sie im Überblick, wie das aussehen könnte; wir beschreiben die einzelnen Phasen in den folgenden Abschnitten.

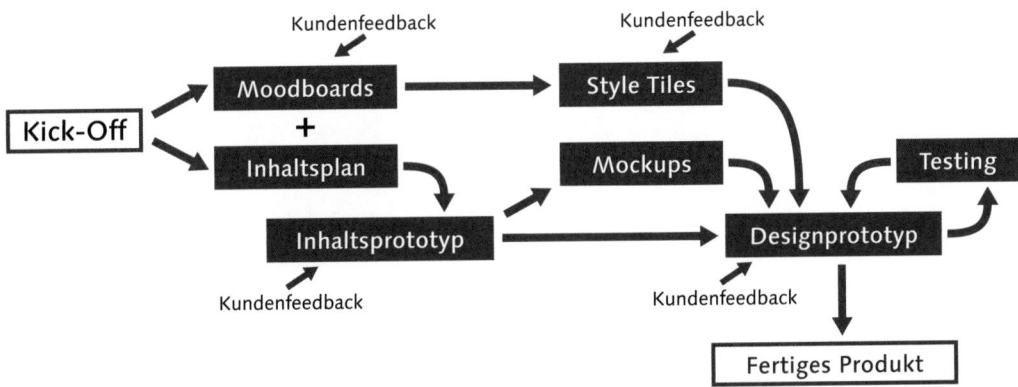

Abbildung 4.2 Ein neuer flexibler Workflow für das responsive Design

Was aber, wenn für eine Präsentation oder einen Pitch tatsächlich feste »Old-School-Layouts« gefordert sind? Nun, wenn Sie Ihren Kunden nicht davon überzeugen können, dass dieser alte Ansatz weniger geeignet ist (und wir wissen aus eigener Erfahrung, dass dies nicht immer möglich ist), können Sie den Prozess immer noch intern verwenden, um die geforderten statischen Layouts zu erstellen. Sie können aus fertigen responsiven Prototypen sogar ohne viel Aufwand per Screenshot diverse statische Screens ableiten und diese dann für die Präsentation verwenden. Als Nebeneffekt erhalten Sie so automatisch Screens, die sich auch umsetzen lassen, ohne zu viele technische Verrenkungen zu erfordern.

Beyond Photoshop

In der Vergangenheit hat sich Adobe Photoshop als Quasistandard auch für Webdesigner etabliert. In jüngerer Zeit mehren sich die Stimmen, die Photoshop oder generell pixelbasierte Bildbearbeitungssoftware für weniger geeignet halten, um Websites zu gestalten. Ein Grund ist, dass es in Vektorsoftware viel leichter, ist Dimensionen von Elementen zu verändern. Vincent Le Moign erklärt in einem Artikel im Smashing Magazine, was aus seiner Sicht die Vorteile von Illustrator sind (*http://www.smashingmagazine.com/2011/01/17/productive-web-design-with-adobe-illustrator*). Im responsiven Design ist die Möglichkeit, Elemente schnell und einfach zu skalieren, noch wichtiger als bei statischen Designs – auch das spricht für ein Vektorgrafik-Programm. Dasselbe Argument gilt natürlich auch für andere Software wie Inkscape (*http://inkscape.org*, Open Source) oder Adobe InDesign (nicht Open Source).

Auch Adobe Fireworks (eigentlich das offizielle Adobe-Tool für Webdesign) hat – obwohl es sich nie so richtig durchsetzen konnte – einige Vorteile gegenüber Photoshop. Einer davon kommt in der Zusammenarbeit mit Evernote als Designbibliothek zu tragen: Die Standarddateien von Fireworks sind als PNGs nach Ebenennamen und Stichworten durchsuchbar, was für die Archivierung von Designs interessante Möglichkeiten bietet.

4.2 Phase 1: Moodboards und Inhaltsplan

Auch wenn es nicht möglich ist, den kompletten Eindruck einer Website (also das Look & Feel) auf Papier zu simulieren, lässt sich das Aussehen (der Look) einigermaßen gut statisch darstellen. Dazu benötigen Sie nicht unbedingt ein Layout oder Inhalte. Tatsächlich können diese sogar störend sein, wenn sie in der Diskussion von der visuellen Wirkung des Designs ablenken.

4.2.1 Moodboards

Die ersten Werkzeuge im Arsenal des responsiven Webdesigners sind *Moodboards*. Das sind Collagen, in denen Bilder und Motive gesammelt werden, um damit den emotionalen Eindruck zu zeigen, den das fertige Werk beim Betrachter auslösen soll.

Ein paar Beispiele für die unterschiedliche Atmosphäre, die von Moodboards ausgehen kann, sehen Sie in Abbildung 4.3.

Abbildung 4.3 Moodboards helfen, die »Tonlage« für das Design zu finden (Bildmaterial: Jordanhill School D&T Dept/VFS Digital Design).

Moodboards sind vor allem zu Beginn einer Designphase nützlich, wenn die allgemeine Entwurfsrichtung gefunden werden soll. Sie eignen sich dazu, um mit dem Kunden eine geplante Wirkung abzustimmen, ohne bereits viel Aufwand für konkrete Entwurfsdetails zu betreiben. Moodboards können aus Fotos und Illustrationen bestehen, aber auch Websites oder Ausschnitte daraus enthalten.

4.2.2 Inhalte strukturieren und hierarchisieren

Beim Design responsiver Websites kommt den Inhalten eine besonders große Bedeutung zu. An ihnen richtet sich das Design aus – nicht umgekehrt. Deswegen ist es besonders wichtig, zu Beginn des Designprozesses möglichst schon reale Inhalte zur Verfügung zu haben. Je »echter« und vielfältiger die Inhalte sind, desto besser. Wenn keine realen Inhalte zur Verfügung stehen, müssen Sie sich mit einem Inhaltsstrukturplan begnügen. Dabei werden die Inhalte in ihrer Ausgestaltung seitengenau beschrieben.

Ziel ist das Gliedern und Zusammenfassen der Inhalte, sei es zu Produkten, Veranstaltungen oder Artikeln in Informationsblöcken. Informationsbestandteile wie die Produktbeschreibung oder die Kontaktdaten werden so im Gesamtkontext eindeutig zuordenbar. Informationsblöcke stehen für sich allein; sie lassen sich weiterverwenden und in einem anderen Kontext darstellen. Das ist die Grundlage, um die Blöcke dann in den verschiedenen Ansichten des responsiven Designs einzusetzen und zu planen, wie sich die Anordnung der Inhalte von einem Breakpoint zum anderen ändert.

Abbildung 4.4 Gut strukturierte Inhalte sind die Grundlage für responsive Designs.

Eigene Tabellen versus WYSIWYG

Wenn Sie ein CMS einsetzen, dann lohnt es sich, die einzelnen Inhaltselemente in separaten Datenbankfeldern zu speichern. Nur dann können Sie Inhalte mit zusätzlichen Metadaten anreichern, z. B. den Typ des Inhalts (Newsartikel, Produkt oder Veranstaltungsdatum). Alle zusätzlichen Informationen helfen Ihnen später, die Inhalte flexibel anzuzeigen und zu gestalten.

Ein Beispiel: Wenn Sie eine Website für ein Nachrichtenmagazin erstellen, können Sie natürlich die Artikel einfach über einen WYSIWYG-Texteditor (»What You See Is What You Get«) eingeben lassen, dessen Funktionalität ähnlich einem Textverarbeitungsprogramm viele Formatierungsmöglichkeiten offen lässt. Ein Onlineredakteur wird sich über die Ähnlichkeit des neuen Systems mit seinem Word-Programm freuen und, wenn er es nicht besser weiß, die tollen Features auch benutzen. Wofür sind sie denn sonst da?

Das ist zwar einfach umzusetzen, und die Redakteure werden bestimmt auch zufrieden sein. Sie haben aber keinerlei Möglichkeiten, z. B. für eine Smartphone-Ansicht etwas an der Inhaltsstruktur zu ändern. Haben Sie stattdessen eine eigene Datenbanktabelle für News, die Titel, Teaser-Text, Datum, Hauptbild, weitere Bilder, Komplettext, Anhänge und Kategorien oder Schlagworte wie »Topnews«

unterscheidet, stehen Ihnen viele Möglichkeiten offen. Sie können bei weniger vorhandenem Platz statt des Teaser-Textes nur den Titel in einer Liste anzeigen oder nur für die »Topnews« das Hauptbild als Vorschau; für alle anderen Nachrichten wird es in der Liste ausgeblendet. Eine konkrete Anwendung finden Sie in Abschnitt 11.9, »Inhalte selektiv anzeigen und laden«. Auch unabhängig von der responsiven Umsetzung sind Sie mit möglichst granular strukturierten Inhalten auf neue Anforderungen am besten vorbereitet. So können diese Inhalte die Basis für die Website oder ein Onlinemagazin bilden und zugleich in Auszügen die Marketing-App oder den Referenz-Flyer speisen.

4.2.3   Content-Prototypen

Um die Inhalte von Anfang an besser in den Umsetzungsprozess zu integrieren, sollten Sie einen *Content-Prototypen* vorsehen. Das ist eine Entwicklungswebsite, welche die Struktur und die geplanten Inhalte der späteren fertigen Website abbildet, jedoch ohne das Design (siehe Abbildung 4.5).

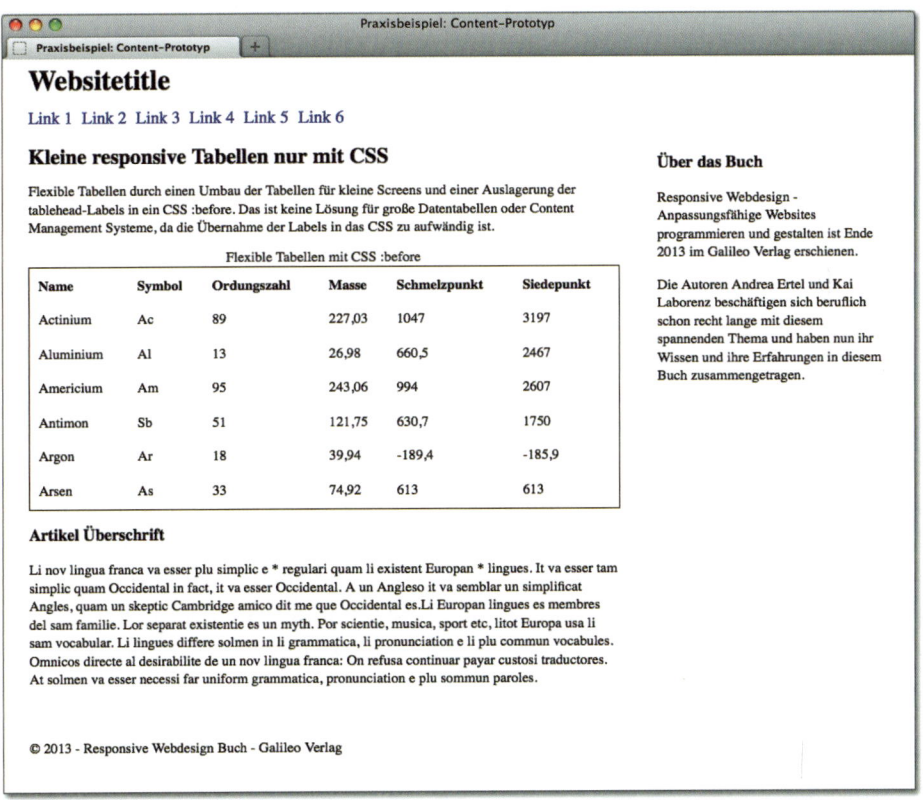

Abbildung 4.5 Der Content-Prototyp hilft dabei, die vorhandenen Inhalte zu strukturieren, und bildet die Basis für das responsive Design.

Als Basis können Sie eines der in Kapitel 8, »Frameworks für responsives Design«, vorgestellten Frameworks nutzen, am besten natürlich gleich das, welches Sie später für die Livesite verwenden wollen. Dort bauen Sie die Inhalte zunächst vollständig ohne ein eigenes Design auf.

Wenn Sie ein Content-Management-System verwenden werden, lassen Sie die Inhalte noch während der Entwicklungsphase direkt in das CMS eingeben.

Das Vorgehen hat gleich mehrere Vorteile:

▶ Durch die parallele Eingabe von Inhalten und die Entwicklung (auf einem anderen System) sparen Sie Projektzeit und können schneller zum Ergebnis kommen.

▶ Wenn das CMS des Content-Prototypen und das der späteren Livesite identisch sind, sammeln die Redakteure bereits jetzt Erfahrungen mit dem System, das sie später permanent nutzen sollen.

▶ Bei Problemen bei der Eingabe können Sie die Redakteure schon jetzt auf die korrekte Bedienung des CMS hinweisen.

Mit Moodboards und Inhalten ausgestattet können Sie in die nächste Phase des Prozesses eintreten.

4.3   Phase 2: Style Tiles und Wireframes

Die nächste Phase wird schon konkreter. Inhalte und Design sind noch weitgehend getrennt. Trotzdem können Sie das Wissen um die Inhalte schon in den Prozess zur Erstellung der Styles einbringen; aus den Inhalten ergeben sich Elemente, die besondere Bedeutung haben und in Style Tiles berücksichtigt werden sollten.

4.3.1   Style Tiles

Style Tiles sind eine jüngere Entdeckung. Bekannt geworden sind sie durch einen Artikel im Webdesign-Magazin »A List Apart« von Samantha Warren (*http://alistapart.com/article/style-tiles-and-how-they-work*). Sie beschreibt dort den Einsatz von *Style Tiles*, den sie zwischen *Moodboards* (zu vage) und *Mockups* (zu spezifisch) ansiedelt. Tatsächlich haben alle drei Werkzeuge ihren Platz im Designprozess – jedes zu seiner Zeit. Je nach Größe, Freiheitsgraden und Budget können auch nur einzelne Tools zum Einsatz kommen, wenn z. B. das übergeordnete Look & Feel bereits feststeht, braucht es keine *Moodboards* mehr. Auf ihrer eigenen Website (*http://styletil.es*) gibt es neben den theoretischen Erläuterungen zum Konzept und einem Beispiel (siehe Abbildung 4.6) ein Photoshop-Template (siehe Abbildung 4.7) zum Download.

4

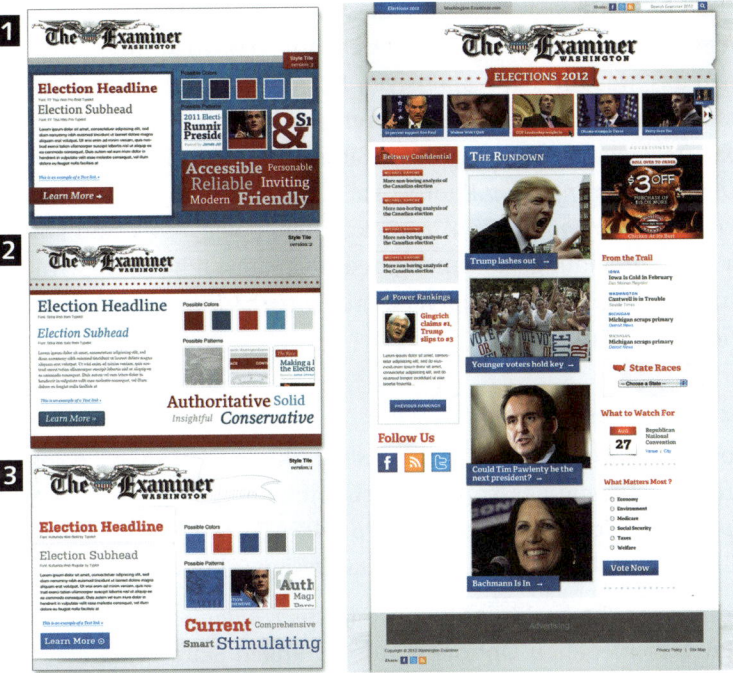

Abbildung 4.6 Drei verschiedene Style Tiles und die später daraus entstandene Website (Beispiel von Samantha Warren)

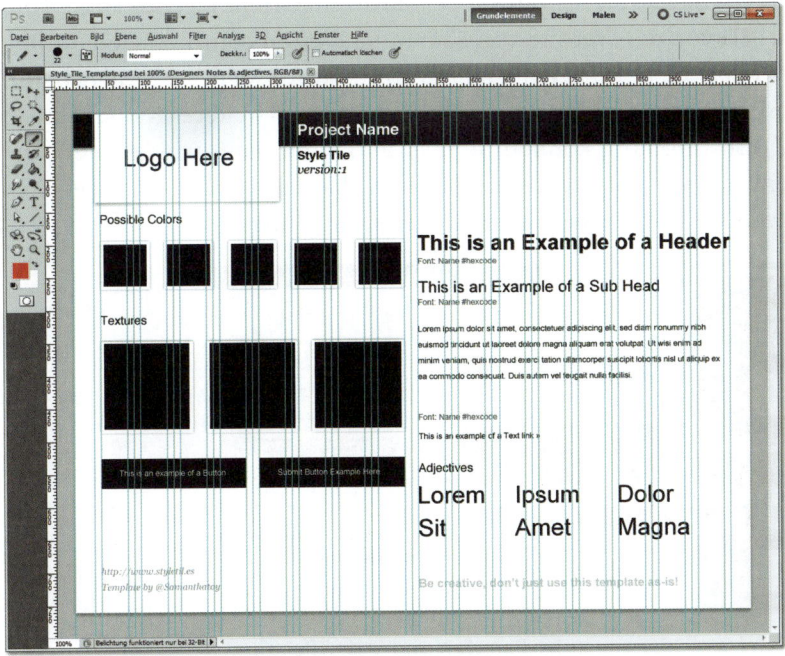

Abbildung 4.7 Das Photoshop-Template zu den Style Tiles wartet auf Input.

Für Sie sind *Style Tiles* besonders nützlich, weil diese schon recht detailliert über die geplanten Designelemente Auskunft geben, aber eben noch kein konkretes Layout beschreiben – genau das, was für den responsiven Designansatz benötigt wird. Aus eventuell vorhandenen *Moodboards* oder anderem Bildmaterial können Sie sich schnell eine Farbpalette generieren lassen, indem Sie auf einen Service wie Kuler von Adobe (*https://kuler.adobe.com*) oder Photocopa der COLOURlovers-Community (*http://www.colourlovers.com/photocopa*) zurückgreifen. Beide Tools sind kostenlos, erfordern aber eine Anmeldung. Für Kuler gibt es sogar eine iPhone-App, mit der Sie Farbpaletten auf Basis von Fotos erstellen können (*https://itunes.apple.com/us/app/adobe-kuler/id632313714*).

Vom Moodboard zu Style Tiles mit Kuler

Sie können aus Moodboards sehr einfach Style Tiles extrahieren. Nehmen Sie z. B. das Wasser-Moodboard vom Anfang des Kapitels (siehe Abbildung 4.3). Sie können es unter der URL *http://www.flickr.com/photos/58816914@N05/5648418982* von Flickr herunterladen (CC BY 2.0 Scott Strathern, VFS Digital Design School).

Dieses Moodboard können Sie zur Kuler-Website (*https://kuler.adobe.com/create*) hochladen. Mit den verschiedenen Optionen auf der linken Seite generiert Kuler Farbpaletten von »farbenfroh« bis »dunkel«. Für das Beispiel haben wir einmal eine farbenfrohe Palette und eine gedeckte erzeugt. Durch Kreise im Bild sehen Sie, wo Kuler die Farben entnommen hat. Wenn Ihnen keine der automatisch erzeugten Paletten gefällt, verschieben Sie die Farbkreise und erzeugen eine eigene Palette. Nun können Sie das PSD von der Website von Samantha Warren herunterladen (*http://styletil.es/downloads/Style_Tile_Template.psd.zip*) und mit den gewonnenen Farben und Texturen aus dem Moodboard anpassen. Mit einem weiteren Moodboard in einer anderen Farbstimmung können Sie das Verfahren dann wiederholen und erhalten gut vergleichbare unterschiedliche Designs, bei denen keine verschiedenen Layouts die Bewertung beeinflussen können (siehe Abbildung 4.8).

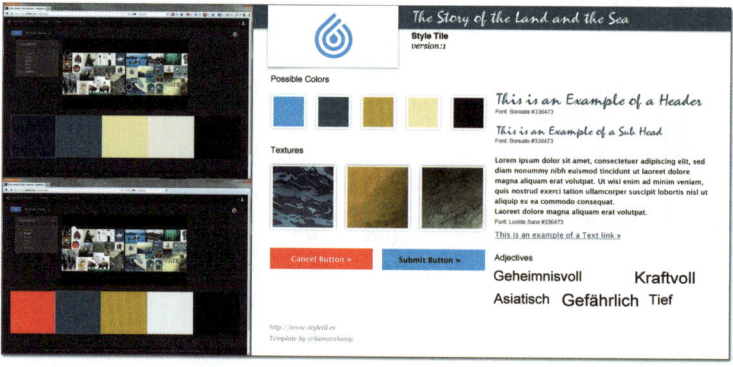

Abbildung 4.8 Zwei verschiedene Kuler-Paletten und Style Tiles zum Thema »Land und See«

Interactive Style Tiles

Die grafischen Style Tiles von Samantha Warren sind noch mittels Photoshop erstellt, was zur Idee des Designs im Browser ein wenig quergeht. Cliff Seal hat sich die Mühe gemacht, eine HTML/CSS-Umsetzung der Designtemplates von Samantha Warren zu entwickeln. Auf GitHub (*https://github.com/Pardot/Responsive-Boilerplate-for-Style-Tiles*) finden Sie eine Vorlage, die Sie nach eigenen Vorstellungen anpassen können, um damit Style Tiles direkt im Browser zu präsentieren.

Auch die Republic of Quality hat das Konzept der Style Tiles mit der Idee »Design im Browser« kombiniert und ein WordPress-Theme veröffentlicht (*http://www.republicofquality.com/style-tiles*), das Sie sich kostenfrei herunterladen und mit dem Sie einen interaktiven Stilkatalog umsetzen können. Nach Installation und Anlegen der benötigten Seiten haben Sie drei Style Tiles für unterschiedliche Designvarianten, die Sie über das WordPress-Administrationsinterface mit Farben, typografischen Anpassungen und Bildmotiven bestücken können. Sie können das Theme auf einer vorhandenen WordPress-Instanz einsetzen oder lokal mit einer WAMP- (*http://sourceforge.net/projects/wampserver*), MAMP- (*http://sourceforge.net/projects/mamp*) oder XAMPP-Instanz (*http://sourceforge.net/projects/xampp*) betreiben (siehe Abbildung 4.9).

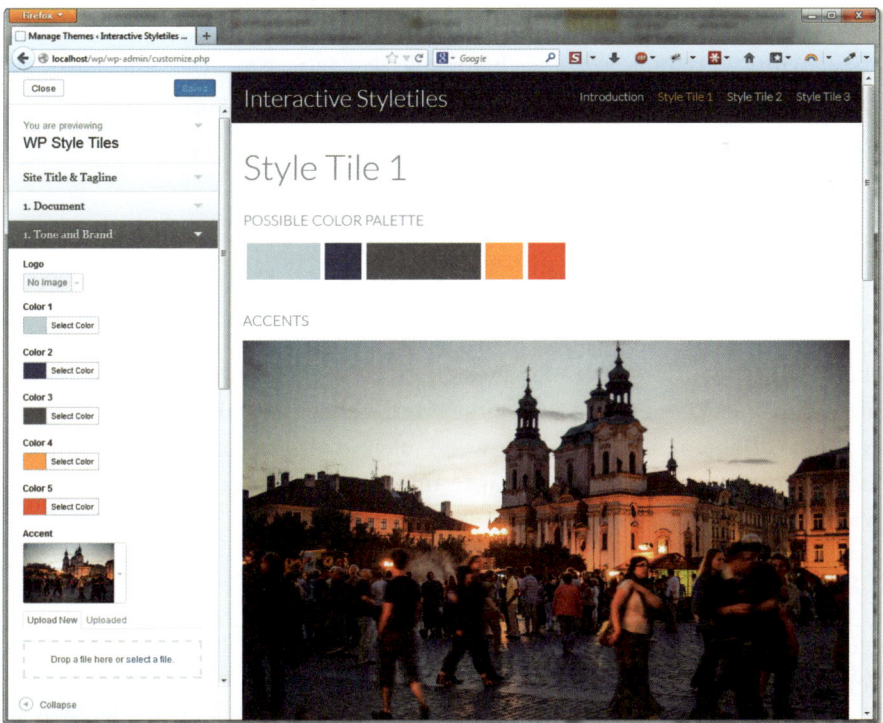

Abbildung 4.9 Die interaktiven Style Tiles lassen sich im WordPress-Adminpanel bearbeiten.

Das Theme ist fluide angelegt, und die Bilder skalieren. So können Sie Ihre Style Tiles auch mit einem Tablet oder Smartphone präsentieren. Es lassen sich keine eigenen Werte für unterschiedliche Breakpoints anlegen (richtig responsive ist das Theme also nicht), aber dafür ist es ja auch eine Betaversion (Stand August 2013), und vielleicht findet sich noch ein WordPress-Entwickler, der diese Funktionalität beisteuert.

So können Sie Ihre Style Tiles dort präsentieren, wo sie auch später zum Einsatz kommen: im Browser. Ein großer Vorteil dieses Ansatzes ist, dass es von Anfang an keine Möglichkeit gibt, Designelemente anzulegen, die mit HTML/CSS nicht sinnvoll umsetzbar sind.

4.3.2   Mockups

Ergänzt wird dieser Konzeptschritt, der sich ausschließlich auf das Aussehen konzentriert, durch eine Darstellung des Layouts, also der Anordnung der unterschiedlichen Elemente auf der Seite. Da die Gestaltung hierbei nicht mehr berücksichtigt werden muss – dafür haben wir die Style Tiles –, geht das nun vergleichsweise schnell. Das Werkzeug ist nicht mehr Photoshop. Das Layout wird nicht als High-Fidelity-Mockup präsentiert, sondern als *Wireframe* oder als Serie von Wireframes. Hier kann zum einen gut die Priorisierung der Inhalte im Vergleich der einzelnen Ansichten gezeigt werden, also welche Inhaltsbereiche wann und wo sichtbar werden. Zum anderen wird das geplante Verhalten der verschiedenen Navigationsbuttons und Links bei der Touchscreen-Bedienung in diesem Schritt festgehalten, also zum Beispiel:

- ▶ Button öffnet Popup-Menü onClick (Touch)
- ▶ Button öffnet Dropdown-Menü onClick (Touch)
- ▶ Sprung zum Anker (z. B. ans Ende der Seite) onClick (Touch)
- ▶ Button enthält einen Telefon-Link
- ▶ Button enthält einen Mailto-Link

Es ist ebenfalls nützlich, wenn Sie hier auch gleich die vielen kleinen Website-Funktionalitäten einzelner Elemente wie Bildergalerien, Tabellen, Multi-Content mit Reitern etc. mit erfassen, insbesondere wenn sich diese im mobile Layout mit Touchbedienung von der Desktopvariante unterscheiden und dafür ein anderes Design notwendig werden könnte.

Pen and Paper

Für die ersten Skizzen ist eine analoge Arbeitsweise mit Papier und Bleistift der geeignete Weg; den (hoffentlich) schnellen Fluss der Ideen können Sie mit Bleistift und Radiergummi schneller festhalten als mit jeder Software. Aber auch hier gibt es Hilfen aus der digitalen Welt. Bei den Netzialisten finden Sie z. B. eine Vorlage, mit der Sie schnell Layouts für unterschiedliche Screens skizzieren können (*http://die-*

netzialisten.de/wp-content/uploads/2012/05/SkizzenblattRWD.pdf). Im Blog Interface Sketch (*http://interfacesketch.tumblr.com*) werden verschiedene Geräte einzeln
als PDFs angeboten, sodass Sie sich auch ein eigene Kombination an Zielplattformen
zusammenstellen können. (Sie benötigen allerdings einen Google-Account um die
Google Docs herunterladen zu können.) Auch der Framework-Anbieter Zurb bietet
eigene Vorlagen (*http://zurb.com/playground/responsive-sketchsheets*) für responsive und feste Layouts an (siehe Abbildung 4.10).

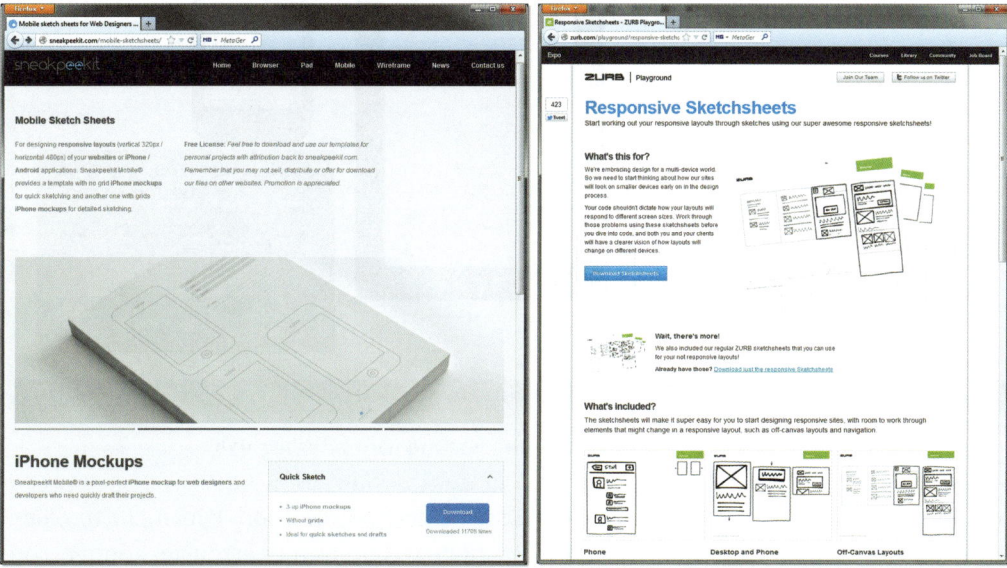

Abbildung 4.10 Exakt oder eher vage: Skizzenvorlagen von Sneakpeekit und Zurb

Eine sehr umfangreiche Sammlung von bemaßten Vorlagen gibt es bei Sneakpeekit
(*http://sneakpeekit.com/browser-sketchsheets*). Wenn Sie sich die Mühe des Ausdru-
ckens sparen wollen, können Sie auch fertige Skizzenbücher mit verschiedenen Vor-
drucken bei *http://appsketchbook.com* finden.

Irgendwann kommt aber der Moment, an dem Sie ihre Entwürfe versenden oder mit
anderen Kollegen teilen wollen; dann ist eine elektronische Variante schon sinnvol-
ler. Für die Erstellung von Wireframes gibt es natürlich eine Vielzahl unterschiedlicher Softwarewerkzeuge. Wenn Sie bei den Wireframes auf eine gezeichnete
Anmutung Wert legen, empfehlen wir Ihnen die Software Mockups von Balsamiq
(*http://www.balsamiq.com/products/mockups*). Mit ihr erzeugen Sie recht schnell
und intuitiv sogenannte Low-Fidelity-Mockups (siehe Abbildung 4.11). Unter *Lo-Fi-
Mockups* versteht man Mockups, die absichtlich unfertig aussehen, um nicht den
Eindruck eines fertigen Layouts zu erwecken. In der Teamversion des Programms
können Sie diese auch mit Kollegen (oder Kunden, wenn Sie das möchten) gemeinsam bearbeiten.

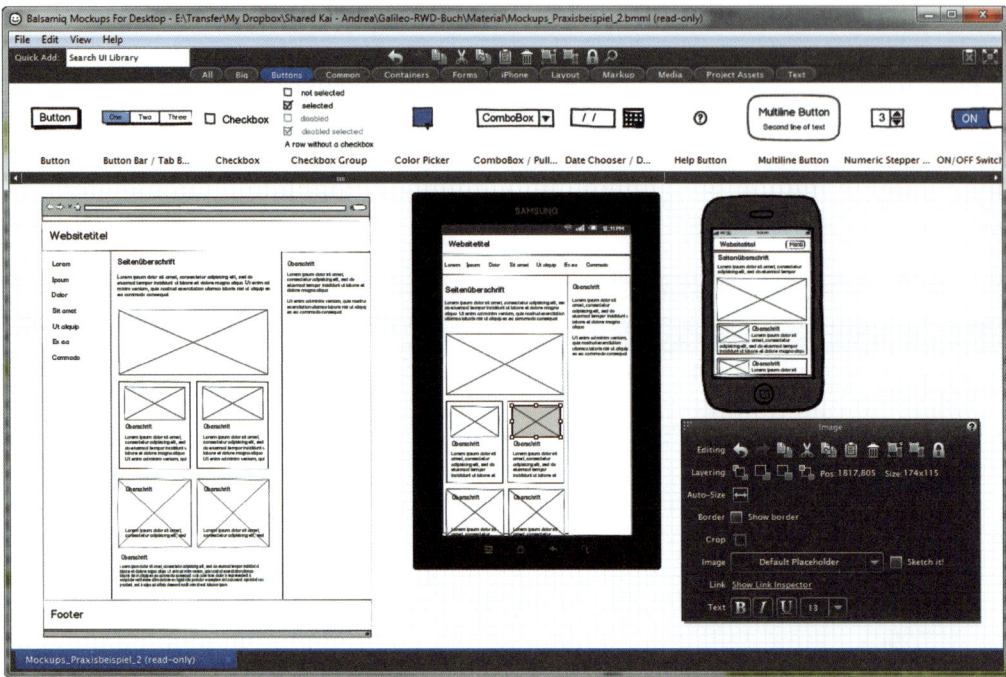

Abbildung 4.11 Balsamiq Mockups zeichnet Mockups im Scribble-Style.

Ein anderes Tool ist das kostenlose Open-Source-Tool Pencil (*http://pen-cil.evolus.vn*), mit dem Sie nicht nur gescribbelte Wireframes erzeugen können, sondern auch realistische UI-Elemente für beispielsweise Windows, iPhone und Android (siehe Abbildung 4.12). Pencil ist für Windows, OS X und Linux oder als Firefox-Extension erhältlich; die Version vom Juni 2013 ist allerdings noch etwas instabil.

Mit beiden Tools lassen sich in Grenzen auch interaktive Prototypen erzeugen, wenn Sie verschiedene Mockups verlinken. Für Balsamiq Mokkups ist das Anlegen von Links sehr einfach: Für jedes Element gibt es im Eigenschaften-Inspektor die Möglichkeit, ein Linkziel auszuwählen. Dabei werden alle Mockups im selben Ordner als Ziele angezeigt. Wenn Sie ein Menüelement angelegt haben, gibt es automatisch Link-Auswahlen für alle Menüpunkte. Dabei können Sie auch aktive Elemente wie Hover-Effekte zeigen, indem Sie zwei Mockups anlegen – eins mit dem Standardzustand und eins, das den Hover-Zustand abbildet. Wenn Sie dann vom inaktiven auf das aktive Mockup verlinken und von dort wieder zurück, können Sie das Verhalten einer Navigation ganz gut zeigen (siehe Abbildung 4.13).

4

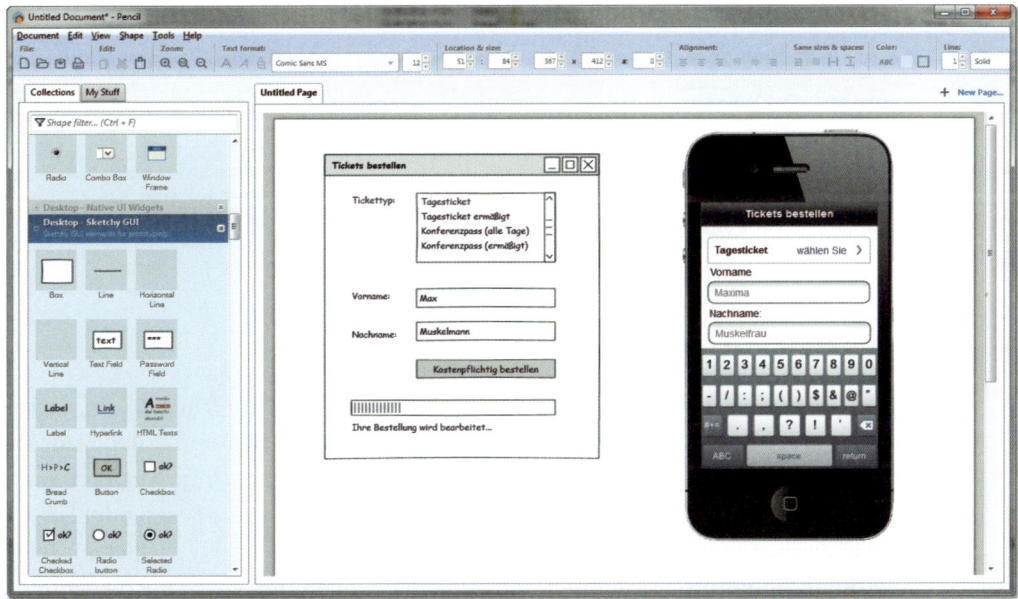

Abbildung 4.12 Mit Pencil lassen sich sowohl skizzenhafte als auch fast realistische Prototypen erstellen.

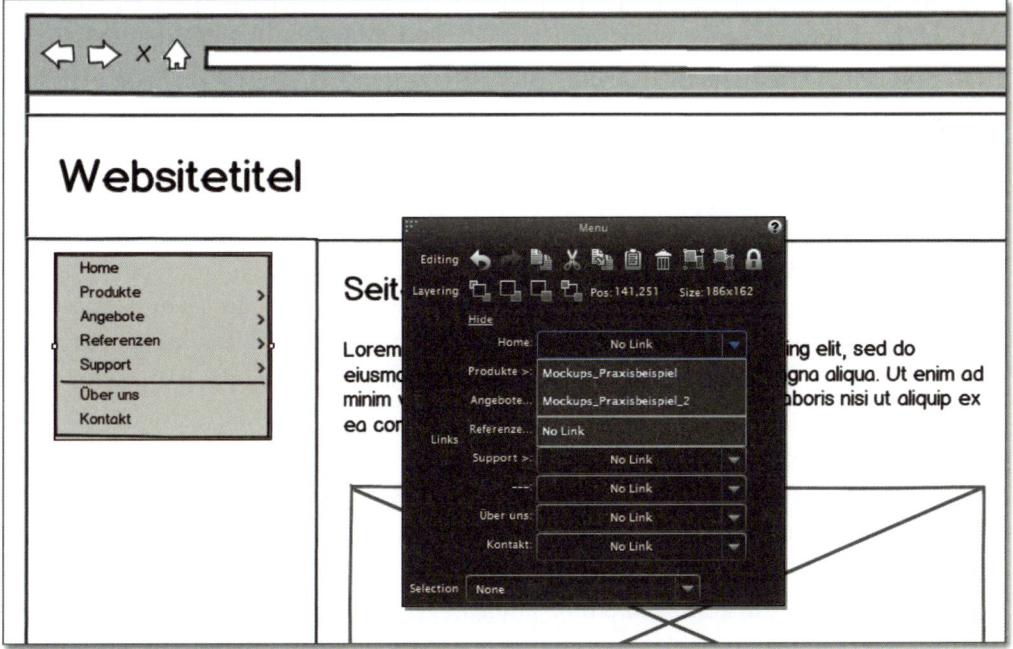

Abbildung 4.13 Interaktive Prototypen mit Balsamiq Mockups: Links anlegen

Weitere Tools zum Erstellen von Mockus sind:

▶ Omnigraffle (OS X): *http://www.omnigroup.com/products/omnigraffle*

▶ Axure (PC, OS X in Vorbereitung, ziemlich kostspielig): *http://www.axure.com*

▶ Proto.io (Web, speziell für Mobile Screens): *http://proto.io*

Alternativ können Sie mit Microsoft PowerPoint, Apple Keynote bzw. mit dem Open-Source-Pendant LibreOffice Impress (*https://www.libreoffice.org*) arbeiten.

4.4   Phase 3: Design im Browser

Die einzige Möglichkeit, ein responsives Verhalten wirklich zu erfahren, ist, es im Browser darzustellen. Auch für viele andere Effekte und Verhalten ist der Browser nicht nur das am besten geeignete Präsentationsmittel, sondern inzwischen auch das schnellste Prototyping-Werkzeug. Denken Sie einmal an runde Ecken oder Schatten. Lange Zeit die Nemesis für Webdesigner, lassen sich diese Effekte in allen einigermaßen modernen Browsern schnell und einfach erstellen und – was noch wichtiger ist – verändern. Sie präsentieren dem Kunden per Websession das neue Design, und er möchte die Ecke doch noch etwas runder haben. Im Browser ist das in Sekundenschnelle erledigt; mit Photoshop dauert das deutlich länger. Und die früher im Browser eher langwierigen Arbeiten wie der Aufbau eines Layoutrasters sind inzwischen auch im Browser leicht zu bewältigen. Wir sind in unserer täglichen Praxis inzwischen dazu übergegangen, nach der Erstellung von Style Tiles oder einem für eine Ansicht und eine Seite voll ausgearbeiteten Designentwurf alle weiteren Designanpassungen direkt im Browser durchzuführen.

Dank einer (inzwischen unüberschaubaren) Menge an CSS-Frameworks ist das Erstellen eines HTML-Prototypen einfach und schnell geworden. Mit einem »großen« Framework wie Bootstrap (*http://twitter.github.io/bootstrap*) oder Foundation (*http://foundation.zurb.com*) können Sie nicht nur Raster-basierende Layouts aufbauen, sondern auch zahlreiche fertige UI-Elemente wie Buttons, Navigationselemente oder Icons einsetzen. Der schon produktionsfertige Eindruck, den diese Frameworks hinterlassen, macht manchem Betrachter allerdings die Abstraktion schwer und führt eventuell später im Prozess zu Fragen, beispielsweise warum der fertige Prototyp denn »plötzlich so anders« aussehe als das abgenommene Design.

Andererseits können Sie das Framework auch für die Livesite verwenden (vorher nicht vergessen, ungenutzte Elemente zu entfernen und alle Skripte zusammenzufassen und zu komprimieren). Einfache Frameworks wie Wirefy (*http://get-wirefy.com*) oder PureCSS (*http://purecss.io*) verzichten auf vorgefertigte Elemente und halten Ihren Kopf frei für eigene Ideen. Trotzdem ersparen ein paar mitgelieferte Styles für Formularelemente, Tabellen oder Bildergalerien Ihnen einiges an Arbeit. In

Kapitel 8, »Frameworks für responsives Design«, beschreiben wir ein paar für responsives Webdesign geeignete Frameworks näher.

4.4.1 Online-Editoren

Recht neu sind dezidierte Online-Webeditoren wie Thinkin' Tags (*http://
www.thinkintags.com*) oder Webflow (*http://www.webflow.com*), die den Browser
als Konstruktionswerkzeug und gleichzeitig als Vorschauinstanz nutzen. Für den
Designprozess im Browser eignen sich solche Editoren ganz besonders, weil sie
Gestaltung und (Frontend-)Produktion im gleichen Werkzeug ermöglichen – genau,
was wir für das responsive Webdesign brauchen. Sehen wir uns Thinkin' Tags einmal
genauer an.

Thinkin' Tags – mehr als ein Online-Editor für YAML

Wenn Ihnen das CSS-Framework YAML ein Begriff ist (wenn nicht, lesen Sie den
Abschnitt 8.3.1, »YAML«), sollten Sie sich einmal das neue Projekt von Dirk Jesse ansehen: Thinkin' Tags ist nicht nur ein grafischer Editor für YAML, sondern bietet Unterstützung für weitere Frameworks und eignet sich als vollwertiger Editor für CSS,
inklusive Unterstützung für CSS3-Eigenschaften mit automatischer Ergänzung der
Hersteller-Präfixe (siehe Abbildung 4.14).

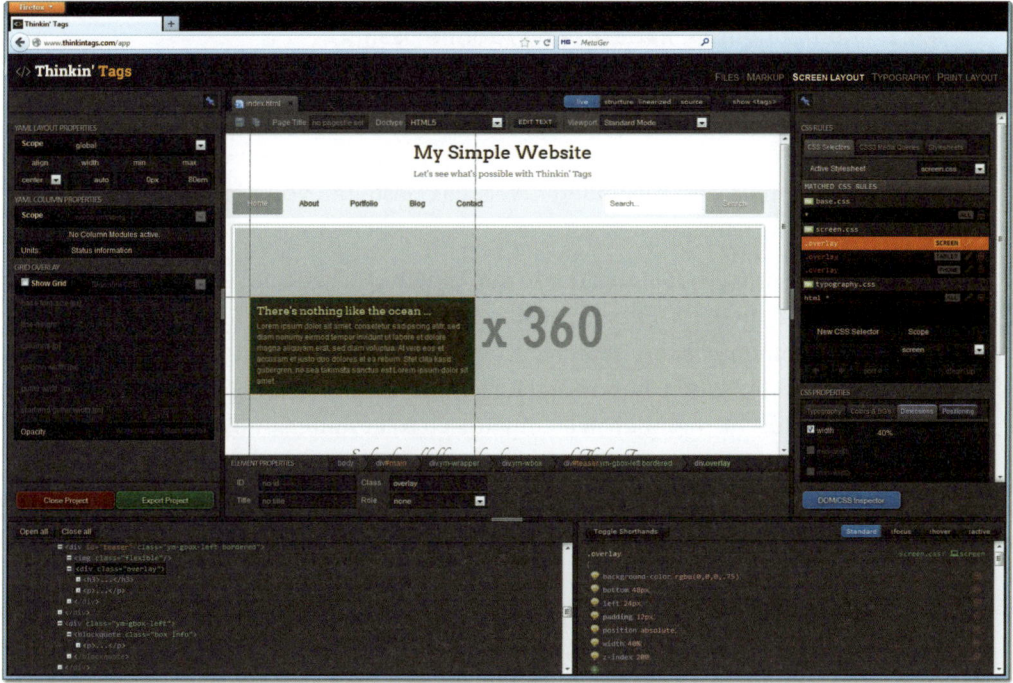

Abbildung 4.14 Interface von Thinkin' Tags mit einfacher Website

Bei Thinkin' Tags legen Sie zunächst online ein Projekt an; im Moment (Oktober 2013) befindet sich der Dienst in der Alphaphase, und Anmeldungen sind nur auf Einladung erhältlich. Zum Testen können Sie aber auch den Gastzugang benutzen. Als Nächstes wählen Sie ein Framework aus, auf dem Sie Ihren Prototypen aufbauen wollen. Zur Verfügung stehen (natürlich) YAML, Blueprint CSS und 960.gs. Damit ist dann auch schon ein Nachteil oder sagen wir besser eine Einschränkung von Thinkin' Tags gefunden: Wenn Sie ein anderes Framework nutzen wollen, können Sie Thinkin' Tags nicht einsetzen.

Arbeiten Sie aber z. B. gerne mit YAML, können Sie nun alle Elemente und das Layout sehr einfach über den visuellen Editor anlegen und verwalten. Thinkin' Tags wartet dabei mit vielen durchdachten Ideen auf. So gibt es einen DOM-Inspektor, der sehr ähnlich aussieht und funktioniert wie Firebug oder der Chrome Inspektor – nur dass Sie bei Thinkin' Tags damit permanente Änderungen der Stylesheets durchführen können. Auch der Umgang mit modernen CSS3-Eigenschaften ist gut gelöst: Wenn Sie eine CSS3-Eigenschaft in der standardkonformen Schreibweise des W3C anlegen, ergänzt Thinkin' Tags automatisch die erforderlichen Hersteller-Präfixe und aktualisiert diese auch bei Änderungen.

Aber am besten erklärt Ihnen Dirk Jesse das selbst. Auf *http://www.thinkintags.com/docs* zeigt er in einer Serie von Videotutorials, wie Sie mit Thinkin' Tags arbeiten können.

4.4.2   Komponenten, Patterns und Atomic Design

Während der traditionelle Designprozess oft von »außen nach innen« arbeitet, also zuerst das Layout eines Templates entwirft und dort dann die Inhalte hineinfließen lässt – so wie Text in die Kästen eines InDesign-Layouts –, passt zum inhaltszentrierten responsiven Prozess ein anderer Weg: das Gestalten von Komponenten, die sich zu Seiten zusammenfügen.

Damit ist gemeint, dass Sie zuerst von den Inhalten ausgehend einzelne Komponenten gestalten, z. B. eine Nachrichtenliste, einen Artikel oder ein Kommentarformular, und diese Elemente dann später zu einem Gesamtdesign im gewählten Raster zusammenführen. Wenn Sie so vorgehen, ist es leichter, Designs für mehrere unterschiedliche Bildschirmgrößen in einem Rutsch zu gestalten. Auf diesen Ansatz gehen wir in Abschnitt 5.2, »Design von innen nach außen – der Atomic-Design-Ansatz«, näher ein und stellen Ihnen ein dazu passendes Tool vor.

4.5   Phase 4: Rinse and Repeat

Statt einen fertigen Hi-Fi-Entwurf (von High Fidelity) pixelgenau umzusetzen, nähern Sie sich bei der Umsetzung nach dem neuen Workflow dem Ergebnis in Etappen

4

an. Wenn Sie im ersten Entwurf im Browser nur das Layout abgebildet haben, fügen Sie beim nächsten Schritt vielleicht die Farben oder auch schon mehr hinzu. So kommen Sie dem Ergebnis durch stückweises Verfeinern immer näher und erstellen eine immer detailliertere und auf immer mehr Layoutstufen abgestimmte Variante Ihrer Website. Dabei erkennen Sie durch die interaktive Umsetzung Probleme im responsiven Verhalten oder anderen Bereichen schneller und nicht erst am Ende der Umsetzung.

4.5.1   Beziehen Sie Ihre Kunden in den Gesamtprozess mit ein

Scheuen Sie sich nicht, das Ergebnis Ihrer Arbeit zu einem möglichst frühen Zeitpunkt mit Ihrem Kunden zu diskutieren. Sicher, das geht nicht mit jedem Kunden. Wenn Sie es aber schaffen, Ihren Kunden in den Prozess zu involvieren, profitiert das Ergebnis davon, und Sie mindern das Risiko unangenehmer Überraschungen. Insbesondere im Responsive Webdesign, bei dem sich der Content in verschiedenen Views immer wieder anders anordnet, ist eine frühe Abstimmung wichtig, auf welche Art dies geschehen soll. Wann der richtige Zeitpunkt für eine Zwischenpräsentation gekommen ist, hängt vom einzelnen Kunden ab. Je größer sein Verständnis des Prozesses ist, desto eher können Sie ihm »halbfertige« Ergebnisse zeigen. Wenn Sie ihn von Anfang an mit Moodboards, Style Tiles und Content-Prototypen an einen kontinuierlichen Prozess gewöhnen, dann wird er auch verstehen, dass der Designprototyp noch nicht das Endergebnis darstellt.

Der »Schulterblick-Termin«

Eine Kollegin hat bei uns für solche Zwischenpräsentationen den schönen Begriff *Schulterblick-Termin* geprägt. In größeren Projekten werden solche Termine alle 14 Tage oder wöchentlich vereinbart. Ein solcher Termin muss nicht in Gegenwart des Kunden stattfinden, sondern kann auch telefonisch, über ein Webtool oder per E-Mail abgewickelt werden. Er muss auch nicht lang sein oder viel Spektakuläres bieten, sondern soll den Kunden lediglich mitnehmen auf dem Weg vom Kick-off-Meeting zum fertigen Produkt. Gezeigt werden neue Designvarianten am Prototypen oder Entwicklungsschritte.

Wichtig ist, dass Sie für diesen Prozess auch einen entscheidungsbefugten Ansprechpartner beim Kunden haben. Wenn am Ende dann ein anderer oder gar ein Gremium das fertige Produkt abnehmen muss, dann kann alle Mühe bei der Einbeziehung umsonst gewesen sein.

4.6   Das responsive Team

Der neue Workflow fordert auch eine neue Organisation des internen Teams. Während im traditionellen »Wasserfall«-Verfahren das Produkt von einer Station zur nächsten durchgereicht wird und die einzelnen Teammitglieder ihre Aufgaben weitgehend allein abarbeiten, ist für den sehr viel integrierteren responsiven Prozess ein vernetztes Team erforderlich. Der Designer kann nicht seine abgemessenen Screens abgeben und sich dem nächsten Projekt widmen, sondern gestaltet im Browser das Ergebnis während jeder Runde weiter. Das erfordert natürlich auch ein tieferes Verständnis der zugrunde liegenden Technologien. Webseiten zu designen ohne HTML/CSS-Kenntnisse war früher schon möglich – irgendwie. Die Frontend-Entwickler werden es schon richten. Wenn das Design im Browser stattfindet, muss nun aber auch der Designer in der Lage sein, das von ihm gewünschte Ergebnis mit HTML und CSS umsetzen zu können. Zum Ausgleich für diese Erweiterung seiner Aufgaben ist das eigentliche Umsetzen einer Website im Browser viel einfacher geworden – zumindest was die Erstellung eines Prototypen angeht.

Der Informationsarchitekt oder Konzepter bleibt für die ersten Planungsschritte in Sachen Sitestruktur und Layout verantwortlich, kann aber nun auch am Prototypen mitarbeiten, z. B. durch direkte Arbeit an der Sitestruktur.

Für den Frontend-Entwickler fällt zunächst die Arbeit weg, die Photoshop-Entwürfe des Designers in HTML/CSS umzusetzen. Dafür hat er später die Aufgabe, den Prototypen zu optimieren und in Bezug auf Wartbarkeit zu organisieren. Außerdem steht er seinen beiden Kollegen bei ihren neuen Aufgaben zur Verfügung und realisiert komplexere Aufgaben im Frontend, z. B. das JavaScript-Coding. Lediglich für den Backend-Programmierer ändert sich vergleichsweise wenig. Wenn nicht spezielle Techniken zur Client-Erkennung im Backend zur Anwendung kommen, unterscheidet sich ein responsives Projekt nicht so stark von dem üblichen Ablauf. Dadurch, dass die Produktion des Prototypen über einen längeren Zeitraum erfolgt, werden aber auch die Aufgaben der Backend-Programmierung entzerrt und fallen kontinuierlich an – nicht alles auf einmal am Projektende.

	Rolle früher	Rolle jetzt
Designer	Designentwürfe in Photoshop o. Ä., Kontrolle des fertigen Produktes	Erstellen von Moodboards und Style Tiles, Arbeit am Prototypen
Konzepter, Informations-Architekt	Sitemap, Layout-Mokkups, Kontrolle des fertigen Produktes	Sitemap, Layout-Mokkups, Arbeit am Prototypen

Tabelle 4.1 Alte und neue Rollen im Team

	Rolle früher	Rolle jetzt
Frontend-Entwickler	Photoshop-Comps in produktionsfertiges HTML/CSS/JavaScript umsetzen	Arbeit am Prototypen, Prototyp in produktionsfähige Website umsetzen (Performance, Wartbarkeit etc.)
Backend-Entwickler	Backend-Programmierung	Backend-Programmierung

Tabelle 4.1 Alte und neue Rollen im Team (Forts.)

Ihr eigenes Team kann natürlich auch anders aussehen und mehr oder weniger Personen umfassen (Redakteure sind hier zur Vereinfachung z. B. komplett außen vor gelassen). Entscheidend ist, dass der Ablauf eines responsiven Projektes eher an ein agiles Vorgehen erinnert als an traditionelle »Wasserfall«-Projekte: In kleineren Schritten wird das Produkt etappenweise erstellt. Änderungen und Anpassungen sind keine Störungen (oder Katastrophen), sondern natürlicher Teil des Produktionsprozesses.

Das erfordert mehr Kommunikation der Beteiligten untereinander und kann – gerade wenn man anfängt, den neuen Workflow zu etablieren – zu Reibereien im Team führen. Statt wie früher, als »jeder seins« machte und niemand ihm oder ihr hineinreden konnte, arbeiten nun alle an einem gemeinsamen Produkt und müssen sich auch auf ein gemeinsames Vorgehen einigen können. Dafür kommen erstmals alle Kompetenzen zusammen, die für eine erfolgreiche Website benötigt werden – das Endergebnis wird davon profitieren!

4.7   Dokumentation responsiver Designs

Ein Problem gibt es mit dem iterativen integrierten Ansatz: Wie dokumentiere ich getroffene Entscheidungen so, dass sie umsetzbar und auch später noch nachvollziehbar sind? Ein geschriebenes Pflichtenheft scheitert aus den gleichen Gründen, aus denen statische Designentwürfe nicht mehr ausreichen.

Statt viel Papier zu produzieren, das im Zweifelsfall kaum jemals gelesen, geschweige denn kontinuierlich aktualisiert wird und die wichtigen Eigenschaften responsiven Designs nicht einmal sinnvoll beschreiben kann, können Sie Ihren Prototypen und andere, online-basierende Dokumentationsmethoden verwenden. Der Prototyp ist als HTML/CSS-Konstrukt einfach über eine Versionsverwaltung, z. B. Subversion oder Git, zu archivieren; so lassen sich auch Freigaben des Kunden sicher dokumentieren: Sie legen einfach eine Kopie – einen »Tag« – des Systems zum Zeitpunkt der Freigabe an. Und da das dann freigegebene Ergebnis ja ausführbarer Code ist, ist die Gefahr von Missverständnissen bei der Umsetzung viel geringer; der Code spricht für sich selbst. Welche Versionsverwaltung Sie verwenden, ist dabei ziemlich egal. Die nötigen Funktionen zum Erzeugen von Versionen beherrschen alle üblichen Systeme.

Alternativ können Sie Ihrem Kunden die Zwischenstände auch einfach online zur Verfügung stellen und dabei immer über eine eigenständige URL mit Versionskürzeln präsentieren. Die älteren Versionen können auf diese Art auch später noch jederzeit von Ihrem Kunden aufgerufen und mit dem aktuellen Stand verglichen werden.

4.7.1 Style-Dokumentation mit Evernote

Eine andere Methode der Dokumentation bietet der Onlinedienst Evernote (*https:// evernote.com/intl/de*). Evernote ist ein Cloud-Notizbuchsystem, in dem Sie Notizen in Notizbüchern anlegen und mit Tags organisieren können. Die Notizbücher werden zwischen mehreren Geräten synchronisiert und können im Team geteilt und bearbeitet werden. Für eine Vielzahl von Betriebssystemen und Geräten existieren Clients. Uns gefällt an Evernote, dass die Daten tatsächlich auf den verschiedenen Geräten lokal vorhanden sind und darum auch ohne Internetverbindung zur Verfügung stehen.

Notizen werden in Evernote über einen Texteditor eingegeben und sind somit ziemlich flexibel. Sie können mit Evernote sehr komfortabel Designmuster-Bibliotheken anlegen. Die Evernote-Notizen können Sie über den ganzen Projektverlauf begleiten und stellen eine vergleichsweise einfach aktualisierbare, online verfügbare Dokumentation dar. Schon für das Briefing können Anforderungen des Kunden in Notizen aufgenommen werden. In der Designphase sammelt der Designer seine visuellen Inspirationen dort: Evernote kann auch ganze Websites speichern oder Screenshots mit einem Zusatztool namens Skitch aufnehmen. Wenn es dann darum geht, Komponenten zu beschreiben, legt der Designer den Entwurf eines UI-Elements (als Mockup oder als ausgearbeitetes Design) in der Notiz ab und beschreibt dessen Funktionen. Wenn Sie zum Entwerfen der Designs die Grafiksoftware Fireworks von Adobe verwenden, so haben Sie noch einen Vorteil: Fireworks nutzt als natives Speicherformat PNG und speichert dort auch alle Metainformationen wie Ebenen oder Texte. Sie können damit die Quelldateien direkt in Notizen einbetten und anzeigen – etwas, das mit Photoshop-PSDs nicht möglich ist. Dabei werden auch die in den PNGs verwendeten Texte indiziert – Sie können sie also über die Suche von Evernote durchsuchen!

Später können dann die für das Element festgelegte HTML-Struktur und der CSS-Code ergänzt werden. In Abbildung 4.15 sehen Sie ein Beispiel aus einem unserer aktuellen Projekte.

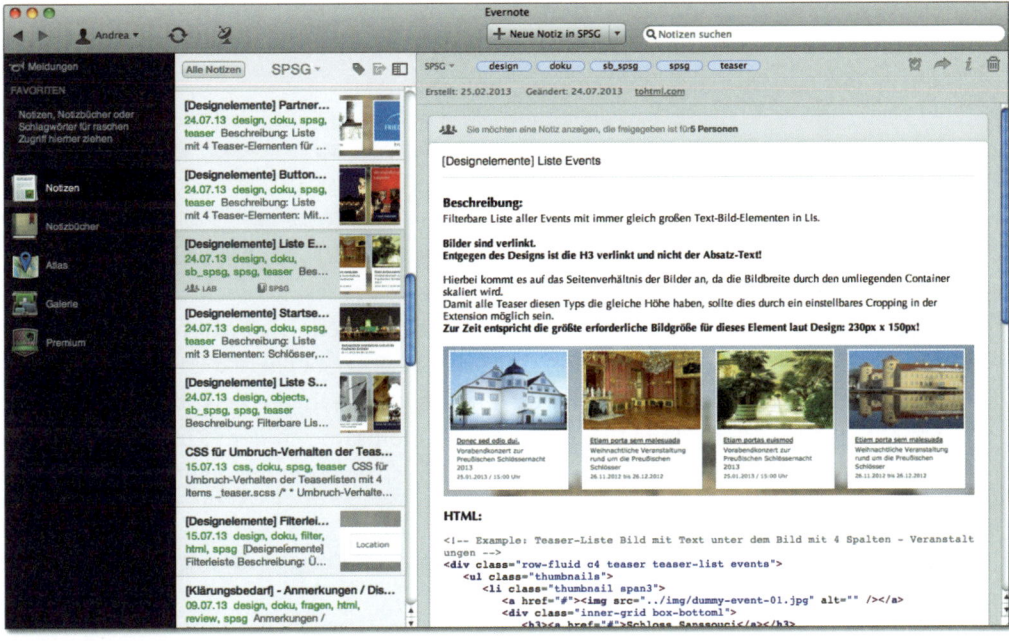

Abbildung 4.15 Style-Dokumentation für ein Content-Modul

Leider ist die Darstellung von Quellcode nicht gerade eine Stärke von Evernote – hier müssen Sie sich mit einer sehr einfachen Darstellung zufriedengeben oder zusätzliche Hilfsmittel einsetzen. Eine Möglichkeit ist es, den Quellcode durch einen Online-Syntax-Highlighter wie *http://markup.su/highlighter*, *http://ush.herokuapp.com* oder *http://tohtml.com/html* zu schicken und den so entstandenen Code in die Notiz zu kopieren.

Etwas weiter geht Code2Evernote (*http://code2evernote.forodin.net*). Der Webservice im Betastadium sendet den entstandenen Codeschnipsel gleich als Notiz nach Evernote, inklusive einer Textnotiz. Von dort können Sie den Code dann gegebenenfalls auch weiter in andere Notizen kopieren. Das ist alles immer noch etwas hakelig; schön wäre es, wenn Evernote ein Einsehen mit vielen Anfragen seiner Nutzer hätte und eine Formatierungsoption für Code in den Editor selbst integrierte.

4.7.2   Dexy

Ein anderer Weg ist, gleich auf ein separates eigenständiges Dokumentationssystem wie Dexy (*http://www.dexy.it*) zu setzen. Mit Dexy können Sie alle Arten von Code-Dokumentationen direkt aus dem Quellcode erzeugen – Syntax-Highlighting und automatisch erstellte Screenshots inklusive.

Dexy ist flexibel und mächtig, erfordert aber auch einiges an Einarbeitungsaufwand. Bei Interesse sehen Sie sich doch einmal den Vortrag der Dexy-Entwicklerin Ana Nelson an (*http://vimeo.com/26417064*).

4.8   Zusammenfassung

In diesem Kapitel haben wir Ihnen einen neuen Workflow für das Erstellen von Websites vorgestellt und die einzelnen Schritte dieses Prozesses beschrieben. In diesem Workflow wird anstelle einer Abfolge von abgeschlossenen Schritten (Design, Frontend, Backend, Inhalte) ein integrierter Prozess verfolgt, bei dem die Inhalte an erster Stelle stehen. Möglichst schnell wird ein funktionsfähiger Prototyp im Browser erstellt, der in verschiedenen Durchgängen gemeinsam mit dem Kunden verfeinert wird. Sie kennen jetzt auch einige nützliche Tools, die Ihnen in allen Phasen der Entwicklung die Arbeit erleichtern können.

Kommen wir als Nächstes zu den konkreten Anforderungen an die Gestaltung von responsiven Websites.

Kapitel 5
Design und Typografie

»Design is easy. All you do is stare at the screen until drops of blood form on your forehead.«
Marty Neumeier

Grundsätzlich gehen Sie beim Design einer responsiven Website ähnlich vor wie beim Design für einzelne Geräte oder Screengrößen. Beim responsiven Webdesign müssen Sie jedoch alles zusammenführen: die Best-Practice-Regeln für das Desktopdesign mit denen für das mobile Webdesign.

In diesem Kapitel erfahren Sie, was Sie gestalterisch bei responsiven Websites beachten sollten. Sie lernen das Designprinzip »Gestalten von Systemen anstatt von Seiten« kennen sowie den Atomic-Design-Ansatz und das Pattern Lab von Brad Frost. Wie werden Sie mit den Design- und Usability-Anforderungen responsiver Websites vertraut machen und Ihnen zeigen, wie Sie ein einheitliches Benutzererlebnis auf allen Geräten gewährleisten können (Stichwort: »geräteübergreifendes Surfen«).

Dann sehen wir uns die Eigenarten responsiver Typografie an, und Sie erfahren, warum Pixel nun wirklich keine Einheit mehr sind, um Schriftgrößen auszuzeichnen. Außerdem zeigen wir Ihnen, worauf Sie beim Schrifteinsatz achten sollten.

5.1 Design follows Content

Wie schon in Kapitel 4, »Ein responsiver Workflow«, beschrieben, ist es nahezu unmöglich, eine (gute) responsive Website ohne Kenntnis der Inhalte zu entwickeln. Leider ist in vielen Fällen über die Art der Inhalte zu Beginn eines Projektes zu wenig bekannt. Selbst wenn die konzeptionelle Phase abgeschlossen und die Seitenstruktur durchdacht ist, fehlen während der Entwicklung des Layouts und der Umsetzung einer neuen Website oft die wichtigsten Zutaten: konkrete, »echte« Inhalte.

Natürlich wird es nicht immer möglich sein, die vollständigen Inhalte einer neuen Website vor Beginn des Designvorgangs zu erhalten. Trotzdem lohnt es sich, auf deren Lieferung zu drängen oder zumindest auf eine exakte Beschreibung der möglichen Inhalte zu bestehen.

Tipp

Wir können es nicht oft genug betonen: Ohne zumindest eine gute Vorstellung von der Art der Inhalte (Wie viel Text ist geplant bzw. erforderlich, um das Ziel zu erreichen? Sind es lange oder eher kurze Texte? Was liegt an Bildmaterial in welcher Qualität vor?) ist ein sinnvolles Design nicht möglich – das gilt für »normales« Webdesign und erst recht für responsives Webdesign.

Welche Inhalte sind ergänzende Informationen und können gegebenenfalls auf kleineren Geräten über einen Link nachgeladen werden oder sogar wegfallen? Welche Arten von Bildern, Illustrationen, Videos, Download-Listen, Formularen etc. soll es regelmäßig auf allen gleichartigen Seiten geben oder können redaktionell optional auf jeder Seite ergänzt werden?

Muss in dieser Phase viel improvisiert werden, sieht man das dem Endergebnis in den meisten Fällen auch an: Entweder werden die Inhalte dem Design entsprechend produziert – das führt oft zu schönen, aber blutleeren Seiten mit Stock-Art-Fotomaterial und inhaltsarmen Marketingtexten, oder es werden vorhandene Inhalte in ein dafür nicht geeignetes Design gepresst, was zu Lücken, »Bleiwüsten« und einem schlechtem Gesamteindruck führen kann, wenn z. B. einfach keine passenden Bilder für die riesige Präsentationsfläche verfügbar sind.

5.1.1 You cannot not communicate – kein Design ist auch ein Design

Idealerweise haben Sie zu Beginn des eigentlichen Designvorgangs die *Moodboards* oder *Style Tiles* und einen *Content-Prototypen* vorliegen. Tatsächlich stellt auch ein strukturierter und semantisch ausgezeichneter Content-Prototyp schon ein Design dar: ein Design mit minimalem Styling, das aus den Standardeinstellungen des Browsers für HTML-Elemente resultiert, aber maximale Geräteunabhängigkeit und Performance bietet. Für die einfachen älteren »Feature Phones« ist das eventuell schon das Standarddesign (siehe Abbildung 5.1).

Dabei sollten Sie es natürlich nicht belassen. Je nach Fähigkeiten sollten die unterschiedlichen Geräte mit der für sie bestmöglichen Darstellung versorgt werden. Das gilt für das Layout, das sich der Bildschirmbreite anpasst, aber auch für Features wie Webschriften, animierte Übergänge, Touchgesten oder die Nutzung geräteeigener Sensoren (z. B. GPS).

Es wäre allerdings nicht im Geist responsiven Webdesigns, nun eine Anzahl »optimierter« Screens für einzelne konkrete Auflösungen oder gar Geräte (»iPhone-Version«) anzufertigen und zu versuchen, diese zu optimieren. Dazu gibt es bereits heute zu viele Geräte – und es werden ständig mehr. Der einzige Weg, sich nicht in der riesigen Menge zu verirren und auch für die Zukunft gerüstet zu sein ist, Kontrolle abzugeben und nicht mehr auf ein spezifisches Layout zu zielen (ich weiß, das hören Designer gar nicht gern). Wie das in der Praxis konkret aussieht? Lesen Sie weiter!

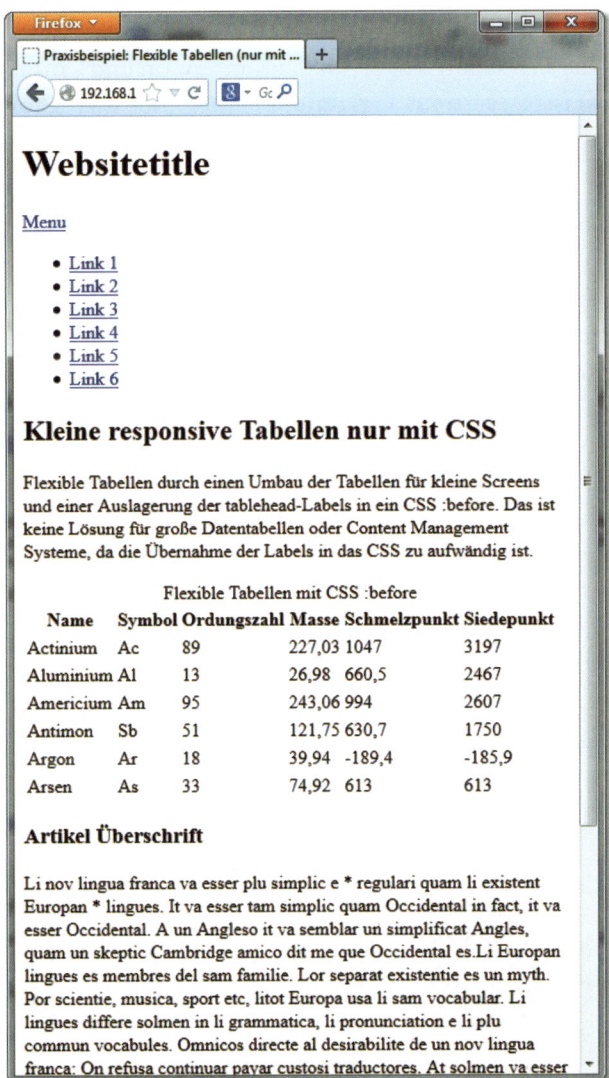

Abbildung 5.1 Der Content-Prototyp ist auch schon eine Mobilversion.

5.2   Design von innen nach außen – der Atomic-Design-Ansatz

Die Analogie von Webseiten als Seiten einer Broschüre passt heute noch weniger als früher (eigentlich hat sie noch nie wirklich gepasst). Wir gestalten nicht auf einer Leinwand mit bekannten festen Abmessungen, die für jeden Betrachter gleich dargestellt wird. Stattdessen gestalten wir Systeme von Inhalten und Funktionalitäten, die je nach Endgerät und Nutzer unterschiedlich angezeigt werden.

> *»We're not designing pages. We're designing systems of components.«*
> Stephen Hay

Dieser Ansatz wird denjenigen, die sich schon länger mit der Konzeption und Umsetzung barrierefreier Websites befassen, vertraut vorkommen. Auch hier war schon immer die Konzentration auf die Inhalte das Wesentliche, um auch nicht-visuelle Ausgabegeräte wie Screenreader passend versorgen zu können.

»Systeme von Inhalten« – das klingt zunächst einmal sehr abstrakt. Wie macht man das? Wir stellen uns den Designvorgang als Arbeit »von innen nach außen« vor – Sie gestalten einzelne Komponenten einer Seite wie Texte, Überschriften, Formularelemente oder einen Blogartikel. In Verbindung mit einem flexiblen Layoutraster ergeben sich daraus die fertigen Komplettansichten. Ausgehend von den »nackten« Inhalten fangen Sie an, das in Ihren *Style Tiles* definierte Design auf einzelne Elemente anzuwenden – zunächst auf die funktionalen Elemente wie Buttons, Links und Formularelemente, dann auf Texte und Medien. Wenn die einzelnen Komponenten entsprechend flexibel umgesetzt sind – also mit möglichst wenigen konkreten Größenangaben –, dann lassen sich aus ihnen die verschiedenen Layoutansichten wie mit einem Baukasten zusammensetzen. Dieses Prinzip passt auch hervorragend zu der in Kapitel 4, »Responsive Workflow und Content Strategien«, vorgestellten Idee der Erstellung eines Content-Prototypen.

Der Responsive-Design-Spezialist Brad Frost hat diesen Designansatz methodisch entwickelt und dafür den schönen Begriff *Atomic Design* geprägt (siehe Abbildung 5.2).

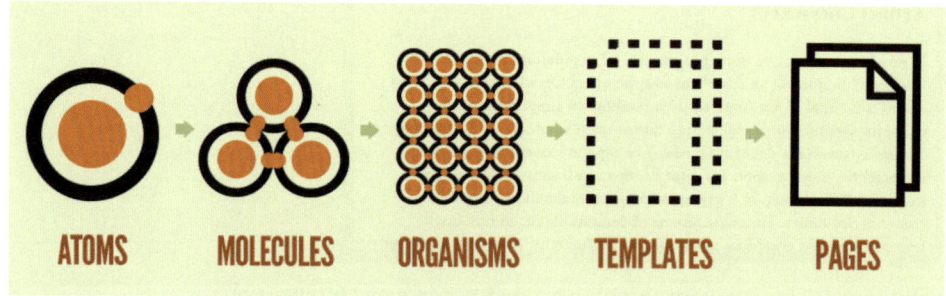

Abbildung 5.2 Die Elemente des Atomic-Design-Prozesses (Grafik: Brad Frost)

Die *Atome* des Systems sind die einzelnen HTML-Elemente, aus denen sich – auch wenn es nur wenige sind – alle denkbaren Webseiten zusammensetzen lassen. Aus einzelnen Atomen lassen sich *Moleküle* bilden: eine Suchmaske beispielsweise oder ein Blogpost mit Überschrift, Bild und Text, ein Bild aus einer Bildergalerie oder ein Kommentar. Der nächste Schritt sind *Organismen*: eine Liste von Blogposts, die Bildergalerie oder ein Seitenheader. Aus diesen Organismen werden dann die *Templates* und *Seiten* (Seiten = Templates + Inhalte) zusammengesetzt.

Diese Vorgehensweise, Seiten aus Modulen zusammenzusetzen, hat viele Vorteile und ist unserer Meinung nach nicht nur für responsives Webdesign der richtige Weg. Durch das Designen einzelner Module lassen sich unterschiedliche Ansichten für verschiedene Bildschirmgrößen einfach und konsistent zusammensetzen; das Look & Feel der Website bleibt dabei erhalten. Sie gestalten zunächst ein Element (Molekül oder Organismus) und setzen es dann in den verschiedenen Ansichten ein. So ist es viel einfacher, das grundlegende Design für ein Element zu erhalten.

Mit einem System zum Sammeln der Elemente (dazu kommen wir gleich) erarbeiten Sie eine Designbibliothek, die für die weitere Entwicklung des aktuellen Projektes und als Startpunkt für neue Projekte dient. Für Ihr aktuelles Projekt können Sie dann aus den vorhandenen Atomen und Molekülen schnell neue Organismen zusammensetzen, die automatisch das Designsystem der vorangegangenen Arbeiten übernehmen. Für neue Projekte können Sie auf den unteren Ebenen z. B. Farben und Style-Eigenschaften ändern und erhalten sehr schnell ein komplettes, anders aussehendes System von Organismen für das neue Projekt.

5.2.1   Atomic Design anwenden mit Pattern Lab

Freundlicherweise hat Brad Frost auch gleich eine Implementierung für sein System entwickelt und der Allgemeinheit zur Verfügung gestellt: das Pattern Lab finden Sie unter *https://github.com/bradfrost/patternlab*. Mit dieser kleinen PHP-Anwendung können Sie Ihre (und seine) Design-Patterns verwalten.

Zum Anwenden checken Sie das Repository von GitHub aus oder laden das ZIP-Archiv herunter und platzieren es im Webverzeichnis eines Webservers (Pattern Lab ist eine PHP-Anwendung und setzt einen Webserver mit PHP voraus; für das lokale Testen ist ein WAMP- oder XAMPP-System völlig ausreichend). In der Datei *functions.php* müssen Sie noch das Verzeichnis eintragen, in dem Sie das Pattern Lab platzieren wollen. Dann können Sie das Lab im Browser öffnen und sich durch die vorangelegten Atome, Moleküle etc. klicken.

Richtig interessant wird es, wenn Sie nun Ihre eigenen Patterns anlegen und verwalten. Dazu öffnen Sie das Verzeichnis des Labs im Dateisystem und sehen die in Abbildung 5.3 gezeigte Struktur.

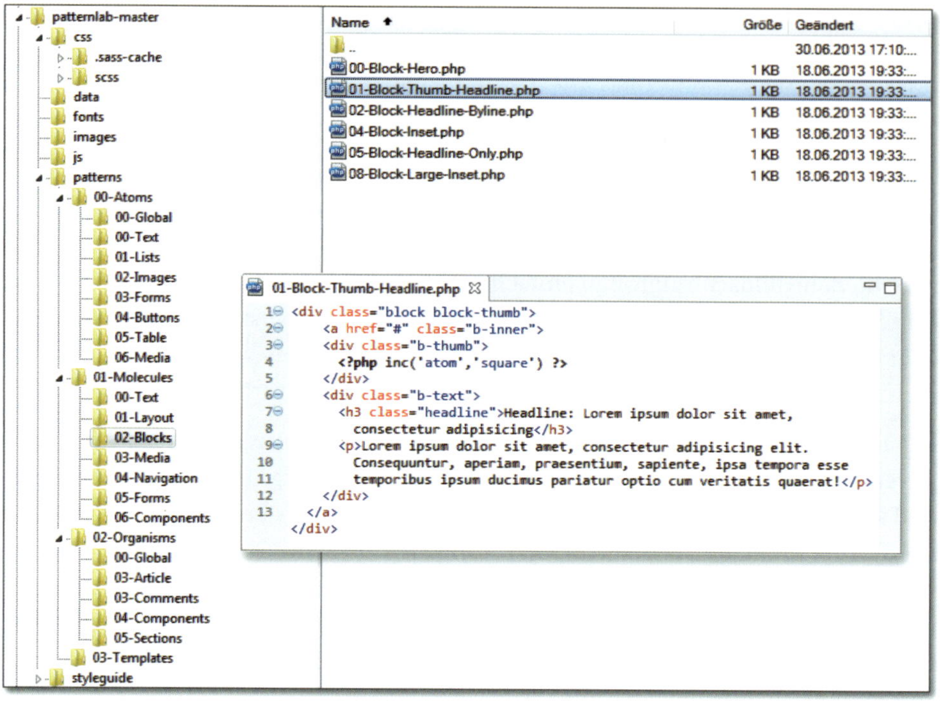

Abbildung 5.3 Dateistruktur des Patter Labs

Wichtig sind die Verzeichnisse */patterns* und */css*. In */patterns* finden Sie wiederum in einzelnen Unterverzeichnissen die Atome, Moleküle, Organismen und Templates als PHP-Schnipsel (keine Angst – es ist im Wesentlichen nur HTML). Im Ordner */css* finden Sie die Dateien *style.css* und *style.scss* (für die Entwicklung mit SASS). Je nach Vorliebe können Sie nun in einer der beiden Dateien Ihre eigenen Styles für die Atome anlegen. Wenn Ihnen ein Element fehlt, legen Sie einfach eine neue PHP-Datei in einem der Verzeichnisse unterhalb von */00-Atoms* an; sie wird vom System später automatisch erkannt und angezeigt.

Aus den Atomen setzen sich die Moleküle zusammen, und hier wird dann deutlich, warum PHP benötigt wird. Das Molekül »Block Thumb Headline« aus Brad Frosts Pattern ist beispielsweise für ein Element gedacht, das aus Thumbnail, Überschrift und Textzeile besteht, und sieht so aus:

```
<div class="block block-thumb">
    <a href="#" class="b-inner">
        <div class="b-thumb">
            <?php inc('atom','square') ?>
        </div>
        <div class="b-text">
            <h3 class="headline">Headline: Lorem ipsum...</h3>
```

```
        <p>Lorem ipsum dolor sit amet, consectetur ... ↵
            asperiores incidunt non.</p>
        </div>
    </a>
</div>
```

Listing 5.1 Das Molekül »Block Thumb Headline« aus dem Bereich »Blocks« des Pattern Lab

In Zeile vier erkennen Sie auch das Prinzip des Pattern Lab: Statt den Thumbnail direkt einzubinden, wird das entsprechende Atom referenziert. Lediglich absolut banale Elemente wie Überschriften und Paragrafen werden pragmatisch nicht referenziert, aber auch das könnte man anders handhaben. Wenn Sie sich später (oder für ein anderes Projekt) entscheiden, das Thumbnail-Bild anders umzusetzen, spiegelt sich diese Änderung automatisch in allen »höherwertigen« Bausteinen wider.

Das Besondere am Pattern Lab ist seine Benutzeroberfläche (siehe Abbildung 5.4).

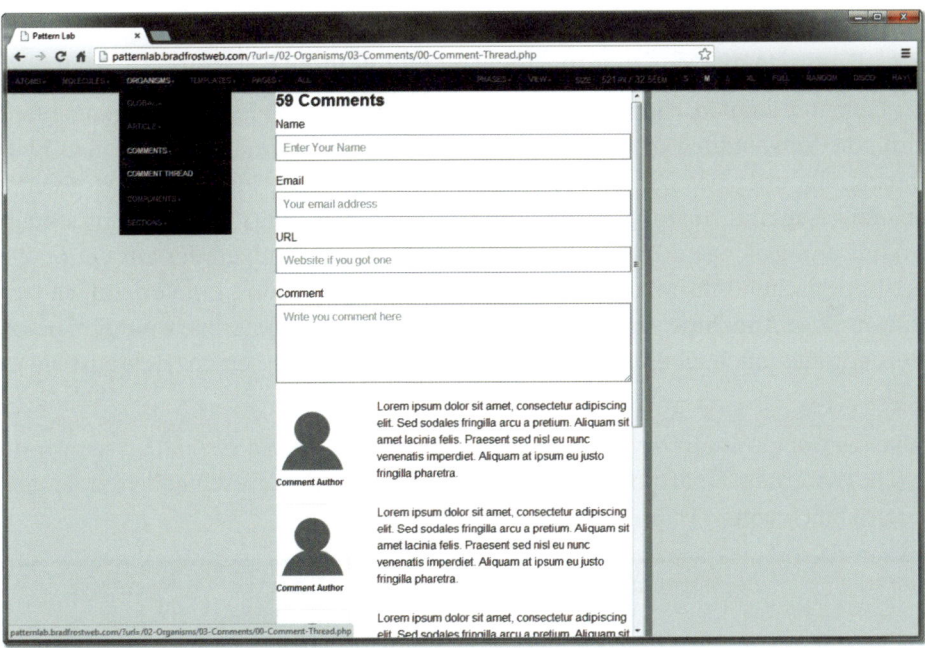

Abbildung 5.4 Brad Frosts eigenes Pattern Lab mit Organismus »Comment Thread« in Ansicht »M«

Auf der linken Seite finden Sie die Elemente nach Typen geordnet, ganz links die Atome und dann nach rechts die komplexeren Elemente bis hin zu den Seiten.

Vom rechten Bildschirmrand aus erreichen Sie die Darstellungsoptionen. Hier zeigt sich, wie nützlich das Tool gerade für die Arbeit am responsiven Design ist. Sie können die verschiedenen Bildschirmgrößen auswählen; hier gibt es in erster Linie gene-

rische Begriffe wie »L« oder »XL« statt »iPhone« oder »iPad«. Damit möchte Brad
Frost Sie davon abhalten, in gerätespezifischen Dimensionen zu denken – wer weiß
schon, wie breit oder hoch das nächste iPhone ist? Im Notfall können Sie aber auch
Pixelwerte eingeben und konkrete Bildschirmbreiten testen.

5.3 Designanforderungen für responsive Sites

Wir haben festgestellt, dass sich das Design responsiver Sites aus den Anforderungen
der Inhalte speist. Was bedeutet das aber konkret für responsives Design? Gibt es
Unterschiede zwischen der Desktopversion einer Website und der mobilen Ansicht?
Sollen unterschiedliche Inhalte angezeigt werden, oder ändert sich nur Ihre Präsentation? Um dies zu beurteilen, ist es wichtig zu wissen, wie Menschen die unterschiedlichen Geräte nutzen, die ihnen inzwischen zur Verfügung stehen und für die
wir das Design entwickeln.

5.3.1 Does size matter – was machen Nutzer mit ihren Geräten?

Was bedeutet die Bildschirmgröße für die Content-Strategie? In der Vergangenheit
wurde die Verwendung eines mobilen Endgerätes – erkannt an einer kleinen Bildschirmgröße oder per *User-Agent-Sniffing* – mit mobiler Nutzung gleich gesetzt,
genauer gesagt mit Nutzung unterwegs mit einer schlechten 3G-Verbindung, einem
wenig leistungsfähigem Browser und einem hektischen Nutzer, der auf der Suche
nach spezifischen Informationen ist (»Wo ist die Adresse von ...?«). Vor einigen Jahren war diese Annahme – zumindest in Europa und Nordamerika, wo die meisten
Internetnutzer auch einen PC oder Laptop besitzen – angemessen. Heute ist sie es
nicht mehr.

Laut einer Google-Studie (*http://services.google.com/fh/files/misc/multiscreenworld_
final.pdf*) werden Smartphone, Tablet und PC/Laptop unterschiedlich, aber alle
hauptsächlich von zu Hause aus genutzt:

Geräte	Hautpnutzung	Anteil an Interaktionen	Nutzung zu Hause
Smartphone	Kommunikation, »in Kontakt bleiben«	38 %	60 %
PC/Laptop	Informationen sammeln, arbeiten	24 %	69 %
Tablet	Unterhaltung	9 %	79 %

Tabelle 5.1 Nutzung verschiedener Geräte über den Tag verteilt

Für das responsive Design bedeutet dies, dass die Nutzung eines Smartphones (»Gerät mit kleinem Bildschirm«) weder grundsätzlich auf eine geringe Bandbreite schließen lässt, noch ein Surfen »unterwegs« impliziert – im Gegenteil. Beim Tablet ist der Anteil der Nutzung zu Hause sogar höher als beim PC. Das soll nun nicht bedeuten, dass wir Bandbreitenschonung und schnelle Ladezeiten vergessen können oder die Nutzer mit langatmigen und verzichtbaren Informationen überfrachten. Es gibt ja durchaus auch Nutzer, die mit einem großen Bildschirm arbeiten, dies aber auf einem per Mobilfunk angebundenen Laptop tun. Es ist aber nicht mehr möglich, Nutzer grundsätzlich in (vermeintlich) mobile und stationäre Nutzer einzuteilen.

Welches Gerät wird genutzt? Egal!

Ein Drittel der in einer Studie Befragten gaben an, einfach das am nächsten gelegene Gerät zur Internetnutzung zu verwenden. Mit anderen Worten: Bei mehreren Geräten im Haushalt ist es schlichtweg vom Zufall abhängig, welches Gerät der Nutzer für eine Aufgabe verwendet. Wenn er dann auf dem Smartphone, Tablet oder (in Zukunft) Fernseher nur eine reduzierte Version einer Website vorfindet, ist das enttäuschend.

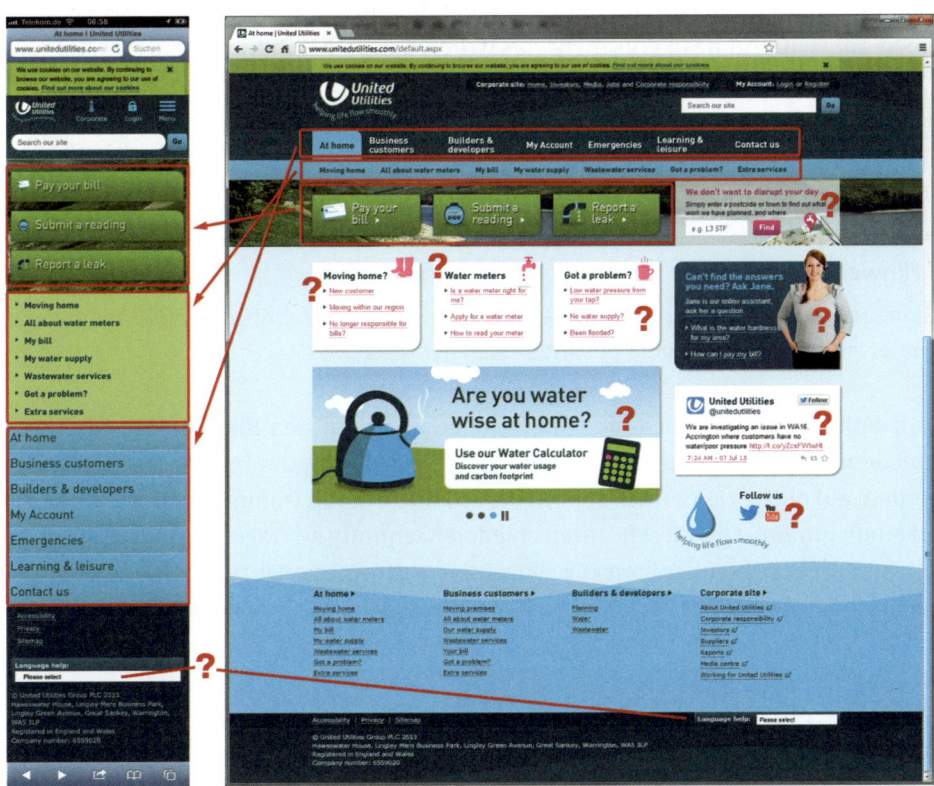

Abbildung 5.5 So nicht: Zu unterschiedliche Layoutansichten verwirren und enttäuschen die Nutzer!

Der Wasserversorger United Utilities hat auf seiner mobilen Startseite auf den Groß-teil der Inhalte verzichtet (bzw. sie für Nutzer kleiner Screens unsichtbar gemacht; im Quellcode sind sie nach wie vor vorhanden). Es gibt nur noch Menülinks, die auch noch anders angeordnet sind als bei der Desktopversion. Begrüßt werden die Kun-den mit der wenig einladenden Botschaft »Pay your bill«. Diese Umsetzung folgt der alten Vorstellung, dass Nutzer nur dann zum Smartphone greifen, wenn es gar nicht anders geht. Mit einem so deutlich reduzierten Surferlebnis sorgt man auch dafür, dass es auf dieser Site dabei bleibt.

5.3.2   Geräteübergreifendes Surfen

Laut derselben Google-Studie nutzen viele Websurfer ihre Geräte über den Tag ver-teilt, und Interaktionen finden auf mehreren Geräten statt: So wird das Smartphone auf dem Weg zur Arbeit z. B. für den Überblick über neue Nachrichten aus dem Freun-deskreis genutzt, die dann gegebenenfalls später am PC intensiver verfolgt werden. Dabei wird dann z. B. die gleiche Suche, die am Smartphone begonnen wurde, am PC wiederholt, oder es werden Ergebnisse per E-Mail an den eigenen Account geschickt.

Eine andere verbreitete Nutzung ist die Parallelnutzung. Erstaunlich viele Nutzer geben an, während des Fernsehens zusätzlich das Smartphone zu nutzen, z. B. um E-Mails zu schreiben oder in sozialen Netzwerken zu kommunizieren. Aber auch die gleichzeitige Nutzung von PC/Laptop und Smartphone ist nicht selten. Dabei emp-finden Nutzer das Smartphone sowohl als Störung (z. B. bei reinkommenden Nach-richten), aber auch als Ergänzung der Arbeit am Desktop.

Hinweis

Eine reduzierte Mobilversion, die wenig mehr als die Anschrift des Unternehmens zeigt, entspricht nicht mehr den Interessen der Nutzer.

Trotzdem gibt es natürlich die Unterschiede zwischen den Bildschirmgrößen ver-schiedener Geräte, und diese müssen bei der Gestaltung der Inhalte berücksichtigt werden; auf einen kleinen Bildschirm passen nun einmal weniger Informationen als auf einen großen. Um diesen Unterschieden Rechnung zu tragen, ohne auf wichtige Inhalte zu verzichten, sollten die einzelnen »Informationshäppchen« einzeln be-trachtet und gemäß der verfügbaren Bildschirmfläche dargestellt werden.

5.3.3   Size matters: Ziele für Touch-Events

Ein grundsätzlicher Unterschied in der Bedienung mobiler Geräte ist der Ersatz der Maus durch den Finger. Statt zu klicken, »tappen« die Nutzer auf Bedienelemente oder wischen über den Screen. Das betriff im Moment vor allem klassische mobile Geräte, also Smartphones und Tablets, aber auch auf Laptops nimmt unter anderem Dank Windows 8 die Verbreitung von Touchscreens immer mehr zu.

Um für die Bedienung per Finger gerüstet zu sein, müssen die Ziele größer sein, als es für eine Mausbedienung ausreicht. Die iOS-User-Interface-Guidelines schreiben eine Mindestgröße für Touchziele von 44 × 44 Pixeln vor. Wenn Sie einmal das Lineal an Ihre eigenen Finger anlegen, so stellen Sie vermutlich fest, dass diese Werte eher knapp bemessen sind: Die Finger der Autoren sind etwa 1 bis 2 cm breit, was eine Pixelbreite von um die 80 bis 100 Pixeln ergibt und damit fast ein Viertel der Bildschirmbreite im Hochformat ausmacht. (Wir reden hier von virtuellen Pixeln, die der Auflösung eines Nicht-Retina-iPhones entsprechen.) Es macht auch einen Unterschied, ob jemand das Smartphone in einer Hand hält und nur den Daumen derselben Hand zum Navigieren nutzen kann oder ob er zum Bedienen aller Elemente eine ganze Hand frei hat und die Auswahl mit den Fingerspitzen treffen kann. Auch Menschen mit feinmotorischen Problemen werden Ihnen für größere Buttons dankbar sein. Einen schönen Artikel zum Thema hat das Smashing Magazine veröffentlicht (*http://uxdesign.smashingmagazine.com/2012/02/21/finger-friendly-design-ideal-mobile-touchscreen-target-sizes*).

Auch wenn diese Vorgaben nicht in jedem Fall einzuhalten sind – je größer und besser als Ziel erkennbar, desto angenehmer und benutzbarer ist ein aktives Element. Dabei kommt es nicht nur auf die tatsächliche Größe der aktiven Fläche an, sondern auch darauf, was der Nutzer als klickbar erkennen kann.

Ausgerechnet auf der Responsive-Galerie *http://mediaqueri.es* finden Sie ein negatives Beispiel. Die vielen Links des Seitenbrowsers, die ja nur aus Seitenzahlen bestehen, sind ziemlich klein, visuell kaum voneinander trennbar und auch nicht als Links ausgezeichnet. Bedingt durch ihre Größe sind sie auf einem Touchscreen kaum einzeln anklickbar (siehe Abbildung 5.6, linke Ansicht). Ein erster Schritt zu mehr Nutzungsfreundlichkeit wäre es, die einzelnen Seitenlinks als Buttons zu gestalten und zu vergrößern (wie in der mittleren Ansicht dargestellt). Noch besser ließe sich auf der Website navigieren, wenn man auf die ohnehin wenig informativen Nummern verzichten und den Platz stattdessen für große Buttons nutzen würde, die dann auch mit einem Daumen gut bedienbar sind. Zusätzlich könnte man die Direktnavigation zu einzelnen Seiten über ein Dropdown-Menü realisieren.

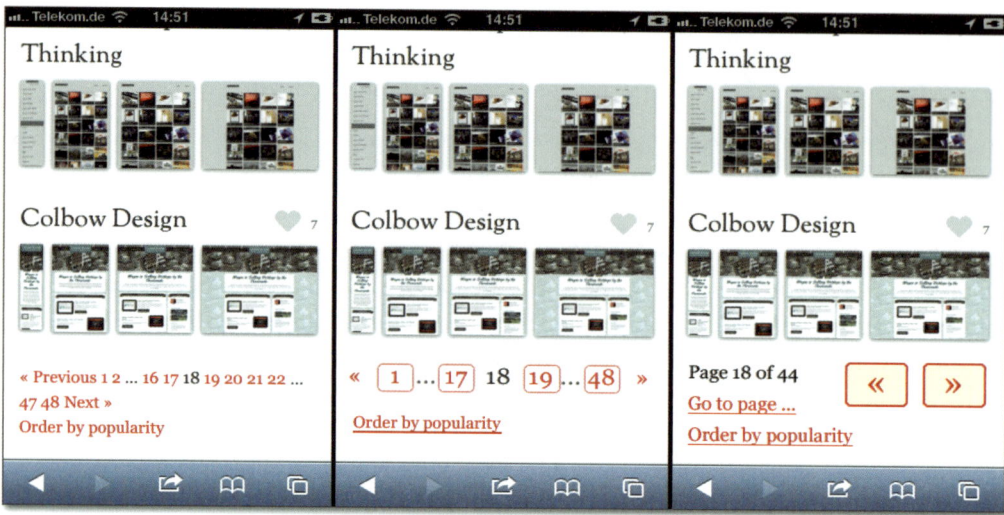

Abbildung 5.6 Schlecht »touchbare« Liste auf http://mediaqueri.es

5.3.4   Es gibt kein Hover auf Hawaii …

Auf Touchgeräten fallen einige Interaktionsmöglichkeiten mehr oder weniger aus; vor allem das beliebte Hover-Event, an dem sich ganze Menüs aufhängen, existiert auf fingerbedienten Geräten gar nicht. Auch den Rechtsklick gibt es nicht. Stattdessen existieren – zumindest theoretisch – unbegrenzte Möglichkeiten an Gesten und Wischbewegungen. Das Problem hierbei ist: Noch haben sich kaum Konventionen herausgebildet. Außer seitlichen Wischbewegungen in einer Serie von Elementen, z. B. in einer Bildergalerie, und dem vertikalen Wischen/Scrollen gibt es keine Gesten die so verbreitet sind, dass man sich darauf verlassen kann, dass Nutzer sie kennen. Sicher lassen sich Hover-Funktionen »retten«, z. B. indem mittels JavaScript das erste Antippen den Hover-Effekt auslöst und der zweite Druck ihn wieder deaktiviert. Problematisch bleibt aber, dass es in den meisten Situationen keinen Hinweis auf die Funktion gibt und die Nutzer erwarten, durch Tippen auch gleich etwas auszulösen, z. B. einem Link zu folgen. Auch »Doppel-Tapps« und »Dauer-Tapps« als Ersatz für Rechtsklicks werden zwar eingesetzt, sind aber nicht universell verstanden.

Wichtig für die Kennzeichnung von Links: Gern wird im Streit zwischen Benutzerfreundlichkeit und Ästhetik die Unterstreichung von Links auf den Hover-Zustand beschränkt. Das ist aus Sicht der Usability schon auf Desktops höchst fragwürdig; bei Geräten ohne Hover-Status sind die Links damit nahezu unsichtbar. Als Unterscheidungsmerkmal bleibt dann nur noch die Farbe, die einerseits weniger eindeutig ist und andererseits sowohl im hellen Sonnenlicht als auch von Menschen mit Farbfehlsichtigkeiten schwerer erkennbar sein kann.

Nicht responsive nutzbar sind damit auch JavaScript-Tooltips und Bedienelemente, die bei Hover eingeblendet werden. Die mobile Variante der Webapp Basecamp verzichtet daher auch auf die auf dem Desktop ziemlich praktischen Einblend-Bedienelemente zum Editieren der Tasks (siehe Abbildung 5.7). Nebenbei bemerkt wären diese Bedienelemente aber auch zu kleinteilig für die mobile Nutzung.

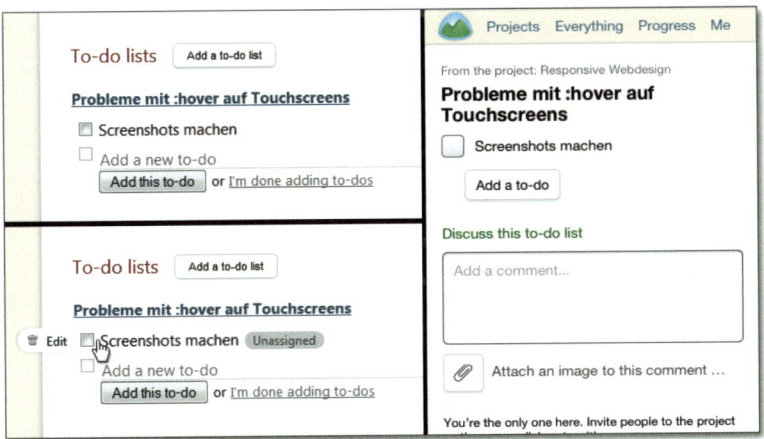

Abbildung 5.7 Keine Hover-Bedienelemente auf dem Smartphone bei Basecamp (links Desktop, rechts Smartphone)

5.3.5   Inaktives :active auf iOS

Aber Hover ist nicht das Einzige, was fehlt: Normalerweise würden Sie zum Markieren eines aktiven, also gedrückten, Links die Pseudoklasse `:active` verwenden. Das funktioniert auf iOS-6-Geräten nicht – zumindest nicht von selbst. Stattdessen gibt es die Eigenschaft `-webkit-tap-highlight-color`, mit der eine Hinterlegung des gedrückten Links eingefärbt werden kann. Im Standardfall ist das grau. Sie können aber mit

```
<a href="linkziel.html" style="-webkit-tap-highlight-↩
color:rgba(0,155,0,0.3);">Klick mich!</a>
```

die Hintergrundfarbe in ein hübsches Hellgrün verwandeln. Wenn Sie dann auch noch die Farbe des Links selbst ändern wollen, so wie es der `:active`-Zustand eigentlich macht, muss ein Touch-Event initiiert werden:

```
<a href="linkziel.html" ontouchstart="" style="-webkit-tap-highlight-↩
color:rgba(0,155,0,0.3);">Klick mich!</a>
```

Mit dem kleinen Trick, ein leeres Attribut im startenden `<body>`-Tag zu notieren `<body ontouchstart="" ...>` aktivieren Sie den `:active`-Status für alle Links.

5.3.6 Handpositionen

Je nachdem, wie ein Benutzer ein Smartphone oder anderes Mobilgerät in der Hand (oder in den Händen) hält, sind verschiedene Bereiche des Bildschirms unterschiedlich gut erreichbar (siehe Abbildung 5.8). Auch das hat einen Einfluss darauf, wo Sie eine Navigation oder wichtige Interaktionselemente unterbringen sollten.

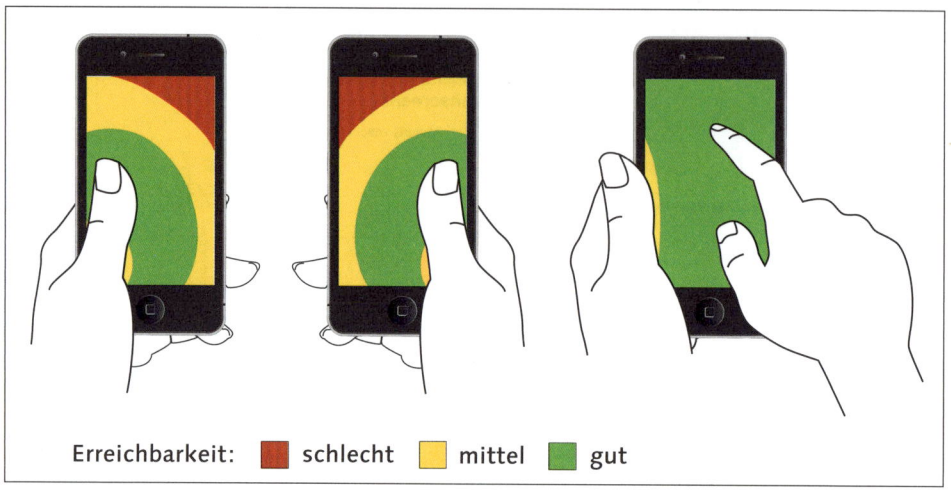

Abbildung 5.8 Typische Handpositionen für Smartphones

Smartphones werden in der Regel einhändig mit dem Daumen (fortgeschrittene Nutzer) oder beidhändig bedient, wobei dann mit dem Finger der nicht haltenden Hand getippt wird. Laut einer medizinischen Studie (*http://www.eurekalert.org/ pub_releases/2013-05/hfhs-sbm051513.php*) wird die Mehrzahl von Mobiltelefonen mit der rechten Hand ans rechte Ohr geführt. Bei der beidhändigen Benutzung sind nahezu alle Bereiche des Bildschirms gut zugänglich. Bei der Daumenbedienung hingegen ist ein Bereich am oberen Ende des Bildschirms und ganz unten in der Ecke der Hand schwer bis gar nicht zugänglich. Aus diesem Grund ist bei Smartphones die Menüleiste der Applikationen auch unten – im Unterschied zum Desktop. Auch für eine responsive Website ergibt sich damit die Frage, ob die Navigation bis zu einer gewissen Screengröße nicht besser am unteren Seitenende untergebracht ist. Auch das Skalieren durch Auseinanderziehen zweier Finger ist einhändig nicht möglich.

Tablets werden entweder mit beiden Händen gehalten, einhändig (kleinere Geräte) oder auf einem Tisch abgelegt. In beiden letzteren Fällen wird dann mit dem Finger einer Hand getippt (siehe Abbildung 5.9). Schwierig wird beim beidhändig gehaltenen Tablet auch wieder das Skalieren; dazu müsste man eine Hand loslassen was eher unbequem ist.

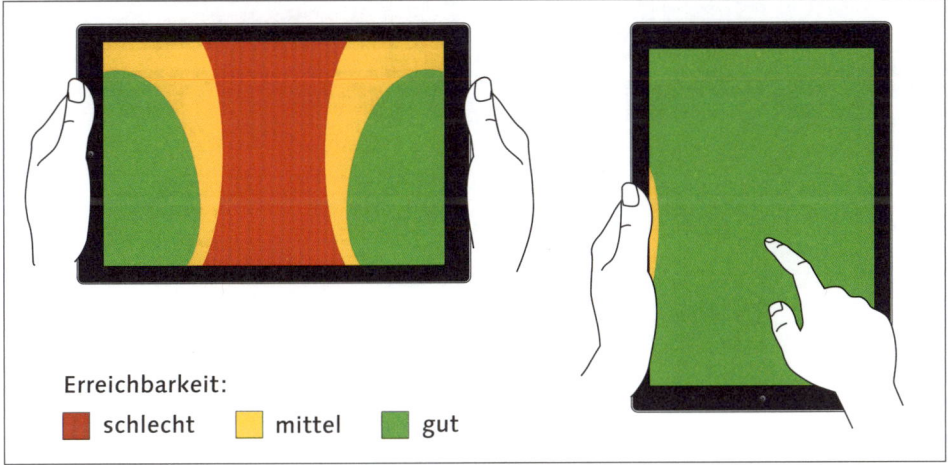

Abbildung 5.9 Typische Handpositionen bei Tablets

Auch bei Laptops mit Touchbedienung wie dem Chromebook sind die Seiten des Bildschirms die am besten nutzbaren Touchbereiche. Hier wäre eine geteilte Navigation interessant, die sich auf die unteren Ecken des Bildschirms verteilt.

5.3.7   Layoutwechsel bei Änderung der Orientierung

Nicht vergessen sollten Sie, dass Tablets und Smartphones zwei mögliche Orientierungen haben. Wenn Sie also nicht den bequemen, aber nutzerunfreundlichen Weg gehen und die Website auf eine Ausrichtung beschränken, müssen Sie sich Gedanken machen, wie Ihr Layout auf eine Änderung der Ausrichtung reagieren soll.

Aber Vorsicht: Ändert sich das Layout zwischen Hoch- und Querformat zu stark, und ändert sich vor allem die Bedienmethodik, z. B. durch Verschwinden des Menüs, kann das die Nutzer verunsichern, die sich ja immer noch (zu Recht) auf derselben Website wähnen.

Auf der Website des Wasserversorgers United Utilities sieht man das Problem recht gut. Die responsive Website hat einen Breakpoint bei 640 Pixeln und schaltet dort auf die Smartphone-Ansicht um.

Diese ist unnötigerweise völlig anders gestaltet (Abbildung 5.10). Allein durch das Drehen eines Tablets verändert sich die aufgerufene Webseite deutlich, und das wirkt erst mal verwirrend beim Nutzer, der sich vielleicht fragt: »Bin ich noch auf derselben Seite? Hat der Designwechsel etwas zu bedeuten? Habe ich etwas falsch gemacht? Wo ist der Webchat hin? Was ist mit dem Menü passiert?« Das sind Fragen, die nicht durch das bloße Drehen eines Gerätes aufgeworfen werden sollten.

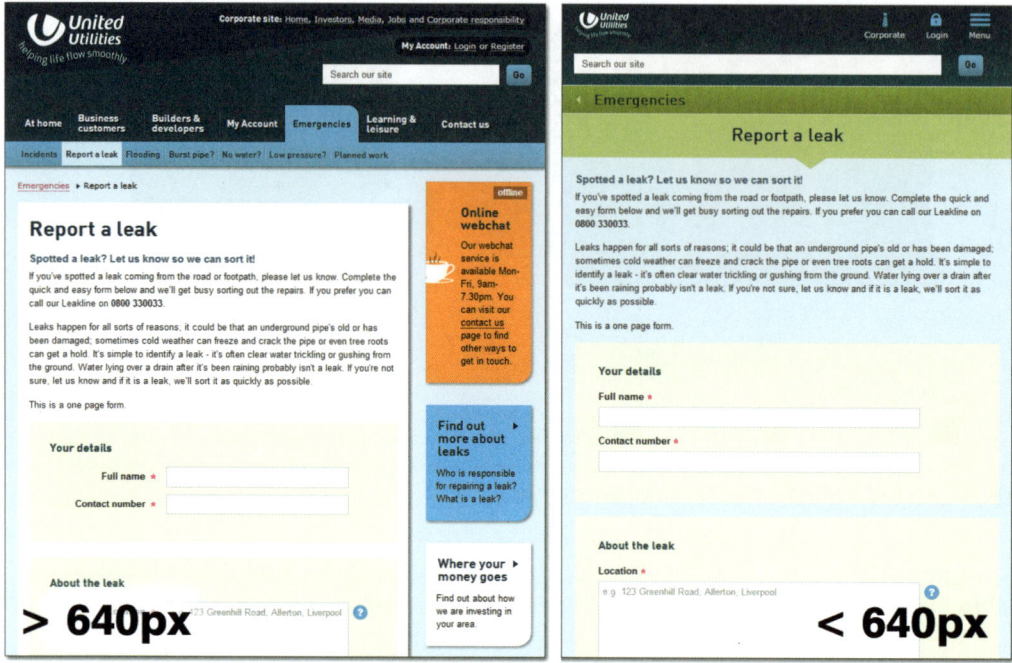

Abbildung 5.10 Drastisch unterschiedliches Design zwischen Smartphone- und Desktop-ansicht

Animierte Layoutwechsel fördern die User-Akzeptanz

Eine Möglichkeit, die Wechsel weniger disruptiv zu gestalten, sind animierte Übergänge zwischen den Layouts; das sieht im Übrigen auch schick aus. Dazu nutzen Sie die CSS3-Eigenschaft `transition`. Sie animiert Änderungen von CSS-Eigenschaften und verfügt dazu über drei Parameter: die Angabe, welche Elemente animiert werden sollen, wie lange der Übergang/die Animation dauern soll und nach welchem Animationsmuster die Animation ablaufen soll. Als Animationsmuster stehen unter anderem ein linearer Übergang oder verschiedene Anfahr-/Bremseffekte zur Verfügung. Stellen Sie sich vor, sie haben eine Navigation, die Sie auf kleinen Bildschirmen verstecken wollen. Mit

```
nav {
    transition: opacity 1.5s ease;
}
```

animieren Sie den Übergang zwischen verschiedenen Werten für `opacity` über einen Zeitraum von 1,5 Sekunden mit einem Anfahreffekt (Animation fängt langsam an und beschleunigt dann) zum Start und einem Bremseffekt am Ende. Die Anweisung kommt in die Basisversion Ihrer Styles, also außerhalb der spezifischen Media Queries.

Desktop und Tablet

Ein weiteres Problem kann sich dadurch ergeben, dass viele Tablets im Querformat ähnlich viele Pixel haben wie Desktops. Das ist zwar insofern praktisch, als dass das Layout in der Breite für beide Ansichten passt, aber bei anderen Funktionen ist das nicht unbedingt so gut: Wenn Sie für die Desktopansicht z. B. ein Hover-Menü vorgesehen haben, ist dies für ein Tablet nicht geeignet.

Hier sollten Sie die Lösung am besten so einrichten, dass sie unabhängig davon funktioniert, ob das Gerät mit der Maus oder per Finger bedient wird – z. B. sollte ein Menü nicht nur per Hover ausfahren, sondern einen Klick (respektive ein Touchereignis) verwenden. Nicht immer geht das natürlich. Um festzustellen, ob die Bedienung per Touchscreen unterstützt wird, können Sie Modernizr verwenden oder direkt mittels JavaScript testen:

```
if (('ontouchstart' in window) ||
    (navigator.maxTouchPoints > 0) ||
    (navigator.msMaxTouchPoints > 0)) {
    /* Anweisungen für Touch */
}
```

Listing 5.2 Browsererkennung für Touchunterstützung

Patrick Lauke hat diese Lösung bei den Mozilla Hacks im Detail beschrieben (*https://hacks.mozilla.org/2013/04/detecting-touch-its-the-why-not-the-how*). Obwohl es in der aktuellsten Browsergeneration damit recht zuverlässig möglich ist, die Touchfähigkeit zu entdecken, gibt es bei etwas älteren Geräten einige Lücken. Deswegen ist es auch bei Verwendung einer solchen Lösung wichtig, einen sinnvollen Fallback zu haben. Problematisch bleibt außerdem, dass es inzwischen auch Geräte wie das Chromebook gibt, die sowohl per Touchscreen als auch per Maus bedient werden können.

5.3.8   Schreiben ist mühsam: Formulare auf Smartphones

Schreiben auf einem Smartphone ist deutlich langsamer und mühseliger als auf einer Tastatur; zudem beansprucht die eingeblendete Bildschirmtastatur eine ordentliche Menge des ohnehin knappen Raums. Daher sollten Sie im Zweifel bei Formularen auf kleinen Bildschirmen eher zu Checkboxen, Radiobuttons oder Auswahllisten greifen, wenn es möglich ist.

Zudem vergrößern die meisten Smartphones beim Tippen in ein Formularfeld dieses automatisch auf Seitenbreite, oder der Nutzer tut es, um zu sehen, was er da tippt. Labels, die vor einem Formularfeld stehen, sind dann nicht mehr sichtbar. Legen Sie also die Labels lieber über die Felder und rücken Sie diese ein klein wenig nach innen ein (siehe auch Abschnitt 11.8, »Flexible Formulare«).

5.3.9   Mobile Inspiration und Best Pratice

Sie haben nun einiges zu den grundlegenden Anforderungen an responsives Design gelesen. Bevor wir uns der Typografie widmen, möchten wir Ihnen noch einige Tipps zum Weiterlesen geben.

Eine interessante und umfangreiche Sammlung verschiedener Mobile Design Patterns gibt es auf *http://mobile-patterns.com*. Dort finden Sie Anmeldeformulare, Bildergalerien, Listen und andere UI-Elemente zur Inspiration.

Offizielle User Interface Guidelines

Die Hersteller der großen Mobile-Betriebssysteme haben alle eigene User-Interface-Guideline veröffentlicht, die sich zwar vornehmlich an Entwickler nativer Apps richten, aber auch für Webdesigner interessant sind. Eingeschränkt wird der Nutzen solcher Guidelines natürlich dadurch, dass sie plattformspezifisch sind. Sie sollten nicht den Fehler machen, iOS-Bedienelemente nachzubauen, die dann auf Android-Geräten völlig fehl am Platze wirken.

Apple: *https://developer.apple.com/library/ios/#documentation/UserExperience/Conceptual/MobileHIG/Introduction/Introduction.html*

Android: *http://developer.android.com/design/index.html*

Windows: *http://go.microsoft.com/?linkid=9713252* (PDF)

Interessant ist auch, wie bei großen Websites bei der Umsetzung eines responsiven Designs vorgegangen wird und wie hier auftretende Problemen gemeistert werden. Trent Walton beschreibt, wie die neue responsive Website von Microsoft (siehe Abbildung 5.11) gebaut wurde (*http://trentwalton.com/2012/10/03/a-new-microsoft-com*).

Auch beim Relaunch der BBC-Website ist ein Blick hinter die Kulissen spannend (*http://de.slideshare.net/jcleveley/mobilism-2013-a-story-of-how-we-built-responsive-bbc-news*).

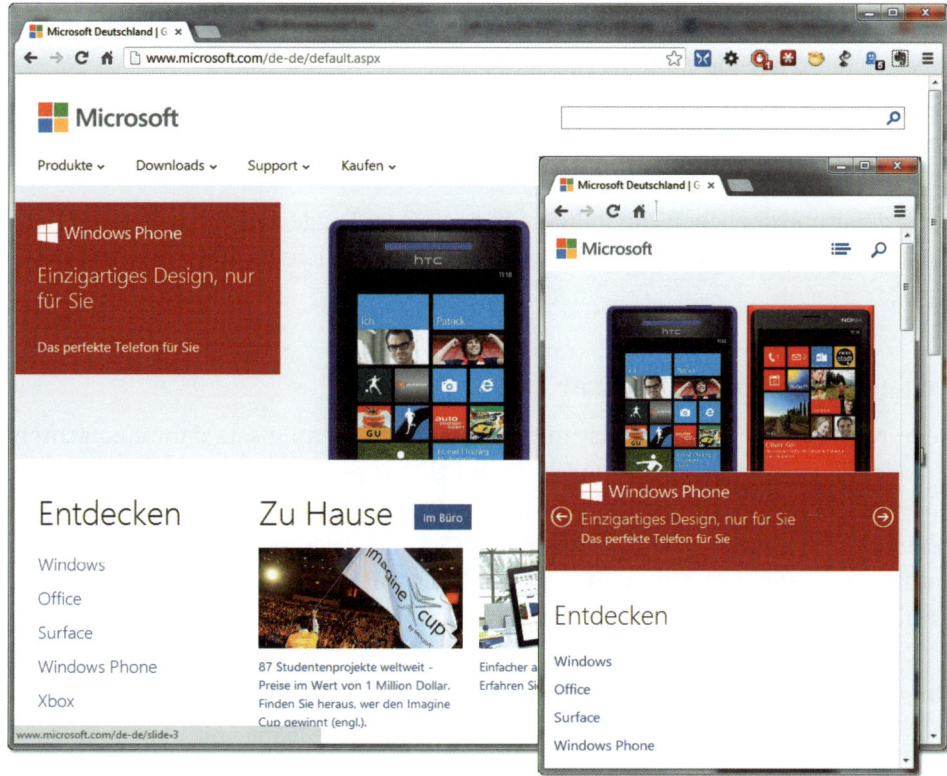

Abbildung 5.11 Microsoft ist als eine der ersten großen Sites auch responsive.

5.4   Typografie (anpassungsfähiger Text)

Grundsätzlich ist Text von Natur aus flexibel: Er bricht am Ende einer Zeile um und setzt sich in der nächsten Zeile fort. Auch die Größe lässt sich vom Nutzer ändern und passt sich den Voreinstellungen des Betriebssystems an.

Text- und Page-Zoom

Moderne Browser skalieren als Standard-Vergrößerungsmethode Websites im Ganzen (*Page-Zoom*). Dabei spielt es keine Rolle, ob die Schriften in Pixeln oder relativen Einheiten definiert sind. Mit der Einführung des Internet Explorers 7, welcher der erste IE mit Page-Zoom war, wähnten viele Webentwickler das Thema »Pixel versus em« für erledigt.

Allerdings gibt es auch noch die Möglichkeit, die Schriftgröße allein zu verändern – etwas, das vor allem Menschen mit Sehbehinderungen wahrnehmen. Hier verhält sich der Internet Explorer zumindest bis zur Version 10 noch immer so, wie wir es von der ungeliebten Version IE6 kennen: Er skaliert nicht. Natürlich können betroffene Nutzer stattdessen den Page-Zoom verwenden (was oft zu horizontalen Scroll-balken führt) oder die Systemschriftgröße dauerhaft vergrößern.

Außerdem haben neue Bildschirme deutlich höhere Pixeldichten, wodurch pixelba-sierte Schriften auf einigen Geräten zu klein dargestellt werden können.

Trotz der grundsätzlichen Flexibilität gibt es ein paar Dinge, mit denen sich die Text-darstellung verbessern lässt. Als Erstes stellt sich natürlich die Frage der Schriftaus-wahl.

5.4.1   Die Auswahl der Schriftart

Beim responsiven Webdesign ist mehr als im statischen Einsatz darauf zu achten, eine Schriftart zu wählen, die auf einer möglichst großen Menge von Geräten in unterschiedlichen Schriftgrößen vernünftig zu lesen ist und ihren Charakter nicht verändert. Bei kleinen Screens und kleineren Schriftgraden von einer schwungvollen Serifen- oder Handschrift zu einer serifenlosen zu wechseln, ist nicht unmöglich, kann aber das optische Erscheinungsbild drastisch verändern.

Umgang mit eingebetteten Schriften

Eine wichtige Frage ist auch die nach dem richtigen Umgang mit eingebundenen Schriften. Da geht es unter anderem um die Downloadgröße: Ein gut ausgestattetes Schriftenpaket bringt leicht mehrere hundert Kilobyte auf die Waage. Sie können mittels Modernizr zumindest einen groben Test der Anbindung vornehmen und danach entscheiden, ob Sie eigene Schriften laden wollen. Allerdings sollten Sie bedenken, dass die vom Gerät gemeldete Bandbreite die maximal verfügbare ist – nicht die aktuell vorliegende.

Kleine Displays sind generell weniger gut geeignet, die feinen Unterschiede verschie-dener Schriftschnitte darzustellen. Hier lohnt es sich zu hinterfragen, ob eine der standardmäßig vorhandenen Schriften auf dem kleinen Display ausreichend ist. Auf hochauflösenden Retina-Displays wie beim iPhone 4/5 sehen viele Schriften schärfer, aber auch dünner aus als auf niedriger auflösenden Displays. Wenn Sie ohnehin mit per `@font-face` eingebundenen Schriften arbeiten, könnten Sie über einen Media Query, das die Pixeldichte anspricht, einen anderen Schriftschnitt laden. Ob der visu-elle Gewinn den zusätzlichen Ladeaufwand wettmacht, ist eine andere Frage.

Responsive Type Reference

Die Wirkungen verschiedener Schriften können Sie bei unterschiedlichen gegebenen Schriftgrößen recht einfach mit einem Tool von Conor MacNeill testen, das unter-schiedliche Schriften auf ein Referenzdokument anwendet. Dazu müssen Sie das

PHP-Skript (oder die entsprechende JavaScript-HTML-Datei) von GitHub herunterladen (*https://github.com/thefella/Responsive-type-references*) und auf Ihrem Server platzieren. Nun können Sie über den URL-Aufruf

```
http://ihre-website.de/responsive-type.php?font=Verdana,Baskerville,Georgia
```

mehrere Schriften nebeneinander anzeigen und bewerten. Die hinter `font=` gelisteten Schriften werden für den Vergleich verwendet (siehe Abbildung 5.12).

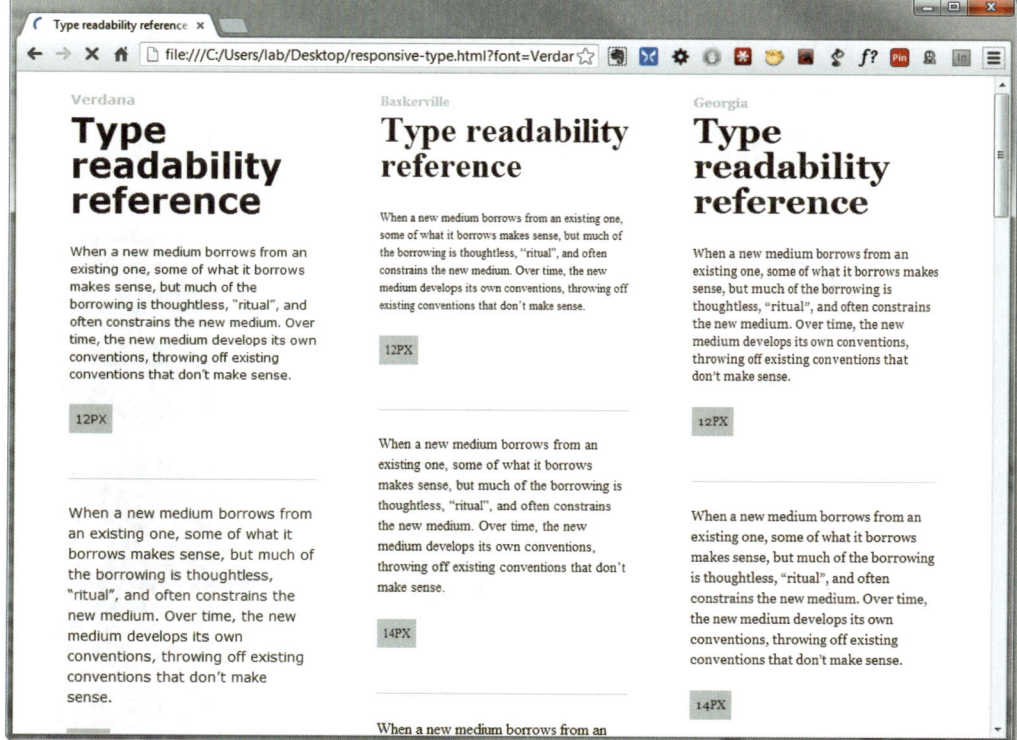

Abbildung 5.12 Gut zu sehen in der Responsive Type Reference: Verschiedene Schriften wirken in der nominell gleichen Größe recht unterschiedlich.

Typecast

Eine komfortablere, aber auch kostspieligere Möglichkeit bietet der Webdienst Typecast (*http://typecast.com*). Dort können Sie sehr schön und einfach typografische Systeme zusammensetzen und mit verschiedenen Schriften betrachten – auch im 1:1-Vergleich. Typecast hat über 20.000 Webfonts im Angebot und verfügt über ein browserbasiertes Editiermodul, mit dem Sie Ihre Ideen einfach ausarbeiten können. Außerdem lassen sich mit Typecast Styleguides erstellen; es ist damit auch ein Werkzeug für den in Abschnitt 4.5, »Phase 4: Rinse and Repeat«, besprochenen Designpart im responsiven Workflow.

Zur Nutzung ist ein Chrome- oder Safari-Browser erforderlich und ein kostenpflichtiger (nicht ganz preiswerter) Account. Immerhin ist es möglich, den Service in einem Testmonat auszuprobieren.

Alternativschriften testen

Wenn Sie für bestimmte Layoutstufen auf das Laden spezieller Webschriften verzichten, möchten Sie natürlich wissen, wie das Layout mit der Alternativschrift aussieht. Dazu gibt es das praktische Bookmarklet Ffffallback (*http://ffffallback.com*) von Josh Brewer und Mark Christian, mit dem Sie mit Webfonts ausgestattete Seiten analysieren und an ihnen Alternativschriftarten ausprobieren können.

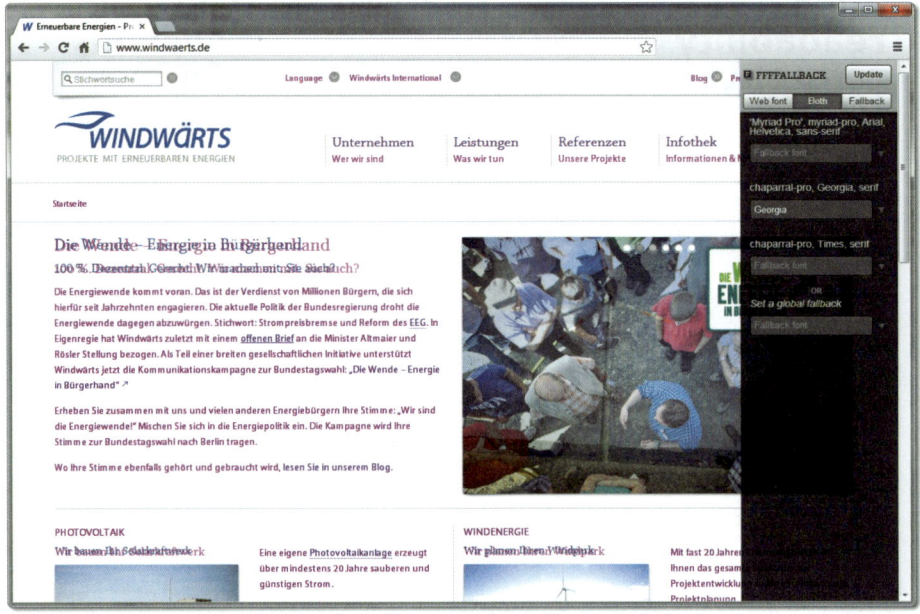

Abbildung 5.13 Die Alternativschrift »Georgia« (in Pink) liegt hier über dem verwendeten Webfont.

Sie rufen die zu untersuchende Website auf, rufen das Bookmarklet auf, geben eine Ersatzschrift für eine der gefundenen Webschriften ein und klicken auf UPDATE. In Abbildung 5.13 sehen Sie, dass die alternative Schrift »Georgia« für Überschriften etwas länger läuft als das Original »Chapparal Pro«. Sie können zwischen Original und Ersatz hin- und herschalten oder die Ersatzschrift als pinke Überlagerung anzeigen.

Oder Sie verwenden das Bookmarklet von FontDragr (*http://fontdragr.com*); mit ihm können Sie beliebige Fonts auf eine Website ziehen und dadurch anwenden. Sie können die Selektoren spezifizieren, für die der Font eingesetzt werden soll (also z. B. nur h2), und Sie können sowohl Webfonts verwenden als auch Schriften von Ihrem eigenen Rechner nutzen.

5.4.2   Angaben für die Schriftgröße

Nach der Auswahl der Schrift folgt die Auswahl der Schriftgröße(n). Wir stellen Ihnen die gebräuchlichsten Einheiten unter dem Gesichtspunkt der responsiven Nutzung vor und beschreiben, auf was Sie bei der Wahl der Schriftgröße insbesondere achten sollten.

Statische Angaben in Pixeln

Die Verwendung von Pixeln liefert zunächst einmal volle Kontrolle über alle Elementgrößen und ist letztlich die Einheit, auf der alles am Bildschirm Dargestellte beruht. Um ein grafisches Layout exakt umzusetzen, scheinen Pixel zunächst die erste Wahl, zumal das Kardinalproblem der in Pixeln angegebenen Schriften, nämlich die mangelnde Skalierbarkeit im Internet Explorer 6, nach dem Verschwinden dieser Version als Gegenargument nicht mehr existiert. Trotzdem spricht einiges gegen die Verwendung von Pixeln für Schriftgrößen, vor allem bei responsiven Layouts. Pixelangaben sind vergleichsweise statisch. Sie beziehen sich weder auf die Fensterbreite noch auf andere Dimensionen (Elternelemente). Das kann auch bei Änderungen sehr unpraktisch sein. Wenn Sie zum Beispiel den Größeneindruck des Schriftbildes im ganzen Layout verändern wollen, müssen Sie alle Schriftangaben und Angaben zu Zeilenabständen etc. einzeln anpassen – das geht mit anderen Einheiten sehr viel einfacher.

Da die Pixeldichten immer weiter zunehmen, müssen Sie sich bei der Darstellung von Schriften darauf verlassen, dass die Geräte selbstständig Ihre Pixel hochrechnen – sonst sehen Sie auf einem hochauflösenden Display von Ihrer 10-Pixel-Schrift nicht mehr viel. Was auf den bekannten Verdächtigen wie den Retina-iPhones gut funktioniert, klappt z. B. auf einem Ultrasubnotebook nicht so gut. Die Website von Siemens ist dann nur noch per Lupe zu entziffern, während das Webmagazin »A List Apart« zeigt, dass es auch anders geht (siehe Abbildung 5.14).

Auch andere Anzeigegeräte wie der Kindle von Amazon halten sich nicht unbedingt an die vom Desktop gewohnten Mechanismen. Der Kindle Paperwhite hat ein hochauflösendes Display (758 × 1024 Pixel mit 212 ppi) und meldet dies auch an den Browser, sodass z. B. pixelbasierende Media Queries mit diesen Werten arbeiten.

Wenn Sie die Schriftgröße in em notiert haben, vergrößert der Kindle sie auf einen angemessen großen Wert. Wenn Sie allerdings Pixel verwendet haben, wird die Schrift auch tatsächlich in der Pixelgröße dargestellt – und zwar bezogen auf die realen Hardwarepixel des Gerätes. Bei 16 Pixeln wäre das unleserlich klein. Verhindert wird das nur dadurch, dass der Kindle eine minimale Schriftgröße verwendet, die wiederum die CSS-Angaben übersteuert; dafür stimmt die Hierarchie zwischen Überschrift und verschieden großen Textpassagen nicht mehr. In Abbildung 5.15 sehen Sie, dass der in 24 px definierte Text kleiner ist als ein Text in 1 em bei 16 px Basisschriftgröße

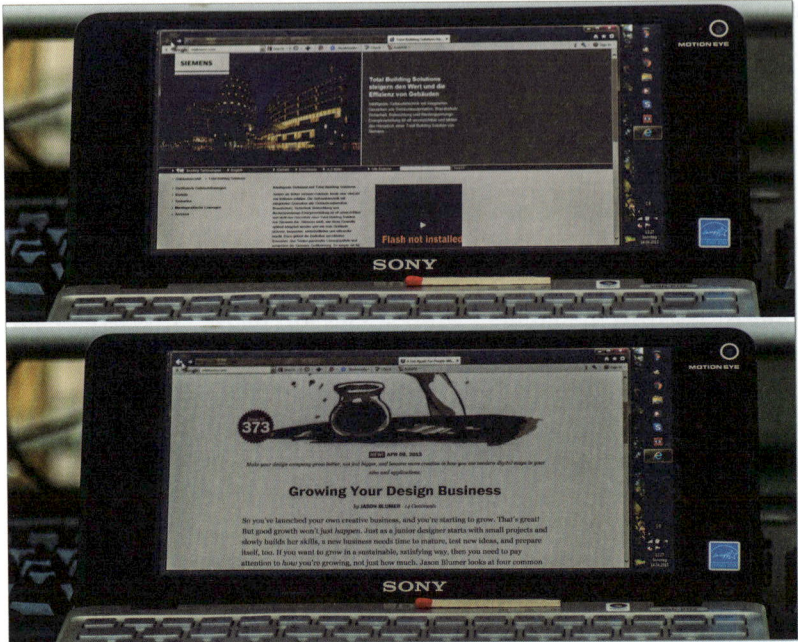

Abbildung 5.14 Verlorene kleine Zeichen, die sich einsam auf einem riesigen Bildschirm fürchten (zum Vergleich ein Streichholz)

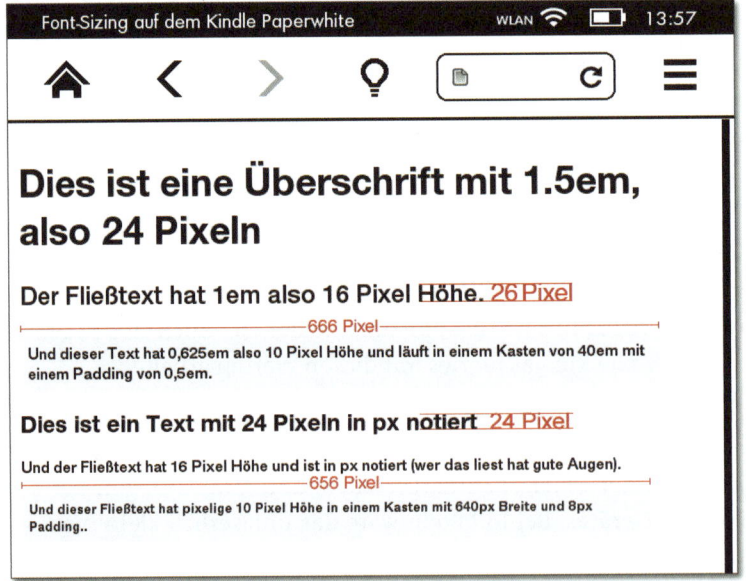

Abbildung 5.15 Etwas eigenwillige Interpretation der Einheiten Pixel und em beim Kindle Paperwhite: 1 em bei Schriftgrößen ergibt eine andere Pixelzahl als 1 em bei Breitenangaben.

Cave pixelum (Hüte Dich vor dem Pixel)!

Schriftangaben in Pixeln sind überholt, nicht nachhaltig und wartungsfeindlich – Sie sollten sie nicht mehr verwenden!

Relative Angaben in em oder Prozenten

Angaben zur Schriftgröße in Prozenten oder der Einheit em beziehen die Schriftgröße eines Elements auf sein Elternelement und sind daher besser geeignet, um die Größenverhältnisse zwischen unterschiedlichen Textelementen zu wahren, dem Benutzer aber die Möglichkeit zu lassen, die Schriftgröße seinen Wünschen anzupassen. Allerdings machen sie das Erstellen von Stylesheets auch etwas komplizierter, da durch sie auch die Struktur eines HTML-Dokuments Einfluss auf die Schriftgröße nimmt:

```
<style type="text/css">
   body { font-size: 0.5em; }
   p { font-size: 0.8em; }
</style>
```

Die hier im Listing definierten Styles führen dazu, dass erst einmal die Schriftgröße für alle Elemente auf 0.5em gesetzt wird und mit diesem Wert dann weitere Elementgrößen berechnet werden. Ein Absatz <p> hat also eine Schriftgröße von 0,4 em (0,5 × 0,8 em).

Mehrfachnotationen wie

```
body,#content,p,table,th,td,tr,ul,ol,li {
   font-family: Arial,sans-serif; font-size: 0.8em;
}
```

können durch die Kaskadierung zu bis ins Unleserliche verkleinerten Schriften führen.

Mit Prozenten ist es genauso; ein Element mit der Angabe font-size: 50% hat eine halb so große Schrift wie das übergeordnete Elternelement.

Normierte relative Angaben: rem

rem funktioniert im Prinzip genauso wie em, orientiert sich aber immer an der Schriftgröße des Wurzelelements (<html>).

Die meisten Browser setzen ohne Änderung durch den Benutzer die Basisschriftgröße auf 16 Pixel. 1 rem entspricht immer der Basisschriftgröße, also in diesem Fall 16 Pixel, egal, wie tief verschachtelt Sie diese Angabe in Ihren Styles notieren. In Verbindung mit dem 62,5%-Trick (siehe weiter unten) können Sie eine Basisschriftgröße von 10 Pixeln erzeugen und dann mit sehr einfachen Berechnungen aus Pixelvorgaben relative Werte machen (14px = 1.4rem; 20px = 2rem usw.).

Da rem eine vergleichsweise neue Einheit ist, kommt Ihnen beim Einsatz im Augenblick noch die Browserunterstützung in die Quere. Der Internet Explorer versteht rem erst ab Version 9. Für ältere Versionen können Sie jedoch einen Pixelwert oder einen em-Wert (dann müssen Sie aber auf die Verschachtelung achten!) als Ersatz vor dem rem-Wert notieren:

```
<style type="text/css">
body { font-size: 62.5%; }
p {
    font-size: 14px;
    font-size: 1.4rem;
}
</style>
```

Listing 5.3 Trick zur Verwendung von rem – mit einem Fallback für ältere Browser

Die alten Browser verstehen die neue Eigenschaft nicht und ignorieren diese einfach. Die modernen Browser interpretieren beide Eigenschaften richtig, und die zweite Eigenschaft überschreibt CSS-typisch die erste.

Responsive Einheiten: vw und vh

Der nächste Schritt in die Zukunft sind die Einheiten vw und vh, die sich auf die Abmessungen des jeweils aktuellen Viewports beziehen und für responsives Design wie gerufen kommen. vw bezieht sich auf die Breite (*viewport width*) und vh auf die Höhe (*viewport height*). Dabei entspricht 1vw 1 % der Breite des Vieports und 1vh (Sie haben es vermutlich erraten) 1 % der Höhe des Viewports. Zusätzlich hat das W3C noch vmin und vmax definiert, die sich ebenfalls prozentual auf Breite und Höhe beziehen, aber den jeweils größeren oder kleineren Wert verwenden. Das heißt, 1vmin ist 1 % der Breite oder Höhe des Fensters, je nachdem, welcher Wert im Moment kleiner ist. vmax funktioniert entsprechend und orientiert sich am größeren der beiden Werte.

Der Browsersupport ist gar nicht so schlecht: Alle wichtigen Browser unterstützen in der aktuellen Version (August 2013) die Einheiten; Firefox und Chrome kennen sie schon seit ein paar Versionen, und auch der Internet Explorer macht seit Version 9 mit. Leider hat Chrome einen hässlichen kleinen Bug und aktualisiert die Schriftgröße nicht, wenn das Browserfenster skaliert wird.

Fazit: Einsatz der Schriftgrößen-Einheiten

Die aktuell beste und praktikabelste Methode zur Auszeichnung von Schriften ist die Verwendung von em, auch wenn das zu ein wenig Rechenarbeit führt. Je nachdem, wie wichtig Ihnen eine relative Schriftgröße für ältere Internet Explorer ist, können Sie rem, vw und vh auch heute schon verwenden.

In Abbildung 5.15 sehen Sie, dass der in 24 px definierte Text kleiner ist als ein Text in 1 em bei 16 px Basisschriftgröße. Um für eine schnelle Anpassung der Schriftgrößen per Media Query gerüstet zu sein, setzen Sie die Basisschriftgröße auf das Element <body> fest. Bei späteren Änderungen müssen Sie nur noch diesen Wert ändern, um alle in em notierten Dimensionen und Schriftgrößen gleichartig anzupassen. Denken Sie daran, dass auch in em notierte Breiten- oder Abstandsangaben mit der Änderung der Basisschriftgröße skaliert werden. Meistens, z. B. bei Abständen, ist das erwünscht. Bei Breitenangaben hingegen möchten Sie vielleicht nicht unbedingt, dass sich eine Box immer weiter ausdehnt. In diesem Fall sollten Sie deren Breite in Prozent notieren.

Pixel in em umrechnen

Eine einfache Methode, sich die Umrechnung von em in Pixel zu erleichtern, ist der von Richard Rutter erdachte *62,5%-Trick*. Durch eine Definition von

```
body { font-size: 62.5%; }
```

erreichen Sie bei allen Browsern, die als Standard eine Schriftgröße von 16 Pixeln verwenden, eine Basisschriftgröße von 10 Pixeln. In der Folge entsprechen dann 1 em genau 10 Pixeln, und Sie können mit sehr einfachen Umrechnungen arbeiten.

Als Alternative können wir auch den PixtoEM-Umrechner (*http://pxtoem.com*) empfehlen. Hier lassen sich alle Umrechnungswerte für 6 bis 24 px einfach ablesen; für exotischere Kombinationen gibt es einen Kalkulator.

5.4.3   Schriftgrößenwahrnehmung auf kleinen und großen Bildschirmen

Während in der Frühzeit des Webs gern Schriftgrößen bis hinunter zu 10 Pixeln eingesetzt wurden, hat sich in den letzten Jahren eingebürgert, größere Schriften zu verwenden und am besten die browserübergreifende Standardgröße von 16 Pixeln erst gar nicht zu verändern. Diese Entwicklung ist nicht nur der Erkenntnis der Designer oder dem Aufkommen von Schriftarten zu verdanken, die auch in höheren Graden noch hübsch aussehen. Sie ist auch eine Folge der technischen Entwicklung bei den Bildschirmen. Während früher Bildschirmauflösungen ab 800 × 600 (oder ganz früher 640 × 480) bei 14 bis 15 Zoll Bildschirmdiagonale üblich und damit die Auflösung klein sowie der Abstand des Betrachters vom Bildschirm eher kurz waren, werden heute hochauflösende und großformatige Monitore – zum Teil auch mehrere – eingesetzt. Damit hat sich auch der Betrachtungsabstand zum Bildschirm vergrößert, und Schriften gleicher nomineller Größe wirken kleiner. Daher sind 16 Pixel auf einem 21-Zoll-Breitbildmonitor schon größer als 11 Pixel auf einem Netbook – aber der Unterschied ist nicht so groß, wie es die Zahlen vermuten lassen. Auf Tablets und Smartphones hingegen ist der Betrachtungsabstand sehr gering; kleine Schriften werden deutlich größer wahrgenommen als auf stationären Geräten mit viel größeren Bildschirmen (siehe Abbildung 5.16).

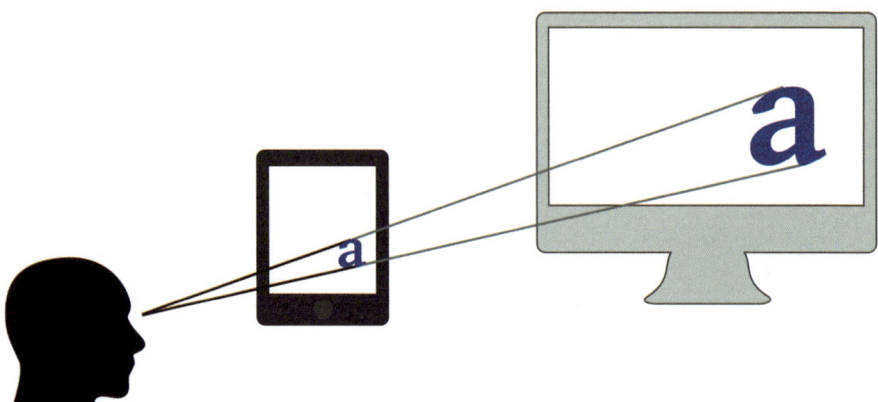

Abbildung 5.16 Geräte mit kleinem Bildschirm werden näher an die Augen geführt; darum wirken Schriften auf den kleinen Geräten größer.

Für das responsive Design bedeutet das, dass Sie dieses Verhältnis in die Veränderungen der Schriftgrößen einbeziehen müssen. Als Faustformel können Sie sich merken, dass sich die wahrgenommene Größe einer Schrift auf einem Display proportional zur Entfernung des Betrachters ändert. Ausgehend von einem Desktop-PC mit 96 ppi und einer Schriftgröße von 16 Pixeln ergibt sich eine »gefühlte Schriftgröße« aus dem verringerten Betrachtungsabstand und einer abweichenden Auflösung.

Mit einer kleinen Messreihe sind wir auf folgende beispielhafte Größen in Tabelle 5.2 gekommen. In der ganz rechten Spalte sehen Sie die Schriftgrößen, die in etwa den gleichen Größeneindruck beim Betrachter hinterlassen. Wenn Sie es genau wissen wollen, können Sie auf der Seite DPI love (*http://dpi.lv*) von Lea Verou aus den Angaben für Breite und Höhe eines beliebigen Bildschirms die Auflösung in ppi berechnen lassen. Vergessen Sie dabei aber nicht, dass es dort um die tatsächlichen physikalischen Eigenschaften des Bildschirms geht. Wie wir in Abschnitt 3.5.3, »Gerätepixel und CSS-Pixel: der »virtuelle« visuelle Viewport«, bereits beschrieben haben, täuschen hochauflösende Displays (z. B. das Retina-iPhone) niedrigere Auflösungen vor, um abwärtskompatibel mit älteren Geräten zu sein. Die Werte in Tabelle 5.2 beziehen sich auf diese virtuellen oder CSS-Pixel.

Gerät	Abstand	Faktor	ppi	Schriftgröße
Dektopmonitor, 22 Zoll	60 cm	1	96	16 px
MacBook, 13 Zoll	50 cm	0,83	113	15–16 px
Tablet (iPad 1)	45 cm	0,75	132	16–17px
Smartphone (iPhone 4)	25 cm	0,42	163	11 px

Tabelle 5.2 Schriftgrößen auf Geräten im Vergleich

Gimmick: Realtime Responsive Typography

Auf die Spitze treibt es der Webentwickler Marko Dugonjiç, der als Demonstration (*http://webdesign.maratz.com/lab/responsivetypography/realtime*) eine Website zeigt, die per Webcam die Entfernung des Betrachters misst (anhand der Größe des Kopfes relativ zu einem Bildausschnitt) und danach die Schriftgröße anpasst (siehe Abbildung 5.17).

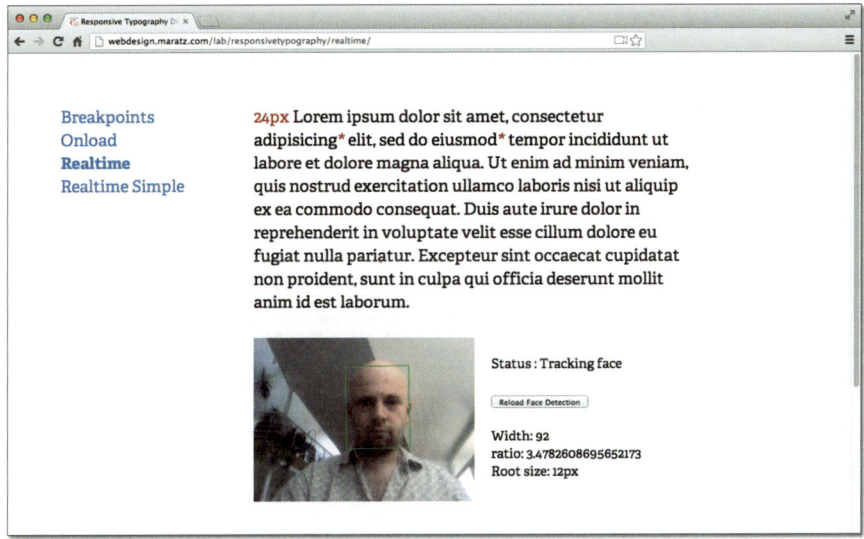

Abbildung 5.17 Schriftgrößenanpassung durch Gesichtserkennung: einer der Autoren bei der Arbeit (bei 30 °C im Schatten …)

Soweit wird man im Normalfall eher nicht gehen (zumal der Browser vor Benutzung der Webcam eine entsprechende Warnung anzeigt und die meisten Nutzer keine Lust haben werden, sich beim Surfen auch noch filmen zu lassen); andererseits ist bereits in einigen neueren Smartphones die Frontkamera dauerhaft eingeschaltet um Gesten zu erkennen oder den Bildschirm abzuschalten, wenn niemand ihn anguckt.

5.4.4 Zeilenlänge und Durchschuss

Ein weiteres wichtiges typografisches Thema ist das Verhältnis aus Zeilenlänge und Zeilenabstand. Grundsätzlich gilt: Je länger ein Zeile, desto größer sollte auch der Zeilenabstand sein. Das liegt daran, dass das Auge bei längeren Zeilen Schwierigkeiten hat, vom Ende der aktuellen Zeile den Anfang der folgenden zu finden. Im Allgemeinen wird eine Zeilenlänge zwischen 50 und 75 Buchstaben als gut lesbar empfunden – das hängt natürlich auch von der Schriftart und dem Zeilenabstand ab.

Ein zu enger Zeilenabstand macht es schwerer, die einzelnen Zeilen zu unterscheiden. Das W3C empfiehlt in seinen Guidelines einen Zeilenabstand vom 1,5-fachen der Schriftgröße. Außerdem sollte der Zeilenabstand größer sein als der Abstand zwischen den Worten in einer Zeile. Bei einem größeren Zeilenabstand machen Sie aber selten etwas verkehrt – bei zu engem schon eher. Es empfiehlt sich also, diesen Vorschlag eher als Minimalwert zu verwenden und bei längeren Zeilen etwas zuzulegen (siehe Abbildung 5.18).

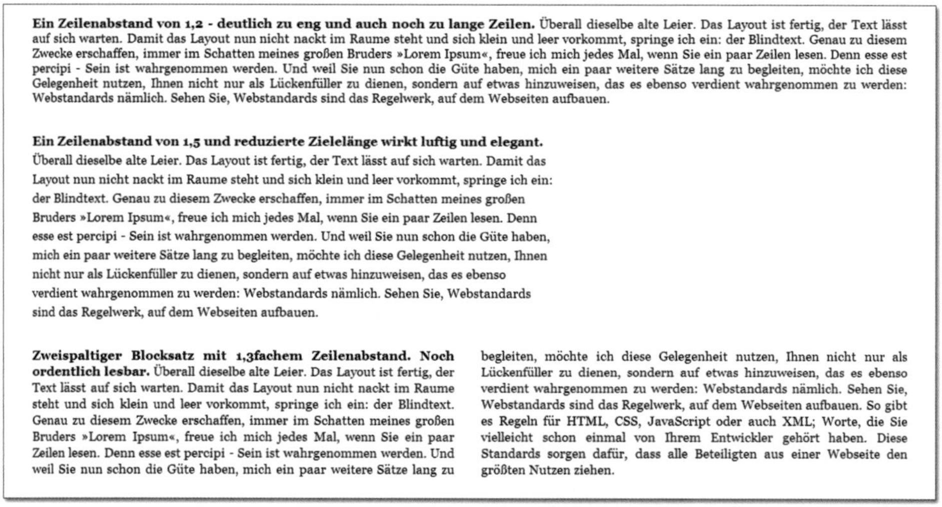

Ein Zeilenabstand von 1,2 - deutlich zu eng und auch noch zu lange Zeilen. Überall dieselbe alte Leier. Das Layout ist fertig, der Text lässt auf sich warten. Damit das Layout nun nicht nackt im Raume steht und sich klein und leer vorkommt, springe ich ein: der Blindtext. Genau zu diesem Zwecke erschaffen, immer im Schatten meines großen Bruders »Lorem Ipsum«, freue ich mich jedes Mal, wenn Sie ein paar Zeilen lesen. Denn esse est percipi - Sein ist wahrgenommen werden. Und weil Sie nun schon die Güte haben, mich ein paar weitere Sätze lang zu begleiten, möchte ich diese Gelegenheit nutzen, Ihnen nicht nur als Lückenfüller zu dienen, sondern auf etwas hinzuweisen, das es ebenso verdient wahrgenommen zu werden: Webstandards nämlich. Sehen Sie, Webstandards sind das Regelwerk, auf dem Webseiten aufbauen.

Ein Zeilenabstand von 1,5 und reduzierte Zielelänge wirkt luftig und elegant.
Überall dieselbe alte Leier. Das Layout ist fertig, der Text lässt auf sich warten. Damit das Layout nun nicht nackt im Raume steht und sich klein und leer vorkommt, springe ich ein: der Blindtext. Genau zu diesem Zwecke erschaffen, immer im Schatten meines großen Bruders »Lorem Ipsum«, freue ich mich jedes Mal, wenn Sie ein paar Zeilen lesen. Denn esse est percipi - Sein ist wahrgenommen werden. Und weil Sie nun schon die Güte haben, mich ein paar weitere Sätze lang zu begleiten, möchte ich diese Gelegenheit nutzen, Ihnen nicht nur als Lückenfüller zu dienen, sondern auf etwas hinzuweisen, das es ebenso verdient wahrgenommen zu werden: Webstandards nämlich. Sehen Sie, Webstandards sind das Regelwerk, auf dem Webseiten aufbauen.

Zweispaltiger Blocksatz mit 1,3fachem Zeilenabstand. Noch ordentlich lesbar. Überall dieselbe alte Leier. Das Layout ist fertig, der Text lässt auf sich warten. Damit das Layout nun nicht nackt im Raume steht und sich klein und leer vorkommt, springe ich ein: der Blindtext. Genau zu diesem Zwecke erschaffen, immer im Schatten meines großen Bruders »Lorem Ipsum«, freue ich mich jedes Mal, wenn Sie ein paar Zeilen lesen. Denn esse est percipi - Sein ist wahrgenommen werden. Und weil Sie nun schon die Güte haben, mich ein paar weitere Sätze lang zu begleiten, möchte ich diese Gelegenheit nutzen, Ihnen nicht nur als Lückenfüller zu dienen, sondern auf etwas hinzuweisen, das es ebenso verdient wahrgenommen zu werden: Webstandards nämlich. Sehen Sie, Webstandards sind das Regelwerk, auf dem Webseiten aufbauen. So gibt es Regeln für HTML, CSS, JavaScript oder auch XML; Worte, die Sie vielleicht schon einmal von Ihrem Entwickler gehört haben. Diese Standards sorgen dafür, dass alle Beteiligten aus einer Webseite den größten Nutzen ziehen.

Abbildung 5.18 Zeilenlänge und Zeilenabstand müssen aufeinander abgestimmt sein

Im responsiven Layout deutet sich ein Problem an: Einerseits ändern sich die Zeilenlängen an den Umbruchpunkten teilweise sehr deutlich, andererseits gibt es durch die fluide Gestaltung des Rasters keine eindeutige Zeilenlänge. Und während es durch die Verwendung der Einheit em für Breitenangaben durchaus möglich ist, das Layout bei einer Änderung der Schriftgröße entsprechend »mitwachsen« zu lassen, existiert der umgekehrte Weg einer Schriftvergrößerung, wenn sich die umgebenen Container vergrößern, nicht – zumindest im Moment noch nicht mittels CSS. Außerdem soll ja bei einem breiteren Layout der Platz sinnvoll für mehr Inhalte genutzt werden und nicht nur, um alles etwas größer zu haben.

Das bedeutet, dass Sie an den Umbruchpunkten daran denken müssen, nicht nur die Schriftgröße zu anzupassen, falls Sie dies vorhaben, sondern auch die Zeilenhöhe – je nachdem, ob das neue Layout schmalere oder breitere Spalten hat. Ein typisches Beispiel wäre die Verringerung der Spaltenanzahl bei einem Layoutwechsel: Aus vier Spalten werden zwei, und aus zweien wird eine, wenn die verfügbare Breite unter den Schwellenwert sinkt.

Wenn Sie die Kurzschreibweise zur Schriftzuweisung verwenden, können Sie alle relevanten Eigenschaften in einer Zeile festlegen:

```
font: normal small-caps bold 2em/1.5 "Museo Slab", Courier, serif
```

(Reihenfolge: `font-style`, `font-variant`, `font-weight`, `font-size/line-height`, `font-family`)

Zwischen den festgelegten Umbruchpunkten ist die Situation etwas komplizierter. Hier gibt es (noch) keine Möglichkeit, mit CSS allein eine sinnvolle Anpassung der Zeilenhöhe zu erreichen.

Mittels JavaScript lässt sich allerdings eine Anpassung der Zeilenhöhe erreichen. Webentwickler Mat Marquis hat unter dem Namen Molten Leading ein Skript (*https://github.com/Wilto/Molten-Leading*) dazu entwickelt und eine Demonstrationsseite online gestellt (*http://wilto.github.io/Molten-Leading*). Die Anpassungen sind recht subtil. Wenn Sie sich den Code mit Firebug oder einem anderen Inspektor ansehen, werden die Anpassungen deutlich. Anregung für das Tool war ein Artikel von Tim Brown, einem Schriftmanager bei Adobe (*http://nicewebtype.com/notes/2012/02/03/molten-leading-or-fluid-line-height*). Dort finden Sie auch noch weitere Implementierungen als Beispiele.

Mehrspaltensatz

Ein für lange Zeit leidiges Thema ist zumindest in absehbarer Zeit kein Problem mehr: der automatische Mehrspaltensatz. Gerade wenn es in Richtung besonders breite Bildschirme geht – aber auch bei horizontal gehaltenen Smartphones – ist ein echter Spaltensatz schon nützlich. (Mit »echt« meinen wir, dass der Text automatisch am Ende der ersten Spalte umbricht und in die nächste Spalte fließt – ohne redaktionelle Handarbeit oder JavaScript.)

Die nötige CSS-Eigenschaft heißt `column-count`. Mit

```
.cols {
    column-count: 2;
    column-gap: 1em;
}
```

legen Sie ein zweispaltiges Layout für den mit `.cols` markierten Container an. Alternativ können Sie statt `column-count` auch `column-width` verwenden und eine Breite festlegen; dann entstehen so viele Spalten, wie in den entsprechenden Bereich passen.

Mit `column-gap` steuern Sie die Breite der Lücke zwischen den Spalten, mit `column-rule` können Sie eine Linie in diese Lücke zeichnen. Wenn einzelne Elemente über mehrere Spalten laufen sollen, wird dies über `column-span` geregelt. (Zum Zeitpunkt der Manuskripterstellung funktionierte das allerdings aufgrund eines Mozilla-Bugs noch nicht.)

Mit der folgenden Syntax können Sie einen Hauptinhaltsbereich `.mainContent` in mehrere Spalten aufteilen:

```
@media only screen and (min-width: 50em) {
    .mainContent {
        column-count: 2;
        column-gap: 1em;
    }
}
@media only screen and (min-width: 78em) {
    .mainContent {
        column-count: 3;
        column-gap: 3em;
        column-rule: 1px dotted black;
    }
}
```

Listing 5.4 Für Tablets und große Desktopansichten gibt es Spalten.

Dabei wird hier ab einer Breite von 50 em (Tablet) ein zweispaltiges Layout angezeigt. Ab 78 em (große Desktops) werden dann sogar drei Spalten verwendet.

Tatsächlich unterstützen alle modernen Browser (der Internet Explorer ab Version 10) den Mehrspaltensatz. Browser, die das noch nicht tun, zeigen einfach nur eine Spalte an – es gibt also immer einen Fallback, und Sie gehen mit der Verwendung von `column-count` kein Risiko ein. Der Internet Explorer 10 beherrscht die W3C-Schreibweise; Firefox und Chrome benötigen noch ihre jeweiligen Präfixe.

Silbentrennung und Textbeschnitt

Im responsiven Design ist die Silbentrennung besonders interessant, da Sie ja die Kontrolle über die Zeilenlängen ein Stück weit aufgeben und gerade bei kurzen Zeilen eine Silbentrennung einiges zum gelungenen Schriftbild beiträgt. Wenn Sie die im vorigen Abschnitt angesprochenen Spalten verwenden, werden die Zeilenlängen auch eher kleiner und bedürfen einer Trennung, um ein gleichmäßiges Schriftbild zu bieten.

Grundsätzlich können Sie mit `hyphens: auto;` für ein Element die Silbentrennung einschalten, soweit der Browser dies unterstützt:

```
p {
    -moz-hyphens: auto;
    -webkit-hyphens: auto;
    -ms-hyphens: auto;
    hyphens: auto;
    word-wrap: break-word;
}
```

Listing 5.5 Silbentrennung einschalten für alle Absätze

Mit Chrome ist aber einer der wichtigsten Browser (August 2013) noch nicht dabei, und auch der Internet Explorer beherrscht die Trennung erst ab Version 10. Mit der CSS-Eigenschaft `word-wrap: break-word` lässt sich zumindest erreichen, dass zu lange Wörter im Zweifel getrennt und nicht abgeschnitten werden – allerdings ohne Trennstrich.

Bei Überschriften reicht es ja vielleicht, zu lange Begriffe mit manuellen Trennvorschlägen zu versehen: Das HTML-Zeichen ­ fügt unsichtbare Trennzeichen ein und sorgt im Bedarfsfall für eine Trennung an der so präparierten Stelle.

Eine andere Möglichkeit, um zu lange Worte in schmalen Spalten zu behandeln, ist der Textbeschnitt mittels `text-overflow: ellipsis`.

```
.shorten {
    width: 10em;
    overflow: hidden;
    text-overflow: ellipsis;
}
```

Listing 5.6 Abschneiden von Textzeilen mit ellipsis

Mit dieser Art Textbeschnitt werden zu lange Worte, die nicht mehr in die Zeile passen, abgekürzt und mit einer Kennzeichnung versehen – im Standardfall »...«.

Hyphenator – ein Polyfill zur Silbentrennung

Wenn Sie eine automatische Silbentrennung benötigen, ist die einzige Möglichkeit, dies browserübergreifend umzusetzen, im Moment die Verwendung von JavaScript. Der Hyphenator (*http://code.google.com/p/hyphenator*) macht das für Sie. Wenn Sie den Hyphenator einsetzen wollen, müssen Sie lediglich das JavaScript herunterladen und in Ihre Website einbinden (in einer realen Produktionsumgebung am besten mit anderen JavaScript-Schnipseln gesammelt in einer Datei und minimiert):

```
<script src="http:// ... /Hyphenator.js"></script>
```

Zusätzlich müssen Sie alle Elemente mit einer Klasse `.hyphenate` markieren, die getrennt werden sollen. Sie können die Trennung auch zwischendurch mit der Klasse `.donthyphenate` ausschalten. Beispielsweise aktiviert `<body class="hyphenate">` die Trennung für alle Elemente.

Um zu vermeiden, dass das Skript bei Browsern geladen wird, die schon native Silbentrennung beherrschen, können Sie per Modernizr (mit einem Production Build als Non-Core-Test) diese Fähigkeit abfragen und dann nur bei Bedarf für die Browser laden lassen, die das Skript für eine Silbentrennung brauchen.

5.4.5 Skalierbare seitenbreite Texte

Mit der Einheit vw können Sie Schriften so definieren, dass ihre Größe sich mit der Breite des Bildschirmfensters ändert. Hiermit können Sie Überschriften und besondere Textzeilen automatisch so skalieren lassen, dass sie immer über eine ganze Zeile reichen. Dazu ist zwar erst einmal ein wenig Ausprobieren erforderlich, um das passende Maß in vw-Einheiten zu ermitteln; danach skalieren die entsprechenden Texte automatisch. (Bei sehr schmalen Browserfenstern kommt es allerdings eventuell doch zu Umbrüchen, da dem Browser einfach nicht mehr ausreichend Abstufungsmöglichkeiten zur Verfügung stehen, um eine exakt passende Schriftgröße zu rendern.)

Wenn Sie diesen Effekt auch noch in älteren Browsern wie dem Internet Explorer 8 benötigen, können Sie das jQuery-Plugin FlowType (*http://simplefocus.com/flowtype*) einsetzen (siehe Abbildung 5.19).

Um FlowType zu nutzen, laden Sie die Bibliothek von der Website herunter und binden diese im `<head>` Ihrer Website ein; jQuery brauchen Sie ebenfalls. Anschließend können Sie mit

```
<script>
   $('body').flowtype();
</script>
```

vor dem schließenden `</body>` die Skalierung einschalten.

FlowType bietet zahlreiche Einstellungen: Sie können die Skalierung auf einzelne Elemente beschränken oder für einzelne Elemente unterschiedlich konfigurieren. Mit dem folgenden Parametersatz erzeugen Sie eine Skalierung für Absätze zwischen 600 und 1400 Pixeln (davor und danach ändert sich die Schriftgröße nicht mehr) mit einer minimalen Schriftgröße von 14 Pixeln und einer maximalen von 48 Pixeln.

```
$(p).flowtype({
    minimum : 600,
    maximum : 1400,
    minFont : 14,
    maxFont : 48,
});
```

Listing 5.7 Parameter für FlowType

Eine ähnliche Funktionalität mit etwas weniger Konfigurationsmöglichkeiten bietet FitText (*http://fittextjs.com*).

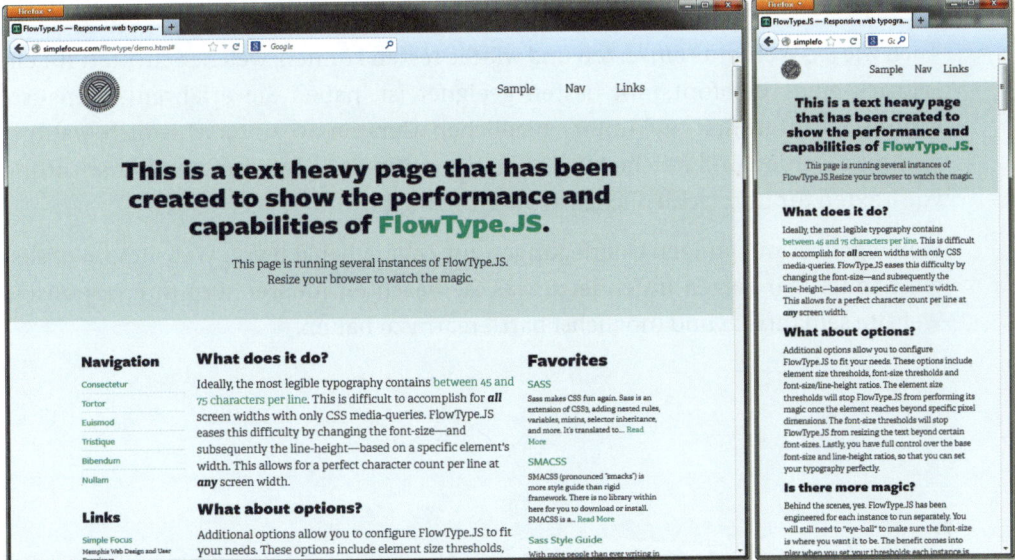

Abbildung 5.19 Schriften, die sich der Browserbreite anpassen: FlowType macht's möglich.

5.5   Zusammenfassung

In diesem Kapitel haben Sie erfahren, was Sie gestalterisch bei responsiven Websites beachten müssen. Sie kennen jetzt den Atomic-Design-Ansatz, mit dem Sie die einzelnen Bestandteile Ihrer Website modular planen und gestalten können, und das Pattern Lab als ein sehr hilfreiches Werkzeug, um diesen Ansatz zu verfolgen und sich gleichzeitig einen Styleguide inklusive einer Dokumentation zu erstellen.

Sie wissen jetzt, dass es bedingt durch Anatomie und Verhalten der Nutzer wichtig ist, sich beim Designen von Anwendungen für mobile Geräte auch über die Anordnung und Größe von interaktiven Elementen auf Touchscreens Gedanken zu machen. Da fest steht, dass ein kleiner Bildschirm nicht (mehr nur) einen mobilen

Einsatz bedeutet, müssen die kleinen Varianten einer responsiven Website genauso verständlich und gut bedienbar sein, wie die großen.

Auch über Schriften haben Sie in diesem Kapitel einiges erfahren: Beim Standard-Zoomverhalten aller modernen Browser werden die Schriften, egal, in welcher Einheit sie definiert sind, mit dem Kontext (also den umgebenen Container) vergrößert. Das ist das Verhalten, das Sie vor einiger Zeit nur durch die Verwendung von der relativen Schriftgrößeneinheit em erreicht haben. Trotzdem ist em immer noch die bestmögliche Schriftgrößeneinheit im responsiven Design, weil sie es möglich macht, in den Media Queries nur durch ein Ändern der Basisschriftgröße alle Schriften einer Seite prozentual zu skalieren. Zukünftig werden auch rem, vh und vw eine größere Rolle spielen.

Auch wie Sie Webfonts einsetzen und wie Sie testen können, welche Schriftart für ein Fallback eines Webfonts am besten geeignet ist, haben Sie erfahren – genauso, warum Schriftgrößen auf unterschiedlichen Geräten so unterschiedlich wahrgenommen werden und welche Möglichkeiten es für eine Skalierung und Ausrichtung von Texten für unterschiedliche Layoutgrößen gibt.

Weiter geht es mit einigen Überlegungen zur Zugänglichkeit von Websites im nächsten Kapitel. Wir zeigen Ihnen jetzt, was Sie beachten müssen, um Ihre responsive Website semantisch und möglichst barrierearm zu halten.

Kapitel 6
Semantik und Barrierefreiheit

»Barrierefreiheit ist für zehn Prozent der Bevölkerung unentbehrlich, für vierzig Prozent notwendig und für hundert Prozent komfortabel.«
Bundesministerium für Wirtschaft und Technologie, Faktenblatt 4

Barrierefreiheit im responsiven Design bedeutet, die Anforderungen der mobilen Nutzung und der »traditionellen« Web-Accessibility zu vereinen. Dabei ist die Barrierefreiheit auf mobilen Geräten sicher der schwierigere Teil, da die Disziplin noch jünger ist als die auch nicht gerade etablierte Barrierefreiheit auf dem Desktop.

Tatsächlich kommen viele der Anforderungen für responsive Websites, wie eine semantische Strukturierung der Inhalte mit HTML5 und ARIA-Rollen, eine einfache Navigation (auf nur wenigen Ebenen) oder das Prinzip *Mobile First* auch der Barrierefreiheit zugute. Farbkontraste, die auch für schlechtsehende Menschen optimiert sind, können im prallen Sonnenlicht (oder auf Geräten mit kontrastarmen monochromen Displays) besser gelesen werden. Eine gute Formulierung von Alternativtexten und Labels für Desktop-Screenreader wird auch die Sprachausgabe eines Mobiltelefons besser unterstützen.

In diesem Kapitel lesen Sie,

- ▶ was die vier Prinzipien der Zugänglichkeit im Sinne der Barrierefreiheit sind und wie Sie diese am besten umsetzen,
- ▶ welche semantischen Auszeichnungsmöglichkeiten HTML5 schon mit an Bord hat,
- ▶ wie Sie diese durch WAI-ARIA-Landmark-Rollen noch ergänzen können und
- ▶ welche Möglichkeiten sich Ihnen mit den neuen HTML5-Formularelementen eröffnen.

6.1   Prinzipien der Zugänglichkeit

Im Sinne der Barrierefreiheit (oder Zugänglichkeit, wie wir es lieber nennen, weil nichts jemals für jeden völlig barrierefrei sein kann) gibt es vier wichtige Prinzipien, die bei der Erstellung einer Website oder Applikation im Auge behalten werden sollten. Es gibt ausführliche Richtlinien für die barrierefreie Umsetzung in den *Web Content*

Accessibility Guidelines (WCAG) 2.0 (http://www.w3.org/TR/WCAG). Auf der Seite Einfach für Alle (*http://www.einfach-fuer-alle.de/wcag2.0*) finden Sie eine deutsche Übersetzung der WCAG 2.0.

Sehen wir uns die vier Prinzipien:

- ▶ gute Wahrnehmbarkeit
- ▶ gute Bedienbarkeit
- ▶ gute Verständlichkeit
- ▶ Robustheit

im Folgenden etwas genauer an.

6.1.1   Wahrnehmbarkeit

Die grundlegendste Forderung an die Inhalte ist ihre Wahrnehmbarkeit, d. h., alle Nutzer müssen in der Lage sein, die präsentierten Inhalte wahrnehmen zu können – also zu sehen oder zu hören oder zu fühlen.

Schriftgrößen

Über Schriftgrößen haben wir in Abschnitt 5.4, »Typografie (anpassungsfähiger Text)«, schon gesprochen. Eine leicht lesbare Standardschriftgröße ist ein guter Einstieg. Genauso wichtig ist, dass den Nutzern die Möglichkeit offensteht, diese den eigenen Sehbedürfnissen anzupassen. Für die Schrift bedeutet dies: Nutzen Sie zur Auszeichnung der Schriftgröße die Einheiten em oder (in Zukunft) rem und vw – vermeiden Sie Schriftgrößenangaben in Pixel.

Mit einem responsiven Design beseitigen Sie einen ärgerlichen Fehler der Vergrößerungsfunktion aller Browser: Mit dem sogenannten Page-Zoom (meist `Strg`+`+`) können alle marktüblichen Browser eine Seite linear vergrößern – eigentlich eine feine Sache. Allerdings sprengt ein fest angelegtes, »traditionelles« Layout sehr schnell die Grenzen des Browserfensters und erfordert horizontales Scrollen. In einem responsiven Layout kann dies durch die Breakpoints vermieden werden. In allen modernen Browsern (seit März 2013 auch in WebKit-Browsern) sorgt die Vergrößerung einer Webseite über die browsereigenen Funktionen auch dafür, dass sich neben einer Vergrößerung der Schrift das Layout nicht nur vergrößert, sondern entsprechend dem veränderten Viewport das nächste Media Query auslöst (falls es eins gibt). Das ist eine Funktion, die vor allem Menschen mit Sehbehinderungen zugutekommt (siehe Abbildung 6.1).

Für eine gute Lesbarkeit und einen gleichmäßigen Gesamteindruck bei Viewport-Änderungen, sollte die Größe der Schrift in unterschiedlichen Layoutgrößen einer Website (also unter Umständen auch auf unterschiedlichen Geräten, die mit unterschiedlichem Abstand zum Display bedient werden) im Verhältnis angepasst werden. Wir haben das in Abschnitt 5.4.3, »Schriftgrößenwahrnehmung auf kleinen und großen Bildschirmen«, beschrieben.

Abbildung 6.1 Die Größe des Browserfensters ist unverändert, aber durch die Verwendung einer anderen Zoomstufe (links 100 % und rechts 150 %) wurde die Viewport-Breite neu berechnet und das Layout des nächsten Media Querys ausgelöst. (Beispiel: Einfach für Alle)

Farben und Kontraste

Über acht Prozent aller Männer, aber nur ca. ein Prozent der Frauen in Europa sind von einer Farbfehlsichtigkeit betroffen. Das sind mehr Menschen als die, die einen Internet Explorer 8 oder älter benutzen (Stand: August 2013)! Wir passen regelmäßig unsere Websites (mit viel Mühe) für die alten IEs an, aber ignorieren die Probleme farbfehlsichtiger Menschen. Bei einer Farbfehlsichtigkeit kann mit Hinweisen wie »Klicken Sie auf den grünen Button« oder mit farbigen Markierungen bei falsch ausgefüllten Formularfeldern nicht viel angefangen werden. Auch wenn auf Farben als visuelles Leitsystem zwischen wichtigen Bereichen der Site gesetzt wird, kann dies zum Problem werden.

Bei einer Farbfehlsichtigkeit arbeiten bestimmte Farbrezeptoren im Auge des Betroffenen nicht mehr wie gewohnt; je nach Defekt können langwelliges (rot), mittelwelliges (grün) oder kurzwelliges Licht (blau) nicht mehr richtig gesehen werden. Man spricht dann von Rot-Grün- bzw. Blau-Gelb-Sehschwäche.

Tool-Tipp: Color Oracle

Das kleine Java-Tool *Color Oracle* von Bernhard Jenny und Nathaniel Vaughn Kelso simuliert die Rotblindheit (*Protanopen*), Grünblindheit (*Deuteranopen*) und die seltenere Blaublindheit (*Tritanopen*) auf Ihrem Rechner. Das Tool gibt es auf *http://colororacle.org* sowohl für OS X als auch für Windows. Nachdem Sie das Tool installiert haben, können Sie es über die Taskleiste oder Shortcuts auf jedes Fenster auf

Ihrem Computer anwenden und sich so ansehen, wie jemand mit einer dieser Fehlsichtigkeiten Ihr Design wahrnehmen würde.

Abbildung 6.2 Das Color Oracle zeigt es: Mit einer Rot-Grün-Sehschwäche leitet das Farbleitsystem von USA Today nicht mehr ganz so eindeutig: Sports, Money und Tech haben jetzt alle eine grüne Farbe.

Um dem zu entgehen, dürfen wichtige Informationen nicht ausschließlich über die Farbe kommuniziert werden:

▶ Ein Link muss neben der Farbe auch eine Unterstreichung aufweisen.

▶ Wenn Sie ein Formularfeld aufgrund einer fehlerhaften Eingabe markieren wollen, reicht es nicht, den Rand rot zu färben. Sie müssen zusätzlich ein Symbol einfügen, einen Text oder zumindest den Rahmen dann auch dicker zeichnen.

▶ Bei Infografiken müssen die Linien oder Balken neben der Farbe auch unterschiedliche Muster haben.

Bei der Wahl der Farbkombinationen einer Website gilt es zusätzlich, auf ausreichende Kontraste zu achten. Für Menschen mit verminderter Sehkraft sind gute Kontraste wichtig – ebenso für Nutzer mobiler Geräte (inkl. Laptops), die im hellen Sonnenlicht arbeiten bzw. dies versuchen.

Tool-Tipp: Colour Contrast Check

Zum Überprüfen, ob gewählte Farbkompositionen ausreichende Kontraste wie in den Web Content Accessibility Guidelines (WCAG) 2.0 beschrieben aufweisen, und zum Finden von alternativen Farben mit besseren Kontrasten können Sie Contrast Ratio von Lea Verou (*http://leaverou.github.io/contrast-ratio*) oder Colour Contrast Check von Jonathan Snook (*http://snook.ca/technical/colour_contrast/colour.html*) verwenden.

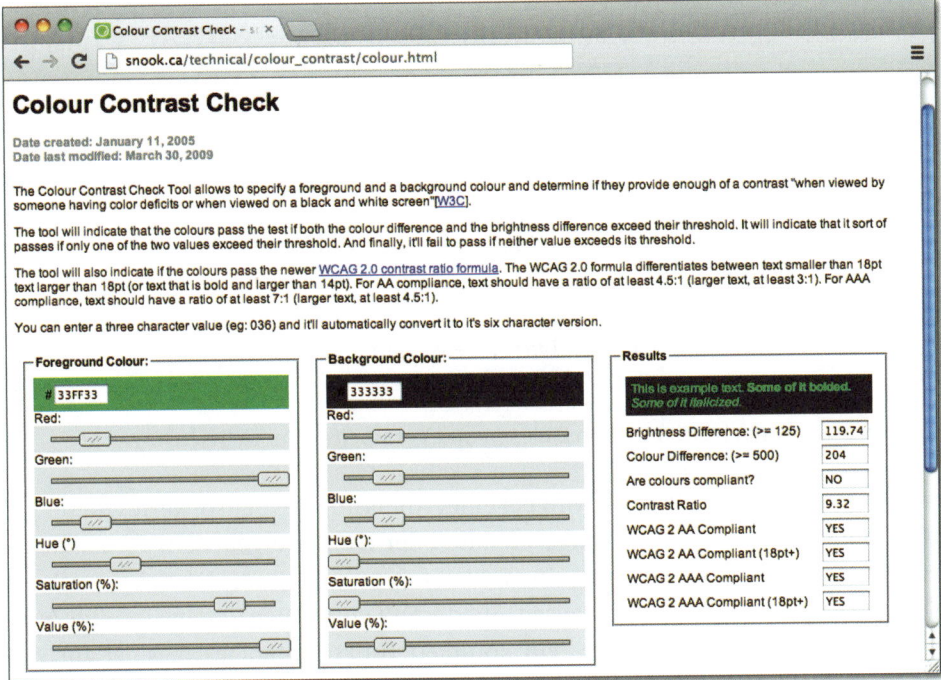

Abbildung 6.3 Der Farbkontraste-Tester von Lea Verou

Helligkeitsresponsives Webdesign

Wer gern im Freien arbeitet, kennt das Problem – schon bei etwas hellerem Sonnenlicht ist auf den meisten Bildschirmen nur noch wenig lesbar. Je »harmonischer« der Designer die Farbkombinationen gewählt hat, desto früher verschwimmen die Elemente bei schlechteren Betrachtungsbedingungen. Viele mobile Geräte, Smartphones, Tablets und auch Laptops haben integrierte Lichtsensoren, welche die generelle Bildschirmhelligkeit steuern. Könnte man diese nicht auch nutzen, um die Kontraste einer Website zu verändern? Ja, das kann man.

Tatsächlich hat das W3C eine Spezifikation zum Auslesen der Lichtsensorwerte erstellt (*http://www.w3.org/TR/ambient-light*), die zwar im Moment noch nicht von vielen Browsern unterstützt wird, aber zeigt, dass responsives Design nicht unbedingt auf Veränderungen im Layout beschränkt ist.

Um diese Möglichkeit zu testen, benötigen Sie ein Android-Smartphone oder Tablet mit einem Firefox-Browser (oder Firefox OS). Dann können Sie mit einem JavaScript den Sensorwert abfragen und danach beispielsweise CSS-Klassen verteilen:

```
<script>
function readLight(light) {
    if (light.value>1800) {
        document.getElementById('le').className = 'sunny';
    }
    else if (light.value<500) {
        document.getElementById('le').className = 'dark';
    }
    else {
        document.getElementById('le').className = 'medium';
    }
}
window.addEventListener("devicelight", readLight, true);
</script>
```

Listing 6.1 Ein einfaches Skript zum Einlesen und Verarbeiten der Lichtsensorwerte

In der letzten Zeile des Skriptes wird bei einer Änderung des Sensorwertes dieser gelesen, die Funktion `readLight` aufgerufen und der Wert übergeben. In der Funktion wird der Wert dann genutzt, um einem Element mit der `id="le"` (»light enabled«) eine entsprechende Klasse zuzuweisen. Auf der DVD zum Buch finden Sie unter */praxisbeispiele/01_lichtsensorwerte/* ein komplett funktionsfähiges Beispiel zur Anwendung des Skriptes und unter *http://rwd-praxis.de/light* ein kleines Video, in dem wir die Funktion zeigen.

6.1.2   Bedienbarkeit

Die nächste Forderung ist, dass alle Nutzer in der Lage sein sollen, die Funktionselemente auf einer Website bedienen zu können. Hier ist vor allem die Navigation ein ganz wichtiger Punkt, aber auch andere Interaktionsmöglichkeiten wie Links, Buttons oder Formularfelder müssen berücksichtigt werden.

Große erkennbare Touchflächen erleichtern die Bedienung von Links für Menschen mit schlechtem Sehvermögen und motorischen Einschränkungen und das nicht nur auf mobilen Geräten. Wenn die Website auf einem Smartphone möglichst komfortabel mit einer Hand zu bedienen ist, hilft dies allen Menschen, die nur eine Hand zur Bedienung verfügbar haben (temporär oder permanent). Hierzu finden Sie mehr in Abschnitt 5.3.3, »Size matters: Ziele für Touch-Einsatz«.

Navigation

Bei der Navigation geht es – wenn die Sichtbarkeit gegeben ist – auf dem Desktop vor allem um die Bedienbarkeit per Tastatur. Hier ist es wichtig, dass alle Elemente (auch z.B. Videoplayer) per Tastatur erreichbar sind der Tastaturfokus sichtbar bleibt. Technisch bedeutet das, dass Sie beim Einsatz von :hover auch an :focus denken und dafür sorgen müssen, dass die Markierungen von aktiven Elementen gut sichtbar und unterscheidbar von inaktiven Elementen sind; das schließt auch Links ein. Der Klassiker sind dabei (immer noch) Linkunterstreichung und Farbe. Es gilt immer noch: Je ähnlicher der Link der blau unterstrichenen Standardeinstellung bleibt, desto besser wird er von den Nutzern als solcher erkannt und geklickt.

Weil das Thema Navigation so wichtig und umfassend ist, haben wir daraus ein eigenes Kapitel (Kapitel 9, »Navigationskonzepte«) gemacht. Dort finden Sie verschiedene Navigationsvarianten (Patterns) mit Anwendungsbeispielen.

6.1.3   Verständlichkeit

Die dritte Forderung ist, dass alle Elemente einer Website auch möglichst einfach verständlich sind. Dies betrifft beispielsweise den Schwierigkeitsgrad der Inhalte selbst. Für Menschen mit Lernschwierigkeiten gibt es eine eigene Technik, möglichst einfache und verständliche Sätze zu formen – die *leichte Sprache*. Von leichter Sprache oder generell einfacheren Formulierungen profitieren aber auch Fremdsprachler und Gehörlose. Was den meisten Normalhörenden nicht klar ist, ist dass für gehörlose Menschen, die mit der Gebärdensprache groß geworden sind, das geschriebene Wort ebenso eine Fremdsprache darstellt (Gebärden sind Phrasen und keine einzelnen Worte); darum können Sie auch diese Menschen mit zu komplizierten Sprachinhalten ausschließen.

Viele ältere Nutzer sind weder mit Computern noch mit Smartphones aufgewachsen; für sie kann die Bedienung auf beiden Arten von Geräten eine Herausforderung darstellen. Neueste und kreative Bedienideen machen Spaß bei der Entwicklung und Umsetzung, erschließen sich aber nicht allen Menschen gleich schnell und stellen manche Nutzer unter Umständen vor Probleme.

Menü-Icons

Auf dem knappen Platz des Smartphone-Bildschirms ist es verführerisch, auch für wichtige Funktionen auf Icons zu setzen, z.B. zum Einblenden eines versteckten Menüs. Während inzwischen ziemlich viele Sites drei horizontale Striche verwenden, findet man auch ein Raster, einen Pfeil nach unten oder ein Plussymbol.

Abbildung 6.4 »Anything goes« in Sachen Menü-Icons.
Für die Wiedererkennbarkeit ist das nicht gut.

Von eingeführten Benutzerkonventionen kann man hier also nicht sprechen. Daher sollten Sie den Button für das Menü nach Möglichkeit entsprechend beschriften, auch wenn der Platz immer knapp ist.

Animationen zum Ein- und Ausblenden von Menüs

Ähnliches gilt für Wischgesten; ein seitlich in den Sichtbereich einfahrendes Menü ist schick. Ohne einen Hinweis, dass es vorhanden ist – z. B. eine Lasche am seitlichen Rand –, werden unerfahrene Nutzer es kaum finden. In diesem Zusammenhang haben Animationen eine Bedeutung, die über das rein Dekorative hinausgeht. Wenn ein Menü von der rechten Seite aus ins Bild gleitet, dann weiß der Nutzer auch, wo es herkam und wie er es wieder zurückholen kann. Erscheint es einfach aus dem Nichts, fehlt diese Information.

6.1.4   Robustheit

Ein etwas schwerer fassbares Kriterium der Zugänglichkeit ist die *Robustheit* einer Anwendung. Gemeint ist damit, dass die verwendeten Technologien auch bei leichten Abweichungen von den erwarteten Bedingungen funktionieren müssen.

Ein fixes Layout, das auf kleinen Bildschirmen Inhalte abschneidet oder gar nur bei einer einzigen Auflösung vernünftig lesbar ist, ist nicht robust. Und auch eine technische Umsetzung, die bei einer Vergrößerung der Schriftgröße Inhalte abschneidet oder überlagert, ist nicht robust (siehe Abbildung 6.5).

Ein responsives Layout ist also durch seine Eigenschaft der stufenlosen Skalierbarkeit bereits eine sehr robuste Umsetzung und ein wichtiger Beitrag zur Zugänglichkeit. Zusätzlich sollten Sie darauf achten, dass Ihre Website auch ohne JavaScript, Plugins oder andere Zusatztechnologien wie Java oder Flash funktionsfähig ist. Flash ist ein eindringliches Beispiel, wie eine weit verbreitete Technologie in kurzer Zeit unbrauchbar geworden ist, weil sie auf einer wichtigen Geräteklasse (den iPhones und iPads) nicht mehr unterstützt wird. Wie verhält sich Ihre Website, wenn man sehr große Schriftgrößen (und wir meinen damit nicht 50 % mehr, sondern 300 % oder 400 %) verwendet oder die Bilder abschaltet? Sind die Inhalte noch wahrnehmbar? Wenn ja, haben Sie eine robuste Website geschaffen.

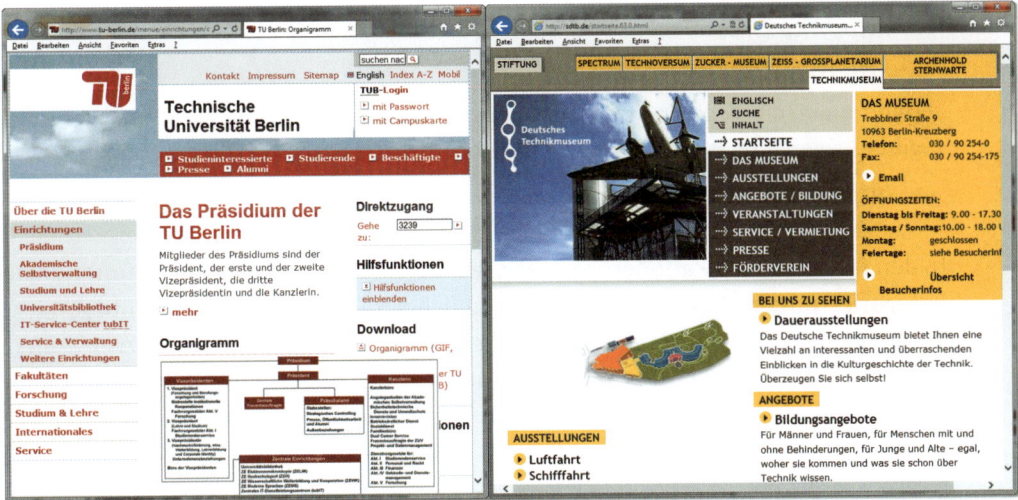

Abbildung 6.5 Bei einer Schriftvergrößerung schneidet die Website der TU Berlin das Hauptmenü ab und überlagert Inhalte. Das Technikmuseum macht es besser.

6.2 Semantik durch HTML5

Eine semantische HTML-Struktur sollte an oberster Stelle bei der Entwicklung einer modernen Website stehen. Durch sie wird die Website zugänglich und das nicht nur für assistive Technologien wie Screenreader. Suchmaschinen, Browser und andere User Agents »verstehen« eine gut strukturierte Website und können dadurch Inhalte besser auslesen und einordnen.

Die neuen HTML5-Elemente bieten eine weit bessere Möglichkeit, den Quellcode zu strukturieren, als das mit der alleinigen Verwendung von `<div>`-Containern möglich war. Bei einer von Google durchgeführten Studie (*https://developers.google.com/webmasters/state-of-the-web/2005/classes*) stellte sich heraus, welches die von Webentwicklern am häufigsten verwendeten Klassen und IDs in HTML-Dokumenten sind, und diese spiegeln sich nun teilweise in den Bezeichnungen der neuen HTML5-Elemente wider.

Link- und Lesetipps zu HTML5

Wenn Sie im Web nach eine Einführung zum Thema HTML5 suchen, ist vielleicht das englischsprachige Onlinebuch »Dive Into HTML5« von Mark Pilgrim (*http://diveintohtml5.info*) für Sie hilfreich.

Zum einfachen Nachschlagen empfehlen wir folgende Sites:

▶ *http://www.w3.org/TR/html5*

▶ *http://www.html5rocks.com*

- ▶ *http://html5doctor.com*
- ▶ *http://www.selfhtml5.org*

Und für einen ordentlichen Überblick über die semantischen Elemente von HTML5 gibt es einen interessanten Artikel von Bruce Lawsen beim Smashing Magazine:

- ▶ *http://coding.smashingmagazine.com/2011/11/18/html5-semantics*

In den HTML5-Spezifikationen vom W3C werden die HTML-Elemente in funktionale Kategorien unterteilt, von denen uns bezüglich der Dokumentenstruktur besonders der Bereich *Sections* (Abschnitte) interessiert (*http://www.w3.org/html/wg/drafts/html/master/sections.html*). Neben den schon in HTML 4 verwendeten Elementen `<body>`, `<h1>` bis `<h6>` und `<address>` gibt es folgende neue Elemente, um in HTML5 Abschnitte zu bilden:

- ▶ section
- ▶ article
- ▶ nav
- ▶ aside
- ▶ header
- ▶ footer

6.2.1 section

Mit dem `<section>`-Element gliedern Sie den Inhalt von Dokumenten in Sinnabschnitte oder Kapitel. Dieses abschnittsbildende Element können Sie nicht nur zur Gliederung auf oberster Ebene verwenden. `<section>`-Elemente können auch in sich verschachtelt werden, um eine tiefere Struktur zu erstellen. Sie können aber genauso gut zur Gliederung von anderen abschnittsbildenden HTML5-Elementen wie `<article>` oder `<aside>` verwendet werden, z. B. für eine Produktpalette mit ähnlichen Produkten oder für mehrere Artikel zu einem Themenschwerpunkt.

Das `<section>`-Element hat sinnvollerweise (aber nicht zwingend) eine eigene Überschrift. Es kann `<header>`, `<footer>` und `<aside>` beinhalten.

6.2.2 article

Das `<article>`-Element ist für in sich abgeschlossene Artikel gedacht, also für alles, was für sich alleine stehen könnte, zum Beispiel Blog- oder Newsartikel oder auch Forenbeiträge. Ein `<article>`-Element kann in einzelne `<section>` untergliedert werden, um z. B. einen langen Bericht in mehrere Kapitel aufzuteilen.

Das ist im Übrigen auch einer der Kritikpunkte an den HTML5-Spezifikationen. Es liegt immer im Ermessen des Erstellers, ob der Artikel nun Sektionen hat oder umgekehrt. Beides hat seine Berechtigung, aber die fehlende Eindeutigkeit macht es auch verwirrender und fehleranfälliger.

6.2.3 nav

Das `<nav>`-Element sollte für wichtige Navigationsblöcke, wie die Hauptnavigation einer Website, die Service- oder Footer-Navigation, verwendet werden, aber nicht für die Auszeichnung von Hilfsnavigationen wie den Breadcrumbs oder einem Page-browser zur Anzeige weiterer Artikel. Das macht schon deutlich, dass das `<nav>`-Element in einer Seite durchaus auch mehrfach eingesetzt werden kann.

6.2.4 aside

Mit dem `<aside>`-Element werden ergänzende Informationen ausgezeichnet, die im Kontext nicht zwingend notwendig sind. Das könnte zum Beispiel ein hervorgehobenes Zitat sein oder weiterführende Links oder Ähnliches. Diese können für die gesamte Webseite stehen; das wäre dann ein typischer Einsatz einer Marginalie. Mit `<aside>` können Sie auch in einer `<section>` oder einem `<article>` untergebrachte Abschnitte und Artikel direkt ergänzen. `<aside>` eignet sich damit z. B. gut dazu, um Bereiche zu markieren, die auf kleinen Screens zunächst verborgen oder gar komplett weggelassen werden können.

6.2.5 header

Das `<header>`-Element können Sie zum Gruppieren von einleitenden Informationen, wie Überschriften, Logos, Inhaltsbeschreibungen oder Ähnlichem verwenden. Sie können das Element für das Gesamtdokument definieren, aber auch `<article>` und `<section>` eigene `<header>` für die Einleitung mitgeben. Auch das `<header>`-Element kann also mehrfach auf einer Seite verwendet werden.

6.2.6 footer

Mit dem `<footer>`-Element verhält sich das recht ähnlich. Verwenden Sie es für abschließende Informationen (wie zum Beispiel Autor, Copyright-Info usw.) zu einem Artikel, einer Sektion oder der gesamten Webseite.

Die HTML5-Elemente `<header>`, `<footer>` und `<aside>` sagen dabei nichts über die visuelle Positionierung auf der Website aus. Wichtig ist alleine die semantische Bedeutung. Auch die Reihenfolge spielt keine Rolle: Theoretisch könnte der Footer im Quellcode vor dem Header stehen – auch wenn das wohl in der Regel aus Gründen der Übersicht nicht sinnvoll ist. Verboten ist es aber nicht.

Sind `<header>`, `<footer>` oder `<aside>` in einem abschnittsbildenden HTML-Element (`<section>`, `<article>`, `<nav>`, `<aside>`) untergebracht, dann beziehen sie sich direkt auf diese Elemente. Das macht deutlich, dass sie auch mehrfach in einem Dokument eingesetzt werden können. Deswegen sollte das CSS-Styling nicht auf diese Elemente direkt angewendet werden. Nutzen Sie lieber spezifische Klassen, die Sie den Elementen zuweisen (also z. B. `<section class="mainContent">`. Nur so stellen Sie sicher, dass die Styles nicht auf ein anderes `<section>`-Element wirken, das Sie (oder ein Kollege) vielleicht später einmal an anderer Stelle verwenden. Da inzwischen auch Attribute als Selektoren von allen nennenswerten Browsern verstanden werden, können Sie auch die Attribute der Landmark-Rollen, zu denen wir in Abschnitt 6.4, »Semantik durch WAI-ARIA-Rollen«, kommen, für das Styling verwenden:

```
footer[role="mainContent"] {
   ...
}
```

Listing 6.2 Das WAI-ARIA-Landmark-Attribut role kann zum Styling eines Elements verwendet werden.

Strukturiertes CSS mit SMACSS und OOCSS

Welche Tags, IDs und Klassen sich für welche Styling-Aufgaben eignen, ist ein eigenes Thema, das wir hier nicht abschließend diskutieren können. Aber insbesondere für große Websites halten wir Techniken wie *SMACSS* (*Scalable and Modular Architecture for CSS, http://smacss.com*) oder *OOCSS* (*Object Oriented CSS, http://coding.smashingmagazine.com/2011/12/12/an-introduction-to-object-oriented-css-oocss*), die sich an das Prinzip der Objektorientierung anlehnen, für geeignet, um einfach erweiterbare und verständliche Stylesheets zu erstellen.

6.3 HTML5-Formularattribute für mehr Semantik

Auch bei den Formularelementen hat sich das W3C viel Mühe gegeben und eine Menge Elemente und Attribute definiert, welche die Bedienung von Formularelementen erleichtern sollen.

Für das responsive Webdesign sind die neuen HTML5-Formularelemente deswegen besonders wichtig, weil sie native Eingabeunterstützung je nach den Eigenarten des Gerätes ermöglichen. Klassisch würden Sie z. B. einen Datumselektor mittels JavaScript aufbauen. Das Layout – typischerweise in einer Kalenderblatt-Optik – passt aber auf einem Smartphone nicht mehr: Zu klein sind die Felder, um sie vernünftig zu bedienen. Stattdessen verwendet iOS ein System aus mehreren Rollen für Datumseingaben. Auf anderen Geräten sehen die besten Eingabehilfen wieder völlig anders aus. Mit herkömmlichen Methoden müssten Sie sich für alle Geräte Lösungen ausdenken, entwickeln und testen – praktisch unmöglich. HTML5 überlässt die Entscheidung, wie genau die Bedienhilfe aussehen soll, dem Gerät – Sie teilen nur mit, dass hier Datumseingaben gewünscht sind.

In Abschnitt 11.8, »Flexible Formulare«, beschreiben wir ein Formularbeispiel, das auch HTML5-Elemente nutzt.

6.3.1   Neue Eingabeelemente

HTML5 liefert neue Typen für das altbekannte Element `<input>` mit, die – wenn sie denn von allen Browsern unterstützt werden (siehe Abbildung 6.6) – den Webentwicklern eine Menge Arbeit ersparen und Formulare allgemein deutlich verbessern werden.

number

Ein Eingabefeld `type=number` funktioniert wie ein normales Texteingabefeld, nur dass eben nur Zahlen eingegeben werden dürfen. Zusätzlich kann über die Tastatur der Wert erhöht und erniedrigt werden. Je nach Browser werden zusätzliche Bedienelemente angezeigt. Mit

```
<input type="number" min="5" max="50" step="5">
```

erzeugen Sie ein Feld, in dem Sie Werte von 5 bis 50 in 5er-Abständen eingeben können. Auf Geräten mit Bildschirmtastatur wird die Zahlentastatur verwendet.

telephone, url, email

Ein entsprechend ausgezeichnetes Element wird vom Browser auf eine korrekte Eingabe überprüft; bei einer E-Mail muss z. B. ein @ vorhanden sein. Bei Smartphones und anderen Geräten mit Bildschirmtastatur kann eine passende Tastatur eingeblendet werden, auf der eben dieses @-Zeichen direkt erreichbar ist.

date, time

In Datumsfeldern erzeugen HTML5-fähige Geräte entsprechende Auswahlelemente, die Zeiteingaben auch in Wochen oder Monaten zulassen und entsprechende Überprüfungen möglich machen.

search

Ein mit `search` ausgezeichnetes Suchfeld ist von assistiven Geräten als solches zu erkennen. Visuell passt es sich so weit wie möglich dem Aussehen von Suchfeldern des Betriebssystems an, was in der Regel auch bedeutet, dass es per CSS leider kaum noch zu verändern ist.

range

Ein Inputfeld vom Typ `range` wird von den meisten Browsern als Schieberegler dargestellt.

color

`color` soll ein Farbeingabefeld darstellen. Möglich wäre z. B. ein *Colorwheel* (Farb-kreis), wie man es auch aus Grafikprogrammen kennt. Opera 11 und Chrome 20 unterstützen dieses Attribut bereits und zeigen das Farbauswahlfeld des Betriebs-systems an.

output

`<output>` ist im Gegensatz zu den oben genannten Beispielen kein Attribut für `<input>`, sondern ein eigenes Element. Es dient dazu, Ergebnisse einer Eingabe anzu-zeigen. Hier sehen Sie ein Beispiel, wie Sie die Eingabe eines Zahlenfeldes anzeigen:

```
<input type="range" min="100" max="500" onChange="document.getElementById( ↩
  'result').value=value">
<label for="result">Ergebnis: </label>
<output id="result"></output>
```

Listing 6.3 Eingabe-Slider mit Ergebnisanzeige

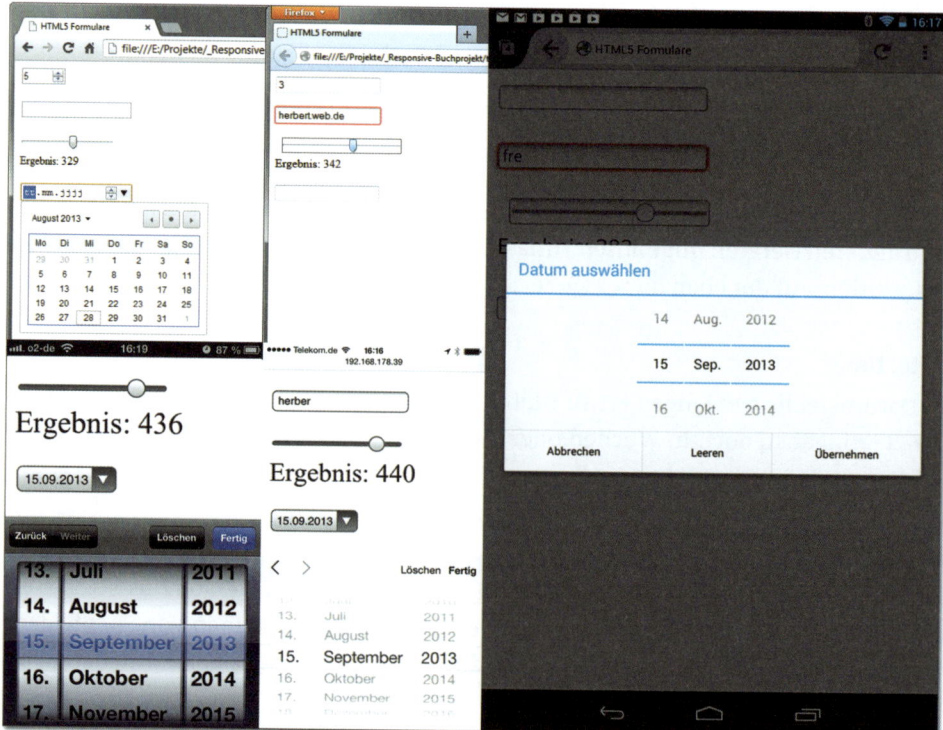

Abbildung 6.6 HTML5-Eingabefelder werden noch recht unterschiedlich unterstützt. Zu sehen sind oben links: Chrome, oben Mitte: Firefox; unten links: iPhone 4(iOS 6), unten Mitte: iPhone5 (iOS 7); und rechts: Nexus 7

Link- und Lesetipps zum Thema HTML5-Formulare

Das Thema HTML5-Formulare bietet viele Neuerungen – auch in Sachen Validierung gibt es spannende neue Ansätze. Für einen vollständigen Überblick empfehlen wir Ihnen *http://www.html5rocks.com/en/tutorials/forms/html5forms* und »The Current State of HTML5 Forms« unter *http://www.wufoo.com/html5*.

6.4   Semantik durch WAI-ARIA-Rollen

Um möglichst niemanden im Web auszuschließen, muss es auch sehbehinderten und bewegungsbeeinträchtigten Nutzern ermöglicht werden, sich einfach und schnell durch eine Website zu bewegen. Genau dafür sind die *WAI-ARIA-Landmark-Rollen* gedacht; sie bieten ein Navigationskonzept für Tastaturnutzer.

Ohne ARIA müssen für Tastaturnutzer Hilfsmittel wie eine Sprungnavigation in die Website integriert werden. Dabei werden am Anfang einer Website eine Navigation mit Links wie »Direkt zum Hauptinhalt springen«, »Direkt zur Navigation springen«, »Direkt zur Suche springen« und andere wichtige Sprungmarken definiert, die jedoch für den gemeinen Websitebesucher nicht wahrnehmbar sind, da sie aus dem sichtbaren Bereich der Website hinausgeschoben wurden. Mit der Tabulatortaste können die Skip-Links sichtbar gemacht werden, wenn sie in den Fokus geraten, und der Screenreader liest sie vor. Dadurch wird Menschen mit Seh- und Bewegungsbeeinträchtigung ein einfacheres Navigieren ermöglicht. Das Problem an solchen Hilfen ist, dass sie nicht standardisiert sind und von engagierten Webentwicklern individuell erdacht und umgesetzt werden. Wir benötigen aber eine allgemeingültige robuste Lösung, die nicht vom Engagement einzelner Entwickler abhängt und über Sprunglinks hinausgeht – einen Standard.

Bei den *WAI-ARIA-Landmark-Rollen* handelt es sich um Attribute, durch deren Zuordnung normale HTML-Elemente eine semantische Bedeutung bekommen. Das sieht beispielsweise so aus:

```
<div role="banner">
   <h1>Titel</h1>
   <div role="navigation">
      <ul>...</ul>
   </div>
</div>
```

Listing 6.4 WAI-ARIA-Landmark-Rollen geben den `<div>`-Containern eine semantische Auszeichnung.

Die Landmark-Rollen werden von assistiven Technologien erkannt und dem Nutzer in einer Navigationsliste präsentiert, was eine schnelle Gesamtübersicht ermöglicht. Bei der konsequenten Verwendung in einer Website machen die Landmark-Rollen die Sprungmarken-Navigation überflüssig.

Genauso wie eine Sprungmarken-Navigation müssen jedoch auch die Landmark-Rollen von den Webentwicklern erst erstellt werden. Da die meisten Menschen den Nutzen nicht »sehen«, wird das leider nur bei jeder x-ten Website gemacht, und Menschen mit Behinderungen bleiben oft außen vor. In HTML5 wurde die Semantik in die neuen HTML-Elemente integriert und soll so nativ in den Browser geholt werden. Dadurch können dann theoretisch irgendwann alle Websites die gleichen Standards für assistive Technologien zur Verfügung stellen. Bis die Semantik der HTML5-Elemente von allen Betriebssystemen, Browsern und Screenreadern verstanden wird, schadet es nicht, weiterhin zusätzlich auch die WAI-ARIA-Rollen zu verwenden:

```
<header role="banner">
   <h1>Titel</h1>
   <nav role="navigation">
      <ul>...</ul>
   </nav>
</header>
```

Listing 6.5 WAI-ARIA-Landmark-Rollen in HTML5-Elementen

WAI-ARIA steht für *Web Accessibility Initiative, Accessible Rich Internet Applications*. In den WAI-ARIA-Spezifikationen (*http://www.w3.org/TR/wai-aria/roles#landmark_roles*) werden acht Landmark-Rollen genannt:

▶ **application**
Kennzeichnet Webapplikationen und verändert den Modus, in dem der User Agent die Seite behandelt.

▶ **banner**
eine Kopfleiste mit Site-spezifischem Inhalt wie Logo, Claim, Suche in der Website, Sponsoren u. Ä.

▶ **complementary**
Zusatzinfos, die den Hauptinhalt unterstützen können und auch ohne Bezug auf diesen verständlich sind

▶ **contentinfo**
Bereich mit Informationen zum übergeordneten Element wie Copyright-Info und Links zu Datenschutzerklärungen und AGBs, also ein typischer Footer

▶ **form**
Zeichnet alle Formulare außer der Suche aus.

- **main**
  der Hauptinhalt einer Webseite
- **navigation**
  wie der Name sagt eine Sammlung von Links zur Navigation
- **search**
  Zeichnet die Suche auf einer Website aus.

Link- und Lesetipps: WAI-ARIA

Neben den Landmark-Rollen gibt es noch weitere WAI-ARIA-Attribute für Auszeichnungen von Widgets oder Zuständen von Elementen.

Einen Einführungsartikel zu WAI-ARIA gibt es unter *http://www.hessendscher.de/wai-aria* (etwas älter, aber immer noch aktuell), und wer es ganz genau wissen will, arbeitet sich durch die Spezifikationen (*http://www.w3.org/TR/wai-aria*) und die Anwendungsbeispiele (*http://www.w3.org/TR/wai-aria-practices*).

Übergangsprobleme mit neuer Technologie

Durch die doppelte semantische Auszeichnung von Bereichen mit HTML5-Elementen und Landmark-Rollen kann es allerdings in einigen Screenreadern auch zu Mehrfachnennungen einzelner Bereiche kommen. Leider sind das die typischen Übergangsprobleme, die es gibt, bis sich neue Technologien gefestigt haben und von allen Clients gleich interpretiert werden.

6.5   Zusammenfassung

Sie wissen jetzt, was mit den vier Prinzipien

- Wahrnehmbarkeit
- Bedienbarkeit
- Verständlichkeit und
- Robustheit

für zugängliche (»barrierefreie«) Websites gemeint ist, und worauf Sie achten müssen, um bei der Erstellung einer Website diese Forderungen zu erfüllen.

Auch die Grundlagen zur semantischen Auszeichnung von Dokumenten mittels HTML5 sind Ihnen nicht mehr fremd, und Sie wissen, dass Sie mit WAI-ARIA die Zugänglichkeit von Webseiten deutlich verbessern können.

Aber auch die neuen Formularattribute und -typen werden zukünftig sowohl für die verbesserte Nutzung von Formularen für Menschen mit Behinderungen als auch für die generelle Nutzbarkeit auf mobilen Geräten eine größere Rolle spielen.

Im nächsten Kapitel sehen wir uns an, wie unterschiedlich responsive Websites aufgebaut sein können – es geht um die sogenannten Layout-Patterns. Außerdem laden wir Sie ein, mit uns gemeinsam eine Website *Mobil First* aufzubauen!

Kapitel 7
Desktop First Responsive Layout-Patterns

»I never design a building before I've seen the site and met the people who will be using it.«
Frank Lloyd Wright

Wenn Sie eine Website von Anfang an responsive gestalten wollen, stellt sich die Frage nach der besten Herangehensweise. Ohne länger darüber nachzudenken, und weil Sie es wahrscheinlich von Ihren klassischen Webprojekten so gewohnt sind, würden Sie vermutlich wie immer mit einem Layout für große Bildschirme beginnen: mit einer »üblichen« Breite von 1024 Pixeln (oder sind es nicht vielleicht sogar schon 1280 Pixel?) – und sich dann durch die unterschiedlichen *Viewports* nach »unten« arbeiten. Dieser *Desktop-First*-Ansatz funktioniert in den meisten Fällen auch – hat aber seine Einschränkungen. Wenn Sie mit dem Desktop beginnen, werden Sie für diese Ansicht alle vorhandenen Möglichkeiten nutzen, um das Ergebnis zu optimieren. Die in diesem Fall später entstehenden kleineren Versionen werden oft durch Reduktion aus der »Standardversion« erstellt. Dabei wird oft versäumt, aus den Beschränkungen und neuen Möglichkeiten mobiler Geräte auch neue Lösungen zu entwickeln. Wenn Sie mit der mobilen Version beginnen, haben Sie in den späteren größeren Versionen bereits eine robuste Basis, die Sie ausbauen können. Deswegen wollen wir Ihnen in diesem Kapitel den umgekehrten Weg vorschlagen: *Mobile First*.

Außerdem zeigen wir Ihnen, welche Anordnungsmuster sich im Responsive Webdesign herauskristallisiert haben, um Inhalte bei verändertem Viewport neu zu positionieren. Das Ganze können Sie auch nachbauen, wenn Sie möchten. Wir entwickeln in diesem Kapitel unser Praxisbeispiel nach dem Mobile-First-Ansatz und bauen dies für vier unterschiedliche Viewports auf. Den Quellcode für alle Beispiele finden Sie auf der DVD zum Buch.

7.1   Mobile First

Webdesigner und Mobile-Experte Luke Wroblewski prägte schon 2009 den Begriff *Mobile First* und riet dazu, nicht mit der »großen« Desktopsite zu beginnen, sondern mit der Mobilversion. Er nennt drei Hauptgründe dafür (*http://www.lukew.com/ff/entry.asp?933*):

1. Die Nutzung mobiler Geräte ist in den letzten Jahren prozentual stark gestiegen. Wenn Unternehmen mit der mobilen Version bei der Erstellung ihres Webauftrittes starten, ist sichergestellt, dass Sie für diesen rasant wachsenden Markt gewappnet sind und hier eine durchdachte Lösung bieten.

2. Das Designen für mobile Geräte zwingt Entwickler und Inhaltsplaner dazu, sich auf das Wesentliche zu beschränken, da der Platz auf mobilen Geräten gegenüber der Desktopwebsite viel begrenzter ist. Sich darüber klar zu werden, welches die Schlüsselfunktionen eines Webauftritts sind und diese den Nutzern dann ohne viele Umwege zugänglich zu machen, führt zu einer hohen Nutzerzufriedenheit, und das ist wiederum gut für den Erfolg der Site.

3. Die vielen Features, die Smartphones und Tablets schon mit an Bord haben, bieten viel mehr Möglichkeiten für einen Webauftritt, als uns das von Standardwebsites geläufig ist. Wenn schon bei der Planung auch über einen möglichen Mehrwert für die Nutzer durch das Einbeziehen von GPS, Beschleunigungssensor, Kompass und Multi-Touch-Fähigkeit nachgedacht wird, können diese Features als Zusatzangebote besser einbezogen werden, als wenn erst der »normale« Webauftritt konzipiert und dieser dann an die mobilen Geräte angepasst wird.

Luke Wroblewski hat für die Reihe »A Book Apart« ein ganzes Buch zum Thema *Mobile First* veröffentlicht (*http://www.abookapart.com/products/mobile-first*), in dem er seinen Ansatz detailliert darlegt.

7.1.1 Reduktion auf das Wesentliche ist die Devise

Der mobile Nutzer will schnell und unkompliziert zu den eigentlichen Inhalten oder Funktionen. Aber will das der Desktopnutzer nicht auch? Von einer Reduktion auf das Wesentliche profitieren also nicht nur die mobilen Nutzer, sondern alle. Beiwerk, das auf der mobilen Website weggelassen werden kann, werden die Nutzer großer Screens wahrscheinlich auch nicht vermissen.

Schauen Sie sich zum Beispiel die mobile Website der Fluglinie Niki an: Check-in, Buchen, Fluginformationen und individuelle Inhalte – alles ist schnell und eindeutig auffindbar. Die gleichen Inhalte sind auf der Desktopsite zwischen Bergen von Werbung, Angeboten und Partnern verstreut. Um das Desaster komplett zu machen, gibt es bei einem Besuch per Smartphone auf *http://flyniki.de* nicht einmal einen Hinweis auf die mobile Version, und *http://mobile.flyniki.de* führt ins Leere, da nur *http://mobile.flyniki.com* existiert.

Im Grunde genommen sind die abgedunkelten Inhalte, wie sie in der Abbildung 7.1 gezeigt werden, für den größten Teil der Nutzer überflüssig oder zumindest von sekundärem Interesse (auch wenn die Marketingmanager der Fluggesellschaft das wahrscheinlich anders sehen). Und das hier ist eine Unternehmensseite – bei Websites von Magazinen kommt dann noch der Faktor Finanzierung durch möglichst viel Werbeeinnahmen hinzu, der für immer weniger Übersichtlichkeit sorgt.

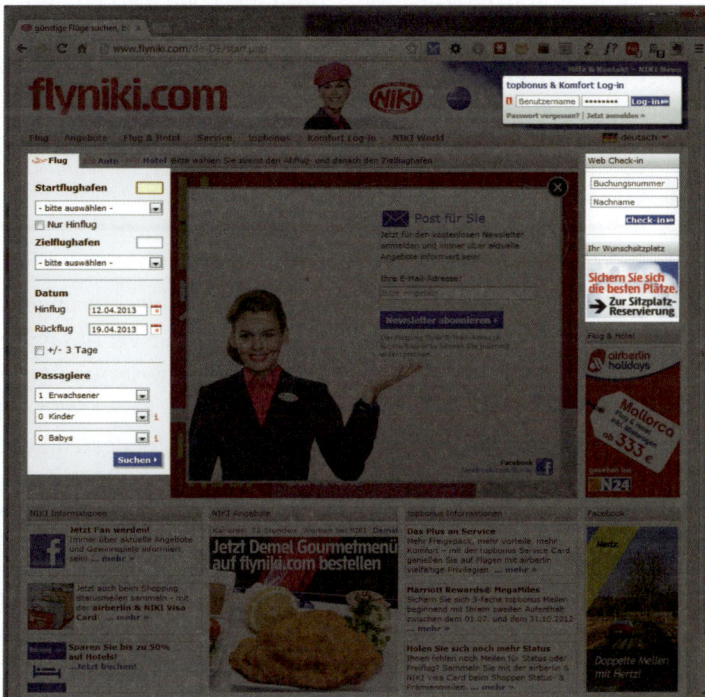

7

Abbildung 7.1 Fehlt Ihnen auf der mobilen Site etwas? Uns nicht. Entscheidend sind aus Nutzersicht nur die hellen Bereiche.

Die große Verbreitung von Werbeblockern und Tools wie ReadItLater, Instapaper oder Readability zeigt, dass vielen Menschen Komplexität und Überfrachtung von Websites längst zu weit gehen. Insofern bedeutet Mobile First, an diese Nutzer zu denken und den Kern des eigenen Angebots in den Mittelpunkt zu stellen. Für die Umsetzung heißt das: Zunächst konzipieren Sie für diesen Kern die mobile Version und erweitern sie dann für größere Layouts – ohne dabei Kernfunktionen oder richtungsweisende Inhalte zu verwässern. Oft werden Sie feststellen, dass wenn erst einmal das Wesentliche umgesetzt ist, gar kein großer Bedarf mehr an zusätzlichen Inhalten besteht.

7.1.2   Mobile First – Progressive Enhancement für's Layout

Stellen Sie sich das Mobile-First-Konzept als die Umsetzung der Idee des *Progressive Enhancement* vor. Die Nutzer mit den kleinsten Bildschirmen bekommen eine voll funktionsfähige Website, die je nach Verfügbarkeit von mehr Bildschirmplatz oder Geräteeigenschaften (wie GPS, Kompass etc.) mit weiteren Addons ausgebaut wird.

Der umgekehrte Weg *Desktop First* verwendet als Startpunkt die größten und technisch am weitesten entwickelten Geräte und denkt danach über eine Lösung für weniger fähige Geräte (oder Browser) nach. Das entspricht eher dem älteren Ansatz *Graceful Degradation*. Letztlich sind beide Wege in Ordnung. Je nach Art und Inhalt Ihres Projektes ist aber der eine oder der andere Ansatz besser geeignet. Websites, die einen klaren Schwerpunkt haben, wie z. B. den Verkauf eines einzelnen Produktes oder einer Dienstleistung (Fliegen, Bahnfahren usw.) profitieren besonders vom Mobile-First-Ansatz.

Graceful Degradation und Progressive Enhancement

Graceful Degradation (»würdevolle Verschlechterung«) und *Progressive Enhancement* (»zunehmende Verbesserung«) sind zwei Ansätze, wie Webdesigner mit der Tatsache umgehen, dass verschiedene Browser und Anzeigegeräte allgemein CSS- und andere Eigenschaften in unterschiedlichem Maße unterstützen. Während Firefox, Safari, Opera und Chrome bereits die neuesten Spezifikationen unterstützen, hinkt der Internet Explorer oft noch um Jahre hinterher. Zudem ist die Interpretation neuer Features uneinheitlich und gelegentlich fehlerhaft.

Um nun nicht nur Funktionen nutzen zu können, die wirklich alle Geräte verstehen, werden alle Browser und Geräte mit dem jeweils für sie Umsetzbaren versorgt. Während *Graceful Degradation* dabei zuerst die besten Geräte bedient und danach zusätzlich berücksichtigt, dass alles auch auf älteren Geräten funktional sein soll, denkt man beim *Progressive Enhancement* andersherum. Zuerst muss für alle Geräte (also auch für die älteren) eine Version geschaffen werden, die befriedigt; dann können für neuere Browser zusätzliche »Verbesserungen« eingebaut werden. Im Grunde zielen beide Ansätze auf denselben Effekt: eine Website, die auf allen Geräten nicht gleich aber gleichermaßen gut funktioniert, gemessen an den jeweiligen Fähigkeiten des Gerätes. Der Unterschied zeigt sich, wenn die Zeit am Ende eines Projektes knapp wird: Mit dem progressiven Ansatz hätte man auf jeden Fall eine voll funktionsfähige Website in allen Browsern – ansonsten fällt schon einmal die »abgespeckte« Variante sehr schmal oder gleich komplett aus.

7.1.3 Mobile First bedeutet auch Content First

Mobile First stellt radikal den Inhalt in den Vordergrund und zwingt Sie und Ihre Auftraggeber dazu, die inhaltlichen Prioritäten zu klären. Das ist unabhängig davon, ob Sie nun tatsächlich die mobile Version zuerst planen oder den Ansatz als Strategie verstehen, der auf allen Geräten die wichtigsten Inhalte nach vorn bringt.

Wenn Sie mit dem Ergebnis im kleinsten Viewport zufrieden sind, vergrößern Sie das Browserfenster, bis das Design nicht mehr passt, z. B. weil die Zeilenlängen zu lang und damit schwerer lesbar werden, die Schrift im Vergleich zum Fenster zu klein erscheint oder einfach mehr Platz vorhanden ist für eine übersichtlichere Anordnung bestimmter Elemente. Das ist der Punkt, an dem ein neues Layout benötigt wird – ein *Breakpoint*. Zur richtigen Wahl der Breakpoints kommen wir im Abschnitt 7.3, »Auswahl der Breakpoints«.

7.1.4 Fallbacklayout: Was ist die »Notfallansicht«?

Als Webdesigner ist Ihnen das Problem der mangelnden Browserunterstützung vermutlich bekannt, und auch beim Responsive Design – genauer gesagt bei den dazu benötigten Media Queries – ist die Unterstützung gut, aber nicht umfassend. Wir sind bereits in Kapitel 3, »Die Schlüsseltechnologie Media Queries«, darauf eingegangen. Der Internet Explorer bis zur Version 8 beispielsweise versteht keine Media Queries. Natürlich gibt es auch dafür verschiedene Lösungsansätze, aber Sie müssen sich trotzdem darauf einstellen, dass nicht alle Geräte (es soll ja inzwischen auch webfähige Fernseher in freier Wildbahn geben) die Umschaltung Ihres Layouts durch die Stylesheets in den Media Queries mitmachen. Daher sollten Sie sich die Frage stellen, welches Layout der Fallback für Ihre Website sein soll, also die Ansicht, die immer funktioniert, weil sie nicht von den Media Queries abhängt. Ist es schlimmer, wenn die Desktopnutzer (ausgestattet mit Internet Explorer 8 oder älter und ohne JavaScript) die mobile Ansicht erhalten, oder stört es mehr, wenn die Nutzer älterer webfähiger Mobilgeräte die komplette Desktopansicht herunterladen (müssen)?

Bei der Website Zeit Online in Abbildung 7.2 sieht man es gut: Die mobile Ansicht ist auch auf dem Desktop perfekt nutzbar und bis auf ein paar kleine versäumte Optimierungen fast übersichtlicher als die native Desktopansicht.

 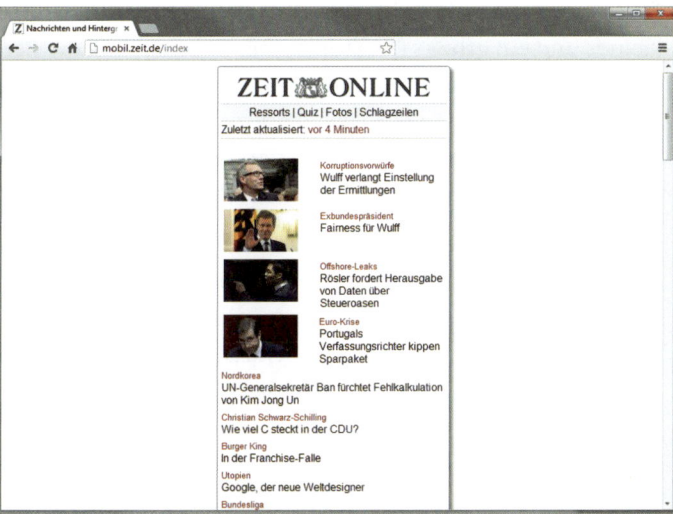

Abbildung 7.2 Macht auf dem Desktop keine schlechte Figur: die mobile Ansicht von Zeit Online. Umgekehrt kann man das von der Desktopversion nicht behaupten.

Auf einem Nokia 5800 XpressMusic (das ist nicht das neueste, aber auch nicht das älteste Gerät) hingegen versagt die Mobilgeräte-Erkennung, und die aufgerufene Full-Feature-Desktopversion macht nicht viel Spaß auf dem kleinen Screen.

7.2   Praxisbeispiel: Mobile First

Nachdem Sie in den vorangegangenen Kapiteln viele theoretische Grundlagen des Responsive Webdesigns kennen gelernt haben, ist es an der Zeit, sich wieder unserem Praxisbeispiel zu widmen. Im Beispiel aus Kapitel 2, »Umsetzung eines fixen Designs in ein flexibles Layout«, hatten wir noch aus einer Desktopversion ein responsives Design entwickelt. Jetzt werden wir *Mobile First* mit dem Layout für die kleinen Viewports und einfachen Ausgabegeräte beginnen und erweitern dieses dann sukzessive für größere Screens. Anhand der hier entstehenden kleinen Website werden wir dann im Verlauf des Buches weitere Beispiele, Tools und Tricks zeigen.

7.2.1   Mobile First – los geht's!

Mobile First bedeutet als Erstes, dass Sie sich zunächst einmal vom fixen Design der Photoshop-Vorlage lösen und über die Struktur und das Gerüst der Seite nachdenken. Welche Inhalte sind die wichtigsten, die für die mobilen Nutzer auf alle Fälle zuerst angezeigt werden müssen? Wie können Sie diese so präsentieren, dass auch die visuelle Hierarchie zwischen den Elementen gewahrt bleibt? Welche Ausgabegrößen möchten Sie in jedem Fall unterstützen? Je nach Layout kann es später auch noch sinnvoll oder notwendig sein, weitere Stufen anzulegen, aber eine gute Basisausstattung umfasst eine minimale Smartphone-Ansicht, eine Tablet-Variante, ein kleines und ein großes Desktoplayout. Dabei stehen die Bezeichnungen hier stellvertretend für Klassen von Geräten – Sie sollten nicht der Versuchung unterliegen, nur für bestimmte Geräte (z. B. das iPad) zu entwickeln. Zu groß ist die Wahrscheinlichkeit, dass bald ein neues Gerät mit anderen Abmessungen auf dem Markt erscheint und Ihr schönes Design auseinanderfällt.

Nachdem in der ersten Zeit der Trend zu *Media Query Boilerplates* ging, die sich exakt auf die Standard-Viewport-Größen wie 320, 480, 768, 1024 etc. bezogen, hat sich herausgestellt, dass es ratsamer ist, diese Werte zu mitteln, um mehrere ähnliche Gerätegrößen mit den entsprechenden Style-Anweisungen zu adressieren. Außerdem werden Sie feststellen, dass Sie für spezielle Layoutsituationen noch weitere Umbruchpunkte brauchen werden, die es Ihnen ermöglichen, zusätzliche kleinere Anpassungen bei bestimmten Größen vornehmen zu können.

7.2.2   Mockups für das Layout

Eine Methode, um sich die Anordnung der Inhalte in den unterschiedlichen Layout-stufen besser vorzustellen, sind *Mockups* (Skizzen) – entweder per Hand gezeichnet oder mit einem Tool, wie wir Sie Ihnen in Abschnitt 4.3.2, »Mockups«, vorgestellt haben. Wir haben die Mockups für unser Praxisbeispiel (siehe Abbildung 7.3) mit Balsamiq Mockups (*http://www.balsamiq.com/products/mockups*) erstellt.

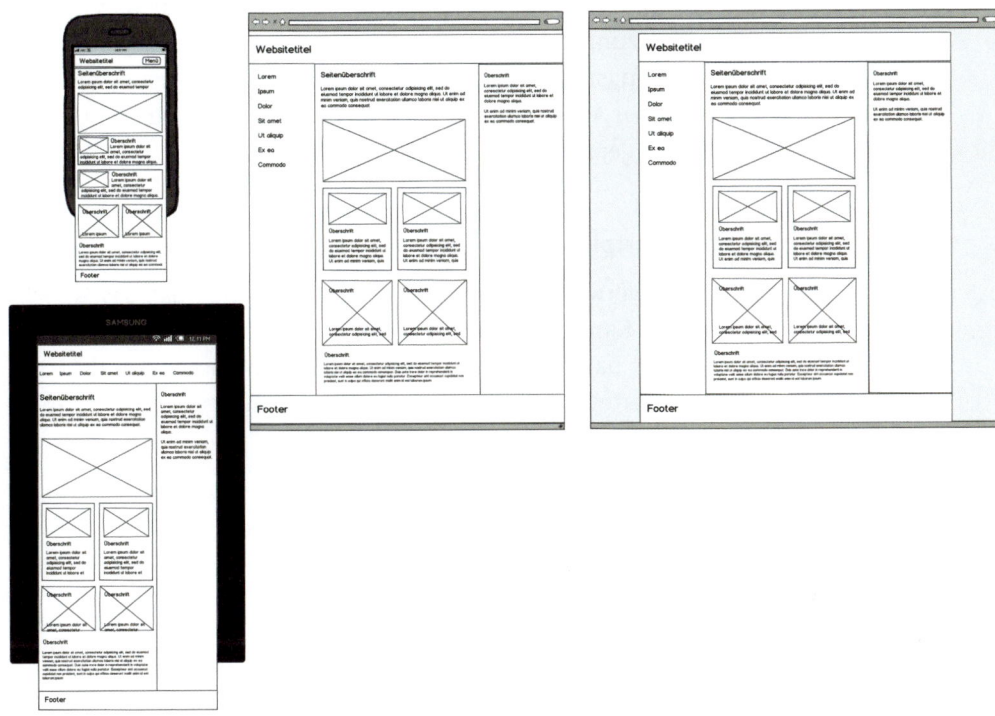

Abbildung 7.3 Mockups für Smartphone, Tablet, kleine und große Desktops

Die Beispielwebsite hat einen Titel (h1), der am oberen Rand angeordnet ist. Die Navigation soll auf sehr kleinen Screens über einen Menübutton im oberen Bereich ausfahrbar sein; auf größeren Screens sitzt sie in einer horizontalen Leiste über dem Hauptinhalt, und wenn der Platz ausreicht, wird sie in einer zusätzlichen linken Spalte dargestellt.

Im Hauptinhaltsbereich haben wir neben der Seitenüberschrift (h2) einen Teaser-Text und ein großformatiges Bild (auch als Slideshow) das sich jeder Ausgabebreite anpasst. Darunter sitzen zwei Teaser-Boxen, die mit Bild, Überschrift (h3) und Teaser-Text unsere News anteasern.

Großformatige Buttons mit Hintergrundbildern über die gesamte Größe und als Ganzes verlinkt sollen einen schnellen Aufruf der imaginären Produkte ermöglichen. Darunter gibt es Platz für weitere Artikel, bestehend aus Überschriften und Texten.

Die den Hauptinhalt ergänzenden Informationen werden in einer Marginalie Platz finden, die je nach verfügbarer Größe entweder unter den oder klassisch neben dem Hauptinhalt platziert wird. Abgerundet wird das Design mit einem Footer am Ende der Seite mit Platz für weitere ergänzende Informationen zum Webauftritt.

Aus den Mockups wird deutlich, welche Bereiche in allen Ansichten mehr oder weniger unverändert bleiben und wo die gravierendsten Änderungen notwendig sind. Das Layout des sehr großen Desktops unterscheidet sich vom normalen Desktoplayout nur durch die Begrenzung der Gesamtbreite und die zentrierte Anordnung im Browserfenster. Die vielfältigste Veränderung der Darstellung erfährt die Navigation. Kleinere Veränderungen der Anordnungen sind für einzelne Inhaltselemente wie die Teaser und die Marginalie geplant.

7.2.3   Basisversion: Smartphone-Ansicht

Und nun geht es los: Wir verwenden wieder das HTML5-Seitengerüst, das Sie schon aus dem ersten Beispiel in Kapitel 2, »Umsetzung eines fixen Designs in ein flexibles Layout«, kennen. Diesmal haben wir es zusätzlich mit den passenden WAI-ARIA-Landmark-Rollen ausgestattet, wie im letzten Kapitel, »Semantik und Barrierefreiheit«, vorgestellt:

```html
<!DOCTYPE html>
<html lang="de">
  <head>
    <meta charset="utf-8">
    <title>Praxisbeispiel: Mobile First</title>
    <link href="../css/normalize.css" rel="stylesheet">
    <link href="../css/atmosphere.css" rel="stylesheet">
    <link href="../css/layout.css" rel="stylesheet">
  </head>
  <body>
    <div class="page-wrapper">
      <header role="banner">
        <h1>Websitetitel</h1>
      </header>
      <nav role="navigation">
        <ul id="navMain" class="main-nav">
          <li><a href="#">Link 1</a></li>
          <li><a href="#">Link 2</a></li>
          <li>...</li>
        </ul>
      </nav>
      <div class="main">
```

```
      <div class="mainContent" role="main">
        <h2>Seitenüberschrift</h2>
        <p class="teasertext">Teasertext ... </p>
        <section>
          <h3>Abschnitts Überschrift</h3>
          <p>Text ... </p>
        </section>
      </div>
      <aside role="complementary">
        <h3>Marginalien Überschrift</h3>
        <p>Text ... </p>
      </aside>
    </div>
    <footer role="contentinfo">
      ...
    </footer>
  </div>
 </body>
</html>
```

Listing 7.1 HTML-Grundgerüst des Praxisbeispiels: Mobile First, Basislayout

Wenn Sie in der Praxis mit einer neuen Website beginnen, können Sie eines der vielen Responsive Frameworks nutzen. Weniger umfangreich, aber sehr gut geeignet sowohl zum »Abgucken und Lernen« als auch für einen schnellen Start sind HTML5-Boilerplates. Wir beschränken die Template-Komponenten hier der Übersicht halber auf das für unser Beispiel Nötige und verzichten (erst einmal) auch auf Maßnahmen zur Performance-Optimierung. In Kapitel 8, »Frameworks für responsives Design«, stellen wir Ihnen einige Frameworks vor, die sich für die responsive Umsetzung von Websites eignen, und in Kapitel 12, »Qualitätssicherung und Optimierung«, widmen wir uns der Performance.

Wir verwenden in unserem Praxisbeispiel außerdem das Stylesheet *normalize.css* von Nicolas Gallagher (*http://necolas.github.io/normalize.css*) und für einige Beispiele zusätzlich jQuery (JavaScript-Funktionen) und Modernizr (Feature-Erkennung).

Normalize statt Reset

Die Datei *normalize.css* dient als sanfte Alternative zu einem der bis vor einiger Zeit noch sehr beliebten *Reset*-Stylesheet, bei dem alle Default-Styles zurückgesetzt wurden, und gibt unserer Website eine solide Grundlage für die browserübergreifende Darstellung.

Man verwendet *Reset* oder *Normalizer*, um die unterschiedlichen Browser-Grund-einstellungen auf eine gemeinsame Basis zu bringen, sodass die Website keine unnötigen Unterschiede von Browser zu Browser aufweist. Bei einem Reset werden dazu einfach alle Abstände auf Null gesetzt und auch die Unterschiede der Textele-mente werden egalisiert. Das ist gut gemeint, aber etwas zu viel des Guten — schließlich sollen Überschriften in der Regel größer sein als normaler Text, und eine Liste im Textfluss soll eingerückt sein. Für individuelle Styles müssen Sie ohnehin bei Reset und Normalize die Vorgaben überschreiben. Mit der Datei *normalize.css* haben Sie dabei schon eine sinnvolle Grundlage, die Sie nur ergänzen müssen; bei der Verwendung eines Reset-Stylesheets müssen Sie alles selbst machen.

Das Stylesheet *atmosphere.css* enthält unsere Basisangaben, was Farben, Schriftar-ten und -größen angeht. Diese Basisdatei wird von uns im Rahmen unseres Beispiels nicht verändert.

```css
html {
    font-size: 100%;
}
body {
    background-color: mintcream;
    color: #1A1F2B; /* dark blue */
    font-family: "Helvetica Neue", Helvetica, Arial, sans-serif;
    font-size: 1em; /* 16px */
    line-height: 1.5em; /* 24px */
}
.page-wrapper {
    background-color: #85A5CC; /* middle light blue */
}
header {
    background-color: #30395C; /* middle dark blue */
    color: #efefef;
    box-shadow: 10px 10px 30px rgba(0, 0, 0, 0.5) inset;
}
.main {
    background-color: #fff;
    color: #1A1F2B; /* dark blue */
}
.mainContent {
    color: #333;
}
aside {
    color: #1A1F2B; /* dark blue */
```

```
    background-color: #C2D2E5; /* light blue */
}
footer {
    background-color: #30395C; /* middle dark blue */
    color: #efefef;
    text-align: right;
    border-bottom: 7px solid yellowgreen;
}
h1, h2, h3 {
    font-family: 'Gentium Book Basic', inherit; /* Google-Font Gentium Book ⊃
 wenn verfügbar, sonst Fallback auf default */
    font-style: italic;
    font-weight: bold;
}
h1 {
    font-size: 2.250em; /* 36px; */
    line-height: 1.5em; /* 54px */
}
h2 {
    font-size: 1.625em; /* 26px */
    line-height: 1.5em;
    color: #4A6491; /* middle blue */
}
h3 {
    color: #4A6491; /* middle blue */
    font-size: 1.375em; /* 22px */
    font-weight: normal;
}
p.teasertext {
    color: #30395C; /* middle dark blue */
    font-family: "Trebuchet MS",Helvetica,Arial;
    font-size: 1.188em; /* 19px */
    line-height: 1.368em; /* 26px */
}
a:link, a:visited {
    color: #005580;
    text-decoration: none;
}
a:hover, a:focus, a:active {
    color: #005580;
    text-decoration: underline;
}
```

7

```
nav {
    box-shadow: 0 0 20px rgba(112, 23, 124, 0.2) inset;
    color: #efefef;
    font-family: "Trebuchet MS",Helvetica,Arial;
    font-size: 1.25em; /* 20px */
}
nav ul li {
    list-style: none;
}
nav a:link, nav a:hover {
    color: #30395C; /* middle dark blue */
}
nav a:hover {
    background-color: #C2D2E5; /* light blue */
}
```

Listing 7.2 Die Stimmung aus Farben und Schriften für unser Beispiel steckt in der Datei atmosphere.css.

Das Beispiel startet mit einer Basisschriftgröße von 1 em/16 px und mit einer Basiszeilenhöhe von 1,5 em/24 px (bezogen auf eine Browserschriftgröße von 16 Pixeln). Die Überschriften h1, h2 und h3 werden mit einem Webfont von der restlichen Schrift abgehoben. Wir haben uns hier für den Google-Font (*https://www.google.com/fonts*) *Gentium Book Basic* entschieden, den wir zusätzlich im <head> der HTML-Datei eingebunden haben und dann im Stylesheet *atmosphere.css* zuweisen:

```
<link href="http://fonts.googleapis.com/css?family= ⊃
Gentium+Book+Basic:700italic" rel="stylesheet">
```

Listing 7.3 Webfont-Einbindung im HTML-Code

Die Datei *layout.css* wird für die unterschiedlichen Layoutstufen verwendet. Sie werden sie nach und nach mit den CSS-Anweisungen erweitern, die Sie für die Breakpoints und die unterschiedlichen Beispiele entwickeln. Im Folgenden sehen Sie die Grundlage, mit der Sie für die Basisversion starten:

```
*, *:before, *:after {
    box-sizing: border-box; /* Präfixe! */
}
.page-wrapper {
    margin: 0;
}
header {
    padding: 0.5em 20px;
}
```

```css
aside, footer {
    padding: 0.6em 20px;
}
section {
    padding: 0 20px;
}
.mainContent {
    width: 100%;
    border-top: 1px solid transparent;
}
aside {
    width: 100%;
    margin-left: 0;
}
h1 {
    margin: 0;
}
h2 {
    margin: 0.6em 20px;
}
p.teasertext {
    margin: 0.8em 20px;
}
ul, ol {
    padding: 0;
    margin: 0 0 0.625em 20px;
}
nav ul {
    margin: 0;
}
nav ul > li {
    margin-left: 0;
    border-bottom: 1px solid rgba(250, 250, 250, 0.6);
}
nav ul > li > a, nav ul > li > strong {
    padding: 0.6em 20px;
    display: block;
}
nav ul a:link {
    text-decoration: none;
}
```

Listing 7.4 Alle Layoutanpassungen stecken in der Datei layout.css
(hier zu sehen für unsere Basisversion des Praxisbeispiels).

7

Das Layout ist in der Basisversion sehr einfach: Alle Inhalte fließen hintereinander weg und laufen über die gesamte Breite des Viewports (width: 100%); dazu es gibt ein paar *Margins* und *Paddings*, um die Inhalte auszurichten.

Vielleicht haben Sie sich über die erste Anweisung in Listing 7.4 gewundert. Hier ändern wir für die einfachere Handhabung der Berechnungen für Abstandsbreiten bei Elementen, die sich über 100 % der Viewport-Breite erstrecken, das CSS-Box-modell vom Standardwert content-box auf border-box. Diesmal machen wir das allerdings nicht wieder wie im ersten Beispiel in Kapitel 2, »Umsetzung eines fixen Designs in ein flexibles Layout«, individuell für einzelne Elemente, sondern wir weisen allen Elementen grundsätzlich das border-box-Modell zu, wie der Entwickler Paul Irish vorschlägt.

---

box-sizing: border-box; for the Web

Paul Irish beschreibt in seinem Artikel »* { Box-sizing: Border-box } FTW« (*http://www.paulirish.com/2012/box-sizing-border-box-ftw*) wie man das CSS-Boxmodell über den *-Selektor auf alle Elemente anwendet:

```
*, *:before, *:after {
    -moz-box-sizing: border-box;
    -webkit-box-sizing: border-box;
    box-sizing: border-box;
}
```

Sie sparen sich dadurch das Setzen dieser Deklaration für viele einzelne Klassen.

Die Randabstände der einzelnen Elemente setzen wir in der vertikalen Ausrichtung in em, damit das Größenverhältnis in der Höhe bei Schriftvergrößerung erhalten bleibt, und in der horizontalen Ausrichtung in px, damit diese Abstände im Raster immer gleich groß bleiben. Sie könnten natürlich auch in der Horizontalen mit em arbeiten, wenn Ihnen eine Größenanpassung in der horizontalen Ausrichtung lieber ist.

In Abbildung 7.4 sehen Sie, wie sich das Layout verhält, wenn nur die Datei *normalize.css* eingebunden ist, und wie es sich verändert, wenn die eigenen Styles dazukommen. Ohne etwas dafür tun zu müssen, werden die Inhalte in der Reihenfolge dargestellt wie sie im Quelltext auftauchen. Bislang gibt es nur textliche Inhalte, die sich jeder Weite anpassen.

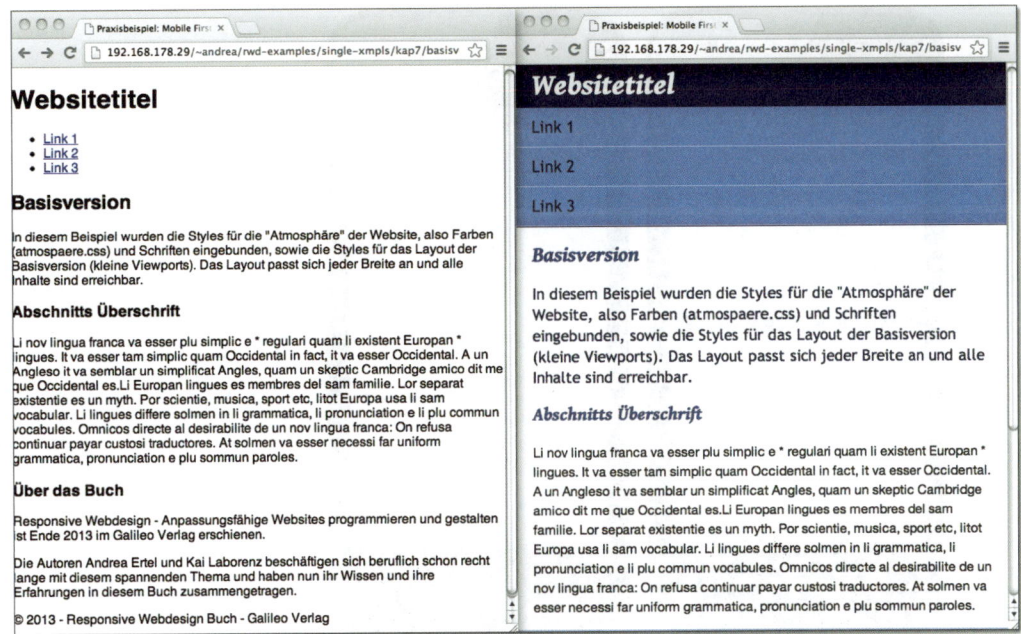

Abbildung 7.4 Das Basislayout mit und ohne Styles passt sich über die volle Breite an jeden Bildschirm an.

7.2.4   Setzen des Viewport-Metatags

Halt! Ganz so einfach ist es ja dann doch nicht. Sehen wir uns unsere sehr flexible Basisversion auf einem Smartphone an, ist schnell zu erkennen, dass wir hier etwas vergessen haben. Zurzeit erstreckt sich dieses einfache lineare Layout noch über den vom Ausgabegerät vorgegebenen Default-Layout-Viewport. Erinnern Sie sich noch, was Sie hier machen können, um den Platz optimal zu nutzen? Wir hatten das in Abschnitt 3.5.4, »Das Viewport-Metatag und seine Eigenschaften«, beschrieben.

Wir überschreiben die von den Herstellern vordefinierte Layout-Viewport-Breite mit der Geräte-Viewport-Breite. Dafür fügen wir das Viewport-Metatag in den `<head>`-Bereich unserer HTML-Datei ein:

```
<meta name="viewport" content="width=device-width, initial-scale=1">
```

Listing 7.5 Wir verändern den Default-Layout-Viewport der mobilen Geräte und setzen ihn auf die Ausgabe-Gerätebreite.

Jetzt kann sich das Ergebnis sehen lassen: Das fluide Layout füllt nach wie vor 100 % des Layout-Viewports aus. Da dieser jetzt bei mobilen Geräten 100 % der Gerätebreite entspricht, wird die Seite nicht mehr verkleinert (siehe Abbildung 7.5).

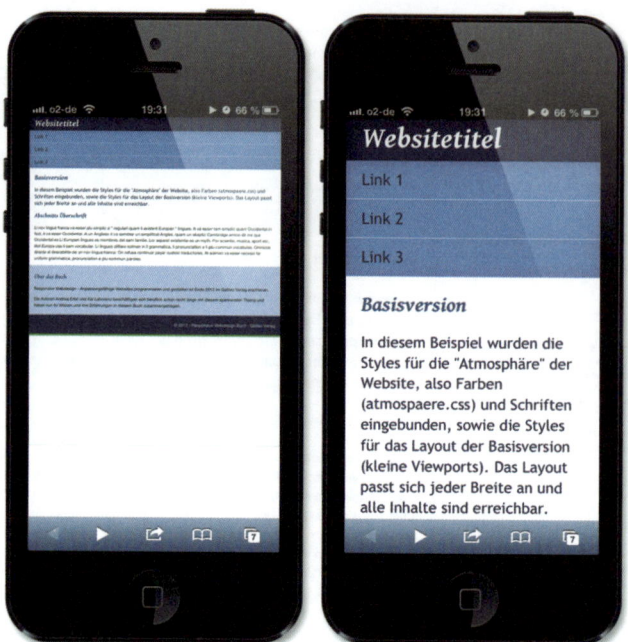

Abbildung 7.5 Mit dem richtigen Viewport-Metatag wird die Gerätebreite (beim iPhone 320 px) mit 100 Prozent des Inhaltes gefüllt und nicht mehr der Standard-Viewport von 980 px (beim iPhone) verwendet.

Die zweite Anweisung (initial-scale=1) bewirkt, dass die Website beim Drehen des Ausgabegeräte vom Hochformat ins Querformat nicht vergrößert wird. Einen Vergleich hierzu sehen Sie in Abbildung 7.6. Das betrifft insbesondere iOS-Geräte, da bei diesen sich die device-width immer auf die schmale Seite bezieht. Dadurch werden auch beim iPhone im Querformat 320 px Breite statt der eigentlichen 480 px (bzw. 568 px beim iPhone 5) angenommen, und wenn das initiale Skalieren nicht unterbunden wird, wird die Seite um den Faktor 1,5 (bzw. 1,775 beim iPhone 5) vergrößert. Ob das erwünscht ist, liegt im Ermessen des Entwicklers. Mitunter kann es ja ein Feature sein, dem Nutzer eine einfache Skalierung durch Drehen des Gerätes zu ermöglichen. Problematisch wird das allerdings, wenn durch die Vergrößerung ein Menü so weit vergrößert wird, dass gar kein Text mehr sichtbar ist. (Um die generelle Darstellung unseres Menüs kümmern wir uns später).

Jetzt haben wir eine Basisversion mit einem Layout, das für kleine und große Ausgabegeräte gut funktioniert. Für »die Kleinen« ist es bestimmt, aber auch ältere Browser (z. B. IE7 und IE8) bekommen zumindest dieses Minimum an Styles zugewiesen, wenn sie die Stylesheets nicht interpretieren können, die wir später über die Media Queries zuweisen. Sie finden den Quellcode auf der DVD in Verzeichnis */praxisbeispiele/kap07/01_basisversion/*.

Abbildung 7.6 Oben wird der gleiche Ausschnitt, der auch im Hochformat verwendet wird, in die veränderte Breite hineinskaliert. Die Website unten wird mit 100 % angezeigt, also gegenüber der Hochformatansicht nicht vergrößert.

Mit Farb- und Schriftanpassungen für die verschiedenen Elemente haben wir ein paar Akzente gesetzt, und mit einigen Weiten- und Abstandsdefinitionen haben wir die Positionierung etwas gefälliger gemacht. Bei den kleinen Bildschirmen von Smartphones lassen wir das Design für Hoch- und Querformat erst mal gleich. Über weitere Anpassungen können wir nachdenken, wenn wir weitere Inhalte betrachten. Nun widmen wir uns erst einmal den größeren Viewports – dafür setzen wir den ersten Layout-Umbruchpunkt.

7.3   Auswahl der Breakpoints

Wie entscheiden Sie aber, ab welchen Dimensionen Sie von einer Ansicht in die nächste wechseln? Sie können natürlich einfach schauen, welche Smartphones den höchsten Marktanteil haben (oder welches Smartphone für Ihren Kunden zum Testen verfügbar ist) – das wäre aber nicht sehr nachhaltig. Marktanteile ändern sich, und ständig kommen neue Geräte hinzu. Responsive Design bedeutet eben nicht, auf einzelne Geräte zu achten – auch nicht bei der Wahl der Breakpoints. In der folgenden Abbildung (siehe Abbildung 7.7) sehen Sie eine kleine Auswahl an Geräten, die eine Rolle spielten, als wir dieses Buch schrieben. Sie erkennen gewisse Häufungen zwischen 380 und 480 Pixeln (Smartphones) und 800 bis 1024 Pixeln (Tablets), aber im Grunde genommen sind alle Werte vertreten.

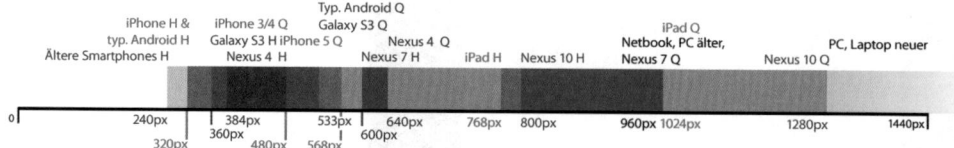

Abbildung 7.7 Die Vielzahl der Geräte lässt eine exakte Anpassung auf bestimmte Bildschirmgrößen nicht zu (H = Hochformat, Q = Querformat).

Daher ist der bessere Ansatz, sich bei der Wahl der Breakpoints nach den Inhalten der Site zu richten. Stephen Hay, einer der Vordenker in Sachen Responsive Design, schlägt vor, mit der kleinsten Ansicht zu beginnen und das Browserfenster zu vergrößern, bis das Layout nicht mehr gut aussieht. Hier setzt er den ersten Breakpoint, arbeitet seine Anpassungen in das Layout ein, bis alles stimmig ist, und begibt sich durch die Vergrößerung des Browserfensters zum nächsten Problempunkt usw., bis alle Situationen bedacht sind.

7.3.1   Haupt-Breakpoints

Es ist ein guter Weg, sich zunächst für die Hauptumbruchpunkte zu entscheiden. Wie viele das sein müssen, hängt auch von der Art Ihres Layouts ab. Je komplizierter das Layout, desto mehr Breakpoints werden Sie benötigen, um Feinanpassungen für bestimmte Inhalte einzurichten. Ein einfaches einspaltiges Bloglayout, wie z. B. bei »A List Apart« (*http://alistapart.com*), kommt mit einem Breakpoint (oder sogar ganz ohne) aus. Andere Websites, wie z. B. das Smashing Magazine (*http://www.smashingmagazine.com*), verwenden bis zu fünf und ordnen Inhaltsblöcke dabei immer wieder anders an. Wir verwenden oft drei bis vier Hauptumbruchpunkte in Projekten, die dann auf folgende Größen ausgerichtet sind:

- ▸ kleine Viewports: Smartphones
- ▸ mittlere Viewports: Tablets
- ▸ große Viewports: Desktop
- ▸ sehr große Viewports: große Desktops

Diese Breakpoints sind so angelegt, dass sie die üblichen Geräteklassen abdecken, aber nicht für spezifische Geräte optimiert sind. Letztendlich ist der Markt so schnelllebig, dass niemand weiß, was die nächsten Generation mobiler Geräte für Veränderungen bringen wird. Durch das Vermitteln der Umbruchpunkte und eine

Orientierung an der bestmöglichen Darstellung der Inhalte sind Sie auf der sicheren Seite, was zukünftige Entwicklungen angeht.

7.3.2 Anpassungs-Breakpoints

Von dieser groben Einteilung ausgehend beherzigen Sie nun den Ratschlag von Stephen Hay und beobachten, wie sich die Inhalte verhalten, wenn Sie innerhalb der Grenzen eines Haupt-Breakpoints die Breite des Fensters verändern. Vielleicht müssen Schriftgrößen justiert werden, oder die Navigationspunkte werden doch zu lang und sollen für einen Bereich über zwei Zeilen dargestellt werden, weil sie nicht alle in eine Reihe passen, aber auch noch nicht der Punkt erreicht ist, an dem sie alle untereinander angeordnet werden. Vielleicht läuft der Text in einem Bereich besser neben dem Teaser-Bild als wie sonst darunter, oder anstelle von drei Boxen platzieren Sie nur noch zwei nebeneinander.

Media Queries besser strukturieren

Um in den Stylesheets für mehr Ordnung zu sorgen, bietet es sich an, Anpassungs- und Haupt-Breakpoints ineinander zu verschachteln (siehe Listing 7.6). Stephanie Rieger hat dies in ihrer Präsentation »Pragmatic Responsive Design« (*http:// de.slideshare.net/yiibu/pragmatic-responsive-design*) sehr schön beschrieben.

```
@media only screen and (min-width: 40em)  {
    ...
    @media only screen and (max-width: 45em)  {
        ...
    }
}
```

Listing 7.6 Mehr Ordnung in den Stylesheets durch Verschachtelung der Media Queries

Wir haben uns angewöhnt, für unsere Projekte die Media Queries genau wie die Schriftengrößenangaben in em zu setzen.

7.3.3 Vertikale Breakpoints

Bisher haben wir uns ausschließlich mit Media Queries und Anpassungen aufgrund einer Änderung der Geräte- bzw. Viewport-Breite beschäftigt. Das ist auch logisch, da Webseiten eher in der Breite festgelegt sind; in der Vertikalen ist das Scrollen üblich und ohnehin kaum vermeidbar.

Sie können mit Media Queries aber natürlich auch die Höhe eines Gerätes abfragen und darauf basierend Änderungen vornehmen. Dazu gibt es drei wesentliche Anwendungssituationen, die wir Ihnen jetzt kurz vorstellen.

Feintuning innerhalb einer Geräteklasse

Ein Paradebeispiel sind die iPhones der 4. und 5. Generation. In der Breite haben beide 320 (CSS-)Pixel zur Verfügung; das iPhone 4 ist aber nur 480 Pixel hoch, während das iPhone 5 568 Pixel zur Verfügung stellt. Sie könnten mit einem vertikalen Media Query dem iPhone 5 bzw. Geräten mit einer bestimmten Viewport-Höhe einen größeren Zeilenabstand gönnen:

```
@media (max-width: 20em) {
    p { line-height: 1.2; }
    @media (min-height: 31em) {
        p { line-height: 1.6; }
    }
}
```

Listing 7.7 Verschachteltes Media Query für vergrößerten Zeilenabstand bei längeren Viewports

Abstimmung zwischen Hoch- und Querformat

Wenn von einem im Portraitmodus gehaltenen Gerät auf den Landscape-Modus geschaltet wird (weil es gedreht wurde), springt oft der nächsthöhere Breakpoint an, und die Schrift vergrößert sich, oder das Layout wechselt. Meist ist das so gewünscht, aber bei sehr schlanken Geräten führt die breitere Ansicht dazu, dass in der Vertikalen viel zu wenig Inhalte zu sehen sind. In diesem Fall können Sie mit einer Abfrage der Höhe eingreifen und bei Bedarf die Umschaltung komplett verhindern oder entsprechende kleinere Anpassungen einsetzen (ein Zwischenwert bei der Schriftgröße oder kleinere Bilder beispielsweise).

Above the fold

Es hat sich inzwischen weitgehend herumgesprochen, dass ein Design, das darauf setzt, Dinge im Sichtbereich *above the fold* zu platzieren, im Allgemeinen nicht funktioniert (weil eben so viele Parameter unbekannt sind: Bildschirmgröße, Fenstergröße, Schriftgröße und vorhandene Leisten der Browser). Hin und wieder gibt es dennoch Situationen, in denen ein exaktes Layout für eine überschaubare Menge von Displaygrößen erforderlich und möglich ist, z. B. bei einer mobilen App für eine begrenzte Zielgruppe. In einem solchen Fall können Sie die wenigen in Frage kommenden Displaygrößen über passende vertikale Media Queries ansprechen und je nach Viewport-Höhe z. B. ein Bild in unterschiedlicher Höhe ausliefern.

7.4   Praxisbeispiel: ersten Breakpoint setzen (Tablets)

Kümmern Sie sich nun um den ersten Breakpoint. In unserem Beispiel fließen die Inhalte alle hintereinander und passen sich in der Breite jedem Viewport an. In breiteren Browserfenstern werden die Textzeilen dabei zu lang. In Abbildung 7.8 sind die beiden Sternchen in der ersten Zeile des normalen Textabsatzes gut zu erkennen, die wir an Zeichen-Position 45 und 80 im Textfluss gesetzt haben. Der Umbruch liegt für eine gute Lesbarkeit am besten irgendwo dazwischen. Mehrere Wege führen hier zum Ziel. Um die Zeichenanzahl pro Zeile zu verringern, könnte der Text größer werden oder die Ausgabebreite des Absatzes geringer. Der Text hat mit umgerechnet 16 px für kleine Screens eine gute Größe, und unsere Tendenz geht eher dahin, die Schrift für etwas größere Viewport etwas zu verkleinern. Also könnten Sie den Platz in der Breite anders zu nutzen und die Marginalie in diesem Layout neben den Hauptinhalt rutschen lassen.

Es fällt ebenfalls sofort auf, dass das Menü eindeutig mehr Platz als notwendig einnimmt. Sie werden die einzelnen Menüpunkte über dem Inhaltsbereich nebeneinander anordnen, sodass der Platzbedarf für das Menü deutlich geringer wird.

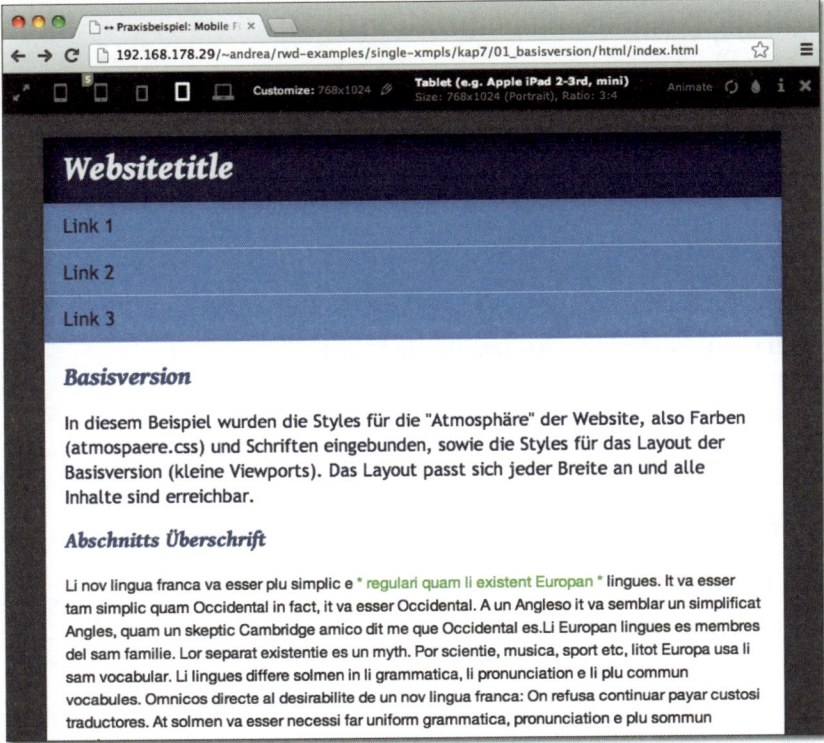

Abbildung 7.8 Die Basisversion (hier im Resizer-Bookmarklet auf einer Viewport-Größe, die dem iPad entspricht)

Die nächstgrößere Layoutversion soll für die meisten Tablets zum Tragen kommen. Als Tablets sehen wir Geräte mit um die 600 px bis 800 px Viewport-Weite an. Hierunter fallen dann sowohl das iPad (768 × 1024 px) als auch das Google Nexus (603 × 960 px). Aber eigentlich sind die konkreten Geräte ja egal – es kommt darauf an, wie die Inhalte passen. Also tasten Sie sich an die richtigen Größen heran und testen mit den Tools aus dem vorherigen Abschnitt.

Die Styles für den Layoutumbruch definieren Sie zunächst für einen Breakpoint von 600 px, also 37,5 em (600 px ÷ 16 px), wie folgt:

```
@media only screen and (min-width: 37.5em) {
    body {
        font-size: 0.938em; /* 15px */
    }
/* clearing für die floatenden gleich langen Spalten ꝳ
    (.mainContent und .aside) */
.main {
        overflow: hidden;
    }
    .mainContent {
        width: 70%;
        float: left;
        padding: 0.8em 20px;
        border-top: none;
    }
    aside {
        width: 30%;
        margin-left: 70%;
        /* Trick für gleich lange Spalten - dazu gehört ein ꝳ
            overflow: hidden für den umgeb. Container */
        margin-bottom: -99999px !important;
        padding-bottom: 99999px !important;
    }
    aside, footer {
        padding: 0.8em 20px;
    }
    section {
        padding: 0;
    }
    h2 {
        font-size: 2.1875em; /* 35px */
        line-height: 1.2em;
        margin: 0.3em 0 0;
    }
```

```css
p.teasertext {
    margin: 0.8em 0;
}
nav {
    /* clearing für die floatenden LIs */
    overflow: hidden;
    font-size: 1.2em;
}
nav ul {
    margin: 0 20px;
}
nav ul li {
    float: left;
    border: none;
    width: auto;
}
nav ul > li > a {
    padding: 0.7em 10px 0.7em 10px;
    display: inline-block;
}
}
```

Listing 7.8 Ergänzende CSS-Styles für unseren Tablet-Breakpoint

Für den Breakpoint haben wir erst einmal eine `min-width` von 600 px gewählt (siehe Abbildung 7.9). Die Hauptanpassungen für dieses Media Query sind, dass der Inhalt (`.mainContent`) und die Marginalie (`aside`) nebeneinander dargestellt werden und die einzelnen Navigationspunkte nebeneinander über den Inhalt stehen sollen. Wir geben dem Hauptinhalt 70 % der Gesamtfensterbreite und ziehen in den restlichen 30 % die Marginalie nach oben. Wir wenden dabei einen Trick für gleich lange floatende Spalten an. Die Container `.main` und `nav` brauchen ein `overflow` als »clearing« für die in ihnen zugeordneten nun floatenden Elemente. (Ansonsten umschließt das Elternelement nicht die floatenden Kinder.) Und zu guter Letzt haben wir uns noch mit einem kleinen Trick im `aside` beholfen (`margin-bottom: -99999px; padding-bottom: 99999px;`), um gleich lange Spalten unabhängig vom Inhalt zu gewährleisten, damit die eingefärbten Spalten bis zum Ende des Viewports reichen. Dazu erhält `aside` einen sehr langen negativen Außenabstand nach unten und einen gleich langen Innenabstand, der diesen Abstand wieder aufhebt. So wird die Spalte »virtuell« verlängert, und die Hintergrundfarbe bleibt erhalten. Zusätzlich muss der umgebende Container ein `overflow: hidden` erhalten, damit durch den Trick keine Scrollbalken sichtbar werden.

Tricks und ihre Einschränkungen

Die meisten CSS-Tricks und -Hacks nutzen CSS-Eigenschaften oder Fehler auf unüblicher Weise, um ihr Ziel zu erreichen. Das führt dazu, dass nahezu alle Tricks auch ihre Nebenwirkungen haben. Im Fall des `margin-padding`-Tricks, den wir oben erklärt haben, können Sie z. B. kein `border-shadow` und für den Container `<aside>` keine untere `border` zuweisen. Übernehmen Sie Tricks nicht ungeprüft, sondern informieren Sie sich über die Nebeneffekte.

Wir haben uns entschieden, die Schrift in diesem Layout ein wenig zu verkleinern und haben auch die Zeilenhöhe und einige Container-Abstände (paddings) angepasst. Die Überschrift (h2) soll mehr zur Geltung kommen, und wir haben sie entsprechend vergrößert.

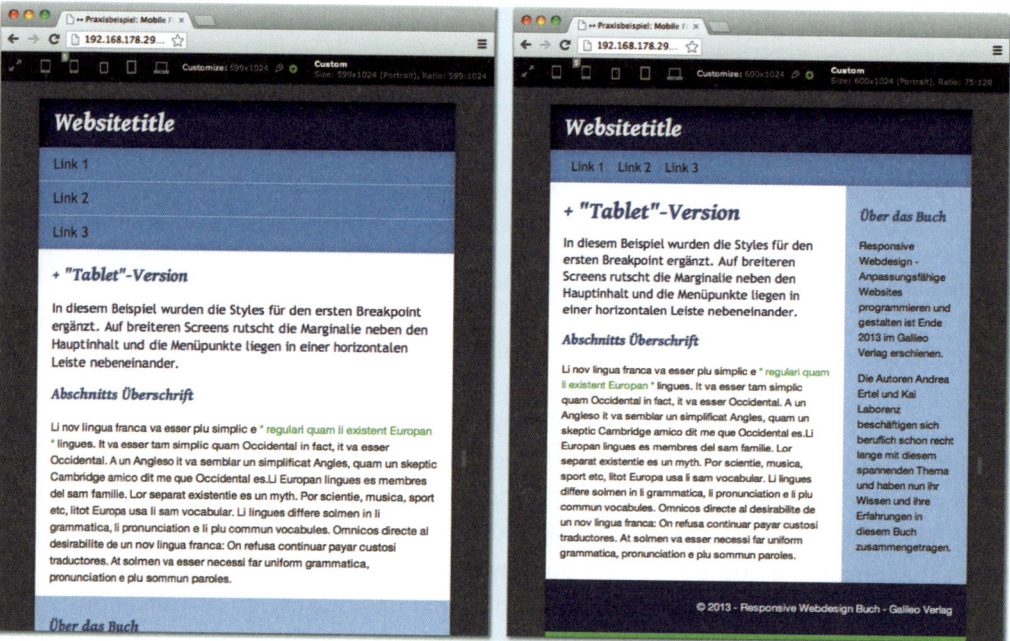

Abbildung 7.9 Unser Layout bricht bei 600 px von der Basisversion in die Tablet-Version um.

Der Inhalt der Hauptspalte ist gut ausgefüllt, die Breite der Marginalie ist hier allerdings grenzwertig schmal. Ein harmonischeres Schriftbild ergibt sich bei einem etwas größeren Viewport von etwa 750 px. Dann ist für beide Spalten etwas mehr Platz da (siehe Abbildung 7.10).

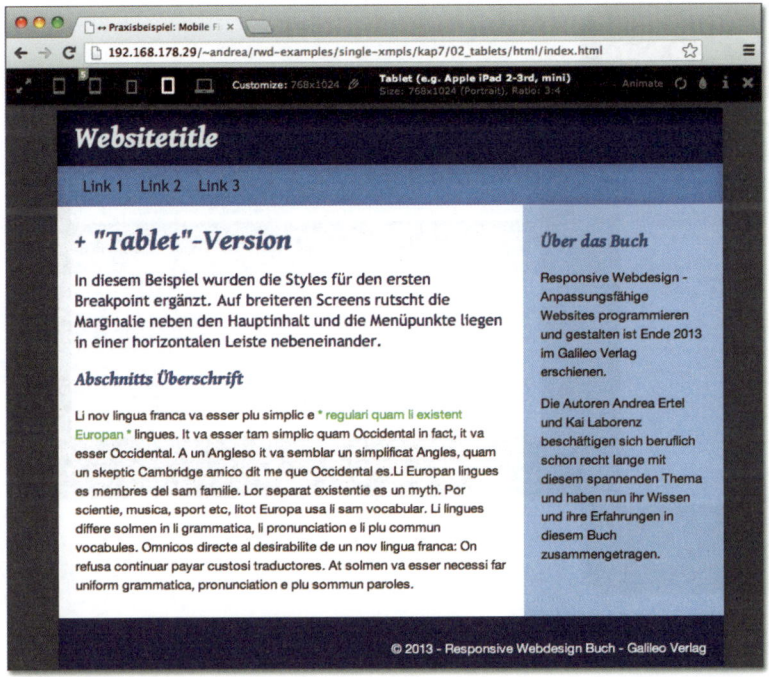

Abbildung 7.10 Bei einem Viewport von ca. 750 px ist der Platz so besser verteilt.

Wir tauschen also den 600 px (37,5 em) Breakpoint im Media Query gegen den für besser befundenen 750 px (46,875 em) aus. Auf einem iPad wird unser neues Layout jetzt sowohl im Quer- als auch im Hochformat verwendet. Das Google Nexus hingegen würde im Hochformat (mit seiner Viewport-Weite von 603 px) die Basisversion unserer Website anzeigen. Dreht man das Google Nexus ins Querformat (Viewport-Weite 960 px), greift unser aktuelles Media Query, und das neue Layout wird auch hier angewandt.

```
@media only screen and (min-width: 46.875em) {
  ...
}
```

Listing 7.9 Anpassung des min-width-Wertes im Media Query auf
750 px bzw. 46,875 em für Tablets

Den Quellcode finden Sie auf der DVD in Verzeichnis */praxisbeispiele/kap07/02_ tablets/*. Bevor wir uns mit den Breakpoints für noch größere Screens beschäftigen, sehen wir uns an, welche Arten von Layouts es in unterschiedlichen Viewports geben kann.

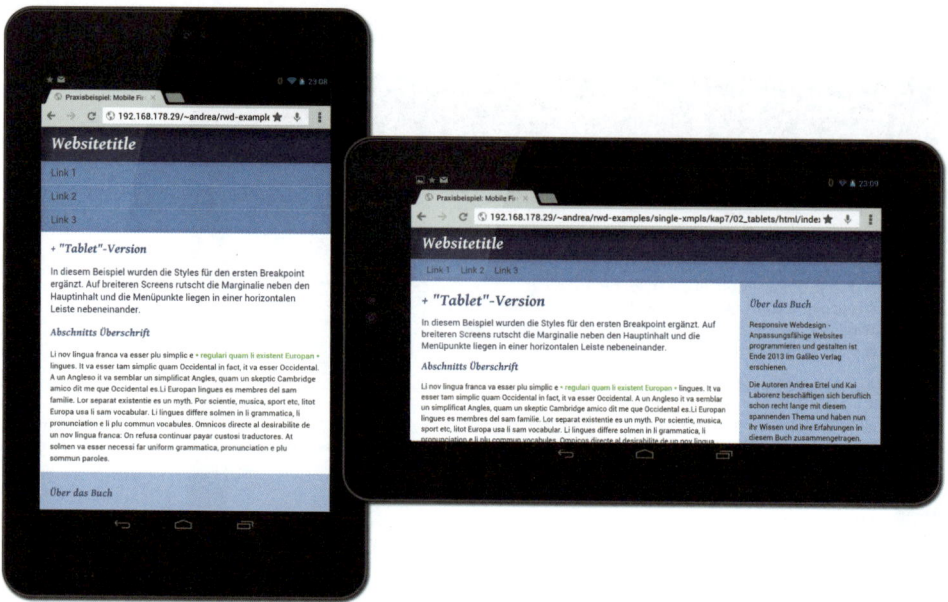

Abbildung 7.11 Im Nexus 7 wird im Hochformat das Basislayout verwendet und im Querformat das »Tablet«-Layout.

7.5   Layout-Patterns (Darstellungsmuster) für unterschiedliche Ausgabegeräte

Für die Umsetzung eines Responsive Designs muss möglichst früh ein Konzept für die Strukturierung und priorisierte Darstellung der Inhalte auf unterschiedlichen Ausgabegrößen erstellt werden. Darauf sind wir in Kapitel 4, »Responsive Workflow«, eingegangen. Wenn Sie Ihr Content-Konzept fertiggestellt haben, ist es an der Zeit, sich für ein *Layout-Pattern* zu entscheiden.

Als Layout-Patterns bezeichnen wir Muster für die Darstellung responsiver Websites, die sich im Laufe der Zeit herauskristallisiert haben. Luke Wroblewski hat einen ganzen Schwung unterschiedlicher anpassungsfähiger Websites unter die Lupe genommen, deren Layout-Patterns analysiert und in seinem Blog diese Muster beschrieben (*http://www.lukew.com/ff/entry.asp?1514*). Wir stellen Ihnen diese im Folgenden kurz vor.

7.5.1   Tiny Tweaks (kleine Optimierungen)

Tiny Tweaks ist das denkbar einfachste Layout-Pattern. Es beschreibt das Konzept simpler einspaltiger Websites, die sich fluide jeder Breite anpassen – auch als *mobile only* bezeichnet. Das Layout verändert sich dabei kaum. Die »kleinen Optimierungen« betreffen hauptsächlich die Anpassungen von Schriftgrößen, -abständen und Mediengrößen.

Abbildung 7.12 Tiny Tweaks

Beispiele zu diesem Pattern mit nur kleineren Anpassungen sind die Seite Future Friendly (*http://futurefriend.ly*) und das Blog von Trent Walton (*http://trentwalton.com*). Auch Readability (*http://www.readability.com*) arbeitet mit dieser Art der Darstellung bei der Umwandlung von Artikeln in eine benutzerfreundliche, gut lesbare Version.

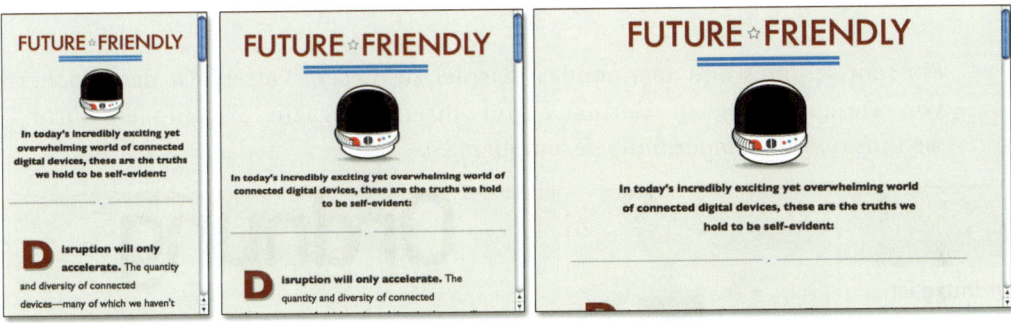

Abbildung 7.13 Nur minimale Anpassungen gibt es beim einspaltigen Layout von Future Friendly.

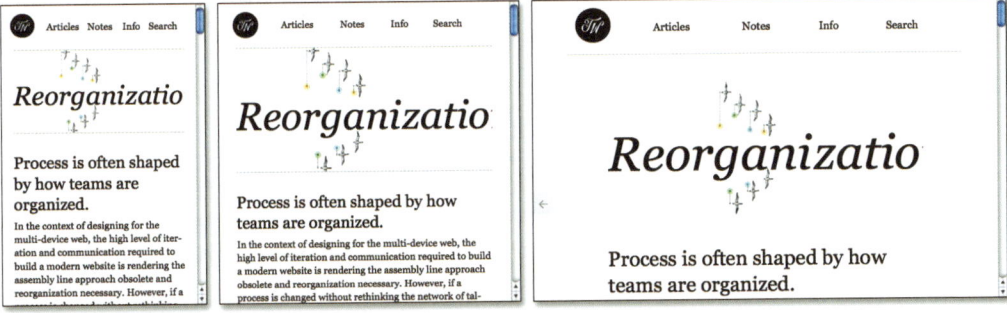

Abbildung 7.14 Die Darstellung der hübschen Website von Trent Walton verändert sich ebenfalls nur wenig in den verschiedenen Viewports.

7.5.2   Mostly Fluid (großteils fließend)

Bei dem am häufigsten verwendeten Konzept *Mostly Fluid* handelt es sich um ein zwei- oder mehrspaltiges Layout. Die Spalten sind flexibel, und die Inhalte passen sich fließend der Umgebung an. Layoutveränderungen erfolgen über die Randabstände, und in größeren Viewports bekommt das Layout mehr »Weißraum«. Das Smartphone-Layout unterscheidet sich am meisten von den anderen. Hier werden alle Spalten untereinander angeordnet.

Abbildung 7.15 Mostly Fluid

Ein sehr schönes und spannendes Beispiel zu diesem Pattern ist den Machern von Design made in Germany mit ihrem Magazin 5 gelungen (*http://www.designmadeingermany.de/magazin/5*).

Abbildung 7.16 Das Magazin 5 von Design made in Germany

7.5.3   Column Drop (abgesenkte Spalten)

Ein anderes populäres Muster für ein mehrspaltiges Layout bezeichnet Luke Wroblewski als *Column Drop*. Die Spaltenbreiten werden hierbei meist konsistent beibehalten. Die Anpassung erfolgt durch Absenken der Spalten, bis im Smartphone-Layout wieder alles in einer einzigen Spalte untergebracht ist.

Modernizr (*http://modernizr.com*) lässt die Spalten fallen. Auf einem sehr großen Layout gibt es sogar drei Inhaltsbereiche nebeneinander. Im einspaltigen Layout rutschen Navigation und Logo untereinander.

Abbildung 7.17 Column Drop

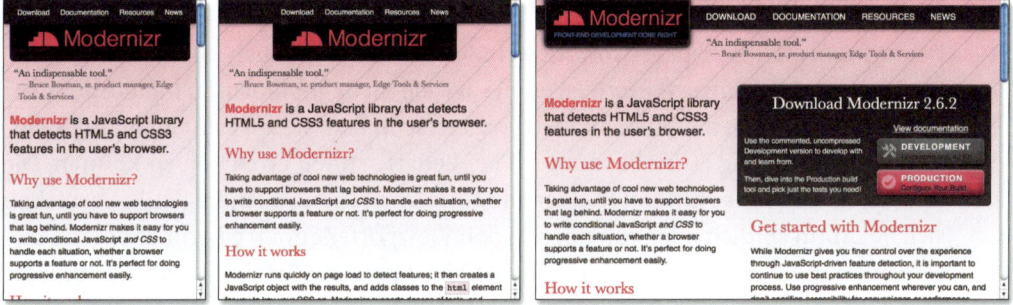

Abbildung 7.18 Modernizr als Beispiel für Column Drop

7.5.4   Layout Shifter (Layoutverdreher)

Das Konzept *Layout Shifter* macht durch die unterschiedliche Anordnung der Inhalte bei der Umsetzung die meiste Arbeit. Hier gibt es viel Spiel für Kreativität. Viele Varianten bei der Anordnung sind denkbar.

Abbildung 7.19 Layout Shifter

Ein sehr schön gestaltetes Beispiel für das Konzept *Layout Shifter* ist die Website von Food Sense (*http://foodsense.is*) mit einer ganzen Reihe liebevoller kleiner Veränderungen über alle Größen (siehe Abbildung 7.20).

Auch für das Praxisbeispiel haben wir uns für dieses Konzept entschieden. Wie das konkret aussieht, erfahren Sie gleich in Abschnitt 7.6.1 »Kleine Desktopversion nach dem Konzept Layout Shifter«.

Abbildung 7.20 Bei Food Sense rutscht die Navigation in der großen
Ansicht in die linke Spalte.

7.5.5   Off-Canvas-Layout (außerhalb des Bildschirms)

Das *Off-Canvas*-Konzept ist sowohl ein Menükonzept als auch ein Layoutkonzept.
Das Ziel von *Off Canvas Pattern* ist es, die aktuell nicht gebrauchten Inhalte aus dem
sichtbaren Bereich eines kleinen Viewports zu schieben, sie aber nur einen Klick entfernt zur Verfügung zu stellen, um sie bei Bedarf schnell erreichen zu können. Die
Inhalte, ob nun eine Navigation oder Randinformationen zu einem Artikel, schieben
sich bei Abruf seitlich oder von oben in den Viewport. Kennen gelernt haben Sie dieses Layoutmuster vielleicht durch die nativen Apps von Facebook oder Spotify, die
damit ihre Navigation realisieren.

Abbildung 7.21 Einfaches Off-Canvas-Layout

7.5.6   Footer-Navigation und Off-Canvas-Marginalie

Bei dieser Variante, die auf großen Bildschirmen wie klassische Zweispalter mit dem
marginalen Inhalt in der linken Spalte und mit Topnavigation daherkommen, wird
ab der Tablet-Version die Marginalie (*off canvas*) aus dem Viewport geschoben und
die Navigation am Ende des Hauptinhaltes angeordnet, wo sie über einen Anker vom
Seitenkopf aus angesprungen werden kann. Der marginale Inhalt wird bei Bedarf
über einen Link aufgerufen und seitlich in den Viewport geschoben.

Das Demo des Off-Canvas-Bottom-Nav-Layouts (Abbildung 7.23) von ZURB finden Sie
unter *http://zurb.com/playground/projects/off-canvas/offcanvas-1.html*.

Abbildung 7.22 Footer-Navigation und Off-Canvas-Marginalie

7

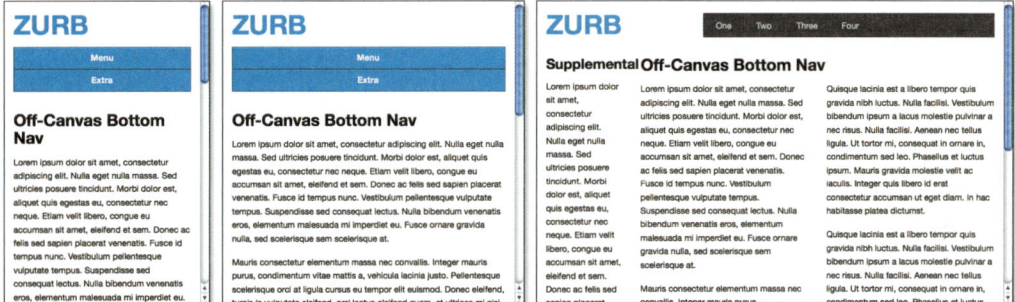

Abbildung 7.23 Layout der Footer-Navigation und Off-Canvas-Marginalie

7.5.7   Top-Off-Canvas-Menü und Off-Canvas-Marginalie

Dieses Muster unterscheidet sich vom vorhergehenden in der Anordnung der Navigation. Statt sie an das Ende der Seite zu verschieben, rutscht sie auf kleineren Screens *off canvas* nach oben aus dem Viewport und schiebt sich dann entsprechend beim Aufruf über den Menülink von oben herunter. Mit der Marginalie in der linken Spalte wird genauso verfahren wie beim Beispiel vorher.

Abbildung 7.24 Top-Off-Canvas-Menü und Off-Canvas-Marginalie

Das Demo des Off-Canvas-Top-Nav-Layouts von ZURB (siehe Abbildung 7.25) finden Sie unter *http://zurb.com/playground/projects/off-canvas/offcanvas-2.html*.

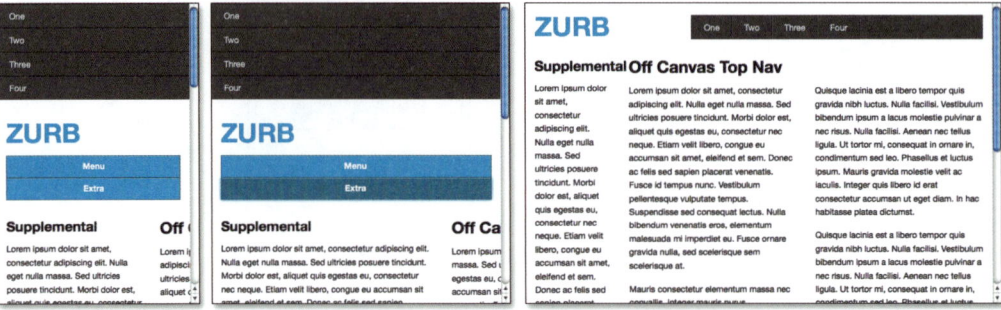

Abbildung 7.25 Die Navigation schiebt sich von oben und die Marginalie von der Seite in den Viewport.

7.5.8 Vertikale und horizontale Off-Canvas-Panels

In diesem Muster wird das populäre *One-Page-Layout*, bei dem über das Menü zu Ankern auf derselben Seite gesprungen wird und alle Abschnitte bildschirmfüllend dargestellt werden, für kleine Viewports adaptiert. Der vertikale Scrolleffekt wird dabei durch einen horizontalen ersetzt. Die Navigation kann statt als Menülinks auch als Reiter am oberen Bildschirmrand gestaltet werden.

Abbildung 7.26 Vertikale werden zu horizontalen Abschnitten.

Im Beispiel von ZURB ist die Anordnung im Aktenreiterstil ausgeführt.

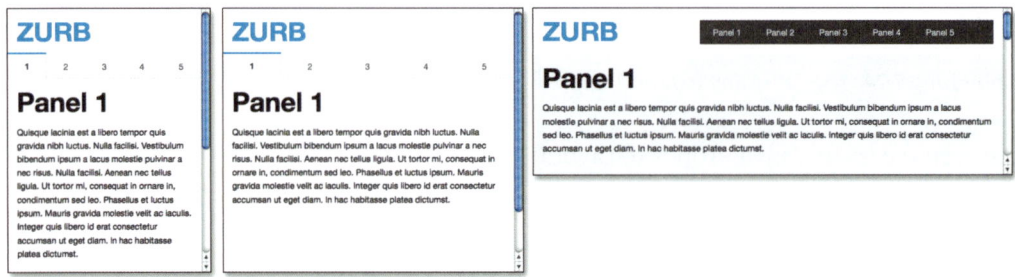

Abbildung 7.27 Panel-Pattern von ZURB

Das Demo des Panel-Layouts (siehe Abbildung 7.27) von ZURB finden Sie unter *http:// zurb.com/playground/projects/off-canvas/offcanvas-3.html*.

7.5.9   Zusammengefasste Elemente Off-Canvas

Bei diesem Muster werden Elemente, wie z. B. die Navigation und die Marginalie, in einem Off-Canvas-Container zusammengefasst und gemeinsam ein- und ausgeblendet. Die Darstellung der Website auf größeren Screens entspricht den vorangegangenen Beispielen.

Abbildung 7.28   Kombinierte Elemente Off Canvas

Das Demo des Sidebar-on-Mobile-Only-Layouts (siehe Abbildung 7.29) von ZURB finden Sie unter *http://zurb.com/playground/projects/off-canvas/offcanvas-4.html*.

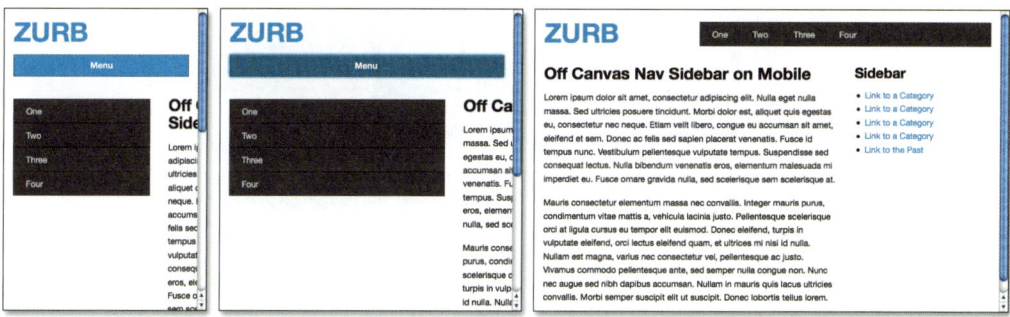

Abbildung 7.29   Off-Canvas-Navigation von ZURB

7.5.10   Off-Canvas-Lösungen aus der Schublade

Die Entwickler des responsiven Frameworks Foundation, das wir Ihnen in Kapitel 8, »Frameworks für responsives Design«, noch näher vorstellen werden, reagierten und haben die vier Off-Canvas-Typen nach dem Muster, wie sie von Luke Wroblewski und Jason Weaver entwickelt wurden, in ihr Framework aufgenommen (*http://zurb.com/ playground/off-canvas-layouts*), sodass sie für jedermann einfach zu nutzen sind.

Auch Brad Frost hat in seinem Blog »This is Responsive« eine Vielzahl von Layout-Patterns gesammelt und stellt für viele von ihnen auch noch funktionale Codebeispiele zum Weiterentwickeln über Codepen (*http://codepen.io/bradfrost*) zur Verfügung. Neben der Aufstellung zu den verschiedenen *Responsive Patterns* findet man hier auch viele andere interessante Ressourcen rund um das Thema Responsive Webdesign (*http://bradfrost.github.io/this-is-responsive/resources.html*). Ein Stöbern lohnt sich.

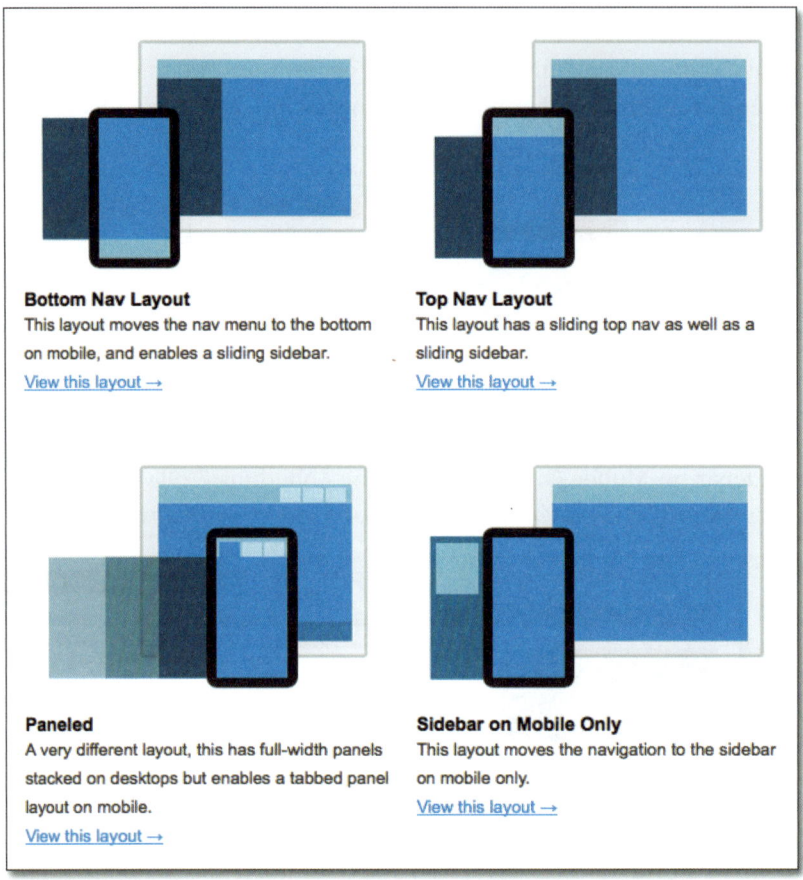

Abbildung 7.30 Vier Off-Canvas-Typen im Foundation-Framework

7.6   Praxisbeispiel: Weitere Breakpoints setzen (große Screens)

Der letzte Stand der Mobile-First-Beispielwebsite war, dass wir neben unserer Basisversion eine erste Layoutveränderung ab einer Viewport-Breite von 750 px (46,875 em) haben, was in etwa der Viewport-Breite der gängigsten Tablets entspricht. Auf einem größeren Bildschirm mit einer Viewport-Breite von 1280 px wie in Abbildung 7.31 funktioniert das prinzipiell auch noch. Aber Sie sehen, dass hier die Textzeilen im Hauptinhalt deutlich zu lang werden.

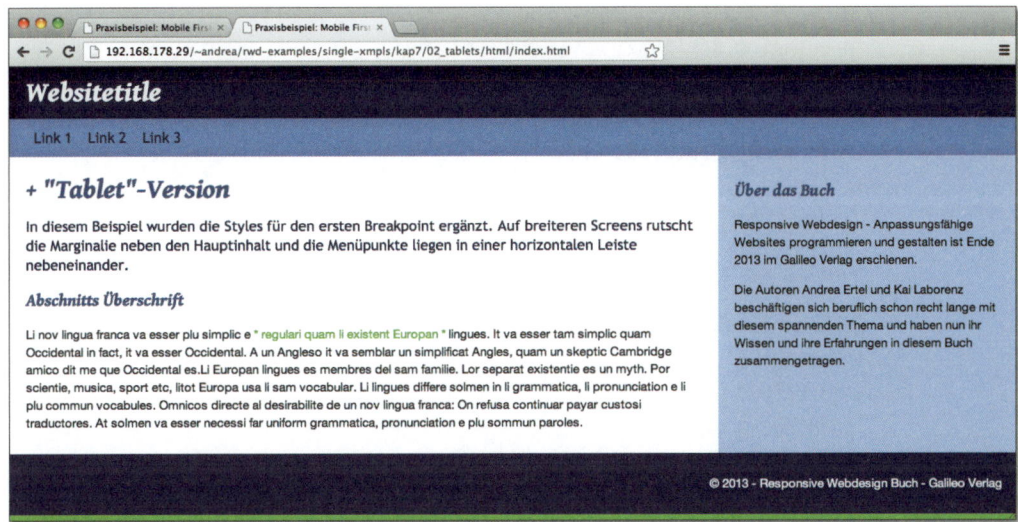

Abbildung 7.31 Tablet-Version auf einem 1280 px großen Desktopscreen

7.6.1   Kleine Desktopversion nach dem Konzept Layout Shifter

Was können Sie also für weitere Breakpoints verändern? Wir haben es im Abschnitt über die Layout-Patterns schon angedeutet – Sie orientieren sich am Konzept Layout Shifter und ziehen die Hauptnavigation für größere Screens neben den Hauptinhalt. Platz genug ist ja vorhanden.

Definieren Sie also die Style-Ergänzungen für den nächsten Viewport und testen wieder unterschiedliche Breakpoint-Werte, bis Sie mit dem Ergebnis zufrieden sind. Das Ergebnis ist ein weiteres Media Query für 1024 px. Sie notieren diesen Wert wieder in em (1024 px : 16 px/em = 64 em):

```css
@media only screen and (min-width: 64em) {
    /* Navigation wird links neben dem Inhalt angeordnet */
    nav {
        width: 20%;
        float: left;
        box-shadow: none;
    }
    nav ul {
        margin: 1.6em 0 0;
    }
    nav ul > li {
        width: 100%;
        float: none;
    }
}
```

```
nav ul > li > a {
    padding: 0.8em 25px;
    display: block;
}
/* .main macht Platz für .nav */
.main {
    width: 80%;
    float: left;
}
/* Größenanpassungen */
.mainContent {
    width: 65%;
    padding: 0.8em 20px;
}
aside {
    width: 35%;
    margin-left: 65%;
}
footer {
    clear: left;
}
}
```

Listing 7.10 Ergänzende CSS-Anweisungen für unseren
nächsten Breakpoint »kleine große Screens«

Die Container nav und .main floaten jetzt nebeneinander und teilen sich zu 20 % und 80 % die Fensterbreite. Innerhalb von .main gibt es weiterhin die floatenden Container .mainContent und aside, für die Sie den prozentualen Platzanteil von 70 % und 30 % auf 65 % und 35 % etwas anpassen können. Die einzelnen Listenpunkte der Navigation sollen nicht mehr nebeneinander floaten, darum haben wir das aufgehoben und ihnen eine Weite von 100 % gegeben, damit sie sich über die gesamte Spalte ausbreiten können. Den Quellcode zum Beispiel finden Sie auf der DVD in Verzeichnis */praxisbeispiele/kap07/03_kl-desktops/* und das Ergebnis sehen Sie in Abbildung 7.32.

Weitere Anpassungen werden wir einbauen, wenn wir mehr unterschiedliche Inhaltselemente integriert haben und diese für die unterschiedlichen Größen testen können.

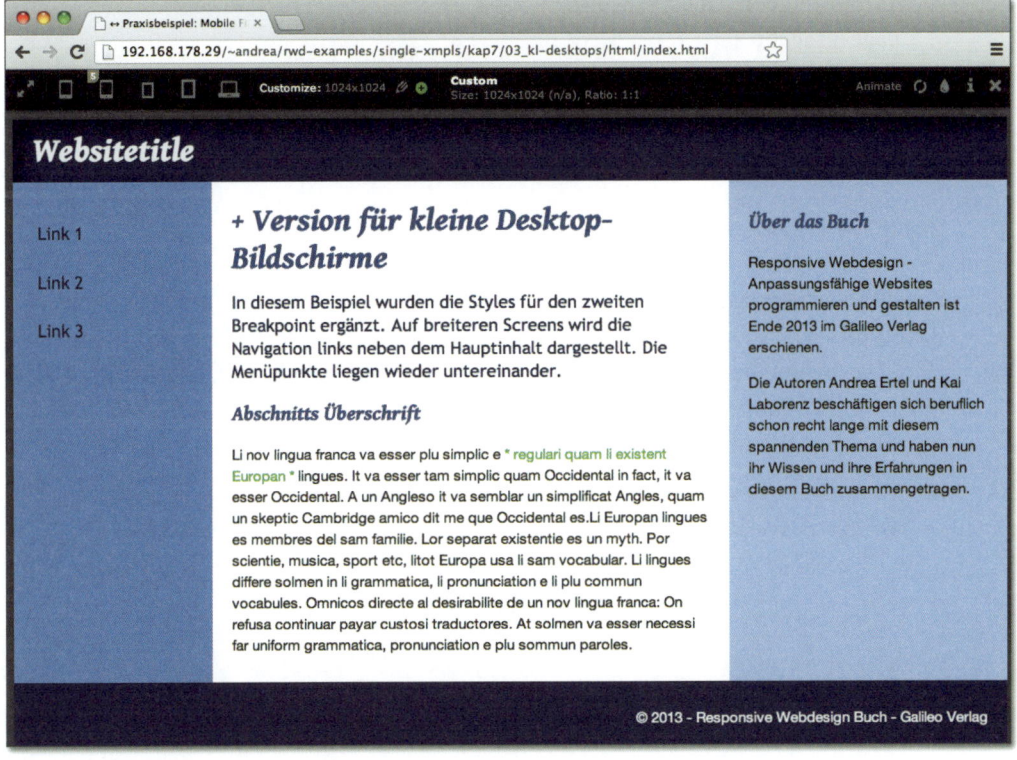

Abbildung 7.32 Ab 1024 px (64 em) Viewport-Breite springt unser Layout in die neue Darstellung für »kleine große Screens«.

7.6.2   Große Desktopversion

Eine letzte Anpassung, die Sie jetzt noch vornehmen können, ist ein Umbruchpunkt für sehr große Bildschirme. Ab einer Breite von ca. 1250 Pixeln werden die Zeilen zu lang, um ordentlich lesbar zu sein. Da bei größeren Monitoren auch der Abstand zum Bildschirm größer ist, können und sollten Sie auch die Schriftgröße hoch setzen; denken Sie an den relativen Größeneindruck aus Abschnitt 5.4.3, »Schriftgrößenwahrnehmung auf kleinen und großen Bildschirmen«. Wir setzen also einen weiteren Breakpoint ab 1248 Pixel, weil das ein runder em-Wert wird (1248 px : 16px/em = 78em), und beschränken das Gesamtlayout mit `max-with`: 78em auf dieselbe Breite. Auf größeren Screens soll die Website horizontal zentriert auf dem Bildschirm dargestellt werden, dafür setzen Sie `margin-right` und `margin-left` auf `auto`. Der vierte Breakpoint hat also nicht sehr viele Zusatzanweisungen:

```
@media only screen and (min-width: 78em) {
    .page-wrapper {
        margin: 0 auto;
        max-width: 78em;
    }
}
```

Listing 7.11 Ergänzende Styles für sehr große Viewports

Für die Schriftgrößenanpassung nutzen Sie ein verschachteltes Media Query. Wir haben die Basisschriftgröße ja für den Tablet-Breakpoint von 16 px auf 15 px reduziert. Das heben Sie jetzt für größere Viewports einfach wieder auf, indem Sie ein weiteres Media Query in dem ersten Media Query für `min-width: 46.875em` für eine Begrenzung auf eine `max-width: 78em` setzen. Das sieht dann so aus:

```
@media only screen and (min-width: 46.875em) {
    @media only screen and (max-width: 78em) {
        body {
            font-size: 0.938em; /* 15px */
        }
    }
    ...
}
```

Listing 7.12 Verschachteltes Media Query mit einer Begrenzung
der Schriftgrößenverkleinerung auf kleinere Screens

Media Queries verschachteln für einzelne Anweisungen

Die Hauptumbruchpunkte beziehen sich auf grundlegende Veränderungen für verschiedene Viewports im gesamten Design. Zusätzlich kann es dann vereinzelt noch Anpassungen für einzelne Inhaltselemente geben, die dann innerhalb der Haupt-Media-Queries in untergeordneten Media Queries verschachtelt werden können.

Unter Umständen kann es auch sinnvoll sein, die CSS-Zuordnung mit Media Queries einem bestimmten Bereich zuzuordnen, also mit `min-width` und `max-width`, um CSS-Eigenschaften, die durchgereicht werden, nicht immer wieder überschreiben zu müssen. Im Fall des Praxisbeispiels könnten wir also statt der Verschachtelung auch die Anweisung in einem Media Query gleich auf »von bis« setzen wie in Listing 7.13. Verschachtelungen helfen jedoch dabei, besser zu strukturieren.

```
@media only screen and (min-width: 46.875em)
                   and (max-width: 78em) {
    body {
```

```
        font-size: 0.938em; /* 15px */
    }
}
```

Listing 7.13 Media Query mit einer Begrenzung der Schriftgrößenverkleinerung für kleinere Screens durch min-width und max-width

Damit ist das responsive Layoutgerüst fertig. Sie haben ein vollständig fluides Design entwickelt, das sich in bestimmten Abständen deutlich verändert, aber auch in allen Zwischengrößen gut aussieht. Auch dieses Beispiel finden Sie wieder auf der DVD (Verzeichnis */praxisbeispiele/kap07/04_gr-desktops/*).

7.7   Breakpoint-Tools

Bevor wir Ihnen gleich noch ein paar neue interessante CSS3-Layouttechniken vorstellen, möchten wir Ihnen noch ein paar Hilfsmittel zeigen, mit denen Sie Ihr erstelltes Layout in verschiedenen Größen testen, und die Ihnen beim Erstellen von Media Queries helfen. Sie können natürlich einfach das Browserfenster verkleinern und vergrößern, was oft am schnellsten geht. Wenn Sie Ihre Medieneigenschafts-Abfrage mit `min-width` auf die Viewport-Breite und nicht auf die Gerätebreite beziehen (`min-device-width`), können Sie alle Layoutveränderungen auch in einem Desktopbrowser nachvollziehen. Wenn Sie aber gezieltere Tests für ganz bestimmte Viewport-Größen machen wollen, werden Sie dafür eher ein Hilfsmittel verwenden. In Kapitel 12, »Qualitätssicherung und Optimierung«, gehen wir noch detaillierter auf das Testen von responsiven Websites ein.

7.7.1   Breakpoints testen mit Firefox

Zum Testen der Breakpoints eignet sich am besten das Firefox-Entwicklertool. Sie finden es unter EXTRAS • WEB-ENTWICKLER • BILDSCHIRMGRÖSSEN TESTEN, und es lässt sich auch ganz schnell und einfach über einen Shortcut (am Mac mit `alt`+`cmd`+`M` oder unter Windows über `⇧`+`Strg`+`M`) aktivieren. Wenn Sie es in der zu testenden Website (auch lokal) aufgerufen haben, können Sie vordefinierte Layoutgrößen ansteuern oder über den Schieberegler einfach den Viewport vergrößern oder verkleinern. Dabei behalten Sie die pixelgenaue Größe des aktuellen Fensters am oberen Rand des Tools immer im Blick.

Es gibt viele Onlinetools, die diesen Zweck ebenfalls erfüllen, aber unserer Meinung nach bietet dieses Tool alles, was man braucht, und man kann parallel auch noch in Firebug arbeiten, was bei einigen der Onlinetools nicht funktioniert.

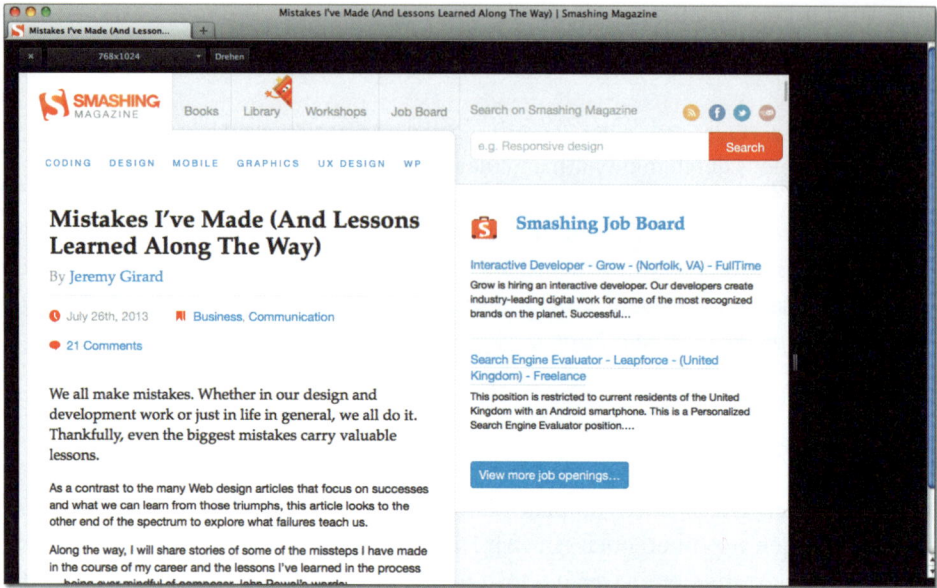

Abbildung 7.33 Bildschirmgrößen testen mit dem Firefox-Entwicklertool

7.7.2   Gridpak zum Erstellen von Rastern mit Media Queries

Nicht nur zum Testen von Media Queries gibt es Hilfsmittel; auch beim Erstellen der Raster können Sie sich unter die Arme greifen lassen. Gridpak (*http://gridpak.com*) ist sowohl ein visueller Generator für fluide Grids als auch ein Werkzeug zum Festlegen von Breakpoints.

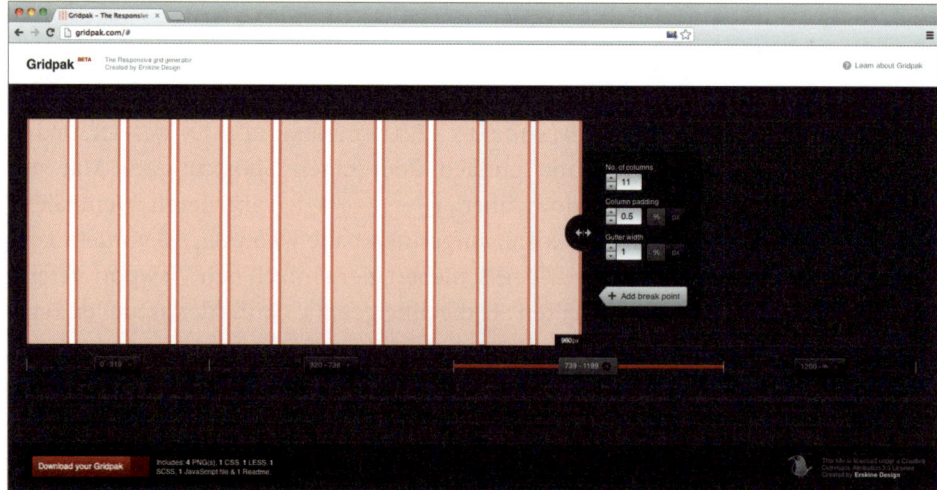

Abbildung 7.34 Einfacher kommen Sie nicht zu Raster und Breakpoint: Gridpak.

Sie legen die Breakpoints einfach fest, indem Sie das Layoutraster mit dem Doppel-pfeil am rechten Rand der Rasterdarstellung auf eine passende Breite ziehen und dann auf ADD BREAK POINT klicken. Dann können Sie die Spaltenanzahl und die Ab-stände anpassen. Für Abstände stehen Ihnen Pixel und Prozente zur Verfügung, für die Breakpoints allerdings nur Pixel. Wenn Sie mit dem Ergebnis zufrieden sind, kön-nen Sie das Layout als fertig generiertes CSS (auch in SASS- und LESS-Form) herunter-laden.

7.8   CSS3-Layouttechniken für responsive Layouts

Insbesondere das Verschieben von Blöcken bei gleich bleibendem HTML-Markup ist ein Problem mit den derzeitigen Layoutmitteln, die allesamt nicht zum Layouten gedacht sind. Einige kommende CSS-Techniken versprechen allerdings Hilfe beim Erstellen flexibler Layouts.

Ziemlich unproblematisch ist inzwischen die Nutzung von `display: table` zum Lay-outen – insbesondere zum Erreichen gleich langer Spalten und für die Umsortierung von Navigationsbereichen ist dieser Anzeigemodus nützlich. In Abschnitt 9.3.5, »Navigation per Anker am Ende des Seiteninhalts«, zeigen wir Ihnen, wie Sie dies nutzen. *Flexbox* und *Grid-Layouts* sind aber die vielversprechenderen Techniken, und es lohnt sich, sich auch schon einmal mit diesen vertraut zu machen. Im Moment ist das Flexbox-Layout nur in den neuesten Internet Explorern (10) verfüg-bar, und *Grid-Layout* kann sogar nur der Internet Explorer 10 (ja, Sie haben richtig gelesen – der Internet Explorer ist diesmal der Konkurrenz voraus). Angesichts der inzwischen drastisch reduzierten Updatezyklen insbesondere von Chrome und Firefox kann sich das aber schnell ändern. Sehen Sie bei Can I Use (*http:// www.canisuse.com*) nach, wie die aktuelle Browserunterstützung zum Zeitpunkt Ihres Projektes ist, und entscheiden Sie anhand Ihrer Nutzerstatistiken oder -erwar-tungen, was Sie einsetzen können.

7.8.1   Flexbox-Layout

Das Flexbox-Layout aus CSS3 wird schon von erstaunlich vielen Browsern unter-stützt (allerdings in unterschiedlicher Form, und der Internet Explorer ist erst ab Ver-sion 10 zumindest teilweise mit dabei). Leider hat sich das W3C während der Entwicklungsphase zu einer Umformulierung der Spezifikation entschieden, sodass die Browser alle unterschiedliche Syntax unterstützen. In Zukunft wird die von Fire-fox und Chrome (mit Präfix) unterstützte Syntax `display: flex` weitergeführt; die Beispiele sind daher in dieser Syntax verfasst. Die Einzelheiten entnehmen Sie Tabelle 7.1.

Flexbox-Syntax	Browser
display: -webkit-box	Safari 3 bis 6, iOS 6, Android
display: -moz-box	Firefox bis 19
display: -ms-flexbox	Internet Explorer 10
display: -webkit-flex	Chrome
display: flex	Opera 12.1, Firefox ab 20, Internet Explorer 11

Tabelle 7.1 Übersicht der Flexbox-Syntax

Anwendungsbeispiel: Flex

Um ein flexibles Layout zu starten, versetzen Sie den äußeren Container des Layouts (z. B. für das Praxisbeispiel) mit diesem Code in den flexiblen Anzeigemodus:

```
.page-wrapper {
    display: flex;
}
```

Danach können Sie die einzelnen Elemente darin passend anordnen. Hätten Sie z. B. drei Spalten innerhalb des Containers, die alle gleich breit sein sollen, würden Sie Folgendes notieren:

```
.page-wrapper div { flex: 1; }
```

Das Praxisbeispiel hat drei Spalten, die im Verhältnis 2 zu 7 zu 3 proportioniert sind. Allerdings müssen wir den HTML-Code etwas umbauen – tatsächlich wird er einfacher:

```
<body>
    <div class="page-wrapper">
        <header role="banner">
        <h1>Websitetitle</h1>
        </header>

        <div class="main">
            <nav id="nav" role="navigation">
                ...
            </nav>
            <div class="mainContent" role="main">
                ...
            </div>
```

```
            <aside role="complementary">
            ...
            </aside>
        </div>

        <footer role="contentinfo">
        ...
        </footer>
    </div>
</body>
```

Listing 7.14 Neue Struktur für das Praxisbeispiel (nur body und gekürzt)

Anders als bei der vorherigen Version des Praxisbeispiels gibt es hier drei Reihen: `<header>`, `<div class="main">` und `<footer>`.

`<div class="main">` ist der flexible Container und beinhaltet `<nav>`, `<div class="main-Content">` und `<aside>`.

Alles, was Sie noch für ein fluides Raster tun müssen, ist diese Anweisungen zu notieren:

```
.main {
    display: flex;
}
.mainContent {
    flex: 7;
}
aside {
    flex: 3;
}
nav {
    flex: 2;
}
```

Listing 7.15 Das Raster ist mit Flexbox schnell aufgebaut.

Der umgebende Container `.main` startet das Flexlayout. Mit der Angabe der Werte `flex: 7`, `flex: 3` und `flex: 2` weisen Sie den Spalten die Breiten als Verhältnisse zu. Gleich lange Spalten ergeben sich im Übrigen mit dem Flexlayout standardmäßig von allein. Dafür sorgt die Eigenschaft `align-items`, die den Defaultwert `stretch` hat. Möglich sind auch `flex-start`, `flex-end`, `center` oder `baseline` (alle Flex-Container werden an der Grundlinie der ersten Zeile ausgerichtet). Die Anzeigeposition der Flex-Container ist auch völlig unabhängig von ihrer Reihenfolge im Code. Sie können einzelne Container im Flexlayout mit `order` sortieren.

```
.mainContent {
   flex: 7;
   order: 1
}
aside {
   flex: 3;
   order: 2
}
nav {
   flex: 2;
   order: 3;
}
```

Listing 7.16 Veränderte Reihenfolge der Flexboxen

Auch die Richtung ist veränderbar: Mit `flex-direction: row-reverse` drehen Sie die Reihenfolge der Elemente einfach um.

Für das responsive Design besonders praktisch: Durch die Änderung einer einzigen Eigenschaft können Sie die Spalten in Reihen verwandeln und damit das Layout linearisieren.

```
.main {
   display: flex;
   flex-direction: column;
}

@media screen and (min-width: 22em) {
   .main {
      display: flex;
      flex-direction: row;
   }
}
```

Listing 7.17 Die einfachste Möglichkeit für ein linearisiertes Layout

Wenn Sie jetzt noch mit `order` die Reihenfolge verändern, können Sie z. B. die Navigation ganz einfach nach unten setzen. Sie finden den Quellcode auf der DVD in Verzeichnis */praxisbeispiele/kap07/05_flexbox*.

Sie sehen, mit dem Flexlayout lassen sich viele Probleme sehr einfach und elegant lösen, die mit anderen Mitteln nur sehr mühevoll und weniger robust umsetzbar sind. Die Spezifikation zum Flexbox-Layout finden Sie unter *http://www.w3.org/TR/css3-flexbox*.

7.8.2   Grid-Layout (CSS3)

Noch weiter in Richtung Zukunft bewegt sich das Grid-Layout – im Augenblick ein W3C-Arbeitspapier, das in wesentlichen Teilen von Microsoft-Entwicklern geschrieben wurde. Konsequenterweise funktioniert es im Moment (mit Präfix `-ms`) auch lediglich im Internet Explorer ab Version 10.

Mit dem Grid-Layout definieren Sie zunächst ein Raster für ein übergeordnetes Element, z. B. für die Beispielwebsite, die ein dreispaltiges Layout enthält:

```
.page-wrapper {
    display: -ms-grid;
    -ms-grid-columns: 20% 1fr 35%;
    -ms-grid-rows: auto 1fr auto;
}
```

Damit definieren Sie ein Gitter, das aus drei Reihen mit je drei Einheiten besteht. In der zweiten Zeile werden die Spalten definiert. `fr` ist eine Einheit für das Grid-Layout, die sich auf den zur Verfügung stehenden Platz bezieht. Interessant wird diese Einheit, wenn es nicht nur drei, sondern mehr Spalten geben würde. Dann könnten Sie z. B. die beiden äußeren Spalten wie gehabt mit festen oder prozentualen Werten versehen und den restlichen Platz unter den übrigen Spalten aufteilen. Das Prinzip funktioniert dabei wie beim Flexlayout: Haben alle Spalten den gleichen Wert, wird der Platz gleichmäßig verteilt. Sind bei zwei Spalten die Werte `2fr` und `1fr` verteilt, nimmt die eine Spalte doppelt so viel Platz ein wie die andere. In der dritten Zeile der Notation werden die Reihen definiert; hier haben wir auch wieder drei, von denen die obere und die untere sich beim Platzbedarf nach ihren Inhalten richten, und der Rest des Platzes wird der Inhaltsreihe zugewiesen.

Nun können Sie innerhalb dieses Rasters sehr einfach Elemente positionieren:

```
header {
    -ms-grid-column: 1;
    -ms-grid-column-span: 3;
    -ms-grid-row: 1;
}
```

Diese Anweisung setzt den Seitenheader in die erste Rasterzelle (Spalte 1, Reihe 1) und lässt ihn sich über (alle) drei Spalten ausdehnen. Der Hauptinhaltsbereich sitzt in der zweiten Spalte in der zweiten Reihe und wird dementsprechend wie folgt notiert:

```
.main {
    -ms-grid-column: 2;
    -ms-grid-row: 2;
}
```

Das ist natürlich nur ein sehr einfaches Beispiel – Grid-Layouts können viel mehr. Sie können mit ihnen für jede Ansicht ein eigenes Raster aufbauen und die darin befindlichen Elemente beliebig platzieren. Damit ist das Layout völlig unabhängig von der Anordnung der Elemente im HTML-Quelltext. Grid-Layouts eigenen sich besonders gut für Applikationen, bei denen es auf eine sehr exakte Platzierung ankommt.

Im Moment sind Grid-Layouts noch Zukunftsmusik. Im August 2013 hat die Spezifikation noch den Status »Arbeitspapier (working draft) – es kann sich also noch alles ändern (siehe Flexbox). Da aber der Internet Explorer diesmal der erste Browser mit einer funktionsfähigen Implementierung ist, könnte es dank der schnellen Updatezyklen von Firefox & Co. auch recht schnell gehen, bis diese Technik zu nutzen ist. Die Spezifikation finden Sie unter *http://www.w3.org/TR/css3-grid-layout*.

7.9   Zusammenfassung

In diesem recht umfangreichen Kapitel haben Sie gelesen, woher die Phrase *Mobile First* kommt und wer sie geprägt hat. Sie verstehen, was mit den Begriffen *Progressive Enhancement* und *Graceful Degradation* in Bezug auf Webentwicklung gemeint ist, und konnten im Rahmen des Praxisbeispiels eine kleine Mobile-First-Website entstehen sehen.

Sie kennen jetzt ein paar wichtige Tools zum Testen der Darstellung von Responsive Websites für verschiedene Media Queries, und Sie wissen, wie Sie entscheiden können, wo Sie die nächsten Breakpoints in Ihrem Design setzen sollten.

Neben den gängigsten Layout-Patterns für Responsive Design haben wir Ihnen noch einige CSS3-Layouttechniken vorgestellt, die das Arbeiten mit flexiblen Layouts ebenfalls vereinfachen. Im nächsten Kapitel sehen wir uns weitere Hilfsmittel zur Erstellung von anpassungsfähigen Websites an: Frameworks.

Kapitel 8
Frameworks für responsives Design

»You don't have to be a genius or a visionary or even a college graduate to be success-
ful. You just need a framework and a dream.«
Michael Dell

Frameworks stellen Bausteine für typische Layoutsituationen und User-Interface-Elemente bereit. Außerdem umgehen sie bekannte CSS-Bugs und Einschränkungen – insbesondere für ältere Browser – durch entsprechende Maßnahmen.

Das Arbeiten mit Frameworks bietet eine Reihe von Vorteilen:

▶ Zeitersparnis, besonders bei Standardlayouts

▶ einheitliche Codebasis, daher bessere Teamarbeit möglich

▶ auch nach längerer Zeit noch verständlich

▶ einfacher in der Wartung

▶ weniger fehleranfällig, da typische CSS-Bugs in den Layoutbausteinen bereits durch das Framework abgefangen werden und Fehler im Code durch die große Nutzerbasis schneller auffallen

Der grundlegende Gedanke vieler CSS-Frameworks ist dabei, die Arbeit am Layout komplett dem Framework zu überlassen und es durch Vergabe von Klassen an die HTML-Elemente zu steuern. Es gibt allerdings auch Frameworks, die auf einen minimalistischen Code setzen und die Rasteranweisungen allein über das CSS abbilden, meist unterstützt durch einen Präprozessor wie SASS oder LESS.

Wenn Sie das System einmal verinnerlicht haben, müssen Sie sich keine Gedanken um den CSS-Code machen; Sie bauen einfach das HTML-Gerüst der Seite auf und fügen Klassen zu den entsprechenden Elementen hinzu, den Rest erledigt das Framework. Viele Frameworks haben außerdem Vorlagen für wichtige Elemente wie z. B. Formularfelder integriert und sparen so noch einmal Zeit. Frameworks sind Werkzeuge für den fortgeschrittenen Entwickler, der die Arbeit mit Cascading Style Sheets beherrscht und Frameworks nutzt, um seine Arbeit zu optimieren. Sie sind keine Baukästen, die eine Beschäftigung mit der Materie verzichtbar machen.

Inzwischen ist die Anzahl der Frameworks auf kaum noch überblickbare Größen angewachsen. Die meisten Frameworks lassen sich in eine dieser zwei Klassen einsortieren:

▶ Layout-Frameworks

▶ UI-Frameworks

Layout-Frameworks beschränken sich auf den Aufbau eines Rastersystems, bringen ein Reset- oder Normalisierungs-Stylesheet mit und einige wenige Anweisungen zur Typografie. Dafür kommen sie mit einer überschaubaren Anzahl von Klassen aus und sind auch noch einfach anpassbar. Sie richten sich an die Entwickler von normalen Websites. Vertreter diese Klasse sind z. B. das System 960.gs.

UI-Frameworks wie Bootstrap oder Foundation gehen über das reine Layout weit hinaus. Neben dem Raster bieten sie Bibliotheken von vorgefertigten User-Interface-Komponenten, die nicht nur per CSS gestylt, sondern über JavaScript auch funktional ausgestattet sind. Diese Vielfalt hat aber ihren Preis – die Frameworks sind viel komplexer, greifen zum Teil auf weitere Bibliotheken und Tools wie jQuery oder CSS-Präprozessoren zurück und erfordern einige Einarbeitungszeit. Der generierte CSS-Code ist auch nicht mehr sinnvoll anpassbar. Dafür gibt es dann teilweise Themes (Farbschemata) oder Konfigurationshilfen. Diese Frameworks richten sich auch eher an Entwickler komplexer Applikationen, die mit ihrer Hilfe ein ordentlich aussehendes Layout aufbauen können, ohne sich in diesem Schritt lange mit dem CSS-Code auseinandersetzen zu müssen.

8.1   Eigene Vorlage oder fertige Frameworks verwenden?

Alternativen zu den Layout-Frameworks sind Online-Rastergeneratoren oder Boilerplates. Manche Frameworks bringen gleich ihren eigenen Generator mit; andere Generatoren funktionieren unabhängig von Frameworks oder können mit Boilerplates eingesetzt werden.

Gridpak hatten wir Ihnen ja im vorherigen Kapitel schon vorgestellt. Vor allem als Rastergenerator ist das Tool gut geeignet. Sie geben einfach die verfügbare Gesamtbreite, die Anzahl der Spalten und die gewünschten Abstände ein und erhalten eine CSS-Datei mit den nötigen Angaben.

Inzwischen ist die Vielfalt der Frameworks massiv angewachsen, täglich erscheinen neue und alte verschwinden. Daher neben Gridpak nur noch ein Hinweis auf den *Gridinator* (*http://gridinator.com*). Mit ihm können Sie Spaltenbreiten in Pixeln angeben, und mit einer ebenfalls anpassbaren Basisschriftgröße berechnet der Gridinator Ihnen ein fluides Raster in em. Die Breakpoints müssen Sie dann aber später manuell anlegen.

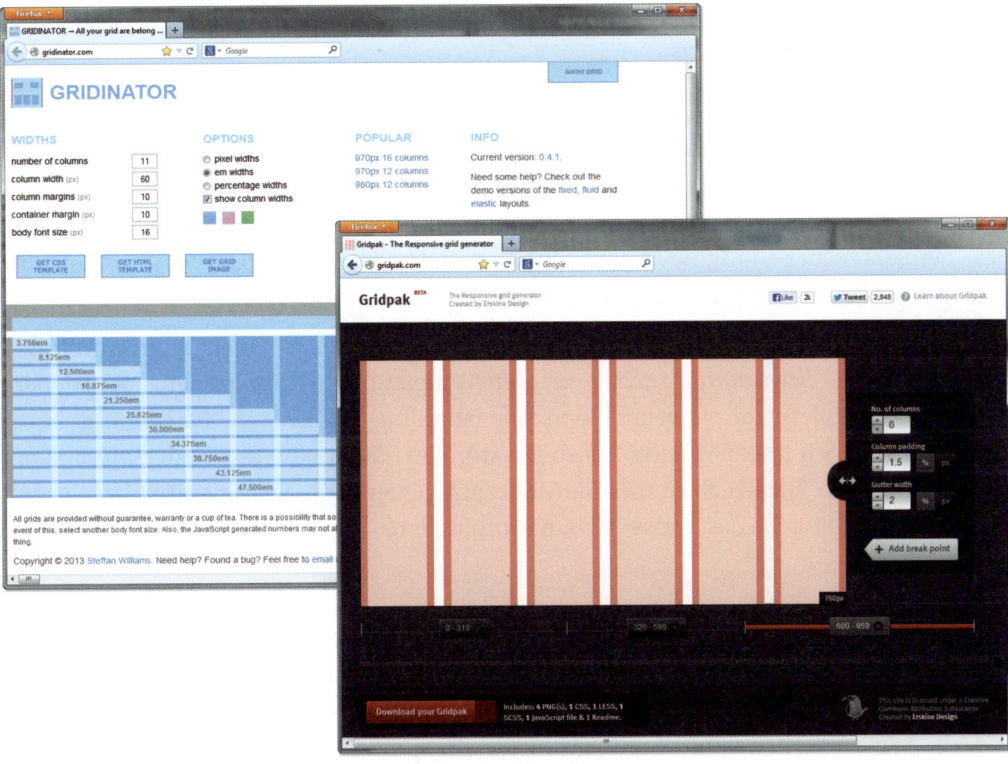

Abbildung 8.1 Rastergeneratoren: Gridinator und Gridpak

HTML5-Boilerplate und Initializr

Eine schlanke Grundlage für die Entwicklung einer Website bietet die Verwendung eines HTML5-Boilerplates (z. B. *http://html5boilerplate.com/mobile*) oder des HTML5 Bones (*http://html5bones.com*).

Boilerplates sind auf Vollständigkeit ausgelegte HTML-Startpakete, die in der Regel aus einer HTML-Datei mit allerlei vorkonfigurierten Einstellungen und zugehörigem CSS, *htaccess*-Datei und JavaScript-Bibliotheken bestehen.

Das HTML5-Boilerplate bringt z. B. die folgenden Features mit sich:

▶ Conditional Comments für Windows Phone 7

▶ Eine Klasse `no-js` für den `<body>`

▶ Metatags, Zeichensatzdeklaration und `<title>` in der richtigen Reihenfolge

▶ Viewport-Angaben

▶ Icons für den Startbildschirm auf mobilen Geräten

▶ Weitere Metaangaben zum Aktivieren der Microsoft-Schriftenglättung ClearType und für die iOS-Vollbildschirm-Anzeige

▶ Die Feature-Erkennungsbibliothek Modernizr

▶ jQuery-Alternative Zepto

▶ Code für Google Analytics

Sinn eines Boilerplates ist es nicht, dass Sie alle diese Angaben und Funktionen unge-prüft übernehmen. Sie müssen sich mindestens einmal ausführlich mit allen Optio-nen auseinandersetzen. Danach können Sie je nach Bedarf einfach die im aktuellen Projekt nicht benötigten Angaben löschen und haben eine Art Checkliste, mit der Sie keine der wichtigen Angaben vergessen.

Etwas komfortabler erstellen Sie Ihre Vorlage für ein neues Projekt online mit Initia-lizr (*http://www.initializr.com*). Dieser Template-Generator bezieht neben dem HTML5-Boilerplate entweder Bootstrap (allerding zur Zeit der Entstehung dieses Buches noch in der Version 2, also Desktop First) oder eine responsive Mobil-First-Vorlage ein. Zusätzlich können Sie Modernizr, jQuery und diverse Komponenten ein-binden, bevor Sie das fertige Paket herunterladen.

8.2   Wie wählen Sie das richtige Framework aus?

Wenn Sie ein Framework auswählen, sollten Sie die folgenden Fragen beantworten:

1. Planen Sie den Framework-Einsatz für ein spezielles Projekt, oder suchen Sie ein Standard-Framework für Ihre tägliche Arbeit? Danach richtet sich, wie viel Einar-beitungsaufwand sinnvoll ist.

2. Handelt es sich um eine kleine oder große Website, oder planen Sie eine Online-Applikation? Möchten Sie eine traditionelle Website erstellen oder beispielsweise eine Web-App für mobile Geräte?

3. Bietet das Framework von Hause aus schon responsive Elemente, und lassen sich diese einfach an Ihre Bedürfnisse anpassen?

4. Spielen Barrierefreiheit und Semantik eine wichtige Rolle?

5. Können Sie mit CSS-Präprozessoren wie LESS oder SASS umgehen?

6. Spielen Modularität oder Downloadgröße die wichtigere Rolle?

7. Wollen Sie nur ein Layoutraster erstellen und dieses dann selbst weiterentwickeln, um ein bestimmtes Design exakt umzusetzen, oder sind Sie mit einem Standard-design zufrieden, das einigermaßen ordentlich aussieht?

In der folgenden Kurzvorstellung zeigen wir Ihnen ein paar ausgewählte Kandidaten. Mehr Frameworks als Übersichtstabellen finden Sie bei *http://usablica.github.io/ front-end-frameworks/compare.html*.

8.3   Ein kurze Vorstellung responsiver Frameworks

Im Folgenden wollen wir Ihnen ein paar Frameworks vorstellen, mit denen Sie responsive Sites umsetzen können. Mit dabei sind zwei größere Frameworks, die vor allem auf Vollständigkeit ausgelegt sind: Foundation und GroundworkCSS. Auf der anderen Seite befinden sich das minimalistische PureCSS und YAML.

Leider können wir aus Platzgründen nicht alle interessanten Frameworks beschreiben; weitere spannende Projekte sind aus unserer Sicht:

- Bootstrap 3.0 (*http://getbootstrap.com*)
- BASE (*http://matthewhartman.github.io/base*)
- Kube (*http://imperavi.com/kube*)
- Gumby 2 (*http://gumbyframework.com*)
- Profound Grid (*http://www.profoundgrid.com*)
- Goldilocks (eher ein Boilerplate) (*http://goldilocksapproach.com*)
- InuitCSS (*http://inuitcss.com*)

Für die vorgestellten Frameworks haben wir das Raster für eine kleine Seite umgesetzt, die unserem Buchbeispiel nachempfunden ist. Dabei haben wir nicht versucht, das Beispiel genau zu imitieren, sondern eher mit möglichst wenigen Eingriffen in das Framework auszukommen, damit Sie sehen können, was die Produkte von Hause aus mitbringen. Wenn diese im Framework angeboten wurden, haben wir auch ein paar UI-Elemente eingesetzt.

Abbildung 8.2 Als Beispiel für die Frameworks dient dieses dreispaltige Raster.

Für den Vergleich der Dateigröße haben wir eine Seite der Onlinepräsenz der Anbieter verwendet, die möglichst keine externen Skripte verwendet (Was eine Facebook-Anbindung bezüglich der Performance auf Ihrer Site anrichten kann, besprechen wir kurz in Kapitel 12, »Qualitätssicherung und Optimierung«.) Für den Framework-Vergleich haben wir auf den Framework-Seiten das Performance-Analysetool YSlow genutzt, um die Dateigröße von HTML, CSS und JavaScript (ohne Cache, aber wenn genutzt mit Gzip) festzustellen. In einem konkreten Fall kann die Dateigröße und die Anzahl der HTTP-Requests also auch anders sein – je nachdem, was Sie an Zusatzmodulen einbinden.

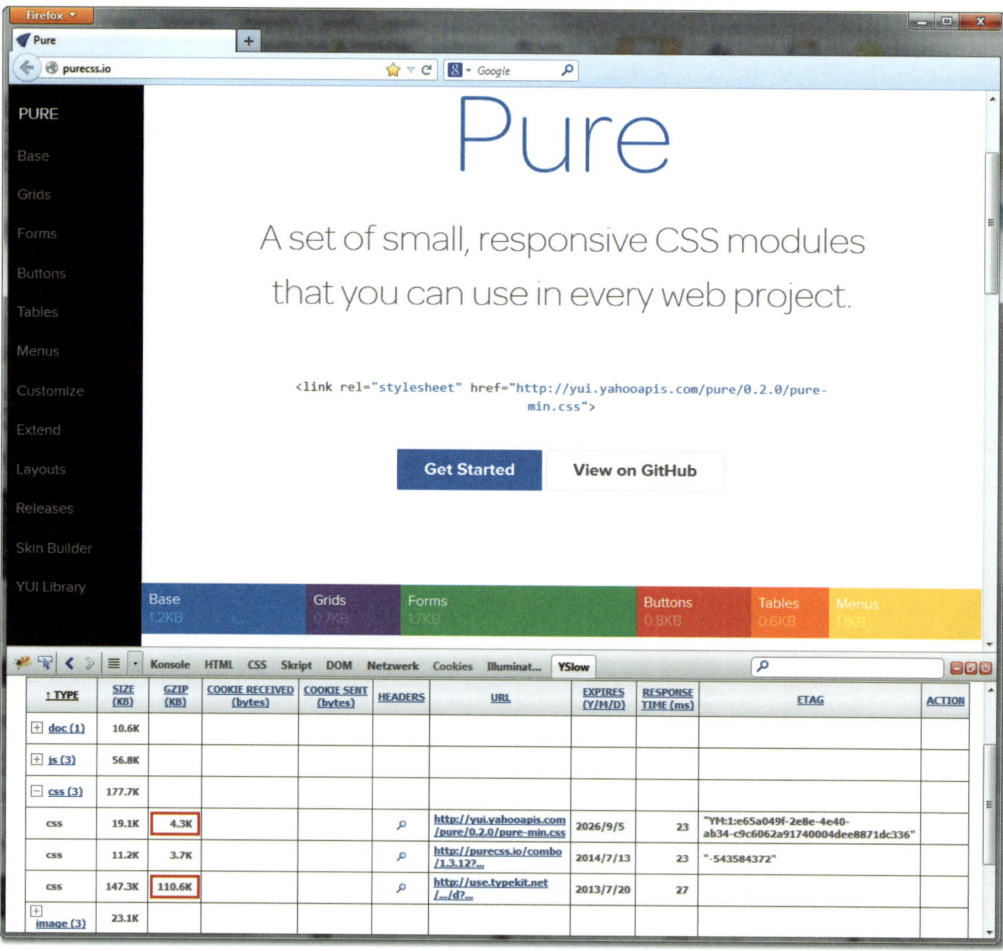

Abbildung 8.3 YSlow zeigt Paketgrößen wie hier beispielsweise bei PureCSS. Die Einbindung der Typekit-Schriften (direkt ins CSS) vergößert das CSS-Volumen des Frameworks um den Faktor 13!

8.3.1   YAML

Yet Another Multicolumn Layout (*YAML*), was man mit »und noch ein weiteres Mehrspaltenlayout« übersetzen kann, hat Dirk Jesse das von ihm entwickelte System zum Erzeugen von auf CSS basierenden mehrspaltigen Layouts genannt. Das ist stark untertrieben. Tatsächlich handelt es sich nicht nur um ein äußerst flexibel einsetzbares Gerüst, das gut geplant und durchdacht ist. YAML zählen wir zu den Layout-Frameworks, da es auf die Erstellung von Websites spezialisiert ist.

Neben dem umfangreichen Layoutmodul, das feste, flexible und rasterbasierte Layouts mit und ohne flexible Eigenschaften ermöglicht, bietet YAML unauffällige Standardformatierungen für Tabellen, Formulare oder Navigationsmenüs (siehe Abbildung 8.4). Mit dem YAML-Builder lassen sich schnell Layoutstrukturen in einem grafischen Onlinetool zusammenklicken. Noch weiter geht das Nachfolgeprojekt Thinking Tags von Dirk Jesse, das einen umfangreichen Website-Editor als Onlineservice bereitstellt – natürlich auf Basis von YAML, es ist aber auch für »fremde« Frameworks einsetzbar (*http://www.thinkintags.com*).

YAML eignet sich als Rapid-Prototyping-Tool und Website-Baukasten für alle Arten von Websites, ist gut dokumentiert, benötigt aber auch etwas Einarbeitungsaufwand. Eine Übersicht der Features von YAML finden Sie in Tabelle 8.1.

Abbildung 8.4 YAML-Homepage und das Beispiellayout mit einigen vorgefertigten YAML-Komponenten

217

Website/Download	*http://www.yaml.de*
Dokumentation/Tutorials	Umfangreiche Dokumentation und Tutorials, Buch erhältlich
Responsive/Mobil	Ja
Präprozessor	SASS/Compass (optional)
Barrierefreiheit/Semantik/HTML5	Ja/Microformats/Ja
Reset/Normalize	Eigene Standardwerte (teils Reset, teils Normalizer)
Layoutraster	Fest oder flexibel möglich (12 oder 16 Spalten) sowie Quelltext-unabhängige Spalten
Typografie	Schriftgrößen
Formularstyles	Ja
User-Interface-Widgets	Buttons, Tabs
Weitere Bibliotheken	jQuery und diverse jQuery-Plugins
Sonstige Features	Namespacing für CSS-Klassen, RTL-Support (Textrichtung von rechts nach links), Microformats
Beispielhafte Größe	ca. 20 KByte (Gzip)
Designhilfsmittel	Onlinekonfiguratoren, Pakete für CMS (Contao, Joomla, TYPO3, WordPress usw.)
Lizenz	CC-BY 2.0 (mit Backlink), kommerzielle Lizenzen erhältlich

Tabelle 8.1 Eigenschaften von YAML

Der YAML-HTML-Code für das Layout (siehe Abbildung 8.4) unseres Framework-Vergleichs sieht folgendermaßen aus (als Grundlage nehmen wir das bei YAML mitgelieferte 12spaltige responsive Raster, dass mit der CSS-Datei *grid-fluid-12col.css* aus dem Ordner */yaml/* aufgebaut wird.:

```
<header>
  <div class="ym-wrapper">
    <div class="ym-wbox">
      <h1>Responsive Grid mit YAML</h1>
    </div>
```

```
    </div>
</header>
<main>
    <div class="ym-wrapper">
        <div class="ym-grid">
            <div class="ym-span-3 ym-gl">
                <div class="ym-gbox">
                    <!-- 1. Spalte -->
                </div>
            </div>
            <div class="ym-span-7 ym-gl">
                <div class="ym-gbox">
                    <!-- 2. Spalte -->
                </div>
            </div>
            <div class="ym-span-2 ym-gr">
                <div class="ym-gbox">
                    <!-- 3. Spalte -->
                </div>
            </div>
        </div>
    </div>
</main>
<footer>
    <div class="ym-wrapper">
        <div class="ym-wbox">
            <!-- Footer -->
        </div>
    </div>
</footer>
```

Listing 8.1 YAML-Codebeispiel (dreispaltiges Raster)

Responsive-Unterstützung bei YAML

In der Annahme, dass vorgefertigte Breakpoints ohne Kenntnis des Inhalts wenig sinnvoll sind (richtig!), bietet YAML für den Entwickler beim Erstellen responsiver Layouts »nur« ein weitgehend manuelles Schema; die Umsetzung müssen Sie nach dieser Anleitung selbst übernehmen. Mit Linearisierungsmodulen können Sie eigene Klassen definieren (`.linearize-level-1` usw.) und damit Elemente eines Rasters an den selbst definierten Breakpoints in eine untereinander angeordnete Form bringen:

```
@media screen and (max-width: 760px) {
  .linearize-level-1,
  .linearize-level-1 > [class*="ym-g"] {
    display: block;
    float: none;
    padding: 0;
    margin: 0;
    width: 100% !important;
  }

.linearize-level-1 > [class*="ym-g"] > [class*="ym-gbox"] {
    overflow: hidden;
    padding: 0;
    margin: 0;
  }
}
```

Listing 8.2 YAML-Linearisierungssystem

An das zu linearisierende Raster hängen Sie dann diese Klasse an:

```
<div class="ym-grid linearize-level-1">
  ...
</div>
```

Listing 8.3 Zur Linearisierung bereite Klasse

Mit diesem System können Sie nur alle Spalten eines Rasters gemeinsam linearisieren. Um in dem Beispiel nur die rechte Spalte (Marginalie) nach unten zu schieben, müssten Sie das 3er-Raster in zwei verschachtelte 2er-Raster aufteilen. Außerdem nutzt YAML in der Version 4.1.1 (noch) den Desktop-First-Ansatz und zeichnet die Media Queries in Pixeln aus. Aber das können Sie ja inzwischen auch selbst anpassen. Ebenso können Sie die Klassendefinitionen natürlich anpassen und um eigene Styles ergänzen.

Sie finden den Code für das Beispiel auf der DVD in der Datei */praxisbeispiele/ kap08/01_yaml-layout/demos/responsive-bsp-yaml.html*. Die Datei mit den Media Queries befindet sich unter */praxisbeispiele/kap08/01_yaml-layout/demos/css/ screen-FULLPAGE-layout.css*.

8.3.2   Foundation

Foundation ist ein umfangreiches Applikations-Framework, das jede Menge Funktionalitäten mitbringt. Auch hier gibt es wieder ein Raster als Grundlage – sogar ausschließlich fluide und responsive mit einem Mobile-First-Ansatz. Foundation bietet

auch einen Ansatz, ohne die üblichen Rasterklassen auszukommen und einen saube-
ren Quellcode zu verwenden. Erreicht wird dies durch die Verwendung des Präpro-
zessors SASS.

Ergänzt wird das Layout durch ein umfangreiches System von vorbelegten Klassen
für zahlreiche Designelemente, die ähnliche Funktionen abdecken wie auch bei
Bootstrap. Auch ein Icon-Font und skalierbare Social-Media-Icons im SVG-Format
sind dabei.

Foundation nimmt wenig Rücksicht auf betagtere Technik oder Konventionen – in
der aktuellen Version 4 wird z. B. der Internet Explorer 8 gar nicht mehr unterstützt.
Außerdem gibt es ein CSS-Normalizer-Skript (anstelle des älteren Resets), und statt
des inzwischen etablierten jQuery-Frameworks wird eine moderne, sehr leichtgewichtige Alternative (Zepto) verwendet. Im Ganzen ist Foundation aber nicht gerade
leichtgewichtig. Sie sollten also gut überlegen, welche Komponenten Sie benötigen
und nicht verwendete Funktionen entfernen. Eine Komprimierung der Stylesheets
und des JavaScripts ist ebenfalls Pflicht. Mit ziemlich reichlich bemessenen Standardabständen ist Foundation für sehr kleinteilige Layouts erst einmal nicht optimiert (siehe Abbildung 8.5).

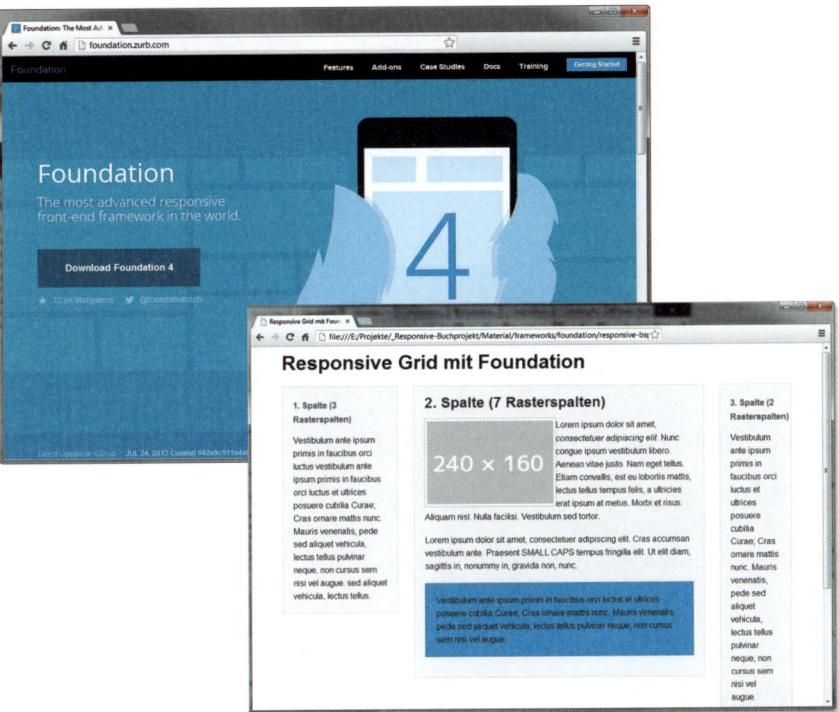

Abbildung 8.5 Foundation-Website und das Beispiellayout mit einigen vorgefertigten
Komponenten: Aufgrund der großen Standardabstände wird die rechte Spalte erst
einmal ziemlich schmal.

Website/Download	*http://foundation.zurb.com*
Dokumentation/Tutorials	Ja (ausführlich)
Responsive/Mobil	Responsive/Mobile First
Präprozessor	SASS
Barrierefreiheit/Semantik/HTML5	Nein/Ja/Ja
Reset/Normalize	Normalize
Layoutraster	Flexibles Raster mit 12 Spalten
Typografie	Ja
Formularstyles	Ja
User-Interface-Widgets	Viele Styles für UI-Elemente (Übersicht unter *http://foundation.zurb.com/docs/compo-nents/kitchen-sink.html*)
Weitere Bibliotheken	Zepto (JavaScript-Alternative zu jQuery)
Sonstige Features	»Playground« mit Icon-Fonts, Responsive Tables und diversen UI-Elementen, SVG-Social-Media-Icons
Beispielhafte Größe	ca. 350 KByte (Gzip)
Designhilfsmittel	Diverse HTML-Templates, Mockup-Vorlagen für Omnigraffle
Lizenz	MIT

Tabelle 8.2 Foundation-Eigenschaften

Der Foundation-HTML-Code für unser Beispiel sieht folgendermaßen aus:

```html
<div class="row">
    <div class="large-12 columns">
        <h2>Responsive Grid mit Foundation</h2>
    </div>
</div>
<div class="row">
    <div class="large-3 columns">
        <div class="panel">
            <!-- 1. Spalte -->
        </div>
```

```
      </div>
      <div class="large-7 columns">
         <div class="panel">
            <!-- 2. Spalte -->
         </div>
      </div>
      <div class="large-2 columns">
         <div class="panel">
            <!-- 3. Spalte -->
         </div>
      </div>
   </div>
   <div class="row">
      <div class="large-12 columns">
         <div class="panel">
            <!-- Footer -->
         </div>
      </div>
   </div>
</div>
```

Listing 8.4 Codebeispiel für unseren Dreispalter mit Foundation

Responsive-Unterstützung bei Foundation

Mit seinem Mobile-First-Ansatz und den Standardabständen sieht das Beispiellayout auf einem kleinen Screen auf Anhieb gut aus. Für responsive Layouts bietet Foundation aber noch mehr. In Listing 8.4 sehen Sie die Klassen `.large-3`, `.large-7`, `.large-12` und `.large-2`, mit denen die jeweiligen Spalten über das Raster gezogen werden. Damit steuern Sie das Verhalten für ein großes Raster (> 768 Pixel). Zusätzlich gibt es ein kleines Raster und mit etwas Nachhilfe (Download eines zusätzlichen Stylesheets) auch ein mittleres Raster (> 640 Pixel, das große Raster beginnt dann erst bei 1024 Pixel). Damit erhalten Sie viel Freiheit für unterschiedliche Layouts innerhalb des Frameworks.

Auch für das mit Foundation entstandene Beispiel finden Sie den Quellcode auf der DVD in der Datei */praxisbeispiele/kap08/02_foundation-layout/responsive-bsp-foundation.html*. Dort haben wir drei Layoutumbrüche realisiert; das kleinste Layout ist einfach die linearisierte Version, die dank Mobile First im Quellcode nicht gesondert notiert werden muss, da sie die Basisversion bildet.

Bei der Gelegenheit haben wir die Spalten 2 und 3 etwas modifiziert, damit die ganz rechte Spalte nicht so dürr bleibt. Statt die Spalten zu ändern, könnten Sie natürlich auch die Innenabstände ändern. Da Foundation das Boxmodell `content-box` verwendet hat (siehe Abschnitt 7.2.3 ganz am Ende), hat eine Änderung der Innenabstände keinen Einfluss auf das Layout.

8.3.3 GroundworkCSS

Auch GroundworkCSS ist sehr umfangreich ausgestattet: Neben einem sehr flexiblen Rastersystem sind zahlreiche zusätzliche Module, z. B. für responsiven skalierbaren Text, Modaldialoge, Icons oder Formularelemente, vorhanden. Mit dem Rastersystem lassen sich Raster anlegen, die auf ein bis zwölf Spalten angelegt sein können (siehe Listing 8.5).

Das System verfügt über vorgefertigte Media Queries, die für Tablets und Smartphones die Spalten linearisieren. Mithilfe von Hilfsklassen (`.mobile`) lässt sich das Verhalten des Rasters steuern. Das Ganze hat allerdings seinen Preis – allein das Haupt-Stylesheet ist unkomprimiert über 400 KByte groß. Für den Produktiveinsatz sollten Sie alle benötigten Dateien minimieren und/oder eine Gzip-Komprimierung nutzen.

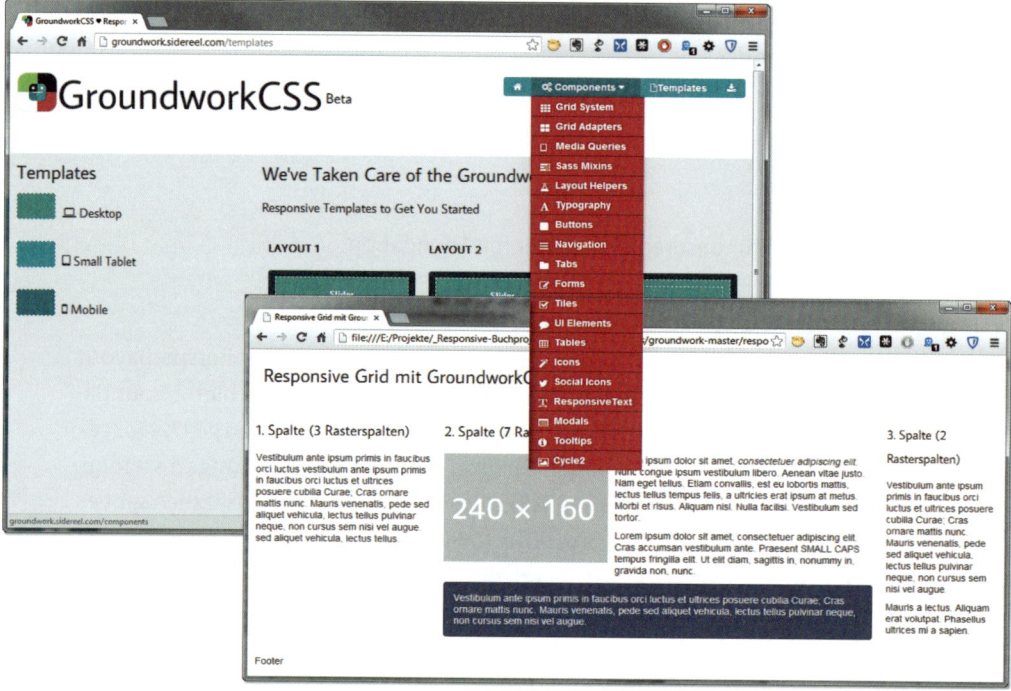

Abbildung 8.6 Die GroundworkCSS-Homepage und das Beispiellayout: Das Framework bietet jede Menge Module und Elemente – allerdings auch einiges an Dateigröße.

Website/Download	*http://groundwork.sidereel.com*
Dokumentation/Tutorials	Ja
Responsive/Mobil	Responsive

Tabelle 8.3 GroundworkCSS-Eigenschaften

Präprozessor	SASS Compass
Barrierefreiheit/Semantik/HTML5	Nein/Ja/Ja
Reset/Normalize	Normalize
Layoutraster	Flexible Raster von 1 bis 12 Spalten
Typografie	Ja
Formularstyles	Ja
User-Interface-Widgets	Viele Styles für UI-Elemente
Weitere Bibliotheken	—
Sonstige Features	Icon-Font (FontAwesome)
Beispielhafte Größe	ca. 320 KByte (Gzip)
Designhilfsmittel	—
Lizenz	MIT

Tabelle 8.3 GroundworkCSS-Eigenschaften (Forts.)

Der GroundworkCSS-HTML-Code für unser Beispiellayout sieht dann so aus:

```html
<header class="white band padded">
    <div class="container padded">
        <h2 class="AverageSans">Responsive Grid mit GroundworkCSS</h2>
    </div>
</header>

<div class="container">
    <div class="row">
        <div class="three twelfth padded">
            <p class="callout green">1. Spalte (3 Rasterspalten)</p>
        </div>
        <div class="seven twelfth padded">
            <p>2. Spalte (7 Rasterspalten)</p>
        </div>
        <div class="two twelfth padded">
            <p class="callout red">3. Spalte (2 Rasterspalten)</p>
        </div>
    </div>
</div>
```

```
<footer>
   <div class="row">
      <div class="container padded">
         <p class="callout">Footer</p>
      </div>
   </div>
</footer>
```

Listing 8.5 Codebeispiel für unseren Dreispalter mit GroundworkCSS

Responsive-Unterstützung bei GroundworkCSS

GroundworkCSS nutzt eine ähnliche Systematik wie Foundation: Bei einer Breite von weniger als 768 Pixeln werden alle Spalten untereinander dargestellt. Wenn Sie jedoch ein Klasse .small-tablet an die Spalten hängen, wird die Linearisierung erst ab 48 Pixeln ausgelöst. Verwenden Sie .mobile, so bleibt das Layoutraster immer erhalten. Aber es geht noch flexibler: Sie können das Raster über spezielle Klassen bei unterschiedlichen Breakpoints verändern. Mit einer Klasse .three-up-small-tablet ausgezeichnet nimmt eine Spalte auf Tablet-Größen (481 bis 768 Pixeln) ein Drittel der Breite ein, mit .five-up-small-tablet 50 %. Gleiches gilt entsprechend für .three-up-small-mobile und .five-up-small-mobile für Screens mit 480 Pixeln und weniger Breite. Da Sie diese Klassen auch kombinieren können, lässt sich so das Verhalten des Layouts sehr gezielt steuern.

Auch für GroundworkCSS haben wir ein Beispiel auf der DVD, in der Datei */praxisbeispiele/kap08/03_groundworkCSS-layout/responsive-bsp-groundworkcss.html.*

8.3.4   PureCSS

PureCSS ist ein auf geringes Downloadvolumen optimiertes Paket. In minimierter Version machen die eigentlichen Stylesheets des Frameworks nur gut 4 KByte aus – ein Bruchteil der Werte von Foundation oder GroundworkCSS. Trotzdem liefert das Framework neben einem responsiven Raster auch Formular-Styles, Buttons oder verschiedene Menüvarianten (siehe Abbildung 8.7).

PureCSS stammt von Yahoo! und lässt sich bei Bedarf mit der Bibliothek Pure Extras (*http://tilomitra.github.io/cssextras*) erweitern. Mit dem Skin Builder (*http://yui.github.io/skinbuilder/?mode=pure*) lassen sich einfach ganze Farbschemata erstellen. PureCSS nutzt mit SMACSS ein modernes modulares Ordnungssystem für seine Klassendefinitionen.

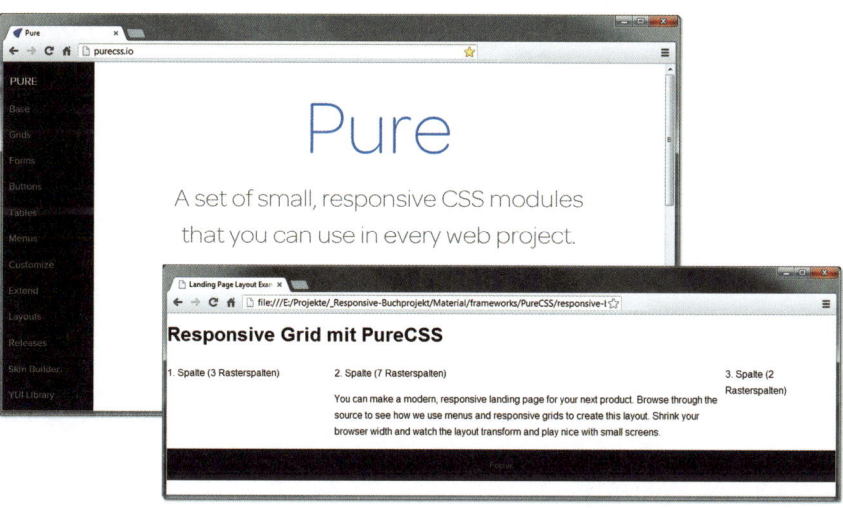

Abbildung 8.7 Die PureCSS-Homepage und das Beispiellayout: nur das Raster ohne Schnickschnack

Website/Download	*http://www.purecss.io*
Dokumentation/Tutorials	Ja (knapp gehalten)
Responsive/Mobil	Responsive
Präprozessor	Nein
Barrierefreiheit/Semantik/HTML5	Nein/Nein/Ja
Reset/Normalize	Normalize
Layoutraster	Fluides flexibles Raster
Typografie	Ja
Formularstyles	Ja
User-Interface-Widgets	Buttons, Menüs, Tabellen
Weitere Bibliotheken	UI-Elemente, Typografie
Sonstige Features	Skinbuilder
Beispielhafte Größe	< 5 KByte
Designhilfsmittel	Nein
Lizenz	BSD

Tabelle 8.4 PureCSS-Eigenschaften

Der HTML-Code mit PureCSS für unser Beispiellayout (siehe Abbildung 8.7) sieht folgendermaßen aus:

```html
<div class="content">
    <div class="header">
        <h1> Responsive Grid mit PureCSS</h1>
    </div>
    <div class="pure-g-r">
        <div class="pure-u-1-4">
            <p>1. Spalte (3 Rasterspalten)</p>
        </div>
        <div class="pure-u-7-12">
            <p>2. Spalte (7 Rasterspalten)</p>
        </div>
        <div class="pure-u-1-6">
            <p>3. Spalte (2 Rasterspalten)</p>
        </div>
    </div>
    <div class="footer">Footer</div>
</div>
```

Listing 8.6 PureCSS-Codebeispiel

Responsive-Unterstützung bei PureCSS

Genauso minimalistisch wie das Framework selbst ist auch der Ansatz zur Unterstützung responsiver Layouts: Statt eine Rasterinstanz wie bei fixen Layouts mit .pure-g einzuleiten, verwenden Sie .pure-g-r. Damit werden alle untergeordneten Spalten auf kleinen Bildschirmen linearisiert. Zusätzlich gibt es Klassen wie .pure-visible-phone/tablet/desktop und .pure-hidden-phone/tablet/desktop, mit denen Sie einzelne Elemente gezielt in bestimmten Auflösungen verstecken oder anzeigen können.

Das PureCSS-Beispiel ist auf der DVD in der Datei */praxisbeispiele/kap08/04_pureCSS-layout/responsive-bsp-purecss.html* zu finden.

8.4   JavaScript-Bibliotheken und andere Helfer

Viele der neueren Frameworks nutzen weitere Bibliotheken zur Unterstützung. Im Folgenden stellen wir Ihnen einige wichtige Helfer vor.

8.4.1   jQuery und Zepto

jQuery hat sich zu der JavaScript-Standardbibliothek entwickelt – so verbreitet und beliebt, dass oftmals gar nicht mehr überlegt wird, ob es nicht auch eine kleinere Lösung tut.

Falls Sie noch nicht mit jQuery in Berührung gekommen sind: jQuery stellt einfache Funktionen bereit, mit denen sich DOM-Elemente ansprechen und verändern lassen. Sie können Elementen Ereignisse zuordnen, ohne den JavaScript-Code in den HTML-Code zu schreiben. Es gibt Funktionen, die bestimmte Aufgaben erleichtern, oder Effekte, Animation oder AJAX-Funktionalität bereitstellen. jQuery verfügt über mehrere Zusatzpakte wie jQuery UI (User Interface Elemente), jQuery Mobile (JavaScript-Funktionen für mobile Websites) sowie eine Plugin-Architektur für zusätzliche Erweiterungen.

jQuery benutzt eine vereinfachte Syntax, die es auch JavaScript-Einsteigern ermöglichen soll, schnell erste Erfolge zu feiern.

```
<script>
$(document).ready(function() {
   $(".gruss").on('click', function() {
      $(this).addClass("party");
       alert("Hallo Welt!");
   });
});
</script>
```

Listing 8.7 Einfaches jQuery-Skript

In diesem Skript wird allen Elementen mit der Klasse `.gruss` bei Klick eine weitere Klasse `.party` zugeordnet, und zusätzlich wird ein Alert-Fenster mit dem Text »Hallo Welt!« geöffnet. Statt $ lässt sich auch `jQuery` schreiben, um Konflikte mit anderen JavaScript-Bibliotheken zu vermeiden, die auch auf der Seite eingesetzt werden. Dann müssen Sie noch `jQuery.noConflict();` an den Anfang Ihres jQuery-Skriptes stellen.

Sie können jQuery von der Website (*http://jquery.com/download*) herunterladen oder über ein CDN einbinden – auf der Downloadseite stehen mehrere große Anbieter zur Auswahl. Neben der Version 1.x gibt es inzwischen eine Version 2.x. Aber Vorsicht: Der 2er-Zweig unterstützt keine Internet Explorer < 9 mehr!

jQuery ist an sich ein ganz schöner Brocken – unkomprimiert über 250 KByte groß. Allerdings relativiert sich diese Größe doch ziemlich, wenn man das Skript minimiert und mit Gzip komprimiert: Dann bleiben gerade einmal 32 KByte übrig!

Wenn Ihnen selbst das noch zu viel ist – manchmal geht es nur darum, eine einzige kleine Aufgabe zu erfüllen –, werfen Sie doch einmal einen Blick auf Zepto (*http://zeptojs.com*). Zepto ist eine Alternative zu jQuery, die insbesondere für mobile Applikationen gedacht ist. Zepto ist (minimiert und komprimiert) nur noch 10 KByte groß. Allerdings unterstützt Zepto den Internet Explorer gar nicht mehr. Was für eine mobile Anwendung vielleicht noch geht (so gewaltig ist ja der Windows-Phone-Marktanteil nicht), ist auf dem Desktop nicht ratsam. Aber wenn Sie die $-Syntax verwenden, können Sie beide Bibliotheken einfach gegeneinander austauschen – auch automatisch – und nur den Internet Explorer mit dem zusätzlichen Gewicht der größeren jQuery-Bibliothek belasten.

8.4.2   Modernizr

Modernizr ist eine JavaScript-Bibliothek, die den aufrufenden Browser auf seine Unterstützung für eine Reihe von modernen HTML5-Features und CSS-Eigenschaften (meist aus dem Sprachschatz von CSS3) hin prüft. Wenn eine Eigenschaft unterstützt wird, schreibt Modernizr dies als Klasse in das öffnende `<html>`-Tag des Dokuments und generiert ein entsprechendes JavaScript-Objekt, sodass Sie darauf aufbauend später entsprechende Klassen zuweisen können.

Modernizr versieht ein Dokument z. B. mit der Klasse `.cssanimations`, wenn der Browser Firefox oder Chrome ist und die betreffenden Eigenschaften beherrscht. Für den Internet Explorer 8 hingegen fehlt die entsprechende Klasse, und es wird stattdessen eine »Antiklasse« `.no-cssanimation` geschrieben. Im Stylesheet können Sie nun ein Menü mit dieser Klasse ansprechen und ihm passende Anweisungen zuweisen:

```
.menu {
    /* Styles für Browser ohne Animationsfähigkeit */
}
.cssanimations .menu {
    /* Styles für Browser die Animationen unterstützen */
}
```

Listing 8.8 Nutzung von Modernizr, um Browser mit Animationen zu versorgen, wenn diese damit etwas anfangen können

Besuchen Sie einmal *http://www.browserleaks.com/modernizr* mit unterschiedlichen Browsern, und Sie sehen die unterschiedlichen Ergebnisse des Modernizr-Testes. Dadurch erhalten Sie auch einen schnellen Überblick, was Modernizr alles an

Tests zur Verfügung stellt – das steht natürlich auch in der Dokumentation. Im Gegensatz zur einer Browsererkennung (die den User Agent des Browsers abfragt und mit einer Liste vergleicht) testet Modernizr direkt die Unterstützung der getesteten Eigenschaften. Das ist ein entscheidender Vorteil, denn es bedeutet, dass Sie sich keine Sorgen um gefälschte, veraltete oder unbekannte neue Browserkennungen machen müssen. Sie sparen sich auch die diesbezügliche Wartung des Skriptes.

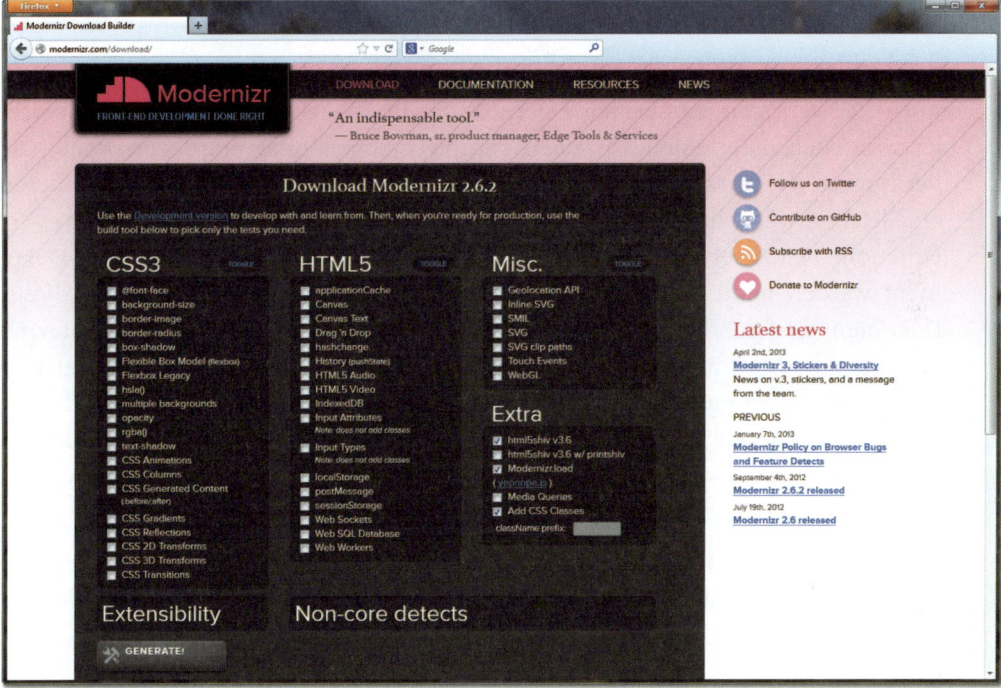

Abbildung 8.8 Modernizr erlaubt es, die benötigten Tests einzeln auszuwählen – interessant sind auch einige der Non-core detects.

Die Nutzung von Modernizr ist ganz einfach: Sie laden sich die Modernizr-Bibliothek von der Projektwebsite herunter. Für den Anfang können Sie die komplette Bibliothek nehmen. Später, wenn Sie die Bibliothek in der Praxis einsetzen, sollten Sie eine angepasste Version erzeugen, die nur die Tests enthält, die Sie auch benötigen. Das Skript wird im <head>-Bereich des Dokuments eingebunden. Das war's. Modernizr setzt nun seine Klassen in das öffnende <html>-Tag, und Sie können darauf entsprechende reagieren. Nebenbei bindet Modernizr auch ein kleines Skript ein, HTML5 Shiv, das die Verwendung von HTML5-Elementen für alte Internet Explorer ermöglicht. Zusätzlich erzeugt Modernizr ein JavaScript-Objekt, in dem die Testergebnisse abrufbar sind, und stellt eine Laderoutine zur Verfügung, um weitere Ressourcen abhängig vom Ergebnis seiner Tests nachzuladen. Details zu den Möglichkeiten von Modernizr finden Sie in der Dokumentation (*http://modernizr.com/docs*).

Modernizr wurde von Faruk Ate, Paul Irish und Alex Sexton entwickelt; Sie können das Skript von der Projektwebsite (*http://www.modernizr.com*) kostenlos herunterladen.

8.4.3   Elegante Stylesheets mit Präprozessoren: SASS

Auch CSS3 verfügt nicht über alle Eigenschaften und Möglichkeiten, die sich Entwickler wünschen, z. B. fehlen Variablen komplett. Sogenannte Präprozessoren – die bekanntesten sind *SASS* (*Syntactical Awesome Stylesheets*) und *LESS* – kompilieren eine leicht erweiterte CSS-ähnliche Syntax in normales CSS und ermöglichen es so, Funktionen einzusetzen, die es in CSS (noch) nicht gibt. In einem CSS-artigen Dokument werden neue Schlüsselwörter und Schreibweisen eingeführt. Bevor dieses Dokument an den Browser ausgeliefert und durch die CSS-Engine interpretiert wird, durchläuft es den Präprozessor, der die Anweisungen in normales CSS übersetzt. Präprozessoren gibt es als JavaScript sowie als serverseitige Applikationen in PHP oder Ruby. Gegen die JavaScript-Variante spricht, dass ohne JavaScript gar nichts Sinnvolles beim Browser ankommt und dass der Compiler dann auch noch geladen werden muss – insofern raten wir von der Verwendung ab.

Um SASS zu verwenden, müssen Sie zunächst einmal die Programmiersprache Ruby installieren. Wenn Sie Windows einsetzen, laden Sie den Installer herunter (*http://rubyinstaller.org*) und lassen ihn sein Werk tun. OS-X-Nutzer müssen nichts tun, denn Ruby ist schon installiert. Dann können Sie über Ruby SASS installieren; der Vorgang ist detailliert auf der SASS-Website beschrieben (*http://thesassway.com/beginner/getting-started-with-sass-and-compass*). Nachdem Sie die neuen Syntaxelemente in Ihren Stylesheets verwendet haben, müssen Sie vor dem Einbinden in die CSS-Datei die SASS-Datei (Endung *.scss*) in natives CSS umwandeln. Das macht SASS sogar automatisch für Sie: Immer wenn Sie die *.scss*-Datei speichern, aktualisiert SASS auch das CSS.

Was können Sie nun mit SASS (oder anderen Präprozessoren) machen?

Variablen

SASS erlaubt die Verwendung von Variablen (oben die SASS-Syntax, unten das Ergebnis in CSS):

Variablen:

```
$mainblue: #0000ce;
$mindistance: 1em;
```

SASS-Definition:

```
p {
   color: $mainblue;
   padding-bottom: $mindistance;
}
```

CSS-Output:

```
p {
   color: #0000ce;
   padding-bottom: 1em;
}
```

Tabelle 8.5 Verwendung von Variablen in SASS (oben) und der Output (unten)

Mixins

Sehr praktisch sind Mixins: Das sind ganze Blöcke von Anweisungen, die durch einen Schlüsselbegriff aufgerufen werden und auch Variablen enthalten können. Mixins müssen Sie zunächst definieren, damit Sie dann im CSS aufgerufen werden können.

SASS-Definition:

```
@mixin rundeEcken($radius: 10px) {
  -moz-border-radius: $radius;
  -webkit-border-radius: $radius;
  border-radius: $radius;
}
```

CSS-Output:

```
input.button {
  -moz-border-radius: 4px;
  -webkit-border-radius: 4px;
  border-radius: 4px;
}
```

Aufruf:

```
input.button {
   @include rundeEcken(4px);
}
```

Tabelle 8.6 Mixins in SASS (die 10 px sind der Standard, der verwendet wird, wenn das Mixin ohne Parameter aufgerufen wird)

Mixins können auch wesentlich komplexer werden und unterschiedliche CSS3-Syntax bei verschiedenen Browsern abbilden. Gerade für Hersteller-Präfixe sind Mixins ein echter Segen – für uns allein schon ein ausreichender Grund, Präprozessoren einzusetzen.

Einige der moderneren Frameworks setzen Mixins ein, um ein Raster ohne spezifische Klassen nur über spezielle CSS-Eigenschaften für die nackten Elemente aufzubauen, z. B. Foundation (*http://foundation.zurb.com/docs/components/grid.html*, im Abschnitt »Building With Mixins«).

Verschachtelungen (nesting) und Erweiterungen (extend)

Eine große Vereinfachung beim Schreiben stellt die Fähigkeit von SASS dar Verschachtelungen in CSS-Deklarationen darzustellen.

SASS-Definition:

```
section {
    width: 100%;
    font-size: 1em;
    p {
        font-size: 0.875em;
        line-height: 120%;
        a {
            font-weight: bold;
        }
    }
}
```

CSS-Output:

```
section {
    width: 100%;
    font-size: 1em;
}
section p {
    width: 100%;
    font-size: 0.875em;
    line-height: 120%;
}
section p a {
    width: 100%;
    font-size: 0.875em;
    line-height: 120%;
    font-weight: bold;
}
```

Tabelle 8.7 Verschachtelungen erhöhen die Effizienz beim Schreiben von Stylesheets.

Zusätzlich erlaubt es SASS, Klassen zu vererben. Mit `@extend` erbt eine Klasse die Eigenschaften einer anderen und ergänzt diese um die eigenen.

SASS-Definition:

```
.message {
    border-width: 2px solid gray;
    color: #666;
    background-color: #eee;
}
.error {
    @extend .message;
    border-color: #cc0000;
    color: #800000;
}
```

CSS-Output:

```
.message, .error {
    border: 2px solid gray;
    color: #666;
    background-color: #eee;
}
.error {
    border-color: #cc0000;
    color: #800000;
    background-color: #eee;
}
```

Tabelle 8.8 Klassen können Eigenschaften von anderen Klassen erben.

Rechenfunktionen und Logik

Etwas, das viele Entwickler in CSS schon lange vermissen (auch wenn das inzwischen mit der CSS-Eigenschaft `calc` etwas besser geworden ist), sind Berechnungsfunktionen oder gar Elemente von Programmlogik.

SASS hat auch hier etwas im Repertoire – zunächst einmal einfache Berechnungsfunktionen:

8

SASS-Definition:	CSS-Output:

<pre>$stdmargin: 20px;
$halfstdmargin: $stdmargin / 2;
$padding: $stdmargin - 10;
 	
h1 {
  margin: $stdmargin;
  padding: $padding;
}
h2 {
  margin: $halfstdmargin;
  padding: $padding / 2;
}</pre>
	<pre>h1 {
	  margin: 20x;
	  padding: 10px;
	}
	h2 {
	  margin: 10px;
	  padding: 5px;
	}</pre>

Tabelle 8.9 Rechenfunktionen bei SASS

SASS verfügt über echte Kontrollstrukturen, also `if-then`-Entscheidungen oder Schleifen, mit denen Sie Ihr Stylesheet steuern können.

Eine einfache Fallunterscheidung sieht z. B. so aus:

SASS-Definition:	CSS-Output:

<pre>$theme: fruehling;
p {
  @if $ theme == fruehling {
    background: green;
  } @else if $theme == sommer {
    background: yellow;
  } @else if $theme == herbst {
    background: red;
  } @else {
    background: black;
  }
}</pre>
	<pre>p {
	  background: green;
	}</pre>

Tabelle 8.10 Abhängig vom Wert für $theme wird die Hintergrundfarbe gesetzt.

Auch Schleifen gibt es; bei einer Reihe von durchnummerierten Styles können Sie mit der `for`-Schleife einiges an Arbeit sparen. Für ein System von Einrückungen benötigen Sie lediglich eine Anweisung:

SASS-Definition:

```
@for $i from 1 through 4 {
  .indent-#{$i} {
    padding-left: 2em * $i;
  }
}
```

CSS-Output:

```
.indent-1 {
  padding-left: 1em;
}
.indent-2 {
  padding-left: 4em;
}
.indent-3 {
  padding-left: 6em;
}
.indent-4 {
  padding-left: 8em;
}
```

Tabelle 8.11 Schleifen mit SASS sparen Schreibarbeit.

Includes

Alle Präprozessoren bieten *Includes* an – eine enorm nützliche Funktion bei großen Projekten.

CSS kennt bereits die Möglichkeit, Dateien zu importieren. Aus Gründen der Übersichtlichkeit würde es sich in einem Projekt empfehlen, möglichst viele kleine CSS-Dateien mit einzelnen CSS-Modulen zu verwenden. Der Nachteil einer solchen Vorgehensweise sind die dadurch entstehenden zusätzlichen Dateiabrufe, die Gift für jede Performance sind.

Mit SASS können Sie beides haben – für die Entwicklung viele granulare Stylesheets und auf der Produktionsseite eine einzige performante Datei.

Dateien, die Sie mit `@import` in andere einlesen wollen, beginnen Sie mit einem Unterstrich (hier: *_base.scss*); durch diese Schreibweise werden diese Dateien beim Kompilieren nicht einzeln berücksichtigt. SASS fügt deren Inhalt in die importierende Datei (hier: *screen.scss*) ein, erstellt aber nur eine CSS-Variante der Datei ohne den Unterstrich (hier: *screen.css*).

Datei 1 (_base.scss)

```
p { background: white; }
```

Datei 2 (screen.scss):

```
@import "base.scss";
h1 { color: black; }
h2 { color: white; }
```

screen.css:

```
p { background: white; }
h1 { color: black; }
h2 { color: white; }
```

Tabelle 8.12 Importierte Stylesheets verbessern die Performance der Website und schaffen Ordnung.

Sie sehen, mit SASS – das hier nur als Beispiel für die Präprozessoren dient – können Sie viele Grenzen der derzeitigen CSS-Implementierung überwinden. Im Blog der SASS-Website stellt SASS-Poweruser Mason Wendell noch mehr Möglichkeiten vor, SASS-Fähigkeiten beim responsiven Design zu nutzen (*http://thesassway.com/ intermediate/responsive-web-design-in-sass-using-media-queries-in-sass-32*).

8.5   Zusammenfassung

In diesem Kapitel drehte sich alles um Hilfsmittel für die Erstellung von Websites. Sie wissen jetzt, dass es Gridgeneratoren als Onlintools gibt, die Sie bei der Erzeugung eines responsiven Rasters unterstützen können. HTML5-Boilerplates sind eine hervorragende Basis für jedes neue Projekt, aber auch zum »Abgucken« für fortgeschrittene Projekte geeignet.

Wenn Sie mehr Unterstützung oder Beispiele für »Best Practice« suchen, bieten sich umfangreichere Layout- oder UI-Frameworks an.

Wir haben Ihnen hier einige der vielen großen und kleinen Frameworks vorgestellt (YAML, Foundation, GroundworkCSS und PureCSS) und Ihnen deren Unterschiede aufgezeigt. Damit können Sie einfacher entscheiden, welche Art von Framework Sie in Ihrem nächsten Projekt nutzen möchten. Welche Fragen Ihnen bei der Auswahl des richtigen Frameworks helfen sollten, konnten Sie in diesem Kapitel ebenfalls lesen.

Des Weiteren haben wir die beiden JavaScript-Frameworks jQuery und Zepto gegenübergestellt und sind auf die Features und Vorteile von CSS-Präprozessoren wie SASS und LESS eingegangen.

Auch wenn die Einarbeitung in neue Tools und Frameworks immer erst mal ein bisschen mehr Zeit kostet, ist der Nutzen, den Sie später davon haben, immens.

8

Kapitel 9
Navigationskonzepte

»It doesn't matter how many times I have to click, as long as each click is a mindless, unambiguous choice.«
Steve Krug

Die Navigation ist einer der wichtigsten funktionalen Bereiche einer Website. Was haben Besucher von interessanten Inhalten im schönsten Design, wenn diese durch eine undurchschaubare Navigation nur schwer gefunden werden? Frustrierte Besucher verlassen eine Website schon nach wenigen Klicks wieder, wenn Sie das Gefühl haben, ihrem Ziel nicht nähergekommen zu sein.

Die Navigation muss sich dem Besucher einfach erschließen. Er braucht eine grobe Übersicht über die gesamte Website, die feiner wird, je weiter er in der Ebenenhierarchie hinabsteigt. Unerwartete Seitensprünge sollten genauso vermieden werden wie tote Enden, von denen es kein Vor und Zurück mehr über die eigene Seitennavigation gibt.

In diesem Kapitel zeigen wir Ihnen, worauf Sie bei responsiven Webseiten besonders achten müssen, und stellen einige Navigationskonzepte (Patterns) vor. Anhand des Praxisbeispiels erstellen Sie eine flexible Navigation.

9.1 Was macht eine Navigation benutzerfreundlich?

Um eine gut bedienbare Navigation zu erstellen, müssen Sie viele Faktoren berücksichtigen; wir können das Thema hier nur streifen. Wichtige Voraussetzungen für eine gute Navigation sind:

▶ Semantisches Markup:
  – Menüpunkte sind Aufzählungen und deshalb am besten in einer ungeordneten Liste untergebracht.
  – Eine veränderte Auszeichnung aller Links beim Überfahren mit der Maus oder beim »Durch-Tabben« mit der Tabulatortaste verdeutlicht, welche Links klickbar sind.
  – Verwenden Sie das semantische HTML5-Element `<nav>...</nav>` als Container für Navigationen auf der Seite.

▶ Verständlichkeit:

- Die inhaltliche Struktur der Navigation sollte logisch aufgebaut sein, sodass die Besucher verstehen, welche Möglichkeiten diese Website ihnen bietet und wo sie sich befinden. Eine zusätzliche Pfadnavigation (Breadcrumbs) zeigt dem Besucher den Weg an, den er zu der Seite gegangen ist, auf der er sich jetzt befindet.

- Der aktive Menüpunkt sollte hervorgehoben und nicht verlinkt sein. Die Möglichkeit, die aktuelle Seite über das Menü noch einmal neu zu laden, ist unnötig und verwirrend. Generell sind Links auf die aktuelle Seite problematisch, da beim Klicken keine Veränderung stattfindet. Ein Neuaufruf der aktuellen Seite wirkt daher wie ein Fehler.

▶ Zugänglichkeit:

- Die Navigation muss auch ausschließlich per Tastatur bedienbar sein.

- Farben und Schriften müssen einen ausreichenden Kontrast aufweisen, um auch für Menschen mit Sehschwäche erkennbar zu sein.

- Verwenden Sie WAI-ARIA-Rollen `<nav role="navigation">` zur Auszeichnung des Elements, z. B. für Screenreader.

- Aktive Elemente für Zeigegeräte und Touchbedienung müssen Minimalabmessungen haben, um vernünftig »getroffen« zu werden.

- Eine Navigation mit mehreren Ebenen sollte beim Ausklappen der Unterebenen nicht aus dem Fokus des Benutzers rutschen.

▶ Robuste Struktur:

- Um ein zu schnelles oder unbeabsichtigtes Auf- und Zuklappen eines Dropdown-Menüs zu vermeiden, sollten Verzögerungen per JavaScript eingebaut werden, die das Auf- und Zuklappen auslösen. Dadurch klappt ein Menü auch bei einem versehentlichen Überfahren mit der Maus nicht sofort auf, und wenn die Maus einmal kurz von der aktiven Fläche rutscht, ist es nicht gleich wieder geschlossen.

- Die Navigation muss auch ohne JavaScript funktionieren. Falls das JavaScript aus irgendeinem Grund nicht geladen werden kann, muss es einen funktionalen Fallback geben.

9.2 Benutzerfreundliche Navigation für mobile Geräte

Für das Responsive Design kommen jetzt noch einige Komponenten für eine gute Bedienbarkeit auf einem kleinen Touchscreen hinzu. Worin unterscheidet sich nun eine Navigation auf mobilen Geräten von denen auf dem Desktop, und was sind die wichtigsten Punkte, die Sie beachten sollten?

9.2.1   Freier Blick auf die Website

Die Navigation sollte nicht den Blick auf das Wesentliche versperren. Hier gilt *Content First*. Wenn die Navigation immer im sichtbaren Bereich liegt und einen Großteil (oder mehr) des Bildschirms ausfüllt, geht das auf Kosten der eigentlichen Inhalte, die dadurch in den Hintergrund gedrängt werden. Nach dem Klick auf einen Menülink ändert sich im schlimmsten Fall nichts im sichtbaren Bereich des kleinen Screens. Der Nutzer bekommt so keinerlei Feedback über die Auswirkungen seiner Aktion. Nur sehr neugierige Nutzer (oder verzweifelt Suchende) scrollen wahrscheinlich nach unten, in der Hoffnung, das Gesuchte zu finden. Aber auch Besucher, die den neuen Inhalt finden, werden negativ beurteilen, wenn sie bei jedem Navigieren aus dem Menübereich herausscrollen müssen.

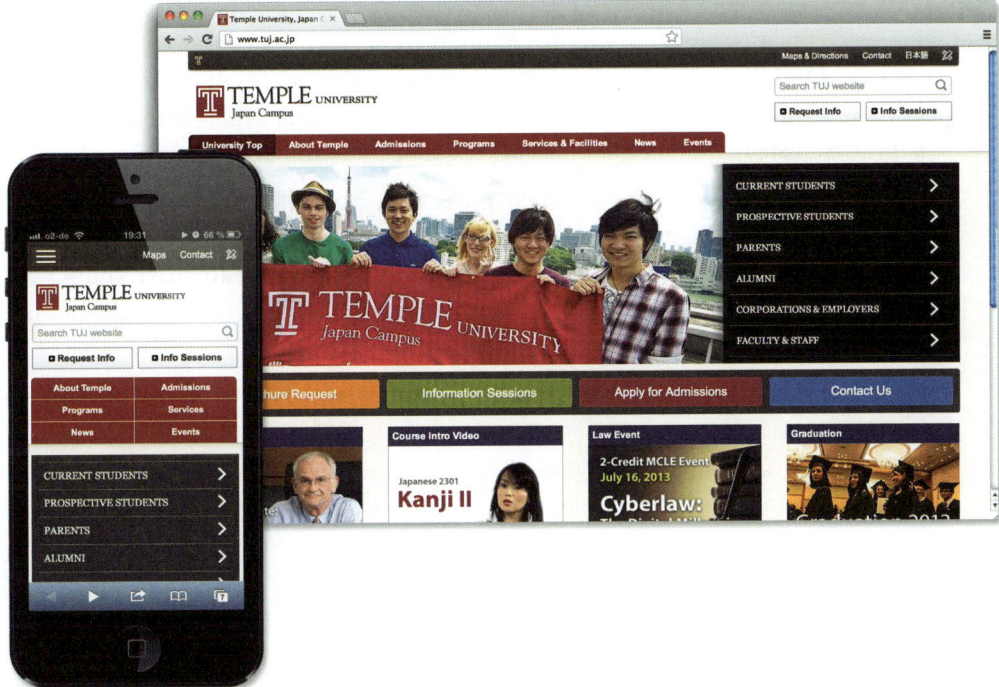

Abbildung 9.1 Auf der Startseite der Temple University mussten (zu) viele Menülinks untergebracht werden; in der Smartphone-Ansicht ist sonst nichts mehr zu sehen.

Darum besteht bei allen Menüs, die aus so vielen Menüpunkten bestehen, dass sich diese nicht mehr in ein oder zwei Zeilen im Header zusammenfassen lassen, ein spezieller Handlungsbedarf. Das gilt auch für Menüs mit mehreren Ebenen. Es haben sich mittlerweile viele Umsetzungsvarianten für die Darstellung von komplexen Menüs auf kleinen Screens etabliert. Wir stellen Ihnen etwas später in diesem Kapitel einige davon vor.

9.2.2   Ausreichend große Klickflächen für Touchbedienung

Für die Bedienung mit den Fingern ist es wichtig, dass klickbare Elemente ausreichend groß sind. Buttons oder Links sollten nicht zu dicht nebeneinander liegen, um zu vermeiden, dass der Benutzer versehentlich den Link daneben anklickt. Ausführlicher haben wir das Thema ja schon in Abschnitt 5.3.3, »Size matters: Ziele für Touch-Events«, besprochen.

9.2.3   Umgang mit Menüs mit mehreren Ebenen

Ein anderer Punkt, der schon beim Konzept der Website berücksichtigt werden muss, ist die Zugänglichkeit einer zweiten und vielleicht sogar dritten Menüebene über einen Touchscreen.

Eine Dropdown-Navigation, die per Maus-Hover-Effekt oder dem Fokuseffekt der Tastatur gut funktioniert, ist mittels Touchscreen nicht mehr bedienbar – es gibt kein Hover auf Touchscreens (siehe auch Abschnitt 5.3.4, »Es gibt kein Hover auf Hawaii«). Hier müssen Sie für die mobile Navigation gänzlich umdenken.

Der Touchklick auf einen Menüpunkt muss nun das Untermenü ausklappen und erst, wenn es keine weiteren Untermenüpunkte mehr gibt, darf der Touchklick zu einem Seitenwechsel führen. Der jeweils übergeordnete Menüpunkt sollte dazu nicht mehr auf eine eigene Seite verweisen, da der Klick bei der Touchbedienung zum Aufklappen des Menüs gebraucht wird.

Tipp

Es gibt ein JavaScript-Plugin jQuery Touch Menu Hover von dem australischen Unternehmen Izilla Web Solutions (*https://github.com/izilla/jQuery-touchMenu-Hover*), mit dem sich auch solche Dropdown-Menüs realisieren lassen, bei denen der jeweils übergeordnete Menüpunkt einen eigenen Seitenlink hat. Beim ersten Klick auf den Menüpunkt klappt sein Untermenü aus, und erst bei einem zweiten Klick wird der hinterlegte Seitenlink angesteuert.

Wenn JavaScript nicht geladen werden kann, wäre dann die oben beschriebene umständlichere Navigation der Fallback.

9.3   Navigationstypen für mobile Geräte mit Touchscreen

Es gibt es viele unterschiedliche Ansätze für die Navigation auf mobilen Geräten. Findige Entwickler haben diverse JavaScript-Plugins für unterschiedliche Lösungen gebaut und diese der Allgemeinheit zur Verfügung gestellt. Die Implementierung der skriptbasierten Varianten ist auch für Webdesigner ohne die notwendigen Java-Script-Kenntnisse sehr einfach. Alle Ansätze haben ihre Vor- und Nachteile, und für welchen Navigationstypen Sie sich letztendlich entscheiden, sollten Sie von den Gegebenheiten Ihres Projektes abhängig machen:

▶ Gibt es viele Menüpunkte oder sehr lange Bezeichnungen?

▶ Hat Ihr Menü mehrere Ebenen?

▶ Gibt es mehrere Menügruppen, wie Zielgruppen-, Haupt und Service-Navigationen?

Wichtig für die Wahl des Navigationstypen ...

... ist aber, dass Sie sich für eine Lösung entscheiden, die den Besucher nicht stehen-lässt, falls das JavaScript der Website nicht geladen wird. Sie brauchen also immer einen funktionalen Fallback!

Schauen wir uns die verschiedenen Menütypen einmal an.

9.3.1   Wenige Menüpunkte am oberen Rand

Die denkbar einfachste Variante eines Menüs besteht aus nur wenigen kurzen Menü-punkten, die am oberen Rand neben oder unter dem Logo angeordnet sind, somit kaum extra Platz des Screens beanspruchen und das Augenmerk des Besuchers auf den Inhalt der Seite lenken. Das ist eine gute Ausgangssituation für ein benutzer-freundliches Menü. Es ist bei jedem Seitenwechsel im sichtbaren Bereich. Der Nutzer weiß immer, wo er sich befindet, und der Inhalt einer Seite liegt immer im Fokus. Diese Variante macht kaum zusätzliche Arbeit und ist auf allen Geräten voll funkti-onsfähig.

Das kompakte Menü am oberen Rand der Website von Trent Walton (siehe Abbil-dung 9.2) nimmt auch auf kleinen Screens keinen zusätzlichen Platz ein.

Praxisbeispiel: Mininavigation – wenige Menüpunkte am oberen Rand
Kehren wir zurück zu dem Stand des Praxisbeispiels aus Kapitel 7, »Destop First Re-sponsive Layout-Patterns«. Dort hatten Sie eine Basisversion und drei weitere Lay-outs für unterschiedliche Viewports angelegt. Die Navigation in der Basisversion ist so angelegt, dass jeder Menüpunkt über die volle Gerätebreite ausgedehnt wird. Weitere Menüpunkte reihen sich mit ein und vergrößern das Menü in der Höhe (siehe Abbildung 9.3).

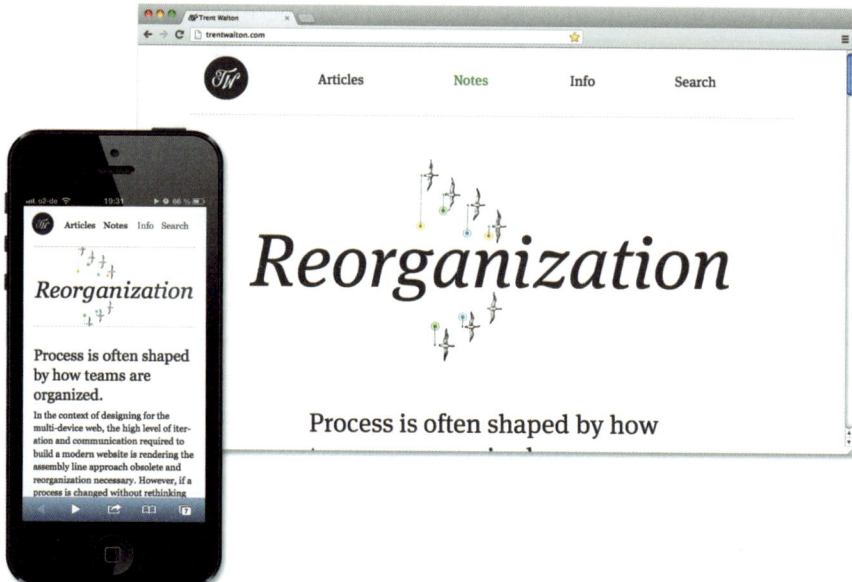

Abbildung 9.2 Das kompakte Menü am oberen Rand der Website von Trent Walton nimmt auch auf kleinen Screens keinen zusätzlichen Platz ein.

Abbildung 9.3 Ausgangssituation Praxisbeispiel für alle folgenden Beispiele: Der Platz, den das Menü hier auf dem Smartphone einnimmt, fehlt dem Inhalt.

Ausgangssituation für alle Beispiele in diesem Kapitel

Die Informationen über das Markup des Praxisbeispiels finden Sie abgedruckt in Kapitel 7, »Responsive Layout Patterns«, und auf der DVD zum Buch unter */praxis-beispiele/kap09/00_start-nav/*. Auf diesem Code bauen alle weiteren Beispiele dieses Kapitels auf, wenn nichts anderes in den einzelnen Abschnitten vermerkt ist.

Gehen wir in diesem Beispiel davon aus, dass das Menü überschaubar ist und nur drei Menüpunkte hat, bietet es sich an, schon in der Basisversion das Menü-Styling der Tablet-Version zu verwenden. Im Praxisbeispiel (auf der DVD unter */praxisbei-spiele/kap09/01_mini-nav/*) haben wir das entsprechend angepasst. Lediglich Schriftgröße und Abstände sind für die beiden Ansichten unterschiedlich gewählt (siehe Abbildung 9.4).

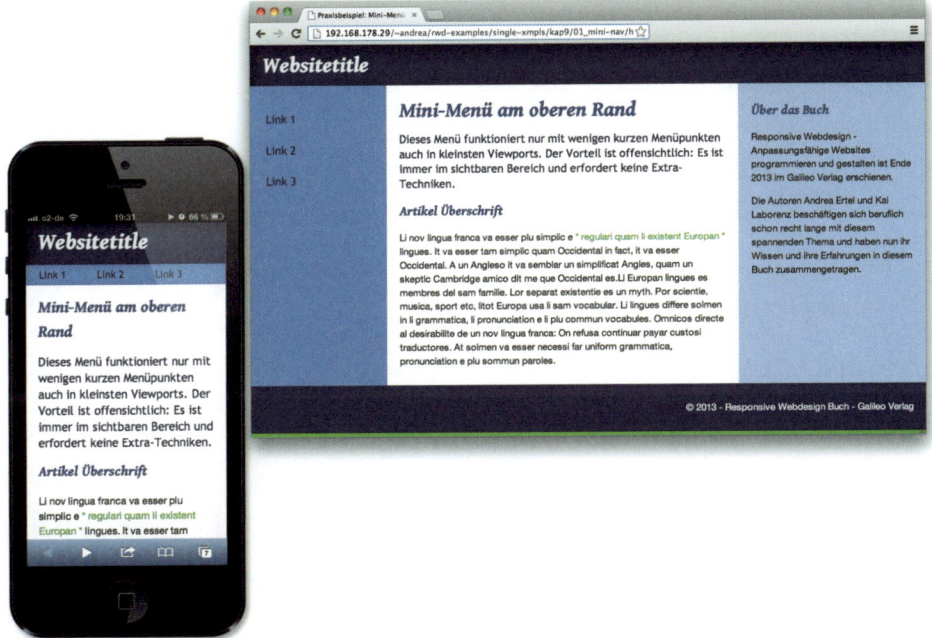

Abbildung 9.4 Wenige Menüpunkte am oberen Rand

Abweichend von der Ausgangsdatei unseres Praxisbeispiels werden folgende Styles für die Navigation in der Basisversion gesetzt:

```
nav {
    /* clearing für die floatenden LIs */
    overflow: hidden;
    font-size: 1em; /* 18px */
}
```

```css
nav ul {
    margin: 0;
    overflow: hidden;
}
nav ul > li {
    display: inline-block;
}
nav ul > li > a, nav ul > li > strong {
    display: block;
    padding: 0.3em 1.4em;
}
nav ul a:link {
    text-decoration: none;
}
```

Im Media Query ab 750 px Weite (46,875 em) für die Tablets werden dann nur noch die Schriftgrößen und Abstände vergrößert:

```css
@media only screen and (min-width: 46.875em) {
    nav {
        font-size: 1.2em; /* 18px */
    }
    nav ul {
        margin: 0 20px;
    }
    nav ul > li > a {
        padding: 0.7em 10px 0.7em 10px;
    }
}
```

Listing 9.1 Auszug aus der Datei layout.css für die Mininavigation

9.3.2 Lange Menüs am oberen Rand

Besteht das Menü nicht nur aus wenigen Punkten, kann man durch geschickte Gruppierung der Menüpunkte neben- und untereinander versuchen, die Navigation möglichst kompakt zu halten, um dem Inhalt noch genügend Raum zu geben. Das ist eine einfache Lösung, die alleine mit CSS ohne zusätzliche Skripte funktioniert. Auf kleineren Bildschirmen besteht dann aber doch die Gefahr, dass der Inhalt der Website aus dem sichtbaren Bereich rutscht.

Chris Coyier hat sein Menü beispielsweise auf kleinen Screens nur mit CSS schon recht kompakt angeordnet (siehe Abbildung 9.5). Zusätzlich lässt sich das Menü gemeinsam mit dem Suchfeld herunterfahren.

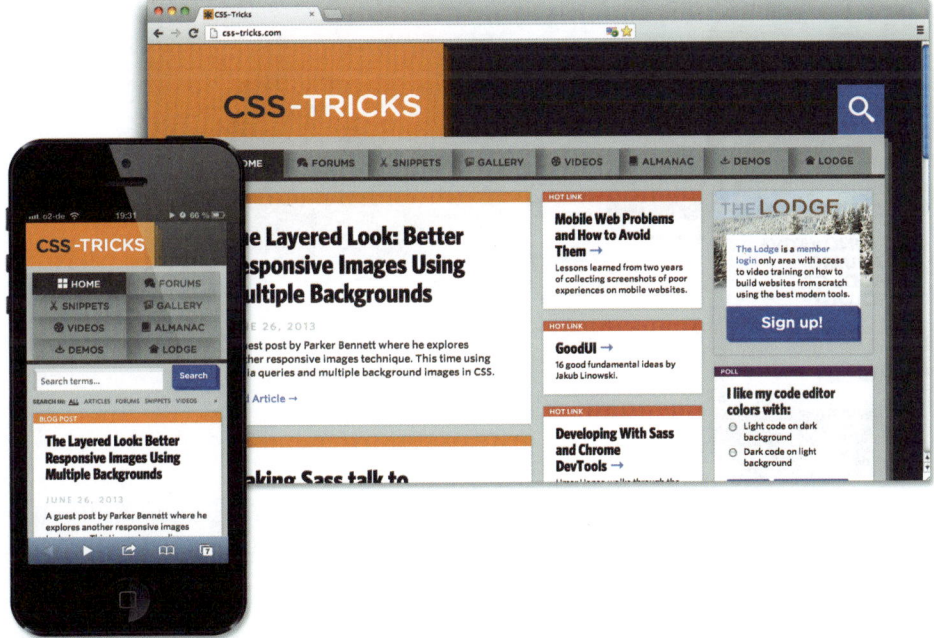

Abbildung 9.5 Kompakte Menüanordnung bei CSS-Tricks von Chris Coyier: Zusätzlich lässt sich das Menü zusammen mit dem Suchfeld auch ein- und ausblenden.

Das Regent College (siehe Abbildung 9.6) arbeitet mit einer Kombination aus kompakter, aber übersichtlicher Zusammenfassung der oberen Menüpunkte und einem zusätzlichen ausklappbaren Menü darunter.

9.3.3   Select-Menü

Eine seltenere Lösung zur Darstellung des Menüs in kleinen Viewports ist die Umwandlung des Menümarkups mittels JavaScript in ein Select-Menü. Menüpunkte lassen sich so verstecken und trotzdem leicht erreichen. Damit diese Menüs von den Websitebesuchern auch als solche erkannt werden, ist für diese Art der Navigation auf jeden Fall eine sehr gute Kennzeichnung notwendig. Das Stylen von `<select>`-Elementen ist nur in einem begrenzten Maße möglich, was eine Integration in das Design erschweren kann. Auf mobilen Geräten werden »echte Select-Menüs« durch Betriebssystem-spezifische Elemente ersetzt – das wird auch am Beispiel der Forty-Seven Media deutlich (siehe Abbildung 9.7).

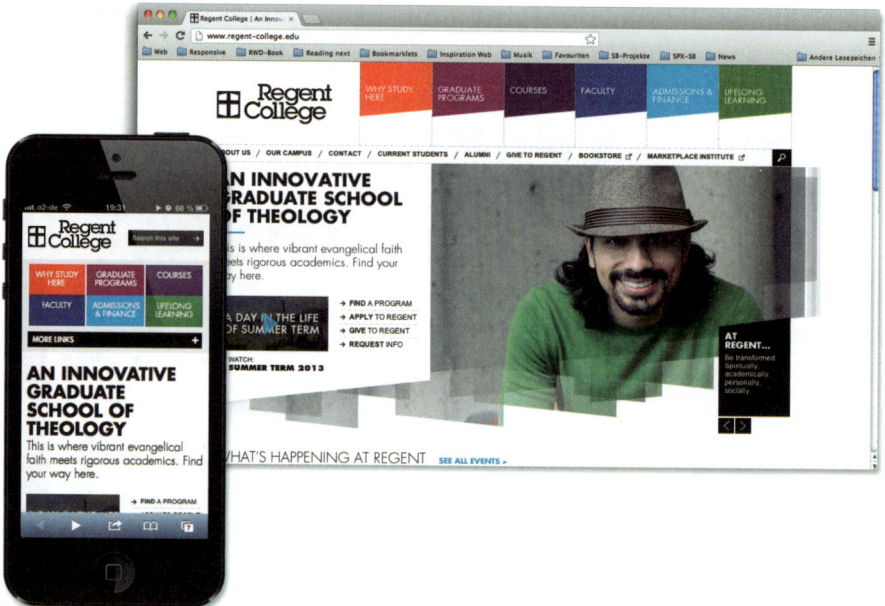

Abbildung 9.6 Das Regent College arbeitet mit einer Kombination aus Zusammenfassung der oberen Menüpunkte und einem zusätzlichen Togglemenü darunter.

Abbildung 9.7 Auf dem iPhone entscheidet das Betriebssystem, wie ein Select-Menü aussieht.

Praxisbeispiel: TinyNav – Select-Menü

Zur Erstellung eines solchen Select-Menüs hat Viljami Salminen ein kleines jQuery-Plugin namens TinyNav (*http://tinynav.viljamis.com*) veröffentlicht. Sie finden das folgende Beispiel auf der DVD unter */praxisbeispiele/kap09/02_select-nav/*. Um die Navigationsleiste des Praxisbeispiels in kleinen Viewports als Select-Menü darzustellen, haben wir die JavaScript-Datei von *tinynav.js* unter der jQuery-Einbindung vor dem schließenden <body>-Tag untergebracht (siehe Listing 9.2). Zur Initialisierung haben wir die Funktion tinyNav() an die ID #navMain unseres Hauptmenüs geknüpft. Mit dem Setzen von header: 'Menu' wird ein zusätzliches <option>-Tag Menu zur Kennzeichnung der Navigation erstellt.

```
<script src="../js/jquery.js"></script>
<script src="../js/tinynav.js"></script>
<script>
    $(function () {
        $('#navMain').tinyNav({
            header: 'Menu'
        });
    });
</script>
```

Listing 9.2 JavaScript-Einbindung für das Select-Menü TinyNav in unserem Praxisbeispiel

Das Select-Menü, das nun im Basislayout statt der Navigationsliste dargestellt wird, schieben wir nach rechts (per float). Die normale Navigation #navMain setzen wir für kleine Screens auf display: none. Für größere Viewports drehen wir die Ausgabe um. Jetzt wird das Select-Menü versteckt und die normale Navigation wieder sichtbar.

```
.tinynav {
    display: block;
    float: right;
}
#navMain {
    display: none;
}
@media only screen and (min-width: 46.875em) {
    .tinynav {
        display: none;
    }
    #navMain {
        display: block;
    }
}
```

Listing 9.3 Ein- und Ausblenden sowie Positionierung des Menüs

Das funktioniert soweit ganz gut, aber wenn Sie das JavaScript in Ihrem Browser deaktivieren, werden Sie feststellen, dass es in der Basisversion gar keine Navigation mehr gibt.

Ergänzung eines Fallbacks, falls JavaScript nicht zur Verfügung steht

Der Container #navMain darf also nur versteckt werden, wenn der Browser JavaScript verarbeiten kann. Um das zu prüfen, haben wir eine Klasse .js-off in das <html>-Tag gesetzt und tauschen sie per Javascript gegen eine andere (nämlich .js-on) aus. Diese Klasse verwenden wir dann zum Aus- und wieder Einblenden des Menüs.

```
<html class="js-off">
```

Listing 9.4 Ergänzung im <html>-Tag, um zu prüfen, ob JavaScript aktiv ist

Nun folgt das JavaScript für den Austausch der Klasse .js-off durch .js-on im <html>-Tag:

```
<script src="../js/jquery.js"></script>
<script src="../js/tinynav.js"></script>
<script>
    $(function () {
        // Wenn JS aktiv remove "js-off" und setze "js-on"
        $('html').addClass('js-on');
        $('html').removeClass('js-off');
        $('#navMain').tinyNav({
            header: 'Menu'
        });
    });
</script>
```

Listing 9.5 JavaScript-Erkennung und Einbindung für das Select-Menü TinyNav in unserem Praxisbeispiel

Nur wenn die Klasse .js-on #navMain vorhanden ist, wird das Menü in der Basisversion aus- und für größere Viewports wieder eingeblendet.

```
.tinynav {
    display: block;
    float: right;
}
.js-on #navMain {
    display: none;
}
```

```
@media only screen and (min-width: 46.875em) {
    .tinynav {
        display: none;
    }
    .js-on #navMain {
        display: block;
    }
}
```

Listing 9.6 Ein- und Ausblenden sowie Positionierung des Menüs (mit Fallback)

Wenn Sie jetzt in Ihrem Browser JavaScript deaktivieren, wird das Menü als Liste untereinander dargestellt. Das verbraucht zwar ziemlich viel Platz, aber der Nutzer kann sich nun trotz allem durch die Seite bewegen.

JavaScript-Weiche über CSS-Klassen mit und ohne jQuery

Im Beispiel eben haben wir die jQuery-Funktionen `addClass()` und `removeClass()` für die JavaScript-Erkennung verwendet, da wir hier für das Plugin *tinyNav.js* jQuery sowieso einsetzen.

Das geht natürlich auch schlanker mit reinem JavaScript. Um unterschiedliche Styles anzuwenden, je nachdem, ob JavaScript aktiv ist oder nicht, führen Sie die folgenden Schritte aus:

Fügen Sie dieses kleinen JavaScript direkt nach dem `<title>` in den Seitenkopf ein:

```
<script>
    document.documentElement.className += "js";
</script>
```

Wenn JavaScript aktiv ist, wird dadurch eine Klasse ".js" für das Element `<html>` (also `<html class="js">`) gesetzt.

Mit dieser Klasse (`.js`) können Sie andere Selektoren kombinieren und dadurch unterschiedliche Eigenschaften zuweisen, je nachdem, ob JavaScript aktiv ist oder nicht.

```
<script>
    .etwas { /* wenn kein JS verfügbar */ }
    .js .etwas { /* wenn JS verfügbar */  }
</script>
```

Diese simple Art der JavaScript-Erkennung und Fallback-Erstellung ist auch für alle anderen Menübeispiele wichtig. (Wenn Sie Modernizr einsetzen, haben Sie die Erkennung schon mit an Bord.)

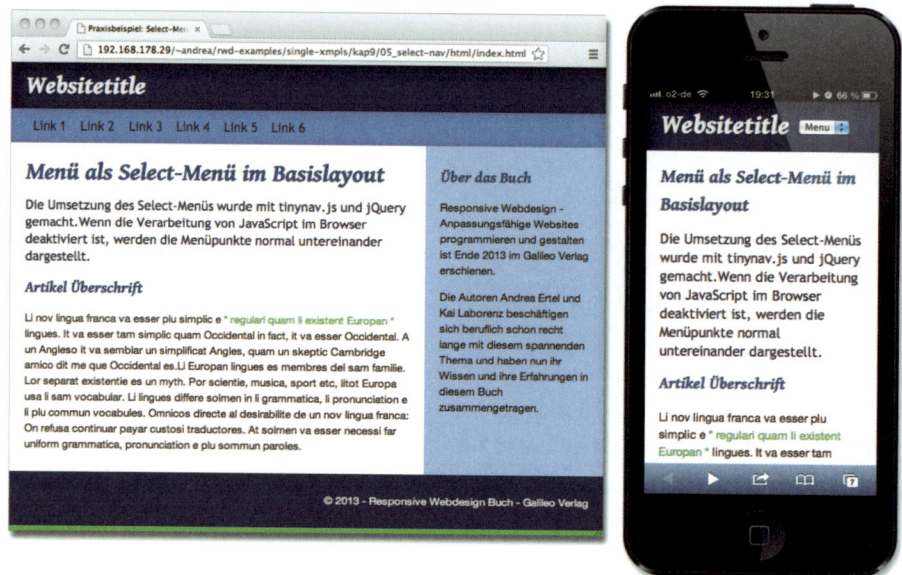

Abbildung 9.8 Praxisbeispiel: Menü in einer Auswahlbox (Select-Menü) im kleinsten Viewport

9.3.4 Navigation per Anker am Ende des Seiteninhalts

Ein längeres Menü kann für kleine Viewports an den unteren Seitenrand verschoben werden. Über einen Menülink im oberen Bereich springt man dann zu einem Anker am Ende der Seite, um dort zu navigieren. Von Vorteil ist, dass es sich hierbei um eine Lösung ohne zusätzliche Skripte handelt, die auf allen Systemen sicher funktioniert. Das Menü versperrt bei einem Seitenwechsel nicht die Sicht auf den eigentlichen Inhalt, da man wieder am Kopf der neuen Seite landet.

Für die Nutzer kann es erst mal verwirrend sein, dass die Navigation am Ende der Seite steht. Der Menü-Ankerlink von oben ist ganz wichtig. Hilfreich, um unnötiges Scrollen zu vermeiden, ist zusätzlich ein »Nach-oben«-Link aus dem Menübereich zurück.

Momentum haben dieses Navigationskonzept gewählt, obwohl sie nur wenige Menüpunkte unterbringen mussten (siehe Abbildung 9.9).

Praxisbeispiel: Footer-Navigation mit Anker

Um das Prinzip der Footer-Navigation zu veranschaulichen, haben wir diese einfache Variante in unser Praxisbeispiel integriert. Sie finden es auf der DVD unter */praxisbeispiele/kap09/03_footer-nav/*).

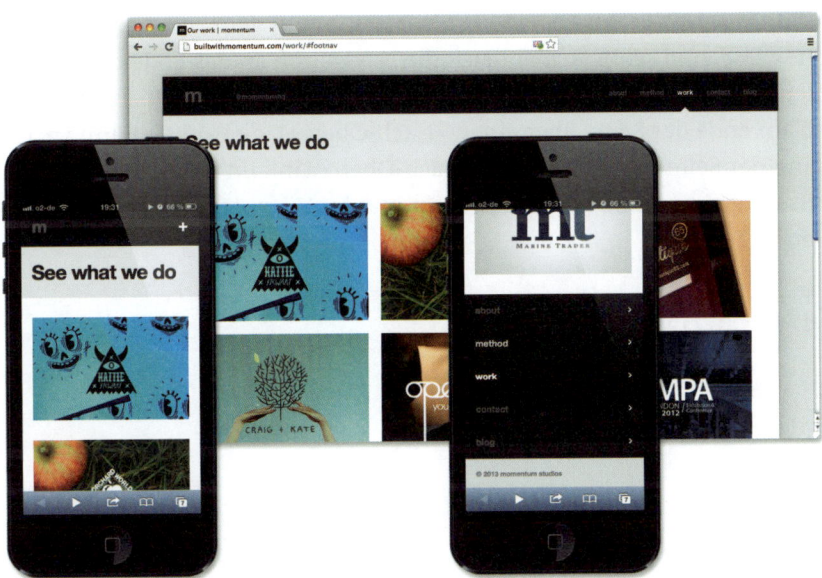

Abbildung 9.9 Bei Momentum rutscht die Navigation auf kleinen Screens ans Ende der Seite.

In diesem Beispiel brauchen Sie einen zusätzlichen Container `div.page` um den inhaltlichen Bereich herum, unter dem das `<nav>`-Element in der Basisversion angezeigt werden soll:

```
<div class="page">
    <header id="top" role="banner">
        <h1>...</h1>
        <a class="toggle-nav" href="#navMain">Menü</a>
    </header>
    <nav>
        <ul id="navMain" class="main-nav">
            <li><a href="#">...</a></li>
            <li><a href="#">...</a></li>
            <li id="back-to-top">
                <a href="#top" title="Zum Seitenanfang"> -- ⬆ -- </a>
            </li>
        </ul>
    </nav>
    <div class="main">...</div>
</div> <!-- div.page - Ende -->
<footer>...</footer>
```

Listing 9.7 Auszug aus der HTML-Datei mit dem zusätzlichen Wrap div.page für die Positionierung der Navigation vor dem Footer

Dem Container div.page geben Sie ein display: table und dem <nav> ein display: table-footer-group, und schon schiebt sich die Navigation an das Ende des Containers. Über den Menülink aus dem Header heraus springt der Nutzer zu einem Anker in das Menü am Ende der Seite, über einen »Nach-Oben«-Link kann er dann wieder an den Anfang der Seite navigieren. Der »Nach-Oben«-Link im Menü #back-to-top wird in der Basisversion nach rechts eingerückt und für Viewports ab 46,875 em wieder ausgeblendet.

```
#back-to-top {
        text-align: right;
    }
    .page {
        display: table;
    }
    nav {
        display: table-footer-group;
    }
@media only screen and (min-width: 46.875em)  {
    .page    {
        display: block;
    }
    nav {
        display: block;
    }
    a.toggle-nav {
        display: none;
    }
    #back-to-top {
        display: none;
    }
}
```

Listing 9.8 CSS-Anpassungen für das Footer-Menü mit Anker

Das CSS für das Menü selbst wird unverändert beibehalten. Was jetzt noch fehlt, ist die Auszeichnung für den Menülink in der Kopfzeile (siehe Listing 9.9):

```
header {
    position: relative;
}
a.toggle-nav {
    display: inline-block;
    position: absolute;
    right: 5%;
```

```
    top: 1em;
    text-decoration: none;
    border-radius: 0.4em;
    cursor: pointer;
    padding: 0.357em;
    color: #D0E4F2;
    background: #4A6491;
    border: 1px solid #4A6491;
}
a.toggle-nav:hover {
    border: 1px solid #D0E4F2;
    background: #D0E4F2;
    color: #1A1F2B;
}
```

Listing 9.9   CSS-Auszeichnungen für den Menülink oben rechts (gilt für alle Beispiele)

Der <header> bekommt ein position: relative, damit der Menülink absolut in ihm positioniert werden kann. Der Menülink besteht hier nur aus Text. Wenn Sie ein Icon verwenden wollen, achten Sie darauf, dass es auch verständlich ist (siehe Abschnitt 6.1.3, »Verständlichkeit«, und Abbildung 9.12).

Abbildung 9.10   Praxisbeispiel: Nach Klick auf den Menübutton landet man im Menü am Ende der Seite.

Bei den bislang beschriebenen Varianten ist das Menü jederzeit irgendwo in der Seite sichtbar und zugänglich. Ein anderer Ansatz ist, die Navigation aus dem sichtbaren Bereich zu entfernen und sie erst nach einer Aktion durch den Benutzer wieder einzublenden.

9.3.5 Toggle-Menü

Das Toggle-Menü (von »to toggle« = »umschalten«) hat die größte Verbreitung bei der mobilen Navigation. Durch den Klick (Touch) auf einen Menülink wird das Menü sichtbar. Dabei kann es sich oberhalb der Website oder unter der Logoleiste aufschieben, oder es legt sich über die darunter liegenden Bereiche. Nach Auswahl eines Menüpunktes wird die neue Seite geladen, und das Menü ist wieder ausgeblendet. Die Umsetzung dafür kann mit JavaScript erfolgen oder nur mit CSS. Wir stellen Ihnen drei unterschiedliche Varianten in unserem Praxisbeispiel vor.

Praxisbeispiel: Toggle-Menü mit JavaScript

Die erste Variante (auf der DVD unter */praxisbeispiele/kap09/04_toggle-nav-js/*) bekommt den Toggle-Effekt durch ein kleines auf jQuery basierendes JavaScript. Wir verwenden dazu wieder die normale HTML-Anordnung; die Navigation sitzt also wieder direkt hinter dem `<header>` und nicht mehr vor dem `<footer>` wie im letzten Beispiel.

Abbildung 9.11 Der User »toggelt« das Menü.

Die beiden JavaScript-Dateien binden Sie am Ende der HTML-Datei vor dem schließenden <body>-Tag ein.

```
<script src="../js/jquery.js"></script>
<script src="../js/togglemenu.js"></script>
```

Bonuslektion aus dem Videotraining zu Responsive Webdesign

Das Skript *togglemenu.js* für dieses Beispiel haben wir im bei Galileo Press erschienenen »Videotraining zu Responsive Webdesign« von Jonas Hellwig entnommen und leicht modifiziert. Sie finden die gesamte Lektion auf der DVD zum Buch im Verzeichnis */videotraining_jonas-hellwig/*.

```
$(document).ready(function(){
    $('html').addClass('js-on');
    $('html').removeClass('js-off');
    var navToggle = ['<div id="toggleNavMain"><a href="#" ↵
      class="toggle-nav">Menü</a></div>'].join("");
    $("header").append(navToggle);
});


$(function() {
    var pull      = $('#toggleNavMain');
    menu          = $('#navMain');
    menuHeight    = menu.height();

    $(pull).on('click', function(e) {
        e.preventDefault();
        menu.slideToggle();
    });

    $(window).resize(function()    {
        var screen = $(window).width();
        if(screen > 320 && menu.is(':hidden')){
            menu.removeAttr('style');
        }
    });
});
```

Listing 9.10 togglemenu.js

Die Datei *togglemenu.js* sorgt dafür, dass der Menülink erstellt wird. Hier finden Sie an oberster Stelle die JavaScript-Erkennung, die wir schon in Abschnitt 9.3.3, »Select-Menü«, beschrieben haben. Wenn JavaScript im Browser aktiviert ist, wird die Klasse

.js-off aus dem <html>-Tag entfernt und durch .js-on ersetzt. Zum Ausblenden des Menüs wird die Klasse .js-on genutzt. Wenn also JavaScript im Browser nicht aktiviert ist, dann wird weder das Menü ausgeblendet noch der Menülink erzeugt. Dadurch ist sichergestellt, dass die Navigation auch ohne JavaScript bedienbar ist.

In der Funktion zum Ein- und Ausblenden des Menüs wird mit preventDefault() das Standardverhalten des Links verhindert und stattdessen das Umschalten des Menüs onClick aktiviert. Das Menü wird per JavaScript auf display: none gesetzt. Damit es wieder eingeblendet wird, falls das Browserfenster danach vergrößert wird, gibt es die JavaScript-Funktion resize(). Hier wird für Screens, die breiter als 320 px sind, das style="display: none" aus der UL entfernt.

Das Menü ist auf kleinen Viewports also erst einmal ausgeblendet; somit haben die Nutzer freie Sicht auf die Inhalte und können das Menü bei Bedarf anzeigen lassen. Die Position rechts oben hat sich inzwischen bei mobilen Sites, die diese Art der Navigation nutzen, weitgehend eingebürgert, entweder mit einem beschrifteten Button oder einer Grafik (siehe Abbildung 9.12). Wir bevorzugen die ausgeschriebene Variante, wann immer der Platz es zulässt.

Abbildung 9.12 Menülink-Kennzeichnungen ganz unterschiedlicher Art

Die Styles für den Menülink rechts oben sind unverändert, wie in Listing 9.9 beschrieben. Das Menü selbst wird in kleineren Viewports versteckt und in größeren wieder sichtbar gemacht, wenn die Klasse .js-on verfügbar ist. In den höheren Auflösungen muss dann noch der Button zum Ein- und Ausblenden des Menüs entfernt werden.

```
.js-on #navMain {
    display: none;
}
@media only screen and (min-width: 46.875em) {
    a.toggle-nav,
    .js-on #navMain {
        display: block;
    }
}
```

Listing 9.11 Zusätzliche Styles für das Toggle-Menü mit togglemenu.js

Praxisbeispiel: Toggle-Menü nur mit CSS

Im letzten Beispiel bestand der Fallback, wenn kein JavaScript verfügbar war, darin, dass die Navigation dann einfach ausgeklappt blieb. Es gibt aber auch die Möglichkeit, ein Toggle-Menü ausschließlich mit CSS umzusetzen. Dafür wird die CSS-Pseudoklasse `:target` verwendet. In der folgenden Variante des Praxisbeispiels (auf der DVD unter */praxisbeispiele/kap09/05_toggle-nav-css/*) setzen wir diese Variante um.

Abbildung 9.13 Praxisbeispiel: CSS-Toggle-Navigation

Als Ausgangssituation für dieses Beispiel können Sie wieder */kap9/01start-nav* verwenden. Zusätzlich brauchen Sie einen Menülink mit einem Anker, der auf die ID der Navigationsliste #navMain zeigt:

```
<header role="banner">
   <h1>Websitetitle</h1>
   <a id="toggleNav" class="toggle-nav" href="#navMain">Menü</a>
</header>
<nav id="nav" role="navigation">
   <ul id="navMain" class="main-nav">
      <li><a href="#">Link 1</a></li>
      <li>...</li>
      <li>...</li>
```

```
        ...
    </ul>
</nav>
```

Listing 9.12 Auszug aus dem HTML-Code für das CSS-Target-Menü

Wenn der Menülink angeklickt wird, bekommt die Liste <ul id="navMain ... > die Pseudoklasse :target zugewiesen, die dann für das Einblenden des Menüs verwendet wird. Das CSS für den Menülink selbst ist unverändert, wie auch schon in den vorhergehenden Beispielen und in Listing 9.9 beschrieben.

```
#navMain {
    display: none;
}
#navMain:target {
    display: block;
}
@media only screen and (min-width: 46.875em) {
    #navMain {
        display: block;
    }
    a.toggle-nav {
        display: none;
    }
}
```

Listing 9.13 Zusätzliche Styles für das CSS-Target-Menü

Die Navigation #navMain wird versteckt und nur für :target und für Screens ab 750 px (46,875 em) Weite wieder eingeblendet. Der Menülink wird in größeren Viewports versteckt.

Das Pseudoelement :target wird von allen modernen Browsern (ab IE9) unterstützt. Ein nachteiliger Nebeneffekt dieser Lösung sei allerdings auch nicht verschwiegen: Wenn der Nutzer das Menü ausklappt, erzeugt er einen zusätzlichen Eintrag in der Browserhistory. Das bedeutet, dass der »Zurück«-Button des Browsers nicht zur vorherigen Seite zurückführt, sondern nur das Menü wieder einklappt.

Praxisbeispiel: Toggle-Menü mit dem Responsive-Nav-Plugin

Die dritte Variante eines Toggle-Menüs ist ein kleines leichtgewichtiges JavaScript-Plugin namens Responsive Nav (*http://responsive-nav.com*) des finnischen Entwicklers Viljami Salminen, mit dem man sehr schnell und einfach eine »togglebare« Navigation aufbauen kann. Wir haben das in unserem Praxisbeispiel (auf der DVD unter */praxisbeispiele/kap09/06_toggle-responsivenav*) in unserer vorhandenen Struktur einmal getestet. Das Download-Paket können Sie direkt von oben genannter Website oder von *https://github.com/viljamis/responsive-nav.js* herunterladen. Es beinhaltet auch mehrere Beispiele für den Einsatz.

Abbildung 9.14 Praxisbeispiel: Toggle-Navigation mit Responsive Nav

Die HTML-Datei bleibt wie gehabt; nur die Einbindung des Menülinks wird diesmal durch das Plugin gemacht.

```
<header role="banner">
   <h1>Websitetitle</h1>
</header>
<nav id="nav" role="navigation">
   <ul id="navMain" class="main-nav">
      <li><a href="#">Link 1</a></li>
      <li><a href="#">Link 2</a></li>
      <li>...</li>
      ...
   </ul>
</nav>
```

Listing 9.14 Auszug aus dem HTML-Code für das Responsive-Nav-Beispiel

Die JavaScript-Datei *responsive-nav.min.js* binden Sie vor dem schließenden `<body>`-Tag ein. Die JavaScript-Konfiguration haben wir so angepasst, dass der Anker zum

Umschalten vor dem Menü eingebunden wird. Die Navigation soll darunter ausgefahren werden, wie auch in den Beispielen vorher.

```
<script src="../js/responsive-nav.min.js"></script>
<script>
    var navigation = responsiveNav("#nav", {
        insert: "before"
    });
</script>
```

Listing 9.15 JavaScript-Einbindung und Konfiguration für Responsive Nav vor dem schließenden <body>-Tag

In der Datei *responsive-nav.css* gibt es Standard-Styles für #nav ul und #nav li, die wir nicht übernommen haben – wir verwenden weiterhin unsere eigenen Styles für die Navigation. Übernommen haben wir jedoch das CSS, das für die JavaScript-Erkennung benötigt wird. In den Beispielen vorher haben wir das mit den Klassen .js-off und .js-on aus unserem eigenen Skript gemacht. Hier wird jetzt die Klasse .js in das <html>-Element gesetzt. Wenn also JavaScript aktiv ist und .js existiert, wird die #nav versteckt und »getoggelt«. Das heißt, dass unser Menü auch hier ohne JavaScript zugänglich ist: Es wird dann nicht versteckt.

```
.js #nav {
    clip: rect(0 0 0 0);
    max-height: 0;
    position: absolute;
    display: block;
    overflow: hidden;
    zoom: 1;
}
#nav.opened {
    max-height: 9999px;
}
```

Listing 9.16 CSS-Anweisungen, die wir aus der Datei responsive-nav.css übernehmen

Der hohe Wert von 9999 px für #nav.opened dient als Fallback, falls die JavaScript-Berechnung der realen maximalen Höhe der geöffneten Navigation fehlschlägt.

Für den Menü-Toggle-Button haben wir ebenfalls unsere eigenen Styles verwendet, die wir in diesem Beispiel auf die #nav-toggle gelegt haben, da das Plugin Responsive Nav diese mitbringt. Der Menülink ist wieder absolut in der oberen Leiste positioniert.

```
#nav-toggle {
    display: inline-block;
    position: absolute;
    right: 5%;
    top: 1em;
    border-radius: 0.4em;
    cursor: pointer;
    padding: 0.357em;
    color: #D0E4F2;
    background: #4A6491;
    border: 1px solid #4A6491;
}
#nav-toggle:hover {
    border: 1px solid #D0E4F2;
    background: #D0E4F2;
    color: #1A1F2B;
}
```

Listing 9.17 CSS für den Menülink

Als Letztes muss noch für größere Viewports der Button zum Umschalten des Menüs aus- und das Menü selbst wieder eingeblendet werden. Dazu haben wir aus der Datei *responsive-nav.css* des Plugins die passenden Styles übernommen, aber den Viewport an unsere Bedürfnisse angepasst. Der Breakpoint, an dem sich die Darstellung unseres Menüs verändert, liegt bei 750 px (46,875 em). Daraus folgt:

```
@media only screen and (min-width: 46.875em) {
  .js #nav {
    position: relative;
  }
  .js #nav.closed {
    max-height: none;
  }
  #nav-toggle {
    display: none;
  }
}
```

Listing 9.18 CSS zum Aufheben der vorher definierten Styles für größere Viewports

9.3.6   Off-Canvas-Menü

Eine technisch recht anspruchsvolle, aber schöne Lösung ist das *Off-Canvas-Menü*. Dabei wird das Menü neben oder über dem Hauptinhalt angeordnet und dieser

Bereich im Normalfall nicht angezeigt. Nach Klick auf einen Menülink schiebt sich dann das Menü von oben oder von der Seite in den Viewport und überlagert entweder den Inhalt, oder es schiebt für die Dauer der Menüwahl den Inhalt aus dem Viewport.

Abbildung 9.15 Schematische Darstellung Off-Canvas-Menü

Beim iPhone kennt man die Off-Canvas-Menüführung von Apps wie Facebook oder Spotify. In Kapitel 7, »Desktop First Responsive Layout-Patterns«, haben wir Ihnen die Off-Canvas-Technik auch schon als Layoutkonzept vorgestellt.

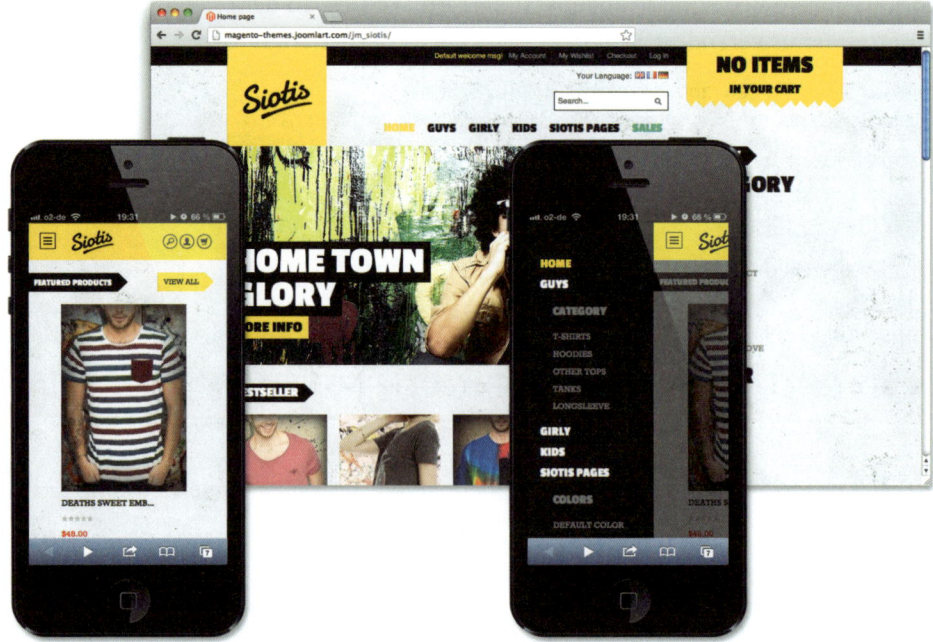

Abbildung 9.16 Siotis arbeitet mit einem Off-Canvas-Menü für kleine Viewports.

Praxisbeispiel: Responsives Off-Canvas-Menü

David Bushell hat Anfang des Jahres 2013 ein Tutorial beim Smashing Magazine (siehe Kasten unten) für die Erstellung eines benutzerfreundlichen Off-Canvas-Menüs geschrieben. Die Animationen, mit denen das Menü ein- und ausgeblendet werden, hat er nicht mit JavaScript, sondern mit CSS-Transitions umgesetzt, was für eine wesentlich bessere Performance sorgt. Er arbeitet mit einem kleinen JavaScript und Modernizr, um per *Feature-Detection* festzustellen, ob bestimmte CSS3-Eigenschaften vom jeweiligen Browser unterstützt werden, um diese dann über die von Modernizr im <html>-Tag eingefügten Klassen zuzuweisen. Für Browser, die diese Eigenschaften nicht unterstützen, bietet er einfachere Alternativen. In mehreren Teilbeispielen erklärt er den gesamten Weg der »richtigen« Umsetzung und hat die einzelnen Teilschritte auch als Demos auf GitHub zur Verfügung gestellt (*https:// github.com/dbushell/Responsive-Off-Canvas-Menu*).

Implementing Off-Canvas Navigation For A Responsive Website

Wenn Sie sich intensiv damit beschäftigen und im Detail verstehen möchten, worauf Sie bei der Umsetzung eines Off-Canvas-Menüs achten sollten, empfehlen wir Ihnen das tolle englischsprachige Tutorial von David Bushell (*http://coding.smashingmagazine.com/2013/01/15/off-canvas-navigation-for-responsive-website*).

Das Unternehmen Cloudfour hat sich an dem Best-Practice-Beispiel von David Bushell orientiert und für seine eigenen Projekte ein Plugin namens Off Canvas Menu geschrieben und auf GitHub veröffentlicht (*https://github.com/cloudfour/ offCanvasMenu*). Die Implementierung eines eigenen Off-Canvas-Menüs wird damit ganz einfach.

Das Plugin funktioniert sowohl mit jQuery als auch mit der leichtgewichtigen Java-Script-Bibliothek Zepto. Auch hier kann Modernizr verwendet werden, um entsprechende Klassen für die CSS3-Animationen einzufügen. Wird Modernizr nicht eingebunden (oder unterstützt der Browser keine CSS-Animationen), werden Java-Script-Animationen verwendet, die allerdings mehr auf die Performance gehen. Cloudfour arbeitet zusätzlich noch mit zwei weiteren Skripten, nämlich *fastclick.js* zum Verhindern der Klickverzögerung auf Geräten mit Touchdisplays (*https:// github.com/ftlabs/fastclick*) und *csswatch.js* zum Aufspüren von und Reagieren auf CSS-Veränderungen einzelner Attribute mit JavaScript (*https://github.com/leifcr/ jquery-csswatch*).

Für die Integration in das Praxisbeispiel (auf der DVD unter */praxisbeispiele/kap09/ 07_offcanvas-nav/*) haben wir die IDs aus dem Plugin verwendet (#menu-trigger und #menu). Der Menülink a.toggle-nav erhält die id="menu-trigger", und dem <nav>-Tag haben wir die id="menu" gegeben. Das sieht dann so aus:

```html
<header id="top">
    <h1>...</h1>
    <a id="menu-trigger" class="toggle-nav" href="#menu">Menu</a>
</header>
<nav id="menu">
    <ul class="main-nav">
        <li><a href="#">...</a></li>
        <li><a href="#">...</a>
        ...
    </ul>
</nav>
```

Listing 9.19 HTML-Anpassungen für das Off-Canvas-Menü von Cloudfour in unserem Praxisbeispiel

Im nächsten Schritt werden noch die benötigten JavaScripts in die HTML-Datei eingebunden. Das *modernizr.js* muss möglichst weit oben untergebracht werden, damit die Modernizr-Klassen schon beim Aufbau der Seite zur Verfügung stehen. Alle anderen Skripte rutschen an das Seitenende hinter die entsprechende JavaScript-Bibliothek (jQuery oder Zepto).

```html
<!-- Einbindungen im <head>-Tag -->
<script src="../js/modernizr.js"></script>
<!-- Einbindungen vor dem schließenden <body>-Tag -->
<script src="../js/jquery.js"></script>
<script src='../js/cloudfour.fastclick.js'></script>
<script src='../js/cloudfour.csswatch.js'></script>
<script src='../js/cloudfour.offcanvasmenu.js'></script>
<script src='../js/cloudfour.example.js'></script>
```

Listing 9.20 JavaScript-Einbindung für das Off-Canvas-Menü von Cloudfour in unserem Praxisbeispiel

Sind die JavaScript-Dateien in die eigene Seite eingebunden (siehe Listing 9.20), dann muss noch das CSS entsprechend angepasst werden. Da wir unser Menü-Styling unverändert beibehalten wollen, haben wir auf eine Übernahme der Standard-Styles des Plugins verzichtet. Alle Menüauszeichnungen bleiben unverändert.

Die Styles für den Menülink selbst sind ebenfalls unverändert (siehe Listing 9.9). Der Menülink a.toggle-nav wird für größere Viewports auf display:none; gesetzt, und dem Off-Canvas-Menü haben wir eine Hintergrundfarbe gegeben.

```css
body.off-canvas-menu #menu {
    background: #85A5CC;
}
```

```
.no-js a.toggle-nav {
    display: none;
}
@media only screen and (min-width: 46.875em)  {
  a.toggle-nav {
        display: none;
  }
}
```

Listing 9.21 Zusätzliche Auszeichnungen für das Off-Canvas-Menü-Beispiel: Das Menü selbst bleibt unverändert.

Jetzt lässt sich noch konfigurieren, ob das Menü von rechts oder links in den Viewport geschoben wird und wie viel Prozent des Bildschirms es dabei belegen darf:

```
$.offCanvasMenu({
  direction : right,
  coverage  : '70%'
)};
```

Listing 9.22 Initialisierung des Menüs in der cloudfour.example.js

Achten Sie darauf, dass der Menülink in der Nähe des sich öffnenden Off-Canvas-Menüs untergebracht ist. Da er auch zum Schließen des Menüs verwendet werden kann, sollte er nicht aus dem Viewport geschoben werden.

Abbildung 9.17 Praxisbeispiel: Off-Canvas-Menü

Auf der DVD finden Sie noch ein weiteres Beispiel mit dem Off-Canvas-Plugin, bei dem als Fallback das Footer-Menü eingebunden ist (auf der DVD unter */praxisbeispiele/kap09/08_offcanvas-footer-nav/*).

9.4   Multilevel-Menüs

Menüs mit mehreren Ebenen stellen eine besondere Herausforderung im responsiven Layout dar. Auf Desktoprechnern wird von verschachtelten Menüs oft nur die erste Ebene dargestellt, entweder in einer vertikalen oder in einer horizontalen Anordnung. Beim Überfahren eines Menüpunktes mit der Maus oder bei Klick auf einen Menüpunkt öffnet sich dann das Untermenü. Auf dem Desktop funktioniert sowohl das eine als auch das andere. Bei einem Menü in der Seitenleiste, bei dem alle Menüpunkte untereinander dargestellt werden, ist es nicht sinnvoll, bei jedem Darüberfahren mit der Maus das Öffnen und Schließen auszulösen, weil sich ja jedes Mal der gesamte Rest des Menüs nach oben oder unten verschiebt. Ein Aus- und Einklappen weiterer Ebenen beim Hovern wirkt hier sehr unruhig (es sei denn, Sie lassen die nächste Ebene seitlich erscheinen).

Abbildung 9.18 Multilevel-Menü mit aufgeklapptem Untermenü auf Desktop, Tablet(-Größe) und Smartphone

Bei einer Verwendung des Menüs in einer horizontalen Leiste hingegen funktioniert sowohl das Ausklappen beim Hovern als auch das Ausklappen nach Anklicken. Durchgesetzt hat sich hier in letzter Zeit die Hover-Variante. Aber was machen Sie mit dem Menü in der gleichen Ansicht auf einem Tablet mit Touchbedienung – dort gibt es ja kein Hover. Auch wenn der Platz ausreichend groß sein kann, um die gleiche Darstellung zu verwenden wie auf Desktoprechnern: Wie kommen Sie ohne den Hover-Effekt an die nächsttiefere Menüebene heran, um von dort aus weiter zu navigieren?

9.4.1   Die native Einbindung von Multilevel-Menüs auf iOS und Android

Das native Verhalten von Geräten mit Touchdisplay bei der Interpretation von Hover-Menüs mit mehreren Ebenen ist in Teilen nicht schlecht, aber leider recht unterschiedlich bei den einzelnen Geräten. In der Praxis zeigen sich aktuell (Oktober 2013) einige zum Teil gravierende Probleme:

- ▶ iOS-Systeme wandeln einen Hover selbstständig in eine »Touchkaskade« um. Das heißt, wenn Sie ein Menü mit Hover-Effekt verwenden, löst der erste Touch den eigentlichen Hover-Effekt aus und erst der zweite den Link. Unter Android gibt es dieses Verhalten nicht. Hier führt der erste Touch sofort auf die verlinkte Seite; das Hover-Menü wird ignoriert.

- ▶ Touch-Events werden unter Android an untergeordnete Elemente durchgereicht und lösen ungewollt den unter dem tatsächlich »getouchten« Element liegenden Link der nächsten Ebene aus.

- ▶ Auf iOS-Geräten schließt sich das einmal ausgefahrene Menü nicht wieder automatisch, sondern bleibt auch nach Ansteuern der neuen Seite sichtbar.

Die Lösung: JavaScript

Wie gesagt: Das ist das native Verhalten der Geräte für Hover-Menüs mit mehreren Ebenen. Durch die Verwendung von JavaScript bekommt man diese Probleme in den Griff, wie Sie gleich sehen werden.

Nachvollziehen können Sie das Beispiel ohne JavaScript-Anpassungen für Touchgeräte (vorausgesetzt, Sie haben das passende Gerät) mit dem Praxisbeispiel auf der DVD unter */praxisbeispiele/kap09/09_multilevel-ohneJS/*.

Zum Testen sind hier unterhalb des Navigationspunktes »Navitest« fünf Testseiten verlinkt. Über den Link auf dem Logo (Websitetitle) kommen Sie immer wieder zurück zur Startseite des Beispiels. Der Seitenlink des Menüpunktes »Navitest« wurde hier für Android entfernt. Das folgende Beispiel mit der JavaScript-Anpassung für Touchscreens finden Sie unter */praxisbeispiele/kap09/10_multilevel-mitJS*. Hier funktioniert das Menü auch gut, wenn der Menüpunkt »Navitest« seinen Seitenlink behält.

Praxisbeispiel: Multilevel-Menü mit DoubleTabToGo.js

Um das Multilevel-Menü jetzt auch für mobile Geräte mit Touchscreen bedienbar zu machen, verwenden wir in diesem Beispiel das Skript *DoubleTabToGo.js*, das der litauische Webentwickler Osvaldas Valutis in seinem Beispiel zu responsiven Drop-down-Menüs   (*http://osvaldas.info/drop-down-navigation-responsive-and-touch-friendly*) veröffentlicht hat.

Das Menü ist als ungeordnete Liste umgesetzt, diesmal in einer verschachtelten Liste für die zweite Menüebene:

```html
<nav id="nav" role="navigation"
  <ul id="navMain" class="main-nav first-level">
    <li><a href="navitest.html">Navitest</a>
        <ul class="sec-level">
           <li><a href="navitest-01.html">Navitest-01</a></li>
           <li><a href="navitest-02.html">Navitest-02</a></li>
           ...
        </ul>
    </li>
    <li><a href="#">Level-01</a>
       <ul class="sec-level">
          <li><a href="#">Level-02</a></li>
          ...
       </ul>
    </li>
    ...
  </ul>
</nav>
```

Listing 9.23 HTML-Auszug: Multilevel-Navigation

Beim Überfahren mit der Maus wird das Untermenü angezeigt. Das erreichen Sie mit der CSS-Anweisung `li:hover ul {display:block;}`, die das zuvor auf `display:none` gesetzte Menü der zweiten Ebene einblendet. In den unterschiedlichen Viewports wird es genauso wie unsere Beispiele vorher angeordnet, nur dass die zweite Ebene noch ein paar zusätzliche Styles bekommt.

Am Ende vor dem schließenden `<body>`-Tag wird nun noch das kleine jQuery-Plugin und der Funktionsaufruf eingefügt:

```
<script src="../js/jquery.js"></script>
<script src="../js/doubletaptogo.js"></script>
<script>
   $(document).ready(function() {
      $('#navMain li:has(ul)').doubleTapToGo();
   });
</script>
```

Listing 9.24 DoubleTabToGo verhindert sofortiges Auslösen des zweiten Taps.

Beim ersten Tap auf einen übergeordneten Menülink verhindert das Skript, dass der Browser die dahinter liegende URL öffnet – bei einem zweiten Tap wird dann die Weiterleitung erlaubt und ausgeführt. Auf diese Art wird das eingangs genannte Problem gelöst, dass bei Android die Weiterleitung immer sofort erfolgt, und auch die Event-Verzögerung ist kein Problem mehr, da ja beim ersten Klicken nur das Untermenü geöffnet wird. Erfolgt nach einem Tap auf einen Link noch ein Tap auf einen anderen, wird der Zähler zurückgesetzt und benötigt wieder einen Doppel-Tap, um den dahinter liegenden Link anzusteuern.

Natürlich ergibt dieses Verhalten nur bei den Menüpunkten mit Untermenüs Sinn. Die Zuordnung der Funktion erfolgt deshalb nur an <li>s, die wiederum eine <ul> beinhalten ($('#navMain li:has(ul)').doubleTapToGo();).

Den vollständigen HTML- und CSS-Code entnehmen Sie bitte dem Anwendungsbeispiel auf der DVD, und auch das Skript von Osvaldas Valutis finden Sie in diesem Anwendungsbeispiel (oder direkt unter *http://osvaldas.info/examples/drop-down-navigation-touch-friendly-and-responsive/doubletaptogo.min.js*).

9.4.2   Andere Lösungen für Multilevel-Menüs

Neue responsive Menülösungen schießen wie Pilze aus dem Boden. Der Vorreiter interessanter Beispiele ist hier eindeutig Codrops (*http://tympanus.net/codrops/category/playground*) mit Ideen wie dem Multi-Level Push Menu (*http://tympanus.net/codrops/2013/08/13/multi-level-push-menu*).

Brad Frost hat sich mit dem Thema sehr umfassend beschäftigt und bietet eine Reihe von Ressourcen an: Als Startpunkt eignet sich sein Blogpost »Complex Navigation Patterns for Responsive Design« (*http://bradfrostweb.com/blog/web/complex-navigation-patterns-for-responsive-design*). Außerdem hat er eine Übersichtslinkliste zu verschiedenen Themen rund um responsives Design mit einer Sektion zu Navigations-Pattern zusammen gestellt (*http://bradfrost.github.io/this-is-responsive/patterns.html#navigation*).

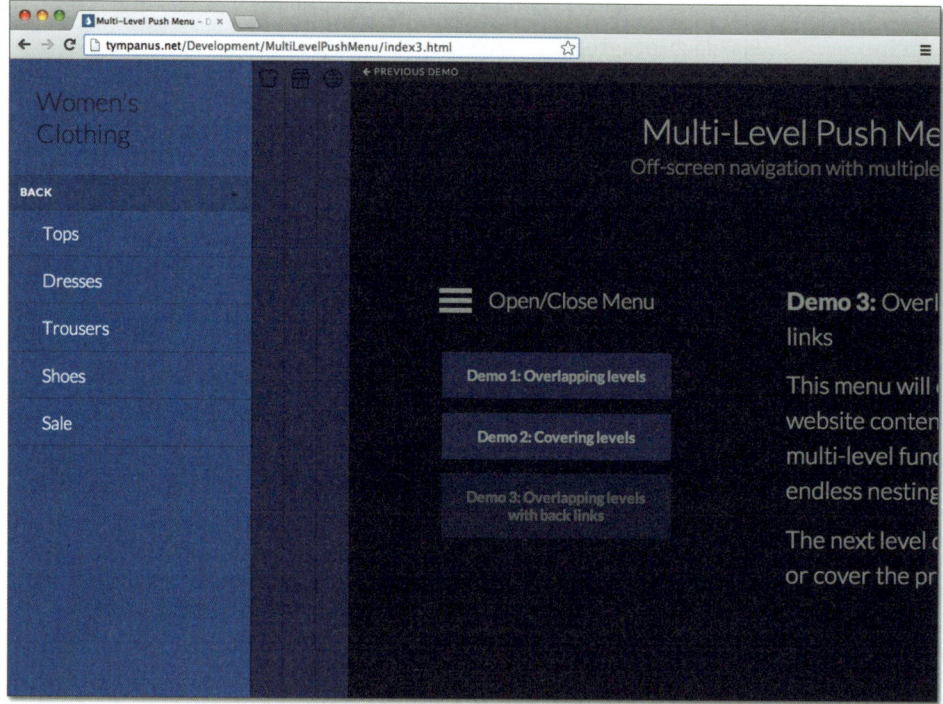

Abbildung 9.19 Immer wieder eine gute Idee: Multi-Level Push Menu von Codrops

9.5   Zusammenfassung

In diesem Kapitel haben wir Ihnen verschiedene Lösungen für die Navigation Ihrer Website vorgestellt. Wir haben über die Grundlagen einer guten Navigation gesprochen und verschiedene Navigationsmuster (Patterns) diskutiert – von der Mininavigation am oberen Seitenrand über Toggle-Menüs, die sich ein- und ausblenden lassen, bis hin zu Off-Canvas-Lösungen. Zum Schluss haben wir Ihnen am Beispiel gezeigt, dass auch komplexe, mehrschichtige Menüs auf responsiven Websites umsetzbar sind.

Bei all der Faszination für das Besondere sollten Sie nicht den Blick auf die ältere Gerätegeneration verlieren, die einen Großteil des mobilen Marktes ausmacht. Je mehr Raffinesse unter Verwendung neuester Techniken so ein »Supermenü« mit sich bringt, desto wichtiger ist es, die Lösung umfassend zu testen. Ohne eine funktionsfähige Navigation haben Ihre Besucher wenig Freude an der Website.

Kapitel 10
Flexible Bildelemente

»Ein Bild sagt mehr als tausend Worte.«
Fred R. Barnard

Eine Herausforderung im Responsive Webdesign sind Elemente, die eigene feste Dimensionen haben: Bilder zum Beispiel, aber auch Videos, Flash-Applikationen oder Inline-Frames. Responsive Images sind ein viel diskutiertes Thema bei dem es sehr unterschiedliche Lösungsansätze gibt.

In diesem Kapitel zeigen wir Ihnen, wie Sie Bilder und Hintergrundgrafiken flexibel in Ihre Website einbauen können und welche Hilfsmittel Ihnen dabei zur Verfügung stehen. Sie werden sehen, wie Sie die Performance Ihrer Website mit CSS-Sprites für Hintergrund-Icons verbessern können, und wie Sie diese auch für hochauflösende Displays einsetzen können. Außerdem stellen wir Ihnen interessante Alternativen wie Icon-Fonts und skalierbare Vektorgrafiken (SVG) vor, mit denen Sie mit verhältnismäßig geringen Datenmengen jede Geräteauflösung bedienen können.

10.1 Anpassungsfähige Bilder

Schauen wir uns zunächst einfache Bilder in einem flexiblen Layout an – wir hatten das Thema ja in Kapitel 2, »Anwendungsbeispiel: Umsetzung eines fixen Designs in ein flexibles Layout« zu Anfang des Buches schon kurz gestreift. Wir hatten dort festgestellt, dass Bilder und Grafiken sich in einem responsiven Layout der Umgebungsgröße nicht anpassen und ein flexibles Layout sprengen, wenn ihre Abmessungen für eine bestimmte Layoutgröße optimiert wurden. In Abbildung 10.1 wird das Bild auf dem Desktop und auf dem iPhone zu groß dargestellt, weil es in seiner Originalgröße angezeigt wird.

Den Bildern müssen also die festen Dimensionen genommen werden. Sie sollen sich jeder Größenveränderung des Layouts anpassen und dabei ihr Seitenverhältnis beibehalten. Wenn es im HTML-Code keine Größenangaben gibt, dann lässt sich das durch eine flexible Breite im CSS erreichen: `width=100%`. Ein Bild ohne Dimensionsangaben im HTML nimmt so die volle Breite des umgebenen Containers ein und passt auch seine Höhe automatisch proportional an.

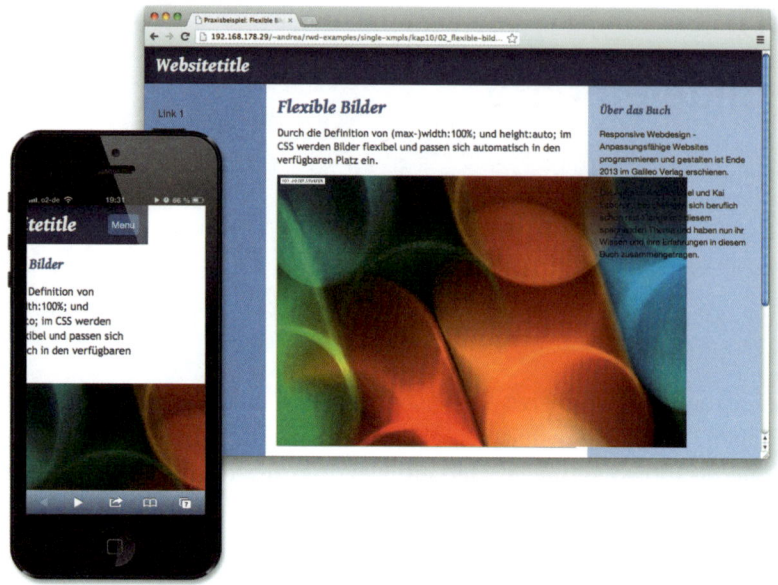

Abbildung 10.1 Große Bilder ohne Anpassungen für das flexible Layout passen sich nicht ein.

```
<img src="beispielbild.png">
img {
    width: 100%;
}
```

Listing 10.1 Das dimensionslose Image-Element nimmt immer eine Breite von 100 % ein und passt seine Höhe automatisch proportional an.

Wenn Ihr Bild merkwürdig verzerrt aussieht, liegt das daran, dass `width` und `height` im HTML-Code noch vorhanden sind. In dem Fall wird das Bild zwar in der Breite auf 100 % skaliert, aber die Höhe wird weiterhin aus dem HTML übernommen – mit sehr unschönen Auswirkungen. Hier hilft aber ein einfaches `height: auto` im CSS weiter.

Jetzt passen sich Breite und Höhe des Bildes automatisch in den umgebenen Container ein und behalten dabei das richtige Seitenverhältnis. Allerdings werden jetzt auch Bilder skaliert, deren Source-Datei viel kleiner ist als der Platz auf der Website. In den meisten Fällen werden Sie das vermeiden wollen. Bilder, die über ihre eigentlichen Dimensionen hinweg skaliert werden, wirken pixelig und verschwommen. Manchmal passt das auch nicht: In einer Bildergalerie sollen die Vorschaubilder oft ein einheitliches Aussehen haben – da wäre ein etwas unscharfes Bild möglicherweise weniger schlimm als ein uneinheitliches Gesamtbild. Wenn Sie aber vermeiden wollen, dass Bilder über ihre Pixelabmessungen hinaus skaliert werden, setzen Sie statt `width=100%` die Anweisung `max-width=100%`:

```
img {
    max-width: 100%;
    height: auto;
}
```

Listing 10.2 So passen sich Ihre Bilder immer flexibel in das Layout ein.

10.1.1   Praxisbeispiel: Anpassungsfähiges Headerbild

Weil es so einfach geht, setzen Sie das jetzt gleich in die Tat um. Wir haben für dieses Kapitel wieder eine Startdatei für unser Praxisbeispiel bereitgestellt (auf der DVD unter */praxisbeispiele/kap10/00_start_bilder/*). Dieses Beispiel beinhaltet das HTML5-Gerüst in der Basisversion mit den drei Layoutumbrüchen, wie Sie sie in Kapitel 7, »Desktop First Responsive Layout-Patterns«, nachgebaut haben. Als Navigation haben wir uns hier (und für den weiteren Verlauf des Beispiels) für das Responsive-Nav-Plugin entschieden. Sie haben dieses in Kapitel 9, »Navigationskonzepte«, bereits kennen gelernt.

Im folgenden kleinen Beispiel (auf der DVD unter */praxisbeispiele/kap10/01_ flexible_bilder/*) fügen Sie unterhalb des Elementes p.teasertext ein Bild innerhalb eines <figure>-Elementes ein. Diesem Element geben wir die Klasse .slides und verwenden diese für das Styling per CSS, falls das <figure>-Element selbst auch noch in anderen Situationen auf der Website zum Einsatz kommt.

```
<div class="mainContent" role="main">
    <h2>Flexible Bilder</h2>
    <p class="teasertext">...</p>
    <figure class="slides">
        <img src="../img/dummy.jpg" width="720" height="480" ↵
            alt="Schönes buntes Dummybild">
        <figcaption>Bildunterschrift</figcaption>
    </figure>
    <section>...</section>
</div>
```

Listing 10.3 Auszug: Ergänzung im HTML-Code für das flexible Headerbild mit einer Bildunterschrift

Die einzige wichtige Ergänzung im Stylesheet haben Sie eben schon kennen gelernt:

```
img {
    max-width: 100%;
    height: auto;
}
```

Zusätzlich können Sie folgende Styles verwenden, um das `figure.slides`-Element und die Bildunterschrift darin zu positionieren:

```css
.slides {
    margin: 20px 0;
    line-height: 0;
}
figcaption {
    background-color: #EDEDED;
    font-size: 0.875em;
    line-height: 1.4em;
    padding: 0.5em;
    text-align: center;
}
@media only screen and (min-width: 46.875em) {
    .slides {
        margin: 0 0 2em;
        box-shadow: 0 1px 2px rgba(0, 0, 0, 0.5);
    }
}
```

Für größere Viewports geben Sie dem Bild noch einen Schatten und passen die Ausrichtung von `figure.slides` an, und fertig ist das flexible Bildelement (siehe Abbildung 10.2).

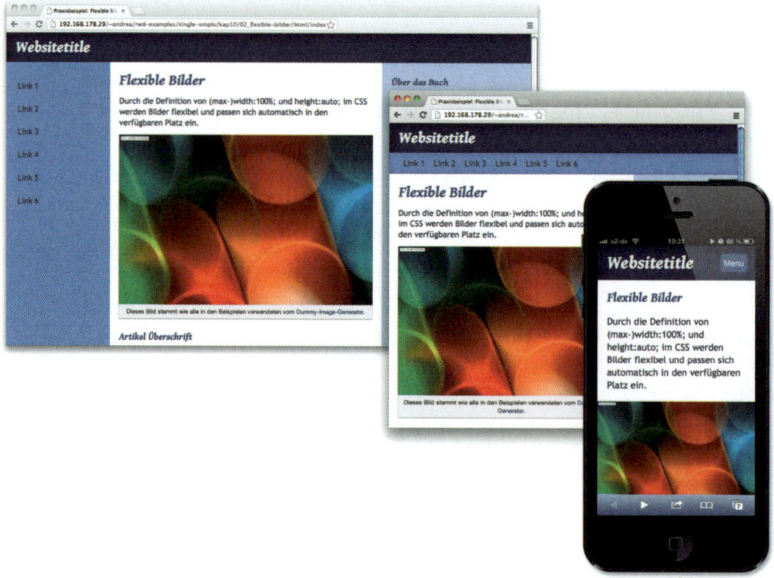

Abbildung 10.2 Die Bilder skalieren und passen sich in den zur Verfügung stehenden Platz ein.

10.1.2   Bilder ausschnittweise anzeigen

Manche Bilder lassen sich nicht einfach nur kleiner skalieren, wenn das Bildmotiv eine Aussagekraft hat, die im kleinen Format nicht mehr erkannt werden kann, oder ein Bild aufgrund seiner kleinteiligen Beschaffenheit seine Wirkung verliert. In diesem Fall ist es vielleicht besser, das Bild in der Basisversion zu beschneiden statt es zu skalieren.

Normalerweise beginnt die Darstellung eines Bildes an der oberen linken Ecke und wird rechts und unten abgeschnitten – das passt nicht immer zum Motiv, das vielleicht mehr in der Bildmitte sitzt. Durch einen negativen Abstand (`margin`) können Sie das Bild innerhalb des Ausschnitts verschieben und so wichtige Elemente ins rechte Licht rücken.

Sie benötigen dafür einen Container, der das Bild umschließt. Das kann z. B. das HTML5-Element `<figure>` sein oder ein extra `div.wrapper`. Wenn Sie nun diesem Element die Eigenschaft `overflow: hidden` mitgeben und es durch das responsive Raster skaliert wird, bleibt das Bild in seiner originalen Größe erhalten, wird aber durch den umgebenen Container begrenzt. Damit Sie das so machen können, müssen Sie natürlich Zugriff auf HTML und CSS haben. Für größere, per CMS gesteuerte Websites ist das also eher nicht geeignet. Für eine kleine Single oder Landing Page hingegen, bei der Ihnen die Inhalte bereits vorliegen, ist dieser Ansatz gut verwendbar.

10.1.3   Praxisbeispiel: nur Bildausschnitt für die Basisversion

Auch das können Sie gleich einmal ausprobieren. Sie finden das folgende Beispiel auf der DVD unter */praxisbeispiele/kap10/02_flexible-bilder-auschnitt/*. An der Einbindung des Bildes selbst hat sich im Vergleich zum Beispiel vorher (siehe Listing 10.3) nichts geändert. Anstelle des grafischen Motivs aus dem letzten Beispiel verwenden Sie dieses Mal ein Foto. Wir haben hier ein Motiv gefunden, das zwar auch skaliert auf dem Smartphone noch funktionieren würde, das aber viel besser wirkt, wenn nur ein Ausschnitt auf kleinen Geräten angezeigt wird. Geändert haben sich die Style-Anweisungen in Teilen. Das Bild wird erst ab dem ersten Breakpoint (bei 750 px, 46,875 em) skaliert und vorher in seiner Originalgröße belassen. Für Viewports bis zu einer Breite von 35 em schieben Sie das Bild mit `margin-left: -30%` etwas seitlich aus dem Rahmen. Das führt bei diesem Motiv dazu, dass es besser zur Geltung kommt – die Schlange sitzt auf kleinen Screens zentral im Bild.

```
@media only screen and (max-width: 35em) {
    img {
        margin-left: -30%;
    }
}
```

Damit der Bilder-Container `.figure.slides` nur den Ausschnitt innerhalb seiner Grenzen anzeigt, bekommt die Klasse noch ein `overflow: hidden`. Die Styles für das `figcaption` behalten Sie unverändert bei:

```
.slides {
    margin: 20px 0;
    line-height: 0;
    overflow: hidden;
}
figcaption {
    background-color: #EDEDED;
    font-size: 0.875em;
    line-height: 1.4em;
    padding: 0.5em;
    text-align: center;
}
```

Die CSS-Anweisungen, um Bilder flexibel zu machen, sind in das Media Query (`min-width: 46.875em`) gerutscht:

```
@media only screen and (min-width: 46.875em) {
    /* Bilder flexibel machen */
    img {
        max-width: 100%;
        height: auto;
    }
    .slides {
        margin: 0 0 2em 0;
        box-shadow: 0 1px 2px rgba(0, 0, 0, 0.5);
    }
}
```

Listing 10.4 Styles für das Beispiel: Bildausschnitt in Basisversion, Skalierung in größeren Viewports

Das Ergebnis sehen Sie in Abbildung 10.3.

10.1.4   Flexible Bilder, die nicht über die ganze Rasterbreite gehen

In bestimmten Situationen möchten Sie Bilder nicht über die gesamte Breite des Inhalts-Containers ausweiten, sondern nur über einen bestimmten Anteil der `width= 100%`. Das ist auch kein Problem. Mit jedem prozentualen Wert werden Ihre Bilder immer im gleichen Verhältnis zum Rest der Spaltenbreite stehen. Mit einem `float: left` (oder `float: right`) und einem `margin-right` (oder `margin-left`) können Sie dann einfach den Text um Ihre Bilder fließen lassen.

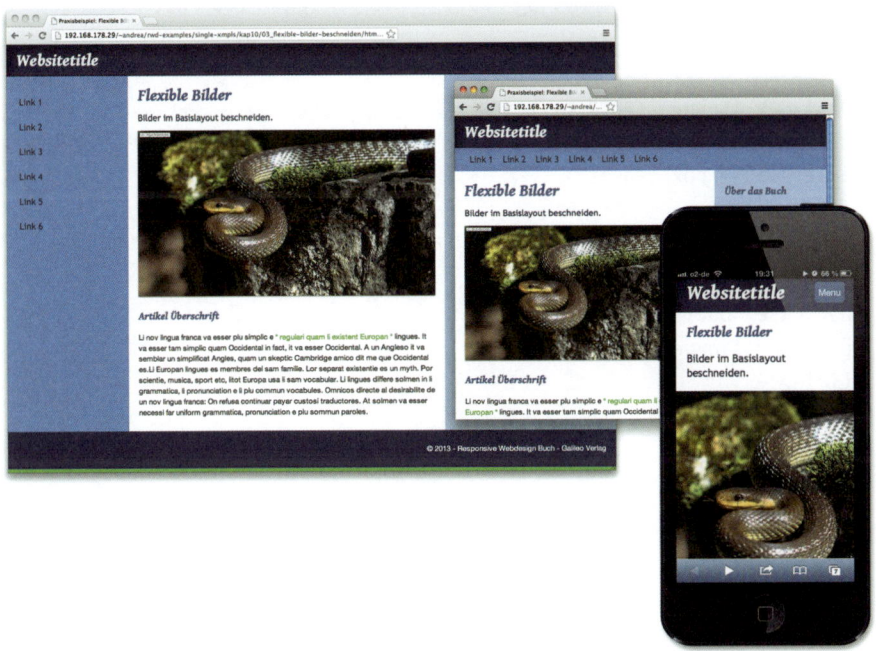

Abbildung 10.3 Der gewählte Bildausschnitt wird hier auf dem Smartphone in Originalgröße dargestellt und um 30 % nach links geschoben.

```
img.nebenText {
    width: 35%;
    height: auto;
    float: left;
    margin-right: 20px;
}
```

Listing 10.5 Styles für ein Bild, das immer nur 35 % der Spaltenbreite einnimmt und den Text neben sich floaten lässt.

10.1.5 Praxisbeispiel: Flexible Teaser-Boxen mit Bild und Text

Die Dateien zum Praxisbeispiel finden Sie auf der DVD unter */praxisbeispiele/kap10/ 03_teaserboxen/*. Für dieses zu gestaltende Element setzen Sie ein section-Element unter das figure-Element des Headerbildes. Die Teaser-Boxen selbst werden aus dem HTML5-Element <article> mit Bild- und Textelementen gebildet. Das Markup für diesen Bereich sieht dann aus wie in Listing 10.6:

```
<section class="teaser-articles">
  <article class="box teaser">
    <figure>
```

279

```
                <img src="../img/dummy.jpg" width="375" height="200" alt="">
            </figure>
            <h3>Teaser Überschrift</h3>
            <p>Li nov lingua franca .... </p>
        </article>
        <article class="box teaser">
            <figure>
                <img src="../img/dummy.jpg" width="375" height="200" alt="">
            </figure>
            <h3>Teaser Überschrift</h3>
            <p>Li nov lingua franca .... </p>
        </article>
    </section>
```

Listing 10.6 Auszug HTML: Markup für zwei Teaser-Boxen mit Bild und Text

In Abbildung 10.4 sehen Sie, wie die Teaser in kleinen, mittleren und großen Viewports aussehen.

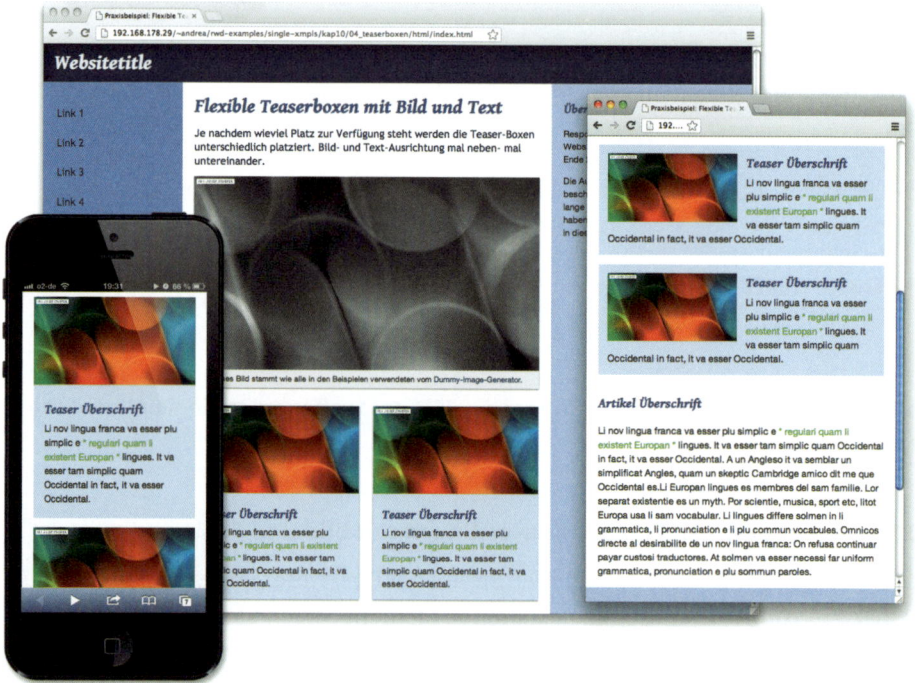

Abbildung 10.4 Flexible Teaser-Boxen in verschiedenen Viewports

Auf sehr kleinen Screens wie bei einem iPhone im Hochformat sollen die Teaser-
Boxen so bleiben, wie sie in der Ansicht für große Viewports sind, aber untereinander

rutschen. Im CSS-Code brauchen Sie dafür folgende Ergänzungen (für die Basis-version):

```
section {
    /* clearing für floatende Teaser-Boxen */
    overflow: auto;
}
.box {
    margin: 0;
    /* verhindert das margin-Collapse nach unten */
    border-bottom: 1px solid rgba(250, 250, 250, 0);
    background-color: #DAE4F0;
}
.teaser {
    margin: 0 0 1em 0;
    overflow: auto;
}
.box-inner {
    padding: 1em;
}
.teaser h3 {
    margin: 0.2em 0 0.4em;
}
.teaser p {
    margin: 0;
    font-size: 1em; /* 16 px */
}
```

Listing 10.7 Ergänzungen für die Teaser-Boxen in der Basisversion

Das `<section>` bekommt ein *Clearing*, damit es die in ihm floatenden Boxen umfasst. Die `<article>` bekommen über die Klasse `.box` eine Hintergrundfarbe, und ein `border-bottom` verhindert das Zusammenfallen der Abstände (`margin`) des `<article>`-Elementes. Wir haben hierfür die Klasse `.box` verwendet, die später auch für andere Arten von Boxen verwendet werden kann. Über die Klasse `.teaser` weisen Sie den `<article>`-Elementen jetzt noch spezielle Klassen für die Elemente in den Teaser-Boxen zu: Abstände und Schriftgrößen, die nur diese Art der Boxen betreffen sollen.

Sobald der Platz es zulässt, sollen die Bilder links angeordnet und vom Text umflossen werden. Dafür setzen Sie ein Media Query für Screens, die kleiner als 26 em sind, was bei 16 px/em einer Viewport-Breite von 400 px entspricht. Hier begrenzen Sie die Bildbreite auf 45 % der Inhaltsbreite und passen die Abstände und den Zeilenabstand für den Text daneben an.

10

```
@media only screen and (min-width: 25em) {
    .box.teaser img {
        width: 45%;
        float: left;
        margin: 1em;
    }
    .box-inner {
        padding: 1em;
        line-height: 1.375em;
    }
}
```

Listing 10.8 Ergänzungen für die Teaser-Boxen für die Bild-Text-Anordnung nebeneinander für Viewports bis 400 px Breite

Diese Anordnung greift beispielsweise auf dem iPhone im Querformat. Auf etwas breiteren Screens sollen die einzelnen Teaser-Boxen nebeneinander floaten. Innerhalb des Media Querys für die Tablet-Version ergänzen Sie Folgendes:

```
@media only screen and (min-width: 46.875em) {
    .box {
        box-shadow: 0 1px 2px rgba(0, 0, 0, 0.5);
        border: 1px solid rgba(133, 165, 204, 0.2);
        margin-bottom: 2em;
    }
    .box.teaser {
        float: left;
        margin-right: 4%;
        width: 48%;
    }
    .box.teaser img {
        width: 100%;
        float: none;
        margin: 0;
    }
    .box.teaser:nth-of-type(2n+2) {
        margin-right: 0;
    }
}
```

Listing 10.9 Ergänzungen für die Teaser-Boxen auf großen Screens

Geben Sie den einzelnen Teaser-Boxen einen Rahmen und einen Schatten. Die Breite und der Abstand der Teaser nach rechts werden so gewählt, dass jeweils zwei Boxen nebeneinander Platz haben. Die Bilder werden wieder auf eine Breite von 100 % gebracht und ihr Floaten (aus dem letzten Breakpoint) wird aufgehoben.

Damit je zwei Teaser-Boxen die 100 % des zur Verfügung stehenden Inhaltsbereiches ausfüllen (48 % + 4 % + 48 %), muss bei jeder zweiten Box das `margin-right` auf 0 gesetzt werden. Das erreichen Sie mit dem Pseudoselektor `:nth-of-type(2n+2)`.

Lesetipp zu :nth-of-type und :nth-child

Wenn Sie noch unsicher sind, wie Sie die Pseudoselektoren `:nth-of-type` und `:nth-child` richtig einsetzen, lesen Sie Chris Coyiers Artikel *http://css-tricks.com/the-difference-between-nth-child-and-nth-of-type* und *http://css-tricks.com/how-nth-child-works*.

10.2   Responsive Hintergrundbilder

Der Einsatz von im CSS eingebundenen Hintergrundbildern im responsiven Design ist generell weniger problematisch als der von Bildern im Inhalt (also als `<img>`-Elemente). Hintergrundbilder passen sich immer in den Container ein, in dem sie platziert wurden, und gehen nicht über dessen Grenzen hinaus. Sie können daher das Layout nicht zerstören. Als Website-Hintergrund unterscheiden wir

▶ sich wiederholende Grafiken (Kacheln) zum Erzeugen von Strukturen,

▶ Einzelmotive für individuelle Inhaltselemente,

▶ vollflächige große Bilder, die ohne Wiederholung den gesamten Bildschirm füllen, und

▶ Icons die als Hintergrundgrafiken realisiert sind.

10.2.1   Gekachelte Hintergrundmuster

Nehmen wir uns zuerst die Variante »gekachelter Website-Hintergrund« vor. Für gekachelte Hintergründe reichen mitunter winzige Einzelgrafiken. Je nachdem, welchen Effekt Sie erzielen wollen, werden diese so beschnitten, dass sie sich in alle Richtungen gut ergänzen, um den Eindruck eines einzigen Bildes zu vermitteln (siehe Abbildung 10.5). Hier wird eine 4 Kbyte große Datei mit 56 × 32 Pixeln gekachelt. Die grünen bzw. grauen Linien sind die transparenten Bereiche der Grafik, durch welche die Hintergrundfarbe zu sehen ist. Sie finden das Beispiel auf der DVD unter */praxisbeispiele/kap10/04_bg-muster/*. Dort haben wir das Muster auf das `<body>`-Element der Seite gelegt:

```
body {
    background: url("../gfx/body-bg_inverse.png") repeat fixed #ddd;
}
```

Listing 10.10 Die Grafik wird auf einem grauen Hintergrund in alle Richtungen wiederholt, und das resultierende Muster scrollt nicht mit dem Inhalt der Seite mit.

Das ist nach wie vor eine praktikable Lösung, die nicht viele Ressourcen beansprucht und im responsiven Webdesign genauso gut funktioniert wie im klassischen statischen Design.

Abbildung 10.5 Die Grafik für gekachelte Hintergründe ergänzt sich in alle Richtungen – durch transparente Bereiche kann auch die Hintergrundfarbe für Abwechslung sorgen (hier auf 400 % vergrößert).

Hintergrundmuster mit CSS3 erstellen

Eine modernere Variante der Hintergrundmuster lässt sich per CSS erstellen. Diese Muster kommen dann ganz ohne Bilddateien aus. Sie sparen damit einen Dateidownload für das Bild, dafür wird möglicherweise das Stylesheet umfangreicher und komplexer. Sie sollten beim Einsatz von CSS3-Patterns also immer auch auf die Größe des für das Pattern benötigten CSS achten und gegebenenfalls prüfen, ob es nicht eine leichtgewichtigere Grafikvariante gibt.

Im Sinne des responsiven Designs sind CSS3-Patterns eine gute Lösung. Aber da die CSS3-Eigenschaften noch nicht von allen Browsern gleichermaßen unterstützt werden, müssen Sie sich darüber bewusst sein, dass es zu unterschiedlichen Darstellungen kommen kann – je nach CSS-Fähigkeiten des Browsers.

Tipp: CSS3-Hintergrundmuster-Galerie

Auf Lea Verous Website (*http://lea.verou.me/css3patterns*) sind Hintergrundmuster ganz unterschiedlicher CSS-Techniken zu finden. Wenn Ihnen ein Muster gefällt, können Sie sich den CSS-Code kopieren und vorher sogar noch eigene Anpassungen live im Browser testen. Bei den Hintergrundmustern von CSS3-Patterns gibt es zu jedem Beispiel auch die Größenangaben des Codeschnipsels.

Abbildung 10.6 Live-Bearbeitung der CSS3-Patterns bei Lea Verou

Im Praxisbeispiel auf der DVD unter */praxisbeispiele/kap10/05_css3-bg/* haben wir dem <body> einen CSS3-Hintergrund dieser Art zugewiesen. Auf sehr großen Bildschirmen vergrößert sich der Inhaltsbereich ab 78 em Breite nicht mehr weiter. Stattdessen sieht man nun mehr des gemusterten Hintergrunds.

Der CSS-Code dafür sieht so aus:

```
body {
    background:linear-gradient(45deg, #ddd 45px, transparent 45px) 64px 64px,
    linear-gradient(45deg, #ddd 45px, transparent 45px, transparent 91px,
     #fff 91px, #fff 135px, transparent 135px),
    linear-gradient(-45deg, #ddd 23px, transparent 23px, transparent 68px,
     #ddd 68px, #ddd 113px, transparent 113px, transparent 158px, #ddd 158px);
```

```
    background-color: #fff;
    background-size: 128px 128px;
}
```

Listing 10.11 CSS3-Pattern für den Body unseres Beispiels (http://lea.verou.me/css3patterns/#arrows)

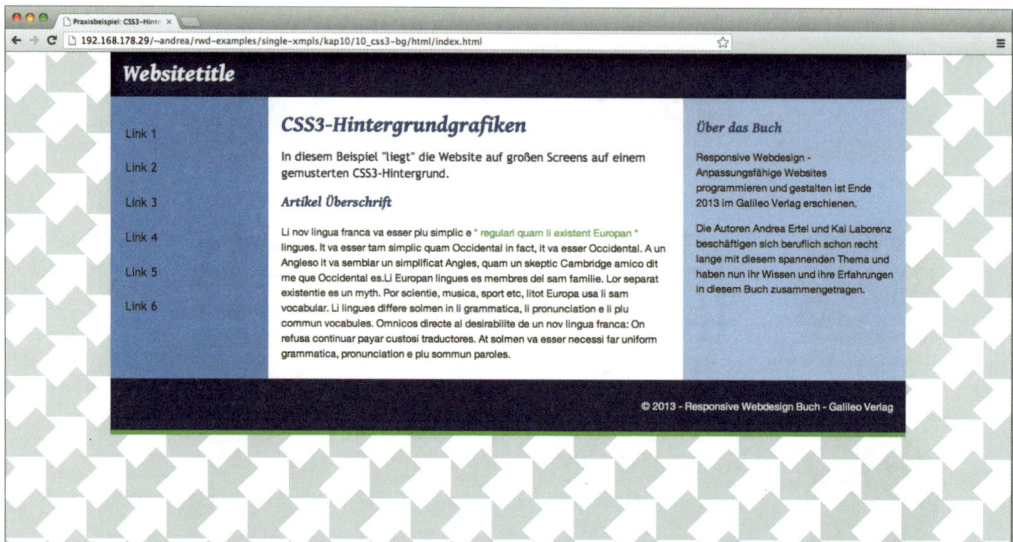

Abbildung 10.7 CSS3-Hintergrundmuster für sehr große Bildschirme

Hintergrundmuster mit SVG

Mit dem Thema *SVG (Scalable Vector Graphics)* befassen wir uns etwas später in Abschnitt 10.3.1, »Scalable Vector Grafics (SVG)«, noch genauer. Wir wollen Ihnen diese Möglichkeit aber hier trotzdem nicht als Variante für Hintergrundmuster vorenthalten. Skalierbare Vektorgrafiken sind leichtgewichtig und sehen dank ihrer (Vektor-)Struktur in jeder Größe gestochen scharf aus. Die Browserunterstützung für SVG ist sehr ordentlich; die üblichen Verdächtigen kommen damit klar und ab Version 9 auch der Internet Explorer.

Tipp: Hintergrundmuster mit SVG

Auch für SVG-Muster gibt es eine ähnliche Pattern-Galerie auf der Website (*http://www.svgeneration.com*). Aus den einzelnen Patterns der Galerie heraus gelangen Sie in eine Bearbeitungsmaske, in der Sie die Muster anpassen können und die Veränderungen gleich live im Browser sehen. Danach können Sie das Resultat einfach als SVG herunterladen oder den CSS-Code kopieren und einbinden. Einige Muster nutzen allerding die Funktion *SVG-Filter* (*http://caniuse.com/svg-filters*), die erst in den aktuellsten Browserversionen unterstützt wird (siehe Abbildung 10.20).

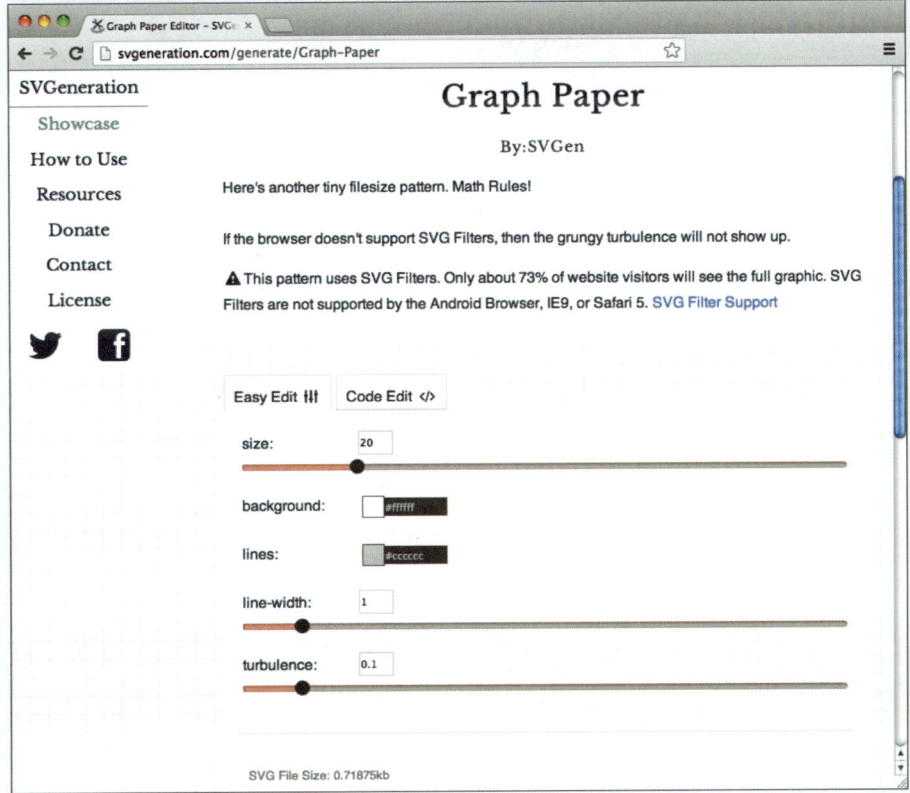

Abbildung 10.8 Live-Bearbeitung der SVG-Muster bei SVGeneration

Sie finden auf der DVD im Verzeichnis */praxisbeispiele/kap10/06_svg-muster/* ein Beispiel für einen Hintergrund mit SVG-Musterkacheln. In diesem Beispiel haben wird die CSS-Anweisungen für die background-Einbindung der SVG-Datei als *base64* aus dem entsprechenden Muster von SVGeneration übernommen und ordnen diese dem Hauptinhaltsbereich .mainContent zu:

```
.mainContent {
    background-color: #ffffff;
    background-image: url('data:image/svg+xml;base64,PHN2Z ...');
}
```

Listing 10.12 Einbindung des Hintergrundmusters von SVGeneration in den Hauptinhalt

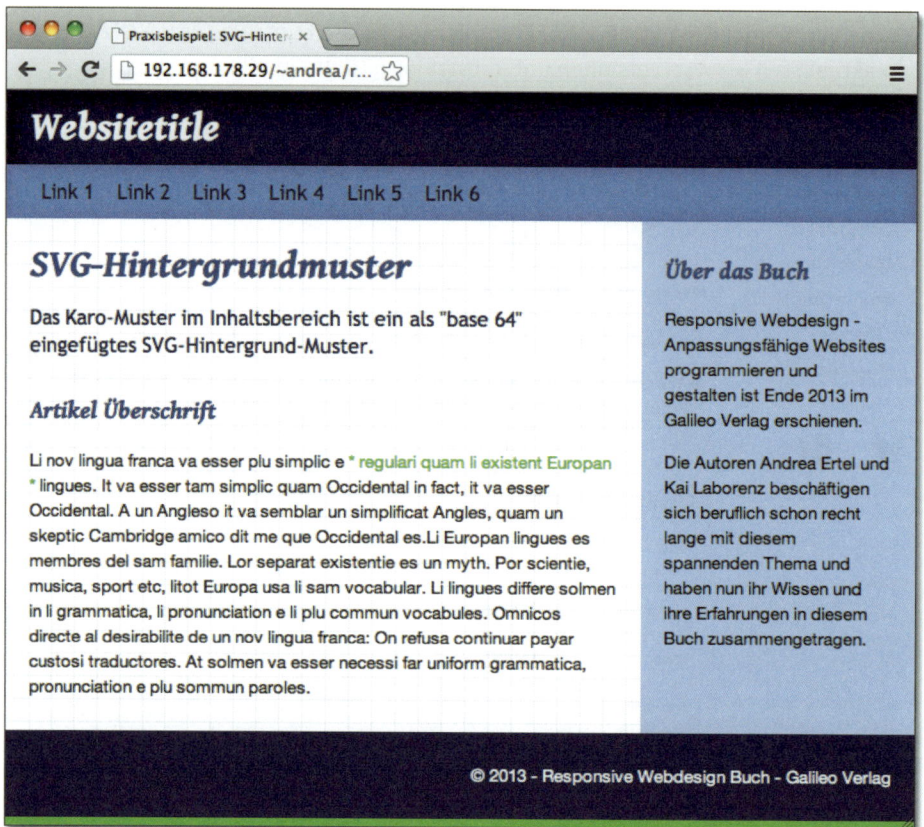

Abbildung 10.9 Karopapier als SVG-Hintergrund im Hauptinhaltsbereich

10.2.2 Großflächige Hintergrundbilder

Mit den schnelleren Internetverbindungen hat auch die Verwendung von großformatigen Bildern zugenommen, und der Einsatz von bildschirmfüllenden Hintergrundbildern ist immer beliebter geworden. Bei einer Verkleinerung des Screens soll dabei natürlich der Inhalt erkennbar bleiben. Das Team von *http://hairproject.ch* hat dies geschafft. Das Hintergrundbild wird auf großen Bildschirmen proportional skaliert und passt sich so immer in das Fenster ein. Ab einer Viewport-Breite von ca. 1060 px wird das Bild dann nicht mehr kleiner, sondern seitlich beschnitten und sorgt so dafür, dass die Anmutung erhalten bleibt (siehe Abbildung 10.10).

Sie erreichen das mit der CSS-Eigenschaft `background-size`, die Sie zusätzlich zur normalen CSS-Eigenschaft `background` setzen können.

Die einfache Background-Eigenschaft sieht in CSS so aus:

```
background: [farbe] url(pfad-zur-datei/dateiname.jpeg) [Wiederholung] [
horizontale Pos] [vertikale Pos] [Positionierungsart]
```

Abbildung 10.10 Dieser Friseur macht alles richtig mit seinen Bildern.

Für die horizontale und vertikale Positionierung verwenden Sie entweder 50% 50% oder center center. Das bewirkt allerdings keine Größenänderung des Bildes. Für formatfüllende Hintergrundbilder hilft da die Eigenschaft background-size weiter. Mit background-size können Sie die Größe des Hintergrunds auf einen festen oder relativen Wert oder mit den Schlüsselwörtern cover und contain definieren. Der Standardwert ist auto und bewirkt die Anzeige in der natürlichen Größe der Bilddatei. Mit background-size: 100% erreichen Sie, dass sich das Hintergrundbild an der Breite des Bildschirms orientiert und dabei seine Proportionen beibehält. Es wird nur der gesamten Bildschirm gefüllt, wenn Bild und Screen das gleiche Seitenverhältnis haben. Mit background-size: 100% 100% erreichen Sie hingegen, dass sich auch die Bildhöhe immer an die Höhe des sichtbaren Bereiches anpasst. Dadurch wird das Bild in jeder Richtung flexibel, aber je nach Seitenverhältnis auch verzerrt dargestellt. Das ist in der Regel nicht das, was man haben möchte.

background-size: cover

Mithilfe des Schlüsselwortes cover weisen Sie den Browser an, das Hintergrundbild immer über die volle Fläche des Viewports zu legen. Wenn das Seitenverhältnis nicht passt, wird das Hintergrundbild in der größeren Dimension beschnitten. Notieren Sie für einen bildschirmfüllenden Hintergrund Folgendes:

```
html {
    background: url(bild1.gif) no-repeat center center fixed;
    background-size: cover; /* Präfixe */
}
```

Die Positionierungsart fixed sorgt dafür, dass das Bild stehen bleibt und dass Sie den Inhalt der Website darüber hinweg scrollen können.

background-size: contain

Mithilfe des Schlüsselwortes contain für die background-size hingegen wird das Bild immer so eingepasst, dass es vollständig sichtbar ist, was bedeutet, dass je nach Seitenverhältnis entweder oben und unten oder links und rechts Flächen frei bleiben. Für ein vollständig angezeigtes Hintergrundbild notieren Sie Folgendes:

```
html {
    background: [farbe] url(bild1.gif) no-repeat center center fixed;
    background-size: contain; /* Präfixe */
}
```

In Abbildung 10.11 sehen Sie die Auswirkungen für background-size: cover und contain nebeneinander dargestellt.

   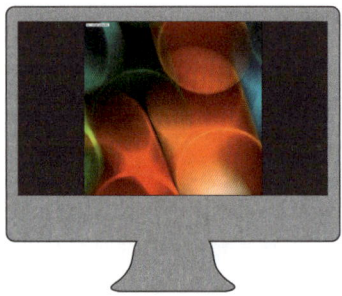

background-size: cover   background-size: contain

Abbildung 10.11 Je nach Einstellung überdeckt der Hintergrund das gesamte Browserfenster oder wird eingepasst.

Vergessen Sie nicht, sowohl für cover als auch für contain die Browser-Präfixe zu setzen:

```
-webkit-background-size: cover;
-moz-background-size: cover;
-o-background-size: cover;
background-size: cover;
```

Listing 10.13 Hersteller-Präfixe nicht vergessen für cover und contain!

Wie nicht anders zu erwarten, ist auch diese Lösung nicht ohne Haken: Sie funktioniert erst ab dem Internet Explorer 9. Abhilfe bietet ein Microsoft-spezifischer Filter:

```
filter:progid:DXImageTransform.Microsoft.AlphaImageLoader(src=⤴
'linkToImage.jpg', sizingMethod='scale');
```

Allerdings haben einige Entwickler von Problemen berichtet, wenn diese Filter auf das Element `<html>` angewendet wurden. Zusätzlich mussten sie dann noch ein `position: relative` für das Element notieren, um unschöne Textverpixelungen zu vermeiden. Eine Alternative für ältere Internet Explorer ist es daher, ein im Inhalt untergebrachtes Bild zu verwenden, wie dies auf CSS-Tricks (*http://css-tricks.com/ perfect-full-page-background-image*) beschrieben wird. Ein anderer Ansatz ist, auf eine 1:1-Umsetzung zu verzichten und den Alt-Browsern ein vereinfachtes Hintergrundbild zu liefern, das zentriert und in üblicher Weise eingebunden wird. Und dann gibt es natürlich auch noch JavaScript: Scott Robin (*https://github.com/ srobbin/jquery-backstretch*) und Dan Millar (*https://github.com/danmillar/jquery- anystretch*) haben jQuery-Plugins geschrieben, die eine Hintergrundgrafik für beliebige Elemente browserübergreifend skalieren. Welche Variante für Sie in Frage kommt, hängt vom konkreten Anwendungsfall und dem Motiv ab.

Wie groß müssen Hintergrundbilder sein?

Es stellt sich die Frage, wie groß vollflächige Hintergrundbilder sein müssen oder dürfen. Offensichtlich muss das Bild nicht größer sein als der Bildschirm des aufrufenden Geräts – was allerdings in der aktuellen Gerätelandschaft viel Raum lässt, sehr viel Raum. Sehen Sie sich dazu auch noch einmal die Gerätegrößengrafik aus Kapitel 7, Abbildung 7.7, an. Wenn Sie dazu noch die CSS-Eigenschaft `background- size: cover` verwenden, wird ein Teil des Bildes (vermutlich) abgeschnitten, wie das Abbildung 10.11 deutlich macht.

Ein MacBook mit 15-Zoll-Retina-Display verfügt über 2880 Pixel in der Breite, während ein iPhone 3GS gerade einmal 320 Pixel zu bieten hat (im Hochformat) – das Retina-Display hat fast 34 mal mehr Bildpunkte (2880 × 1800 Pixel versus 320 × 480 Pixel)! Das macht deutlich, dass gerade bei vollflächigen Hintergrundbildern eine gute Komprimierung und ein responsiver Ansatz bei der Bildzuordnung essenziell sind. Wie Sie je nach Auflösung passende Bilder zuordnen, erfahren Sie etwas später in diesem Kapitel. Bei der Aufbereitung Ihrer Hintergrundbilder sollten Sie mit der Auflösung und Kompression experimentieren und ruhig einmal kräftig zulangen. Wie Designer Daan Jobsis gezeigt hat, lassen sich gerade Bilder, die später durch den Browser verkleinert werden, deutlich stärker komprimieren, als man das für möglich hält (siehe auch Abschnitt 10.4.2, »Und wer erstellt die ganzen Bilder?«). Auch die Bildauflösung kann – je nach Motiv – deutlich unter der maximal »denkbaren« liegen. Statt der 2880 Pixel für das 15-Zoll-Retina-Display können Sie für ein vollflächiges Hintergrundbild je nach Motiv auch nur die Hälfte ansetzen. Gerade bei

Hintergrundbildern spielt der Unterschied oft kaum eine Rolle – selbst für die wenigen Nutzer, die tatsächlich ein Retina-MacBook besitzen.

10.2.3   Praxisbeispiel: Vollflächige Hintergrundbilder

Ein Beispiel für die Verwendung von `background-size` finden Sie im Praxisbeispiel auf der DVD unter */praxisbeispiele/kap10/07_promoboxen/*. Sie können hier auf das Beispiel aus Abschnitt 10.1.5, »Praxisbeispiel: Flexible Teaser-Boxen mit Bild und Text«, aufbauen.

Unterhalb der Teaser-Boxen aus dem letzten Beispiel erstellen Sie nun eine Variante mit vollflächigen Hintergrundbildern. Auch hier können Sie wieder das `<article>`-Element für die einzelnen Teaser verwenden und in einem `<select>`-Element alle Promotion-Teaser gesammelt anordnen. Die `<article>` sind im Ganzen verlinkt. In HTML5 ist es ja erlaubt, Links um mehrere Elemente zu legen – sogar um Blockelemente wie die Überschriften.

Das Styling der Klasse `.box`, das wir schon vorher für die Teaser-Boxen verwendet haben, setzen wir auch hier wieder ein. Die Klasse `.promo` ermöglicht uns, ein gesondertes Styling für die Promotion-Buttons hinzuzufügen. Der Link, der sowohl `h3` als auch den Absatz mit einschließt, bekommt eine Hintergrundgrafik zugeordnet. Im HTML-Code ergänzen wir dafür unter unserer Sektion mit den schon vorhandenen Teaser-Boxen Folgendes:

```
<section class="teaser-articles">
    <article class="box promo">
        <a href="#" class="full-link">
            <h3>Promo-Artikel</h3>
            <p>Por scientie, musica....</p>
        </a>
    </article>
    <article class="box promo">
        <a href="#" class="full-link">
            <h3>Promo-Artikel</h3>
            <p>Por scientie, musica...</p>
        </a>
    </article>
</section>
```

Listing 10.14 Ergänzung im HTML-Code für die Promotion-Buttons

Dem die Box umschließenden Link (`a.full-link`) weisen Sie das Hintergrundbild zu und setzen es in diesem Fall auf `background-size: cover`, damit es sich über die gesamte Box erstrecken kann – egal, welche Größe diese annimmt.

Der Absatztext `.promo p` wird absolut in der Box am unteren Rand ausgerichtet, was allerdings auch dafür sorgt, dass er aus dem Dokumentenfluss rutscht und seine Größe die Box nicht verändern kann. Damit die Box sich ausweitet, können Sie jedoch einen kleinen Trick anwenden und dem `a.full-link` ein entsprechend großes `padding-bottom` geben, das die Höhe der Box dann bestimmt.

```css
.full-link {
    background: url('../img/dummy-300x300.jpg') no-repeat;
    background-size: cover;
    display: block;
    position: relative;
    padding: 1em 1em 89%;
    box-sizing: border-box; /* Präfixe */
}
.promo {
    margin-bottom: 1em;
}
.promo a {
    color: #fff;
    text-decoration: none;
}
.promo h3 {
    color: #fff;
    font-size: 2.5em;
    line-height: 1em;
    margin: 20px 0 0;
}
.promo p {
    position: absolute;
    bottom: 0;
    font-size: 1.125em;
    width: 90%;
}
```

Listing 10.15 Ergänzungen im CSS-Code für die Basisversion der Promotion-Buttons

Ab einer Breite von ca. 400 px (25 em) steht im Inhaltsbereich ausreichend Platz zur Verfügung, um jeweils zwei Buttons nebeneinander anzuzeigen. Dafür fügen Sie folgende Styles in ein Media Query mit einer `min-width` von 25 em ein.

```css
@media only screen and (min-width: 25em) {
    .box.promo {
        float: left;
        margin-right: 3%;
```

```
        width: 48.5%;
    }
    .box.promo:nth-of-type(2n+2) {
        margin-right: 0;
    }
}
```

Listing 10.16 Ergänzungen im CSS-Code für größere Viewports der Promotion-Buttons

Auf dem iPhone werden die Boxen im Hochformat untereinander angezeigt. Im Querformat wie auch auf dem Desktop werden Sie nebeneinander dargestellt. Den Vergleich sehen Sie in Abbildung 10.12.

Abbildung 10.12 Flexible Hintergrundbilder in Teaser-Boxen

10.2.4   Hintergrundgrafiken als Icons

Ein weitere häufig genutzte Einsatzmöglichkeit für Hintergrundbilder sind Icons oder Aufzählungszeichen. Neben der klassischen Methode, diese aus einzelnen Hintergrundgrafiken umzusetzen, gibt es weitere (nämlich Sprites und Icon-Fonts), die wir uns später noch ansehen werden.

Mithilfe von Media Queries können Sie Hintergrundbilder für bestimmte Elemente Ihrer Website ganz einfach austauschen, wie unser kleines Beispiel (auf der DVD unter */praxisbeispiele/kap10/08_bg-icons/*) und die Abbildung 10.13 zeigen. Hier wird je nach Viewport-Größe ein anderes E-Mail-Icon verwendet. Beim Zoomen der Website über die Browserfunktion verändert sich die Größendarstellung der Grafik mit der Schriftgröße.

```
<div class="mail-icon">
   <a href="mailto:email@example.com">Schreiben Sie uns!</a>
</div>
```

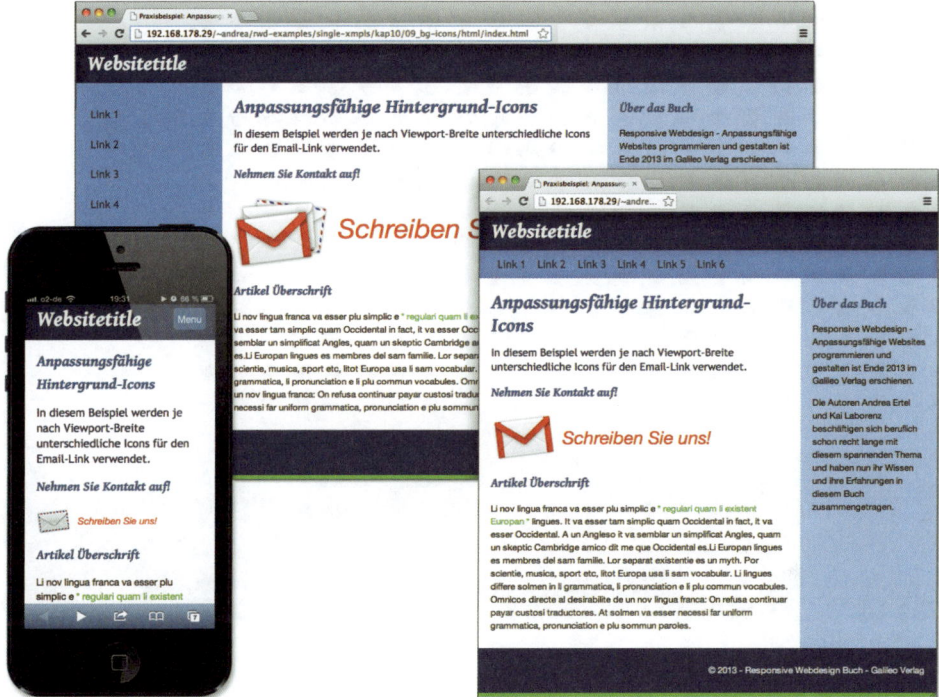

Abbildung 10.13 Für das E-Mail-Icon werden je nach Viewport unterschiedliche Hintergrundbilder verwendet.

10.2.5   CSS-Sprites für Hintergrundbilder

Um nicht für jedes einzelne Icon oder Hintergrundbild einen HTTP-Request zu erzeugen, können Sie mehrere Hintergrundgrafiken in sogenannten *CSS-Sprites* zusammenfassen. Sprites eignen sich für alle Arten von Icons, Aufzählungszeichen, kleine Bilder, verzierte Anfangsbuchstaben, aber auch für Element-Hintergründe, die sich beispielsweise beim Hovern ändern sollen. Im Stylesheet sprechen Sie das individuelle Bild Ihrer Sprite-Datei mit `background-position` an.

Bei vielen einzelnen Grafiken in einem Sprite ohne Hilfsmittel kann das ziemlich mühselig werden. Ein sehr hilfreiches Tool zum Arbeiten mit CSS-Sprites ist Sprite Cow (*http://www.spritecow.com*). Sie laden Ihre Sprite-Datei auf den Server von

Sprite Cow hoch. Beim Klick auf eine einzelne Grafik gibt Ihnen Sprite Cow die Abmessungen und Koordinaten für die Einbindung des Sprite-Ausschnittes in Ihr Stylesheet zurück (siehe Abbildung 10.14).

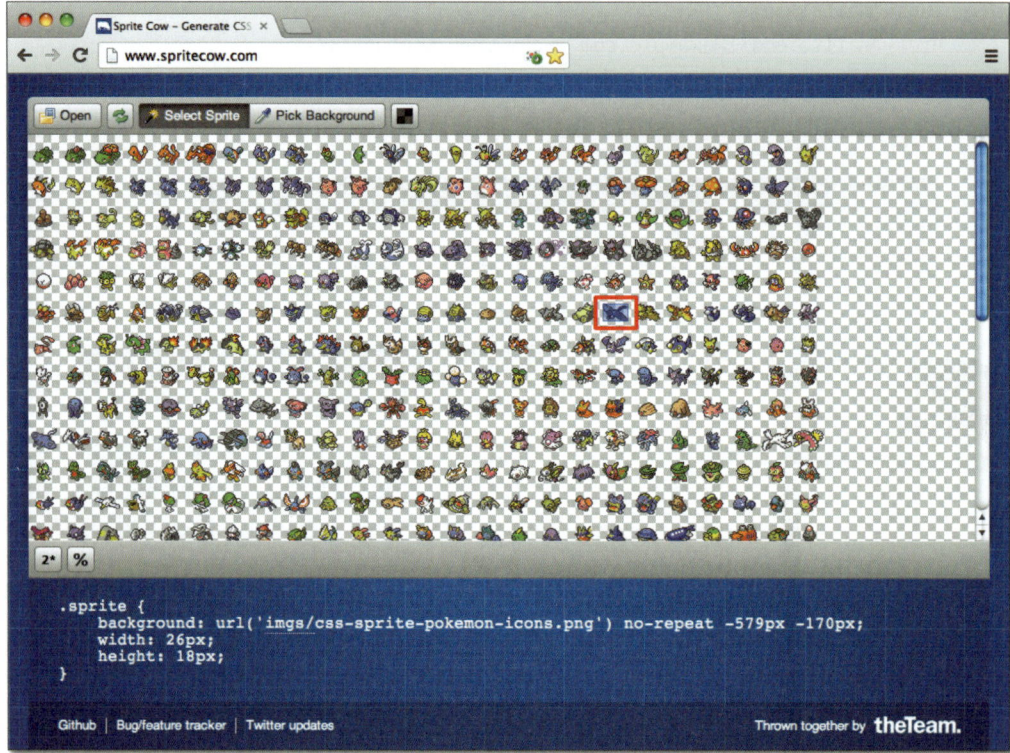

Abbildung 10.14 Sprite Cow zeigt Ihnen Abmessungen und Position jeder einzelnen Grafik in Ihrem Sprite an.

Ein anderes hilfreiches Tool ist SpriteMe (*http://spriteme.org*), das Sie als Bookmark-let in Ihren Browser einbinden. Wenn Sie dann auf einer Website mit einzelnen Hin-tergrundgrafiken SpriteMe aktivieren, erzeugt dieses eine Aufstellung aller Hintergrundgrafiken und schlägt Ihnen anhand der Einbindungsart im CSS vor, wel-che Grafiken in welcher Form (horizontale oder vertikale Anordnung) zusammen-gefasst werden können. Sie können sich die Vorschläge im Detail ansehen und dann eine Sprite-Datei samt der zugehörigen CSS-Logik generieren lassen und herunter-laden.

Auch das SASS-Tool Compass (*http://compass-style.org*, siehe auch Abschnitt 8.4.3, »Elegante Stylesheets mit Präprozessoren: SASS«) bietet eine Möglichkeit, aus Einzel-grafiken Sprites zu erzeugen. Dazu legen Sie die Grafiken in einen gemeinsamen Ordner – die Dateinamen bilden später die Klassen – und fassen sie mit einem @include-Befehl zusammen. Im Webmasterarchiv (*http://www.webmasterarchiv.com/sprites-*

css-generieren-scss-compass) ist der Prozess Schritt für Schritt beschrieben. Weitere Informationen finden Sie in der Compass-Dokumentation (*http://compass-style.org/reference/compass/helpers/sprites*).

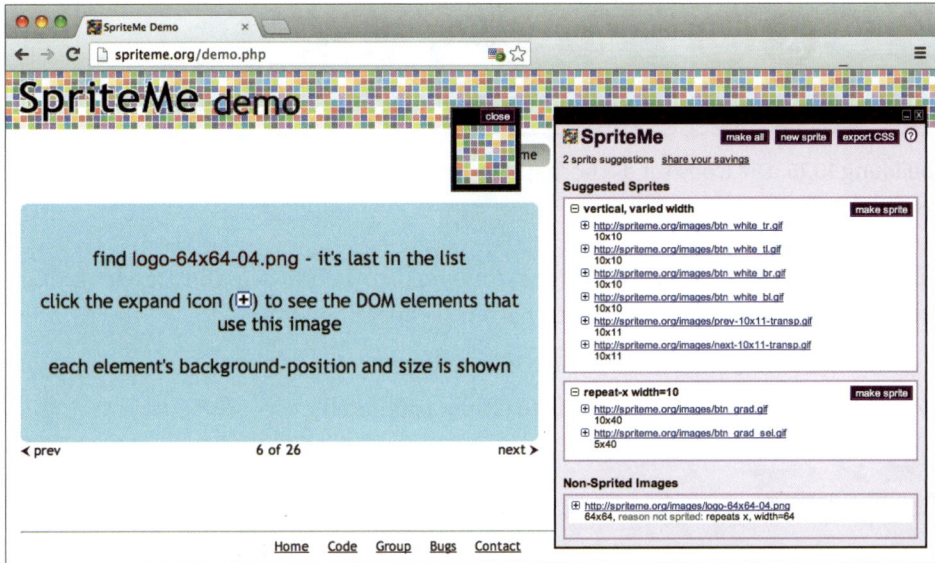

Abbildung 10.15 SpriteMe gruppiert Ihre einzelnen Hintergrundbilder und fasst sie zu Sprite-Dateien zusammen.

Lesetipp: The Mystery of CSS Sprites

Einen aufschlussreichen Artikel über verschiedene Sprite-Techniken von Sven Lennartz finden Sie beim Smashing Magazine unter *http://coding.smashingmaga-zine.com/2009/04/27/the-mystery-of-css-sprites-techniques-tools-and-tutorials*.

10.2.6 Praxisbeispiel: Sprites für Social-Icons (hochauflösende)

Das nächste Beispiel soll Ihnen einerseits die Verwendung von Sprites näherbringen und Ihnen andererseits deutlich machen, dass hochauflösende Grafiken nicht nur für hochauflösende Displays (wie das Retina-Display) von Vorteil sind.

Auf der DVD finden Sie dieses Praxisbeispiel unter */praxisbeispiele/kap10/09_social-sprites*. Dort liegen im Verzeichnis */gfx/* verschiedene Sprite-Dateien.

Die Sprites haben wir mit Photoshop als PNG-Dateien mit transparentem Hintergrund angelegt. Beim Speichern aus Photoshop heraus hatten sie folgende Größen:

▶ *social-sprite-orig.png*: 8.358 Byte (100 × 50 Pixel)

▶ *social-sprite-x2-orig.png*: 16.958 Byte (200 × 100 Pixel)

Abbildung 10.16 Die Icons für die hochauflösenden Displays sind doppelt so hoch und breit wie die normalen.

Mit dem Webdienst TinyPNG (*http://tinypng.org*) haben wir die Dateiengrößen deutlich reduzieren können. Danach hatten sie folgende Maße:

▶ *social-sprite-tiny.png*: 4.196 Byte (100 × 50 Pixel)

▶ *social-sprite-x2-tiny.png*: 7.670 Byte (200 × 100 Pixel)

Abbildung 10.17 Großer Spaß: das Verkleinern von PNG-Dateien mit TinyPNG

Das Sprite, das für hochauflösende Displays angelegt wurde, ist jetzt von sogar kleiner als das Original in Standardgröße. Wir haben im Beispiel beide Sprites untereinander eingebunden, um Ihnen den direkten Vergleich zu bieten. Das Markup für die

Icons ist eine ungeordnete Liste. Den Linktext haben wir mit `text-indent` aus dem sichtbaren Bereich geschoben, damit er weiterhin für assistive Technologien zur Verfügung steht, aber auf der Website nur die Icons angezeigt werden. Wir verwenden die bunte Variante als Hover- und die monochrome als Standardansicht.

```
<ul class="socials">
    <li><a href="..." title="Finde uns auf Facebook"><i class= ↩
"sprite fb">Finde uns auf Facebook</i></a></li>
    <li><a href="..." title="Folge uns auf Twitter"><i class= ↩
"sprite tw">Folge uns auf Twitter</i></a></li>
    <li><a href="..." title="Teile mit uns auf Google+"><i class= ↩
"sprite go">Teile mit uns auf Google+</i></a></li>
    <li><a href="..." title="Gib uns Dein Geld"><i class= ↩
"sprite do">Gib uns Dein Geld</i></a></li>
</ul>
```

Listing 10.17 HTML für die Social-Icons

Im CSS-Code haben wir die einzelnen Listenpunkte mit `display: inline-block` nebeneinander angeordnet und dem Container für die Icons eine feste Größe gegeben. Im Normalfall würden Sie das Retina-Sprite in einem Media Query nur den Displays mit erhöhter Pixeldichte zuweisen und nicht die Klassen `.sprite` und `.sprite-x2` mit den unterschiedlichen Sprites bestücken, aber wir wollen hier ja den Vergleich zeigen.

Dann werden die einzelnen Icons auf die verschiedenen Klassen den `<li>`-Elementen zugeteilt. Bei Hover wird jeweils die farbige Variante hinterlegt.

```
ul.socials {
    list-style-type: none;
    margin: 0;
    padding: 0;
}
ul.socials li {
    display: inline-block;
    margin: 0 0.4em 0 0;
    padding: 0;
}
.socials i {
    text-indent: -9999px;
    width: 48px;
    height: 48px;
    display: block;
}
```

```css
.sprite {
    background: url('../sprite.png') no-repeat 0px 0px;
}
.sprite-x2 {
    background: url('../sprite-x2.png') no-repeat -2px -2px;
    background-size: 200px 100px;
}
.fb {background-position: 0px -50px;}
.fb:hover {background-position: 0px 0px;}
.tw {background-position: -50px -50px;}
.tw:hover {background-position: -50px 0px;}
.go {background-position: -100px -50px;}
.go:hover {background-position: -100px 0px;}
.do {background-position: -150px -50px;}
.do:hover {background-position: -150px 0px;}
```

Listing 10.18 CSS für die UL der Social-Icons mit Retina-Variante

Um nun für hochauflösende Displays die großen Grafiken anstelle der Standardgröße bereitzustellen, brauchen Sie eine Abfrage der Medieneigenschaft device-
pixel-ratio bzw. resolution. Mehr dazu finden Sie in Abschnitt 3.6.7, »Medieneigenschaft: resolution und device-pixel-ratio«.

```css
@media only screen and (-webkit-min-device-pixel-ratio: 1.5),
    only screen and (min-resolution: 144dpi) {
    .sprite {
        background: url('../gfx/social-sprite-x2.png') no-repeat 0px 0px;
        background-size: 200px 100px;
    }
}
```

Listing 10.19 Sprite-Einbindung für hochauflösende Displays ab 1.5 device-pixel-ratio

Bevor Sie sich die Mühe machen und neben der Standardgröße noch die extra großen Icons mit doppelter Höhe und Breite einzubinden und diese dann per Media
Query nur den hochauflösenden Displays zuzuweisen, prüfen Sie die Dateigrößen
der beiden Varianten. Insbesondere bei monochromen Icons als GIF oder PNG ist die
Dateigröße der hochauflösenden Variante (trotz größerer Höhe und Breite des Bildes) meist nicht viel größer als die Standardausführung. Wie das Praxisbeispiel oben
zeigt, profitieren auch die nicht hochauflösenden Displays von den großen Icons, da
diese bei einer Vergrößerung des Inhalts scharf bleiben (siehe Abbildung 10.18). Vielleicht reicht es aus, nur eine Variante der Icons einzubinden.

Abbildung 10.18 Bei einer Vergrößerung der Seite bleiben die Icons, die für hochauflösende Displays erstellt wurden, gestochen scharf.

Noch eleganter ist es allerdings, gleich mit auflösungsunabhängigen Grafiken zu arbeiten. Im nächsten Abschnitt zeigen wir Ihnen, wie das mit SVG-Grafiken und Icon-Fonts geht.

10.3   Auflösungsunabhängige Grafiken

Konstruktionsbedingt haben normale Bitmap-Grafiken einen gravierenden Nachteil beim responsiven Design: Sie passen eben nur für eine einzige Größe/Auflösung optimal. Je nach Ansicht werden entweder zu viele Pixel übertragen (Bandbreitenverschwendung), oder es sind zu wenige Pixel vorhanden und das Bild muss vom Browser vergrößert werden, was zu einer zunehmenden Unschärfe führt. Während die Nachteile in vielen Fällen erträglich sind oder mit unterschiedlichen Bilddateien zumindest abgemildert werden können, wäre es natürlich schöner, tatsächlich auflösungsunabhängige Grafiken einsetzen zu können. Bei Fotografien geht das nicht – sie entstehen schon in der Kamera als Bitmaps. Aber Symbole, Grafiken und Muster können auch in vektorisierter Form eingesetzt werden. Hier lohnt es sich, einen Blick in die Printwelt zu werfen, die genau dieses Problem der unterschiedlichen Auflösungen seit Jahrzehnten kennt und mit Dateiformaten wie *EPS* (*Encapsulated PostScript*) oder *PDF* (*Portable Document Format*) löst. Leider werden EPS-Grafiken gar nicht und PDFs nur per Plugin und nicht als Bestandteil einer Webseite angezeigt. Als

Alternativen bieten sich zwei Grafikformate an: *Scalable Vector Graphics* (SVG) und Schriften. Ja, auch Schriften eignen sich als Träger für Grafiken – schließlich sind sie vektor-basiert. Aber erst einmal zum SVG-Format.

10.3.1   Scalable Vector Graphics (SVG)

SVG-Grafiken sind Vektorgrafiken, und da diese nicht aus einzelnen Pixeln zusammengesetzt werden wie Bitmaps (JPG, GIF, PNG), sondern aus Pfaden (Vektoren) bestehen, sind sie in jeder Größe einsetzbar und wirken niemals verwaschen oder pixelig. Sie können SVG-Dateien mit Programmen wie Adobe Illustrator, Inkscape (Open Source), SVG-Edit (Browser-Plugin) oder CorelDraw erzeugen oder aus Clipart-Sammlungen entnehmen. Im responsiven Webdesign eignen sie sich besonders für Illustrationen und Infografiken, aber auch für Hintergrundstrukturen, wie wir sie in Abschnitt 10.2.1, »Gekachelte Hintergrundmuster«, vorgestellt haben. Ein weiterer Mehrwert bei der Verwendung von SVG für Infografiken besteht darin, dass Nutzern von kleinen Geräten beim Hineinzoomen immer ein gestochen scharfes Bild geliefert wird. Herkömmliche Bitmap-Grafiken müssen schon sehr groß hinterlegt werden, um ein Hineinzoomen zu ermöglichen, und liefern in der Regel ein unschärferes Bild bei einer wesentlich größeren Dateigröße.

Praxisbeispiel: SVG-Infografik versus GIF-Infografik

Wir haben ein kleines Beispiel für Sie vorbereitet, mit dem Sie dies einfach nachvollziehen können. Auf der DVD unter */praxisbeispiele/kap10/10_svg-infografik* haben wir Peter Kröners Infografik über die Webtechnologien rund um HTML5 (*https://github.com/SirPepe/SpecGraph*) einmal als SVG (70 KByte) und einmal als GIF (78 KByte) mit 800 × 650 Pixeln eingebunden. Wie sich die Dateigrößen von SVGs noch optimieren lassen, lesen Sie in Abschnitt 12.2.4, »Grafiken für Bilder, SVG-Optimierung«.

Die Stärke von Scalable Vector Graphics liegt in der Skalierbarkeit – sehen Sie selbst, wie sich das auf die Vergrößerung von Bildausschnitten auswirkt (siehe Abbildung 10.19).

Einbindungsmöglichkeiten von SVG-Grafiken

Sie können SVG-Grafiken also in HTML als `<img>`-Element einsetzen:

```
<img src="vektorgrafik.svg" width="100" height="100" ⤶
    alt="Skalierbar und immer scharf">
```

aber auch im CSS-Code als Hintergrundgrafik

```
background-image: url(vektorgrafik.svg);
```

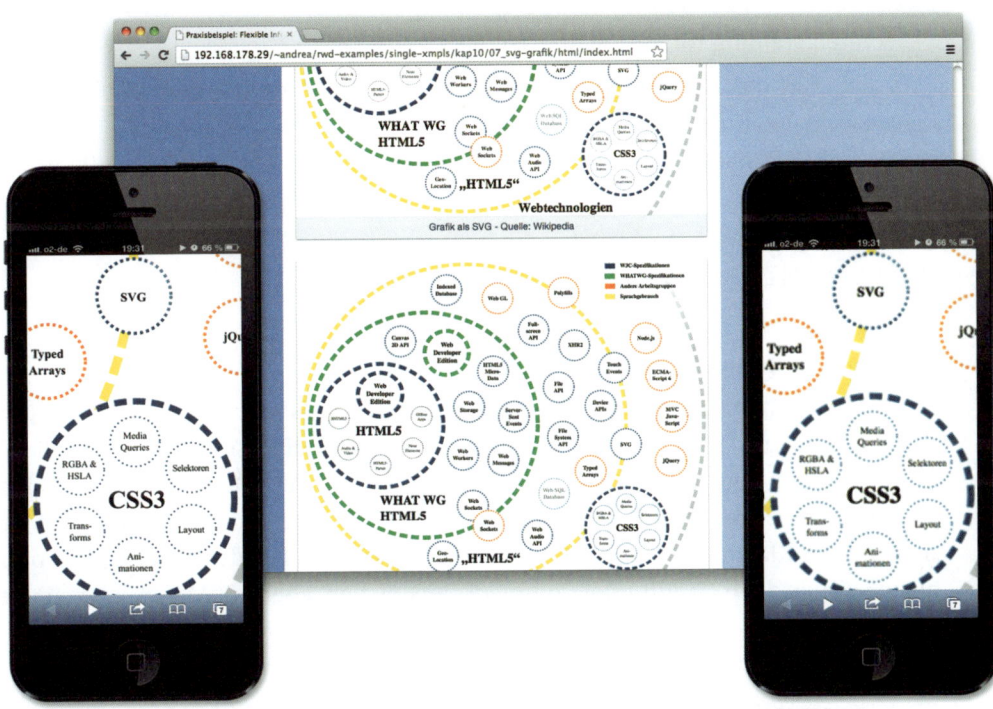

Abbildung 10.19 Die Grafik macht beim Vergrößern auf dem iPhone als SVG (links) einen wesentlich schärferen Eindruck als die GIF-Variante (rechts), obwohl die Datei sogar etwas kleiner ist.

Sie können SVG-Dateien aber auch direkt einbetten anstatt sie (per URL) einzubinden. Das bietet Ihnen den Vorteil, einzelne Teile der Grafik per CSS oder JavaScript manipulieren zu können. Auch dafür gibt es verschiedene Möglichkeiten:

Sie können eine SVG-Datei direkt in den HTML-Code schreiben:

```
<svg version="1.1" xmlns="http://www.w3.org/2000/svg">
    <circle stroke-width="10" stroke="yellowgreen" fill="darkorange" ⏎
          r="50" cy="70" cx="70"/>
</svg>
```

Alternativ betten Sie diese mit dem HTML-Element <embed> ein. Dadurch wird ebenfalls der gesamte SVG-Code in den HTML-Quelltext geschrieben:

```
<embed src="vektorgrafik.svg"></embed>
```

Aber auch eine Einbindung mit dem HTML-Element <object> und dem data-Attribut ist möglich:

```
<object src="vektorgrafik.svg"></object>
```

Servereinstellung für SVG richtig setzen

Für den Fall, dass Ihnen Ihr Server statt der schönen Vektorgrafiken nur »Broken-Image«-Symbole präsentiert, müssen Sie ihm noch das Dateiformat *.svg* nahebringen. Das geht je nach Server auf unterschiedliche Weise, per *.htaccess*-Datei beispielsweise so:

```
AddType image/svg+xml svg svgz
AddEncoding gzip svgz
```

Browsersupport und Fallback

Die Browserunterstützung für SVG ist schon sehr gut, aber nicht umfassend. Der Internet Explorer 8 (wer sonst) versteht das Format leider nicht. Eine mögliche Lösung ist, ihm eine Alternative – z. B. ein PNG – anzubieten. Modernizr enthält eine entsprechende Erkennungsroutine, und wenn ein Browser kein SVG versteht, wird dies mit der Klasse .no-svg im HTML-Element markiert. Für den Internet Explorer allein würden auch *Conditional Comments* ausreichen, aber mit Modernizr sind Sie auf jeden Fall auf der sicheren Seite (Feature-Erkennung ist besser als Browsererkennung).

Für Hintergrundgrafiken können Sie mit dieser Auszeichnung arbeiten:

```
.icon {
    background: url(vektor.svg) no-repeat center left;
}
.no-svg .icon {
    background: url(bitmap.png) no-repeat center left;
}
```

Da der Internet Explorer 8 auch keine mehrfachen Hintergründe versteht, könnten Sie auch Folgendes schreiben:

```
.icon {
    background: url(bitmap.png) no-repeat center left;
    background-image: url(vektor.svg), none;
}
```

Durch die Verwendung des Kommas in der zweiten Deklaration wird diese für den IE ungültig und verworfen.

Auch bei Inline-SVGs hilft Modernizr weiter – in diesem Fall per JavaScript. Sie müssen dazu ein eigenes kleines Skript im <head>-Bereich der Seite platzieren, welches das Modernizr-Objekt abfragt und dementsprechend die Dateiendung der Grafiken austauscht:

```
<script>
$('img[src*="svg"]').attr('src', function() {
    return $(this).attr('src').replace('.svg', '.png');
});
</script>
```

Da wirklich nur der Internet Explorer 8 betroffen ist, würden wir in diesem Fall die Reihenfolge auch so festlegen: erst die SVGs, dann per JavaScript bei Bedarf die PNGs laden. Nach der reinen Lehre des Progressive Enhancements wäre es umgekehrt richtig: erst PNG und dann SVG nachladen. In beiden Fällen müssen Sie natürlich noch die PNG-Alternative erstellen und auf dem Server passend hinterlegen. Wenn Sie ansonsten Modernizr nicht benötigen, ist das kleine Skript SVGeezy (*http:// benhowdle.im/svgeezy*) eine Alternative zur Versorgung älterer Browser.

Eine weitere sehr einfache Lösung ist diese Zeile – wenn es Sie nicht stört, dass das JavaScript direkt in den HTML-Code geschrieben wird:

```
<img src="vektor.svg" onerror="this.onerror=null; this.src=bitmap.png'">
```

Alexey Ten beschreibt eine Variante, die das SVG-Element selbst nutzt und die Fallback-Grafik darin platziert (*http://lynn.ru/examples/svg/en.html*).

SVG-Filter

Über die Skalierbarkeit hinaus besitzen Scalable Vector Graphics auch noch andere interessante Eigenschaften, wie z. B. die Möglichkeit, sie als Vignetten oder Filter für Bitmaps zu nutzen. Sie können SVG-Filter beispielsweise verwenden, um eine als Hintergrundbild eingebundene Grafik mit einem Unschärfefilter zu versehen. Das führt allerdings dann doch etwas weit weg vom Thema dieses Buches; wir empfehlen für weitere Informationen den Blogpost von Allan Greenblatt, der sich ausführlich mit SVG-Filtern beschäftigt (*http://blattchat.com/2013/07/13/fun-with-svg-filters*).

Leider ist die Browserunterstützung für SVG-Filter noch deutlich schlechter als die für SVG selbst. Das können Sie auf *http://caniuse.com/svg-filters* überprüfen (siehe Abbildung 10.20).

Lesetipps: SVG

Die Website *http://www.svgbasics.com* bietet eine Einführung in die komplexe Welt der Scalable Vector Graphics. Einen schönen Artikel zum Thema hat David Bushell beim Smashing Magazine veröffentlicht (*http://coding.smashingmagazine.com/2012/01/16/resolution-independence-with-svg*), und noch einen empfehlenswerten Artikel gibt es von Alex Walker im Sitepoint-Blog (*http:// www.sitepoint.com/a-farewell-to-css3-gradients*).

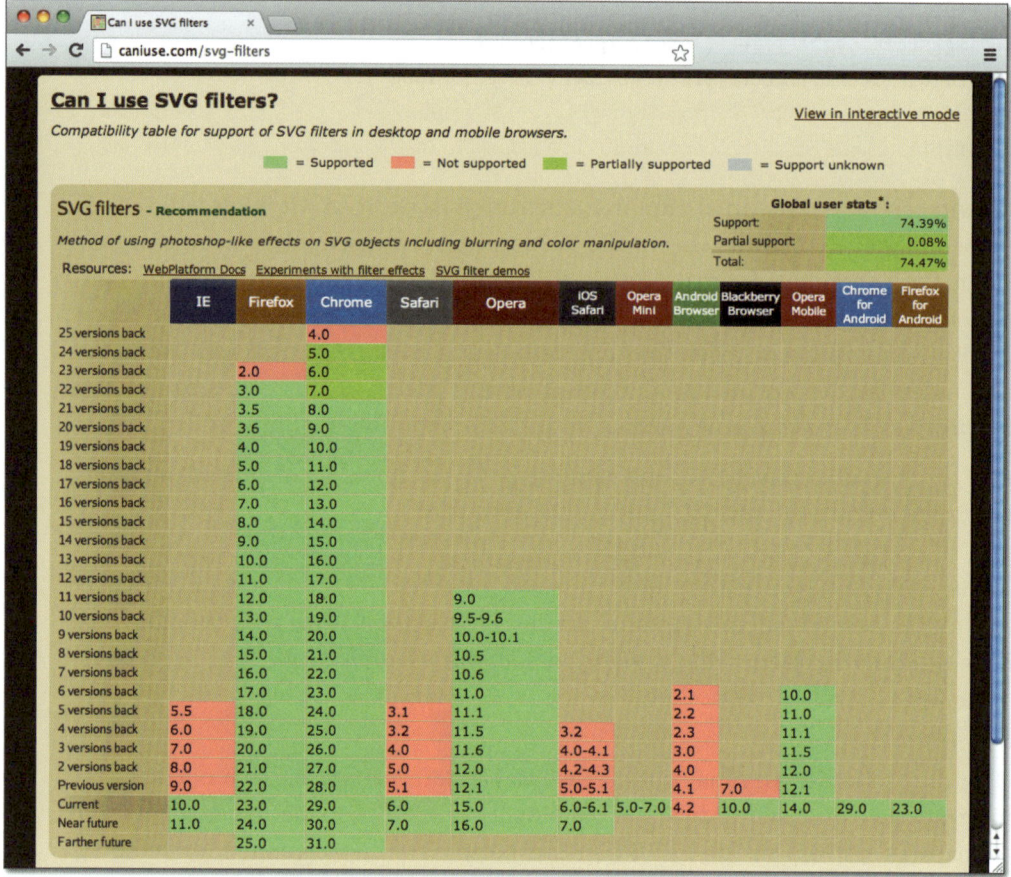

Abbildung 10.20 Stand September 2013: Android mag leider noch keine SVG-Filter.

10.3.2   Icon-Fonts

Eine andere Methode Vektorgrafiken zu nutzen ist, diese als Schriftsatz einzubetten und dann »zeichenweise« anzusteuern. Schriften sind ja ebenfalls als Vektoren gespeichert und werden nativ in Browsern angezeigt. Seit mit Webfonts auch Schriften in Websites verwendet werden können, die nicht auf dem Rechner jedes Betrachters vorhanden sein müssen, steht dem Einsatz von Icon-Fonts nichts mehr im Wege.

Über Schriften eingebundene Grafiken verhalten sich natürlich auch wie Schriften: Sie stehen im Gegensatz zu SVG-Bildern nur einfarbig zur Verfügung. Dafür lässt sich diese eine Farbe aber per CSS jederzeit ändern! Auch andere CSS-Effekte wie z. B. Textschatten können Sie nutzen. Das ist sehr praktisch für individuelle Anpassungen oder um Hover-Effekte einfach zu realisieren.

Tipp: »Icon Fonts are Awesome«

Wenn Sie wissen möchten, warum Icon-Fonts großartig sind, sehen Sie sich Chris Coyiers Demoseite an (*http://css-tricks.com/examples/IconFont/*). Hier können Sie über Schieberegler die CSS-Werte für Schriftgröße, Farbe und Schatten ändern und das Ergebnis bestaunen (siehe Abbildung 10.21).

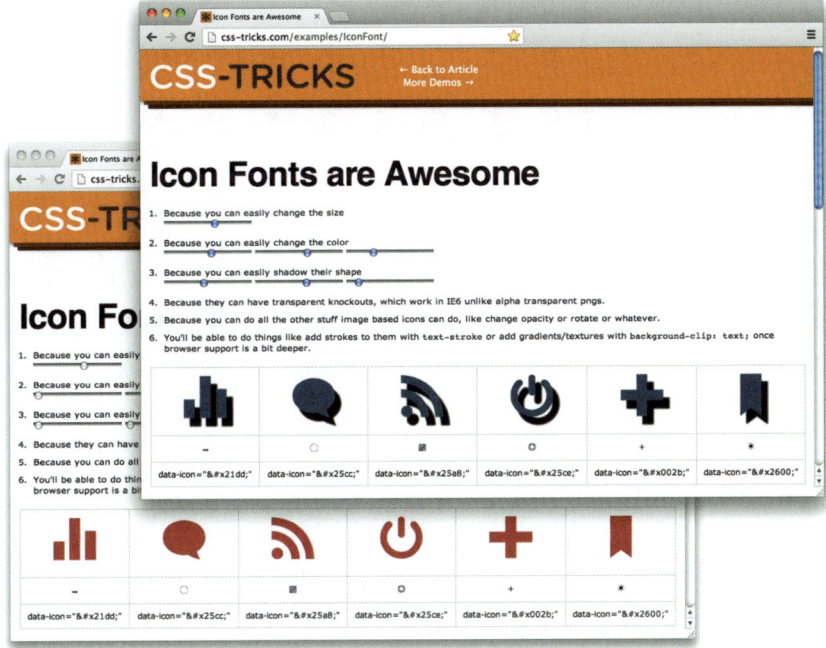

Abbildung 10.21 »Icon Fonts are Awesome« von Chris Coyier

Fertige Icon-Fonts oder individuelle verwenden

Icon-Fonts im Web zu finden ist kein Problem. Es gibt viele verschiedene Sets, und viele davon sind kostenfrei. Eine Zusammenstellung vieler Icon-Fonts finden Sie auch bei Chris Coyier (*http://css-tricks.com/flat-icons-icon-fonts*).

Nützliche Tools sind Icon-Font-Generatoren wie Fontello (*http://fontello.com*), Fontastic (*http://fontastic.me*), Iconvault (*http://iconvau.lt*) und IcoMoon (*http://icomoon.io*). Diese ermöglichen es, einen eigenen Font aus ausgewählten Icons fertiger Schriften oder eigenen Vektorgrafiken zu erstellen. Das gezielte Zuordnen nur weniger Icons, die in Ihrer Website tatsächlich Verwendung finden sollen, hilft dabei, die Dateigröße des Schriftsatzes zu minimieren. Das OS-X-Programm Glyphs (*http://glyphsapp.com*) ermöglicht Ihnen die Erstellung und Bearbeitung eigener Font-Sets auf Ihrem Rechner. Es kostet aber auch einiges (rund 240 Euro in der Standardversion).

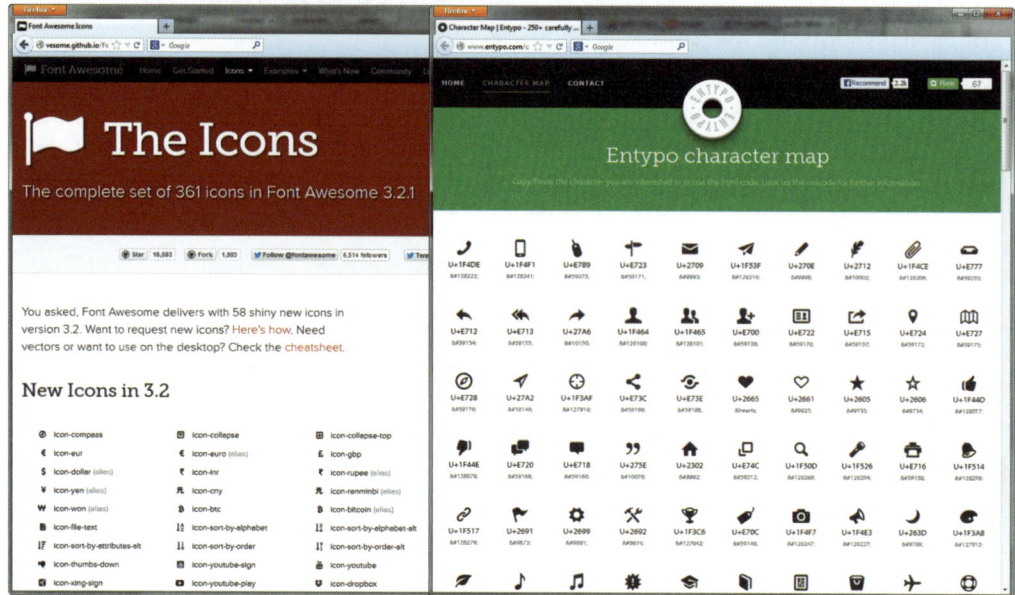

Abbildung 10.22 Icons stehen online in Massen zur Verfügung: hier die Schriften Font Awesome und Entypo.

10.3.3   Praxisbeispiel: Icon-Fonts mit Font Awesome

In dem folgenden Praxisbeispiel (auf der DVD zu finden unter */praxisbeispiele/ kap10/11_icon-fonts/*) haben wir Font Awesome eingebunden und für die Kontaktdaten- und Social-Media-Icons verwendet. Die Einbettung von Icon-Schriften erfolgt wie bei allen anderen Webfonts auch mit @font-face:

```
@font-face {
  font-family: 'FontAwesome';
  src: url('../font/fontawesome-webfont.eot?v=3.2.1');
  src: url('../font/fontawesome-webfont.eot?#iefix&v=3.2.1') ⤸
format('embedded-opentype'), url('../font/fontawesome-webfont.woff?v= ⤸
3.2.1') format('woff'), url('../font/fontawesome-webfont.ttf?v=3.2.1') ⤸
format('truetype'), url('../font/fontawesome-webfont.svg# ⤸
fontawesomeregular?v=3.2.1') format('svg');
  font-weight: normal;
  font-style: normal;
}
```

Listing 10.20 Einbindung von Font Awesome in der mitgelieferten CSS-Datei

Wenn Sie Font Awesome verwenden (wie wir hier in diesem Beispiel), müssen Sie sich jedoch nicht um die Syntax der Einbindung bemühen. Sorgen Sie dafür, dass die heruntergeladene minimierte CSS-Datei *font-awesome.min.css* vor Ihrer eigenen geladen wird, damit Sie für eventuelle Anpassungen die fremden Styles einfach überschreiben können. Der Webfont wird ganz oben in dieser Datei eingebunden. Für die IE7-Unterstützung können Sie zusätzlich noch die Datei *font-awesome-ie7.min.css* einbinden.

```
<h3>Kontakt</h3>
<address>
    <div class="address"><i class="icon-building" title="Adresse"></i> ⤶
        <span>Musterweg 13, 0815 Meinestadt</span></div>
    <a href="tel:+49 - 030 123 456 78" title="Rufen Sie uns zu unseren ⤶
Geschäftszeiten an"><i class="icon-phone"></i>+49 - 030 123 456 78</a><br />
    <a href="mailto:email@example.com" title="Schreiben Sie uns eine Email"> ⤶
        <i class="icon-envelope-alt"></i>email@example.com</a><br />
    <a href="..." title="..."><i class="icon-globe"></i>www.example.com</a> ⤶
<br />
</address>
<div class="just-icons">
    <a href="..." title="Finden Sie uns auf Google+"><i class="icon-google- ⤶
plus"></i></a>
    <a href="..." title="..."><i class="icon-facebook"></i></a>
    ...
</div>
```

Listing 10.21 Auszug aus den Ergänzungen im HTML-Code für die Kontaktdaten mit Icon-Fonts

Der beiliegende CSS-Code hat eine Reihe von allgemeingültigen Regeln und einzelne Zeichen für das jeweilige Icon:

```
...
[class^="icon-"],
[class*="icon-"] {
  font-family: FontAwesome;
  font-weight: normal;
  font-style: normal;
  text-decoration: inherit;
  -webkit-font-smoothing: antialiased;
  margin-right: .3em;
}
[class^="icon-"]:before,
[class*=" icon-"]:before {
  text-decoration: inherit;
  display: inline-block;
```

```
    speak: none;
}
...
.icon-building:before {
  content: "\f0f7";
}
...
```

Listing 10.22 CSS für die Erzeugung des Gebäude-Icons (Auszug aus fontawesome.css)

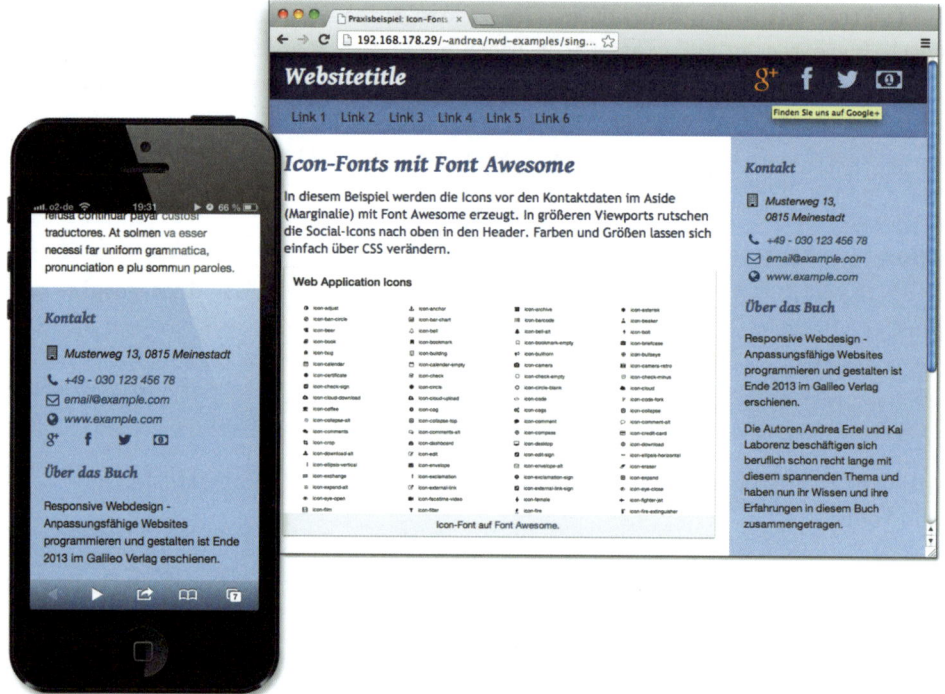

Abbildung 10.23 Icon-Fonts für Kontaktdaten: Die Social-Icons haben in kleinen und großen Viewports eine unterschiedliche Farbe, Größe und Anordnung.

Wir haben uns die Flexibilität der Icon-Fonts zunutze gemacht und zeigen die Social-Icons auf dem Desktop viel größer und farbig hinterlegt im obersten Bereich der Website an. Auf kleinen Screens rutschen die Social-Icons unter die Kontaktdaten, die ebenfalls alle ein Icon zugeordnet bekommen haben (siehe Abbildung 10.23). Den kompletten CSS-Code für die Ausrichtung der Kontaktdaten und Icons entnehmen Sie bitte dem Beispiel auf der DVD.

10.3.4 Icon-Fonts mit Ligaturen

Es gibt noch einen weiteren sehr interessanten Ansatz für die Erstellung und Verwendung von Icon-Fonts: Ligaturen. Ligaturen sind besondere Zeichen eines Schriftsatzes, die dafür verwendet werden, Buchstaben miteinander zu verschmelzen. Ein klassisches Beispiel ist die Verschmelzung von bestimmten Buchstabenkombinationen wie *ae* zu *æ*, aber auch das Zusammenziehen von Buchstaben mit Oberlängen (wie *ff, fi, ft* usw.) zu einer einzigen Glyphe, damit diese nicht mit unschönen Abständen im Textfluss dargestellt werden. Das geschieht automatisch, wenn der Schriftsatz es hergibt.

Auf dieser Grundlage ist es möglich, auch eigene Icon-Fonts so zu erstellen, dass einzelne Zeichen (Icons) bei einer bestimmten Buchstabenfolge ausgegeben werden. Ein tolles Live-Demo zu diesem Thema finden Sie auf Symbolset (*http://symbolset.com*).

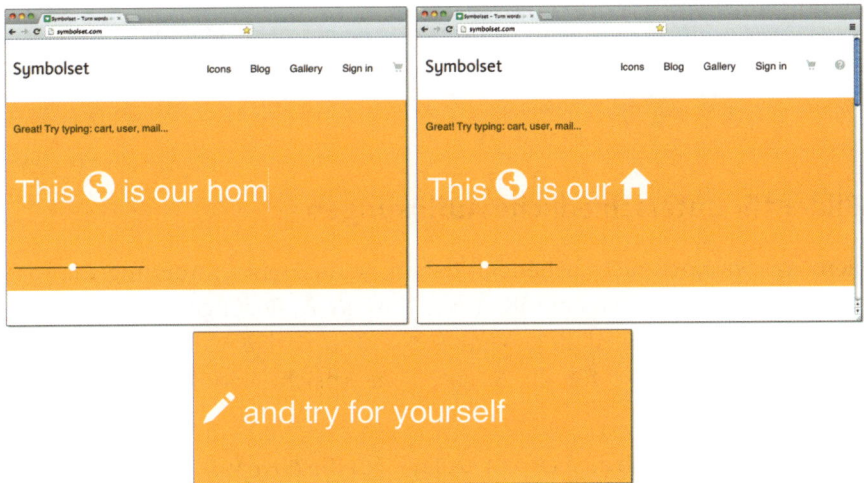

Abbildung 10.24 Symbolset-Live-Demo: »world«, »home« und »edit« wandeln sich in Icons um, sobald sie ausgeschrieben sind.

Anstelle eines leeren Containers mit einer Klasse wie im Beispiel mit Font Awesome (siehe Listing 10.21) verwenden Sie dann reale Texte im Markup, die vom Schriftsatz in die den Zeichenketten entsprechenden Icons umgedeutet werden.

```
<ul>
    <li>home</li>
    <li>chart</li>
    <li>user</li>
    <li>email</li>
</ul>
```

Listing 10.23 Mit dem entsprechenden Zeichensatz wird diese einfache Textliste als Icon-Liste wie in Abbildung 10.25 dargestellt.

Abbildung 10.25 Das Markup dieser Icon-Liste ist das Listing 10.23.

Der große Vorteil dieses Ansatzes ist die Zugänglichkeit. Wenn der Icon-Schriftsatz aus irgendeinem Grund nicht geladen wird, bekommt der Nutzer die realen Bezeichnungen angezeigt, und auch Screenreader können ihre Nutzer mit den richtigen Informationen versorgen.

Lesetipp: The Era of Symbol Fonts

Einen sehr empfehlenswerten Artikel zum Thema Icon-Fonts gibt es von Brian Suda bei »A List Apart« (*http://alistapart.com/article/the-era-of-symbol-fonts*). Unbedingt lesen!

10.4   Bilder für unterschiedliche Auflösungen

Ein Problem, das wir noch nicht behandelt haben, ist die Herausforderung, die passenden Bildgrößen für alle Screengrößen und Display-Auflösungen bei möglichst geringer Datenmenge bereitzustellen. Wenn Sie großformatige Bilder für ein breites Layout einplanen, sind diese für die Smartphone-Ansicht natürlich völlig überdimensioniert.

Und dann gibt es ja auch noch die Retina-Displays. Für die hochauflösenden Displays der neuesten Gerätegeneration hat Apple diesen Begriff erfunden. Andere Hersteller haben nachgezogen und bieten ebenfalls hochauflösende Displays an. Die Darstellung ist auf diesen Bildschirmen um einiges schärfer als bei ihren Vorgängern. Erreicht wird die Schärfe durch eine Erhöhung der Pixeldichte (und damit auch Pixelmenge). Bilder für Retina-Displays müssen etwa viermal so viele Pixel enthalten wie ihre klassische Versionen, um die Vorteile der besseren Displays ausnutzen zu können.

Für eine sowohl optisch als auch technisch überzeugende Umsetzung müssen mehrere Versionen der verwendeten Bilder vorhanden sein und je nach Auflösung bzw. Layoutstufe passend ausgeliefert werden.

Daraus ergeben sich gleich zwei Probleme:

1. Wie ordnen wir die richtigen Bilder im HTML-Code zu?
2. Wie erzeugen wir die Bilder auf dem Server?

iPhone 4 Retina   **iPhone 3**

Abbildung 10.26 Das Retina-Display zeigt in Breite und Höhe doppelt so viele Pixel.

10.4.1   Wie ordne ich die richtigen Bilder im HTML-Code zu?

Leider gibt es in der aktuellen HTML5-Spezifikation keine gültige Syntax, mit der man solche auflösungsabhängigen Bilder auszeichnen kann. Es gibt zwei Ansätze, die in und um die *Responsive Images Community Group* (*RICG*) diskutiert werden und um die Aufnahme in die offiziellen Standards streiten: das `<picture>`-Element und das `scrset`-Attribut. Im Moment sieht es sehr danach aus, dass die `scrset`-Methode die besseren Chancen auf eine Aufnahme hat.

Beide Ansätze machen auch die generellen Probleme beim Einsatz responsiver Bilder deutlich; eigentlich sind es ohnehin eher adaptive Bilder, da keine kontinuierliche Größenanpassung stattfindet.

Echte responsive Bilder

Eine bessere Idee als austauschbare Bildgrößen wäre eine Art »Streaming-Image«, bei dem das Bild nur in einer (der größten) Auflösung auf dem Server gespeichert wird und das Gerät je nach Bedarf Daten herunterlädt – vergleichbar mit progressiven JPEGs. Tatsächlich gäbe es sogar ein geeignetes Format: FlashPix (*http://en.wikipedia.org/wiki/FlashPix*), ursprünglich entwickelt für sehr große Bilddateien. Leider unterstützen die Browser das Format derzeit nicht.

Wir wollen sie Ihnen hier kurz vorstellen. Auf der RICG-Website (*http://responsive-images.org*) finden Sie weitere Details.

Das <picture>-Element

Das <picture>-Element dient als Container, innerhalb dessen mehrere Bildquellen inklusive einer Beschreibung der Bilder untergebracht werden können. Retina-Varianten der Bilder kennzeichnen Sie durch 2x. In der einfacheren Variante wird nach der Abfrage der Medieneigenschaft (z. B. min-width) ein bestimmtes Bild angesteuert:

```
<picture>
    <source media="(min-width: 800px)" src="grosses-bild.jpg">
    <source media="(min-width: 600px)" src="mittleres-bild.jpg">
    <source src="standard-bild.jpg">
    <img src="standard-bild.jpg" alt="...">
    <p>Zusätzliche Bildbeschreibung</p>
</picture>
```

Listing 10.24 <picture>-Element mit src-Attribut

In einem anderen Szenario werden über das srcset-Attribut (auf die gleiche Art, wie auch im nächsten Abschnitt, »Das srcset-Attribut«, beschrieben) auflösungsbedingt unterschiedliche Bilder bereitgehalten:

```
<picture>
    <source media="(min-width: 50em)" srcset="grosses-bild.jpg 1x, ↩
grosses-bild-hd.jpg 2x">
    <source media="(min-width: 37.5em)" srcset="mittleres-bild.jpg 1x, ↩
mittleres-bild-hd.jpg 2x">
    <source srcset="standard-bild.jpg 1x, standard-bild-hd.jpg 2x">
    <img src="standard-bild.jpg" alt="...">
    <p>Zusätzliche Bildbeschreibung</p>
</picture>
```

Listing 10.25 <picture>-Element mit srcset-Attribut

Die Spezifikationen des Entwurfes finden Sie unter *http://www.w3.org/TR/html-picture-element.*

Das srcset-Attribut für <img>-Elemente

Das srcset-Attribut (*http://www.w3.org/html/wg/drafts/srcset/w3c-srcset*) gibt es auch als einzelne Erweiterung des <img>-Elements. Es erlaubt dem Browser, auf zusätzliche Grafikdateien zu verweisen. In der einfachsten Implementierung sieht das so aus:

```
<img src="standard-bild.jpg" alt="..." ↩
    srcset="grosses-bild.jpg 2x">
```

Listing 10.26 srcset-Attribut mit Standardbild und hochaufgelöster Variante

In einem Browser (der das `srcset`-Attribut versteht) wird durch das `2x` im `srcset` beim Aufruf des Bildes auf einem hochauflösenden Display die Datei *grosses-bild.jpg* verwendet. `2x` bezieht sich auf Displays mit zwei oder mehr Device-Pixeln pro CSS-Pixel (es sind auch gebrochene Werte wie `1.5` möglich). In Kapitel 3, »Die Schlüsseltechnologie Media Queries«, hatten wir den Unterschied beschrieben.

In einem `srcset`-Attribut können aber auch mehrere Bilder bezogen auf die maximale Viewport-Breite in Pixeln zugeordnet werden:

```
<img src="standard-bild.jpg" alt="..." ⏎
     srcset="mittleres-bild.jpg 600w 1x,
             mittleres-bild-hd.jpg 600w 2x,
             grosses-bild.jpg 800w 1x,
             grosses-bild-hd.jpg 800w 2x">
```

Listing 10.27 srcset-Attribut mit Bildvarianten für unterschiedliche Viewort-Breiten und Auflösungen

In dieser Syntax stehen neben der Standardgrafik vier weitere Bilder für unterschiedliche Viewports und Display-Auflösungen zur Verfügung: ein mittleres Bild in einfacher Auflösung für Viewport-Breiten von maximal 600 Pixeln und einfacher Auflösung, ein mittleres Bild für Viewport-Breiten von maximal 600 Pixeln und doppelter Auflösung, ein großes Bild für Viewport-Breiten von 800 Pixeln und einfacher Auflösung und ein großes Bild für Viewport-Breiten von maximal 800 Pixeln und doppelter Auflösung. Der Browser kümmert sich dann um die Auslieferung des richtigen Bildes.

Bandbreiten-Media-Queries

Auf der Wunschliste vieler Entwickler steht die Bandbreiten-abhängige Auswahl von Bildern: Je nach verfügbarer Bandbreite, mit welcher der Nutzer im Web unterwegs ist, entscheidet der Browser, welches Bild er aus dem `srcset`-Attribut vom Server anfordert. Allerdings stößt die Feststellung der »richtigen« Bandbreite auf einige grundsätzliche Probleme. So kann sich die Bandbreite beispielsweise während des Ladens einer Seite ändern (»Oh, da kommt ein Tunnel ...«) – was soll der Browser dann machen? Schon geladene hochauflösende Bilder verwerfen und die kleinen Varianten laden? Weiter hochauflösende Bilder laden? Kleine und große Bilder mischen? Angesichts begrenzter Datenkontingente oder kostenpflichtiger MByte-Pakete müsste auch der Stand des Datenkontingents und der Standort (Inland/Ausland) berücksichtigt werden. In den W3C-Spezifikationen gibt es allerdings immerhin schon eine Network Information API mit einem Connection Interface (*http://www.w3.org/TR/netinfo-api/#the-connection-interface*), das die Netzanbindung anzeigen soll. Abgefragt werden kann sie per JavaScript – sogar via `Modernizr.lowbandwidth` (non core detects).

Die Ansätze mit dem `<picture>`-Element und dem `srcset`-Attribut haben beide ihre Vor- und Nachteile. Uns persönlich gefällt die `<picture>`-Lösung besser, da sie die vertraute Syntax von Media Queries verwendet und uns etwas übersichtlicher erscheint. Seit Mitte August 2013 unterstützt WebKit allerdings das `scrset`-Attribut für `<img>`, was darauf hindeutet, dass sich die Waagschale in Richtung dieser Lösung neigt. Wollen wir hoffen, dass die anderen Hersteller bald nachziehen und zumindest eine allgemeingültige Syntax verfügbar wird.

Lesetipps zur »Responsive Images Story«

Mat Marquis von der Filament Group hat im Smashing Magazine einen lesenswerten Artikel zur Implementierung des `srcset`-Attributes von WebKit veröffentlicht (*http://mobile.smashingmagazine.com/2013/08/21/webkit-implements-srcset-and-why-its-a-good-thing*).

Jason Grigsby stellt im Cloud Four Blog (*http://blog.cloudfour.com/the-real-conflict-behind-picture-and-srcset*) `<picture>` und `@srcset` gegenüber.

Wenn Sie die ganze »Responsive Images Story« interessiert, lesen Sie Anselm Hannemanns Gastartikel im Blog von Peter Kröner (*http://www.peterkroener.de/die-responsive-images-story*). Hier erhalten Sie einen Überblick, welche Ansätze in den letzten Jahren diskutiert wurden, und erfahren mehr zu deren Vor- und Nachteilen.

Einsetzen können Sie diese Syntax trotzdem schon heute, da die Browser, die das `srcset`-Attribut nicht verstehen, das Standardbild verwenden. Außerdem gibt es JavaScript-Polyfills, die auch den Bildaustausch bei Browsern umsetzen, die noch keine der Techniken nativ unterstützen – dazu kommen wir gleich.

Hintergrundbilder auswählen

Hintergrundbilder, die ohnehin per CSS geladen werden, stellen schon heute kein Problem dar. Hier haben wir mit den Media Queries schon das geeignete Werkzeug, um zu unseren Umbruchpunkten die geeigneten Bilder zu laden:

```
<style>
.flexbackground {
   background: url(bild.gif) no-repeat fixed;
   background-size: cover;
}
@media only screen and (min-width: 320px) {
   .flexbackground {
      background: url(grosses-bild.gif) no-repeat fixed;
   }
}
```

```
@media only screen and (min-width: 768px) {
    .flexbackground {
        background: url(riesen-bild.gif) no-repeat fixed;
    }
}
@media only screen and (min-width: 1024px) {
    .flexbackground {
        background: url(mega-riesen-bild.gif) no-repeat fixed;
    }
}
</style>
```

Listing 10.28 Retina-Background per Media Query: Standard

Hier wird ein Standardhintergrundbild zugewiesen, das durch die nachfolgenden Anweisungen überschrieben wird. Da das Standardbild auf jeden Fall geladen wird, sollte es die kleinste Bildgröße haben. Nachfolgende Bilder werden aufgrund der Media Queries nur geladen, wenn die entsprechende Bedingung zutrifft.

Der Vollständigkeit halber sei noch die CSS-Eigenschaft `image-set` erwähnt. Mit `image-set` lassen sich in einer CSS-Deklaration mehrere Hintergrundbilder angeben – das sähe z. B. so aus:

```
.flexbackground {
    background-image: url(bild.gif);
    background-image: -webkit-image-set(
        url(bild.gif) 1x,
        url(grosses-bild.gif) 2x,
        url(riesen-bild.gif) 3x);
    width:400px;
    height:600px;
}
```

Listing 10.29 Syntax für image-set

`image-set` bietet allerdings keinen echten Vorteil gegenüber normalen Media Queries und wird im Moment (Oktober 2013) nur von WebKit unterstützt. Wenn Sie mehr darüber wissen wollen, können Sie sich hier informieren:

► *http://webstandard.kulando.de/post/2012/08/20/retina-display-mit-css-background-image-und-image-set-zu-scharfen-bildern*

► *http://blog.cloudfour.com/safari-6-and-chrome-21-add-image-set-to-support-retina-images*

Bilder im Inhalt auswechseln

Nun besteht eine Website nicht nur aus Hintergrundgrafiken, und auch die per `<img>`-Element eingebundenen Grafiken soll nach Möglichkeit nicht zu groß und nicht zu klein geladen werden. Hier kommen Sie ohne JavaScript nicht weiter. Glücklicherweise haben sich schon einige Entwickler Gedanken gemacht, wie die entsprechenden Bildersetzungen umgesetzt werden können, und versorgen uns mit Bibliotheken und Polyfills.

Die Lösung von Scott Jehl (*https://github.com/scottjehl/picturefill*) orientiert sich an der Idee des `<picture>`-Elements, verwendet jedoch `<div>`-Elemente (da `<picture>` ja bislang nicht offiziell existiert):

```
<div data-picture data-alt="Alternativtext">
   <div data-src="grafik-klein.jpg"></div>
   <div data-src="grafik-mittel.jpg" data-media="(min-width: 320px)"></div>
   <div data-src="grafik-gross.jpg" data-media="(min-width: 768px)"></div>
   <div data-src="grafik-riesig.jpg" data-media="(min-width: 1200px)"></div>
   <!-- Fallback fuer Browser ohne JavaScript -->
   <noscript>
      <img src="grafik-klein.jpg" alt="Alternativtext">
   </noscript>
</div>
```

Zuerst wird eine Standardgrafik für die kleineste zu unterstützende Auflösung referenziert (*grafik-klein.jpg*). Dann folgen diverse größere Versionen, jeweils durch ein passendes Media Query angesprochen. Zum Schluss gibt es noch einen Fallback für Browser, die kein JavaScript beherrschen (oder deren Benutzer es abgeschaltet haben).

Besonders gut gefällt uns, dass in den Abfragen die komplette Media-Query-Syntax unterstützt wird. So können Sie dort auch mittels einer Abfrage der Auflösung Retina- von Nicht-Retina-Displays unterscheiden:

```
<div data-src="grafik-1x.jpg" data-media="(min-width: 768px)"></div>
<div data-src="grafik-2x.jpg" data-media="(min-width: 768px) and ⤶
(min-device-pixel-ratio: 2.0)"></div>
```

Die Bibliothek merkt, dass eine größere Version des gleichen Bildes geliefert werden soll und schickt nur *grafik-2x.jpg* zum Browser. Mithilfe einer weiteren Bibliothek werden auch Browser unterstützt, die keine Media Queries unterstützen (sagen wir einmal: Internet Explorer 8 und älter).

Zur Installation müssen Sie lediglich ein PHP-Skript auf dem Server platzieren, Ihre Breakpoints ergänzen und die Rewrite-Rules des Servers anpassen (dazu liegt eine entsprechende *.htaccess*-Datei bei). Mit einem JavaScript-Schnipsel im `<head>` der HTML-Dokumente lesen Sie die Geräteauflösung der Besucher aus. Das war's.

Die zweite Lösung, die wir Ihnen vorstellen wollen, stammt von Abban Dunne und nutzt die beliebte JavaScript-Bibliothek jQuery: jQuery Picture (*http:// jquerypicture.com*).

Sie können mit dieser Lösung wählen, ob Sie das HTML5-Element `<figure>` oder das für den Standard vorgeschlagene Element `<picture>` verwenden wollen. (Wie schon erwähnt, ist das noch nicht valide.)

Wenn Sie auf Nummer sicher gehen und `<figure>` verwenden, sieht die Syntax so aus:

```
<figure class="responsive" data-media="grafik-klein.jpg" ⤵
data-media320="grafik-mittel.jpg" data-media768="grafik-gross.jpg" ⤵
title="Alternativtext">
    <noscript>
        <img src="grafik-klein.jpg" alt="Alternativtext">
    </noscript>
</figure>
```

In diesem Fall werden die alternativen Grafiken über `data`-Attribute referenziert – neben der URL der entsprechenden Grafik steckt dort auch der Umbruchpunkt, ab dem die entsprechende Grafik verwendet werden soll (die Zahl entspricht einem `min-with`-Media-Query). Sie müssen das Skript im Seitenkopf noch initialisieren, um die Funktion für alle `<figure>`-Elemente zu nutzen:

```
<script>
    $(function(){
        $('figure').picture();
    });
</script>
```

Wenn Sie stattdessen das `<picture>`-Element nutzen möchten, verwenden Sie einfach die etwas weiter vorne vorgestellte Syntax und initialisieren das Skript so:

```
$(function(){
    $('picture').picture();
});
```

Im Gegensatz zur Picturefill-Lösung gibt es keine Möglichkeit, andere Media Queries (z. B. für die Retina-Unterscheidung) zu nutzen. Dafür können Sie mit der `<picture>`-Syntax einen Ansatz wählen (wenn Ihnen die Validität egal ist), der bei Verabschiedung eines entsprechenden Standards (wenn es denn `<picture>` wird) ohne Änderungen im HTML-Code weiter funktioniert.

10

Auch für `srcset` gibt es einen Polyfill: Google-Entwickler Boris Smus hat ihn entwickelt und auf GitHub veröffentlicht (*https://github.com/borismus/srcset-polyfill*).

Die Bedienung ist einfach, da sie sich an der offiziellen Syntax orientiert. Sie müssen das Skript *srcset.min.js* in die Seite einbinden und können dann alle Bilder in der geplanten Syntax referenzieren.

```
<img src="kleines-bild.jpg" alt="..."
    srcset="kleines-bild.jpg 320w"
    srcset="mittleres-bild.jpg 800w"
    srcset="grosses-bild.jpg" >
```

Listing 10.30 Bildeinbindung per src-set und JavaScript

10.4.2 Und wer erstellt die ganzen Bilder?

Mit den entsprechenden Bibliotheken haben Sie nun die unterschiedlichen Grafikdateien dem Browser zur Anzeige zugewiesen. Offen bleibt aber immer noch, wie die Bilder in der entsprechenden Größe auf den Server gelangen. Natürlich können Sie alle Versionen eigenhändig im Grafikprogramm Ihrer Wahl erzeugen, aber das ist höchstens etwas für sehr kleine Websites mit wenigen Bildern und Entwickler mit viel Zeit. Wenn Sie allerdings Bilder in inhaltlich angepassten Versionen verwenden wollen, ist manuelle Arbeit unvermeidbar.

Inhaltlich angepasste Bilder für mobile Geräte

Nicht immer ist eine reine Skalierung der richtige Ansatz für mobile Bilder. Durch eine proportionale Verkleinerung bleibt zwar das Bild in seiner ursprünglichen Form erhalten, verliert aber eventuell seine Bedeutung im Seitenkontext: Ein weites Panorama, dass auf einer Desktopansicht beeindruckend wirkt, sieht auf einem (Portrait-)Smartphone-Bildschirm eher mickrig aus.

Die Nulllösung: Hochauflösende und komprimierte Bilder

Die einfachste Variante ist: nichts tun. Wenn Sie auch die Bilder für die großen Varianten für kleine Displays ausliefern, verschwenden Sie zwar Bandbreite, ersparen sich aber auch Arbeit. Wie wir schon festgestellt haben, bedeutet die Verwendung eines kleinen Bildschirms inzwischen schon lange nicht mehr, dass auch die Anbindung schlecht sein muss.

Tatsächlich haben Experimente gezeigt, dass Fotos in doppelter Auflösung stark komprimiert und im HTML auf dieselbe Größe verkleinert, sogar kleiner sein können als das Ausgangsmaterial. Glauben Sie nicht? Der niederländische Webdesigner Daan Jobsis hat eine ganze Reihe von überzeugenden Gegenüberstellungen, wie in Abbildung 10.27 sehen.

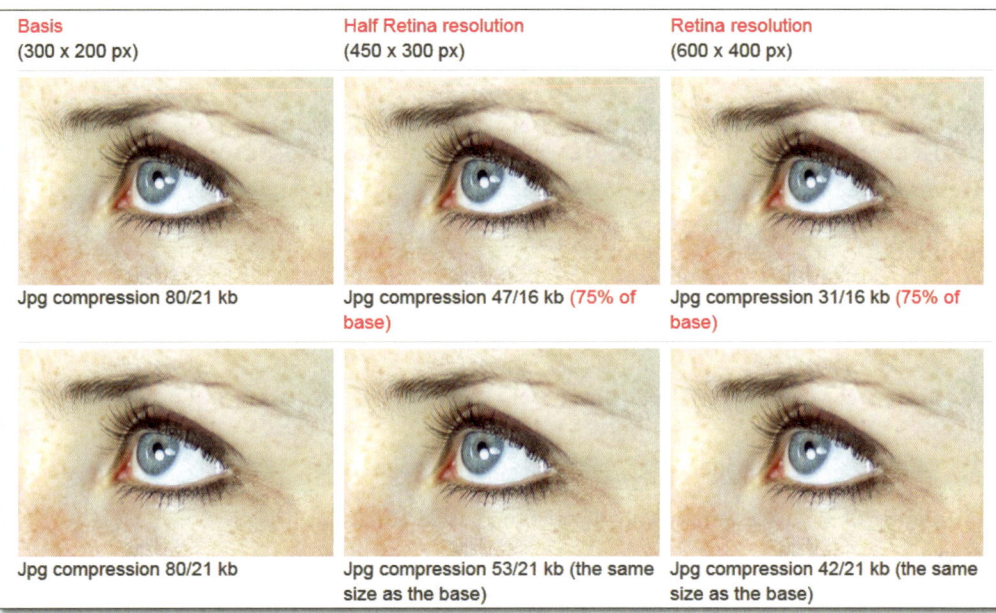

Abbildung 10.27 Hochkomprimierte skalierte JPEGs sehen auch bei kleiner Dateigröße gut aus, wie das Besipiel von Daan Jobsis zeigt.

Sie finden seine Überlegungen unter *http://www.netvlies.nl/blog/design-interactie/ retina-revolution*; lesen Sie auch den zweiten Teil. Man sieht, dass die Technik zwar nicht für alle Bildtypen geeignet ist, aber angesichts des geringen Aufwands ist die Lösung gar nicht so schlecht.

Adaptive Images

Wenn Sie aber wirklich unterschiedliche Grafiken ausliefern wollen, gibt es glücklicherweise eine All-Inclusive-Lösung, welche die ganze mühselige Arbeit erledigt: Adaptive Images (*http://adaptive-images.com*). Adaptive Images ist eine raffinierte Kombination aus JavaScript und serverseitiger Programmierung und funktioniert so:

Ein Erkennungs-JavaScript im `<head>` der Website ein fragt beim Seitenaufruf die Größe des Viewports ab und speichert sie in einem Cookie. Außerdem müssen Sie auf dem Server alle Bilder über eine Anweisung in den Server-Rewrite-Rules (z. B. per *.htaccess*) auf ein PHP-Skript umleiten. Das PHP-Skript liest das Cookie, vergleicht die Auflösung mit einer internen Liste und sendet die nächstpassende Version vom Server. Wenn noch keine passende Version vorhanden ist, erzeugt es aus der Ausgangsgrafik eine entsprechende Version, schickt sie zum Browser und speichert sie für die nächste Anfrage. Sie können das Skript an beliebige Umbruchpunkte anpassen und

auch entscheiden, ob Sie hochaufgelöste Bilder für hochauflösende Displays ausliefern wollen.

Schritt für Schritt geht das so:

Nehmen Sie das Paket von der DVD (Verzeichnis */ressourcen/kap10/adaptive-
images*), oder laden Sie es von der Website herunter. Sie finden dort die Datei *adap-
tive-images.php*, eine Anleitung und eine beispielhafte *.htaccess*-Datei.

Die Datei *adaptive-images.php* laden Sie auf Ihren Webserver in das Rootverzeichnis
Ihres Projekts. In der Datei *.htaccess* finden Sie die Anweisung, um alle Bilder auf das
PHP-Skript umzuleiten (siehe untere Zeile in Listing 10.31).

```
RewriteCond %{REQUEST_URI} !assets
...
RewriteRule \.(?:jpe?g|gif|png)$ adaptive-images.php
```

Listing 10.31 Ausschnitt aus der Datei .htaccess von Adaptive Images

Wenn Sie noch keine eigene *.htaccess* verwenden, können Sie einfach die Beispielda-
tei einsetzen. In der Datei können Sie auch Verzeichnisse benennen, deren Bilder
nicht über das Skript geleitet werden sollen – nützlich, wenn Sie z. B. ein Verzeichnis
mit großen Bildern zum Download vorhalten (siehe obere Zeile in Listing 10.31).

In der PHP-Datei *adaptive-images.php* konfigurieren Sie die Breakpoints für die Bildgrößen in der Variable $resolutions und weitere Parameter.

```
/* CONFIG --------------------------------------------- */
$resolutions = array(1382, 992, 768, 480);
// resolution break-points to use (screen widths, in pixels)

$cache_path = "ai-cache";
// where to store generated images. From document root!

$jpg_quality = 75;
// the quality of any generated JPGs on a scale of 0 to 100

$sharpen = TRUE;
// perform a sharpen on re-scaled images?

$watch_cache = TRUE;
// check that the adapted image isn't stale (ensures updated source images ⊃
are re-cached)
```

```
$browser_cache = 60*60*24*7;
// How long the BROWSER cache should last (seconds, minutes, hours, ⤶
days. 7days by default)
```

Listing 10.32 Parameter für Adaptive Images

Nun müssen Sie im `<head>` der Website nur noch das aufrufende JavaScript einbinden:

```
<script>document.cookie='resolution=
'+Math.max(screen.width,screen.height)+'; path=/';</script>
```

Wenn Sie auch Retina-Images erzeugen wollen, schreiben Sie:

```
<script>document.cookie='resolution='+Math.max(screen.width, ⤶
screen.height)+("devicePixelRatio" in window ? ","+devicePixelRatio : ⤶
",1")+'; path=/';</script>
```

Listing 10.33 Einbindung der Adaptive Images

Beim ersten Aufruf der Seite legt das JavaScript ein Cookie mit der gemessenen Auflösung des Browsers an. Wenn dann die Bilder aufgerufen werden sollen – der Aufruf wird ja an das PHP-Skript geleitet –, liest Adaptive Images das Cookie und liefert eine passende Version aus dem Verzeichnis *ai-cache* aus. Falls eine passende Version noch nicht existiert, wird sie vorher berechnet und für die weitere Verwendung im Ordner *ai-cache* gespeichert. So können Sie im Übrigen testen, ob die Lösung funktioniert – Sie rufen die Seite mit einem mobilen Gerät auf und sehen danach auf dem Server nach, ob das Verzeichnis *ai-cache* und ein zur Auflösung des Geräts passendes Unterverzeichnis mit Grafiken generiert wurden. Falls nicht, legen Sie das Verzeichnis *ai-cache* selbst an und sorgen dafür, dass der Webserver dort Schreibrechte hat.

Das Testen ist allerdings nur über entsprechende Geräte möglich, da beim Erstellen neuer Bildgrößen ausschließlich die `device-width` berücksichtigt wird (ein Vergrößern oder Verkleinern des Browserfensters hilft da nicht)!

Sencha.io Src

Ein anderer Weg ist die Verwendung von Sencha.io Src, einem Dateiserverdienst in der Cloud. Im HTML-Dokument referenzieren Sie die zu skalierenden Grafiken nicht mehr so:

```
<img src="http://meinserver.de/meinegrafik.jpg" alt="Meine Ausgangsgrafik">
```

Stattdessen referenzieren Sie nun den Sencha-Server:

```
<img src="http://src.sencha.io/ http://meinserver.de/meinegrafik.jpg" ⤶
alt="Meine reduzierte Grafik">
```

323

Als img src geben Sie die URL des Sencha-Proxyservers an, direkt gefolgt (ohne Leerzeichen) von der (absoluten) URL Ihres Ausgangsbildes.

Sencha ermittelt die Bildschirmgröße des aufrufenden Endgerätes (anhand seiner Gerätekennung) und liefert eine Grafik in dieser Breite zurück. Sie können aber auch eine spezifische Breite vorgeben (Bilder werden immer proportional skaliert):

```
<img src="http://src.sencha.io/ http://meinserver.de/meinegrafik.jpg" ↵
alt="Meine reduzierte Grafik" width="640">
```

Mittels eines JavaScripts können Sie die Bildschirmerkennung auch auf dem eigenen Server direkt durchführen (also die Bildschirmabmessungen per JavaScript ausmessen, statt sich auf eine Gerätekennung zu verlassen).

Sencha bietet eine ganze Reihe weiterer Optionen; interessant ist z. B. die Möglichkeit, auch prozentuale Größen vorzugeben:

```
<img src="http://src.sencha.io/x50/http://meinserver.de/meinegrafik.jpg" ↵
alt="Meine halbe Grafik">
```

Mit dem Zusatz x50 im Aufruf weisen Sie den Server an, die Grafik auf die Hälfte des Bildschirms zu verkleinern.

10.5   Zusammenfassung

Beim großen Thema *Responsive Images* wird sich in der nächsten Zeit gewiss noch einiges tun. Die Implementierung des srcset-Attributs in den WebKit-Browsern im August 2013 lässt uns hoffen, dass auch die anderen großen Browserhersteller hier schnell nachziehen werden und es bald eine allgemeingültige zufriedenstellende Lösung zur nativen Verwendung unterschiedlich großer Auflösungen von Bildern für das Responsive Webdesign in HTML geben wird. In diesem Kapitel haben wir Ihnen viele Alternativen vorgestellt, die Sie nutzen können bis dies der Normalfall ist.

Sie haben unterschiedliche Möglichkeiten kennen gelernt, wie Sie Bilder und Grafiken im responsiven Design einsetzen können, und erfahren, wie Sie mit Hintergrundbildern und eingebundenen Bildern umgehen und welche Alternativen zu herkömmlichen Bitmaps existieren – nämlich skalierbare Vektorgrafiken (SVG) und Icon-Fonts.

Wir haben Ihnen die neuen Spezifikationen picture-Element und srcset-Attribute vorgestellt und Ihnen gezeigt, wie Sie diese jetzt schon nutzen können. Zu guter Letzt haben Sie noch die Alternativen Adaptive Images und Sencha.io Src kennen gelernt, die Ihnen dabei helfen, Bilder für alle benötigten Auflösungen bereitzustellen.

Kapitel 11
Mehr flexible Inhalte

»Nothing in the world is more flexible and yielding than water. Yet when it attacks the firm and the strong, none can withstand it, because they have no way to change it. So the flexible overcome the adamant, the yielding overcome the forceful.«
Lao Tzu

Sie haben inzwischen eine kleine Beispielwebsite Mobile First aufgebaut (oder uns dabei zugesehen) und drei Breakpoints definiert, an denen grundlegende Änderungen im Layout passieren. Dadurch unterscheidet sich die Darstellung des Praxisbeispiels auf dem Smartphone von der auf den meisten Tablets und diese wiederum von denen auf kleineren und größeren Desktopbrowsern. Je nach verfügbarem Platz wirken durch die Media Queries andere Styles, und einzelne Inhaltsbereiche wie die Navigation, die Teaser und die Marginalie werden unterschiedlich platziert. Sie haben gerade gelesen, welche CSS-Styles gebraucht werden, damit eingefügte Bilder sich genauso flexibel verhalten wie Texte, und anhand der Promotion-Buttons haben wir Ihnen gezeigt, wie Sie Hintergrundgrafiken skalierbar einbinden können. Der Mehrwert, den SVG und Icon-Fonts im responsiven Webdesign mitbringen, hat Sie hoffentlich neugierig gemacht, mit diesen Techniken zu experimentieren und sie in eigenen Projekten einzusetzen.

Damit lässt sich schon eine Menge anfangen, aber es gibt ja noch andere Inhalte, die sich nicht automatisch jeder Screenbreite anpassen und bei denen Sie nachhelfen müssen. In diesem Kapitel zeigen wir Ihnen, wie Sie auch diese Inhalte flexibel und responsive machen. Wir zeigen Ihnen, wie Sie Bildergalerien in das responsive Layout integrieren können, und erstellen eine responsive Slideshow, die auf Touchscreens per Wischgesten bedient werden kann. Wir sehen uns an, welche Besonderheiten bei der Einbindung von Videos als HTML5-Videos, aber auch als `<iframe>` von Diensten wie YouTube und Vimeo zu berücksichtigen sind, und wie Sie mithilfe eines Plugins eine Image Map responsive umsetzen. Ein anderes spannendes Thema sind flexible Tabellen und die verschiedenen Lösungen zum Umgang mit großen Tabellen auf kleinen Screens. Wir sehen uns an, wie man Formulare reaktionsfähig umsetzt, und berücksichtigen dabei die für das responsive Design interessantesten HTML5-Formularelemente. Zum Schluss beschäftigen wir uns auch noch mit der Frage, wie sich das responsive Design auf Werbekonzepte auswirkt.

11.1   Responsive Bildergalerien

Produkte eines Unternehmens, Fotos zu einem Artikel oder einfach nur Stimmungs-
bilder in einer Slideshow zu präsentieren, ist eine häufig eingesetzte Funktionalität.
Auch in einer responsiven Website müssen Sie darauf nicht verzichten. Für unterschiedliche Varianten mit und ohne Vorschaubilder (Thumbnail-Galerien), als Karussell oder einfach nur als einzelnes Slideshow-Element gibt es mittlerweile eine ganze
Menge fertige jQuery-Plugins. Für die flexible Umsetzung dürfen – genau wie bei einzelnen Bildern – auch hier keine festen Größen zugeordnet werden. Die Größe wird
alleine durch den Container bestimmt, der zu 100 % durch die Slideshow ausgefüllt
wird.

11.1.1   Praxisbeispiel: Flexible Slideshow mit ResponsiveSlides

Eine auf jQuery aufbauende Lösung bietet Ihnen das Plugin *ResponsiveSlides.js*
(*https://github.com/viljamis/ResponsiveSlides.js*), das der finnische Webdesigner
Viljami Salminen entwickelt hat. Die Implementierung ist denkbar einfach.

Wir haben wie schon in den vorherigen Kapiteln ein »leeres« Praxisbeispiel auf der
DVD bereitgestellt, das nur das responsive Gerüst und die ResponsiveNav-Navi-
gation enthält. Mit dieser Grundlage (oder natürlich mit Ihrer eigenen, wenn Sie in
den vorherigen Kapiteln fleißig mitgemacht haben) können Sie alle Beispiele dieses
Kapitels nachbauen. Sie finden es unter */praxisbeispiele/kap11/00_start_flexible-
inhalte/*. Das folgende Beispiel finden sie auf der DVD unter */praxisbeispiele/kap11/
01_responsive-slides/*.

Die Bilder der Slideshow werden im HTML-Code in einer ungeordneten Liste untergebracht, und bei Bedarf kann zu jedem Bild auch in den Listenelementen eine Bildunterschrift zugeordnet werden. Der `<ul>` haben wir die Klasse `.rslides` gegeben
(siehe Listing 11.1).

```
<ul class="rslides">
   <li>
      <img src="../img/dummy-1.jpg" alt="">
      <p class="caption">...</p>
   </li>
   <li>
      ...
   </li>
   <li>
      <img src="../img/dummy-x.jpg" alt="">
```

```
      <p class="caption">...</p>
    </li>
</ul>
```

Listing 11.1 Die Bilder mit Bildunterschrift für die Slideshow werden
in einer UL untergebracht.

Hinter der jQuery-Bibliothek binden Sie die JavaScript-Datei `responsiveslides.js` ein
und übergeben die Container-Klasse der `<ul>` (`.rslides`) an die Funktion `responsive-`
`Slides()`. Zusätzlich können Sie an dieser Stelle noch weitere Funktionen des Plugins
aktivieren (siehe Listing 11.2).

Wir haben in diesem Beispiel eine automatisch generierte Navigation (`nav: true`)
und eine Statusanzeige (`pager: true`) eingeschaltet. Außerdem soll beim Überfahren
der Slideshow mit der Maus die Slideshow pausieren (`pause: true`). Weitere
Konfigurationsmöglichkeiten finden Sie auf der Website zum Plugin (*http://*
responsiveslides.com).

```
<script src="../js/responsiveslides.js"></script>
<script>
    $(function() {
        $(".rslides").responsiveSlides({
            nav: true,
            pager: true,
            pause: true
        });
    });
</script>
```

Listing 11.2 JavaScript-Einbindung für die Responsive Slides von Viljami Salminen

Im Downloadpaket des Plugins von GitHub finden Sie auch die CSS-Datei *respon-*
siveslides.css, die viele wichtige Styles für die Anpassungsfähigkeit in verschiedenen Layoutgrößen enthält. Weitere Gestaltungs- und Funktionsbeispiele für die
Navigation der Slideshow können Sie unter *http://responsiveslides.com/themes/*
themes.html finden.

Wir haben die Styles des Plugins in unser eigenes Stylesheet übernommen und an
unser Layout angepasst. Auf dem Desktop reicht es aus, wenn die Navigationsflächen
(Vor und Zurück) nur bei Hover angezeigt werden; hier ist auch das Anklicken der
kleinen runden Status-Icons am oberen Bildrand mit der Maus möglich.

Da es auf dem Touchscreen keinen Hover-Effekt gibt, über den die Vor- und Zurück-
Icons eingeblendet werden, haben wir darauf geachtet, dass diese auf den kleinen
Screens der mobilen Geräte immer in ausreichender Größe für die Touchbedienung

11

angezeigt werden (siehe Abbildung 11.1). Das recht umfangreiche CSS für dieses Beispiel entnehmen Sie bitte der Datei *layout.css* auf der DVD.

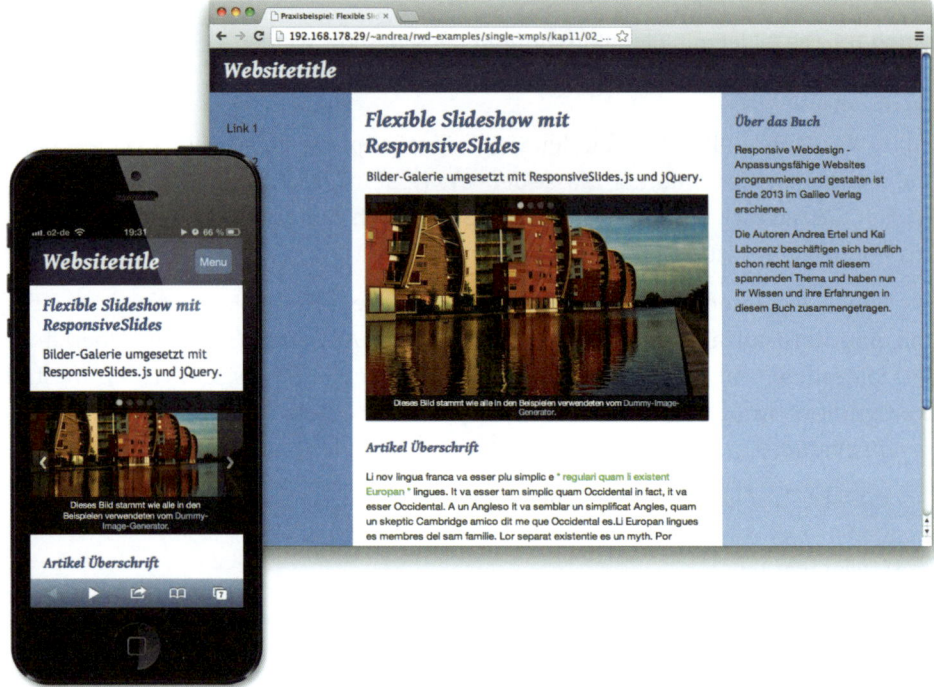

Abbildung 11.1 Flexible Slideshow mit ResponsiveSlides.js und jQuery

Wenn Sie sich dieses Beispiel einmal auf einem Smartphone oder Tablet ansehen, wird Ihnen auffallen, dass die Bedienung tatsächlich nur mittels der Navigationsflächen möglich ist. Das Wischen (Swipen) über den Touchscreen ist bei dieser Bildergalerie nicht möglich. Darum bevorzugen wir den Flexslider, der die standardmäßige Unterstützung von Wischgesten zur Navigation auf Touchscreens mitbringt. Das vereinfacht die Bedienung einer Slideshow auf mobilen Geräten und verstärkt den nativen Eindruck der Bildergalerie.

11.1.2   Praxisbeispiel: Responsive Bildergalerien mit Flexslider

Der Flexslider von WooThemes (*http://www.woothemes.com/flexslider*) ist ein sehr schönes und gut konfigurierbares jQuery-Plugin für unterschiedliche Arten von Bildergalerien. Das Plugin bietet neben einer einfachen Basis-Slideshow auch Bildergalerien mit Vorschaubildern oder Karussells.

Die Implementierung ist einfach: Auf der Projektwebsite finden Sie sowohl das Flexslider-Plugin zum Download als auch Demoseiten mit allen einstellbaren Möglichkeiten. Die Beispiele sind auch im Downloadpaket enthalten. Wenn Sie das Plugin heruntergeladen haben, können Sie die Dateien *jquery.flexslider.js*, *flexslider.css* sowie die Hintergrundgrafik für die Vor-Zurück-Buttons (*bg_direction_nav.png*) in die entsprechenden Unterordner Ihrer Website kopieren. Im Praxisbeispiel sind das die Unterordner *css*, *js* und *gfx*. Dementsprechend müssen dann noch die Pfade angepasst werden, also der Pfad zum *gfx*-Verzeichnis in der CSS-Datei und die Java-Script- und CSS-Einbindungen in der HTML-Datei.

Im Praxisbeispiel (auf der DVD */praxisbeispiele/kap11/02_flexslider-slideshow/*) haben wir die Basis-Slideshow eingebunden. Die einzelnen Bilder dafür befinden sich wie im letzten Beispiel wieder in einer ungeordneten Liste. Der `<ul>` haben wir die Klasse `.slides` gegeben und diese in einen `<div>`-Container mit der Klasse `.flexslider` gesteckt.

```html
<div class="flexslider">
    <ul class="slides">
        <li>
            <img src="../img/bild-1.jpg" alt="">
        </li>
        <li>
            <img src="../img/bild-2.jpg" alt="">
        </li>
        <li>...</li>
        ...
    </ul>
</div>
```

Listing 11.3 Die Bilder für die Flexslider-Slideshow in einer UL

Das Default-CSS des Plugins haben wir in unser Stylesheet übernommen. Dort haben wir ein paar Layoutanpassungen für die Vor- und Zurück-Navigation im CSS integriert und die Grafiken ausgetauscht, weil wir wieder größere Schaltflächen für Geräte mit Touchscreens bereitstellen wollen. Eine weitere Anpassung betrifft den Mobil-First-Ansatz. Im Gegensatz zum Plugin blenden wir die Bedienelemente über ein Media Query ab einer Viewport-Breite von 46,875 em aus. Das heißt, sie werden in der Basisversion immer angezeigt und ab dieser Screengröße nur noch bei `:hover` eingeblendet. Im Plugin ist das genau umgekehrt.

Das umfangreiche CSS dieses Beispiels finden Sie wieder im Praxisbeispiel auf der DVD. Dort haben wir alle Anweisungen, die wir verändert haben, in der Datei *layout.css* markiert.

11

Abbildung 11.2 Slideshow mit Flexslider – große Bedienpanels auf kleinen Screens

Die JavaScript-Einbindung erfolgt am Ende der Seite hinter der jQuery-Einbindung. In einem weiteren `<script>`-Abschnitt weisen wir der Container-Klasse `.flexslider` für die Bilder der Slideshow die `flexslider()`-Funktion zu. Dazu gibt es verschiedene zusätzliche Konfigurationsmöglichkeiten, die auf der Website dokumentiert sind. Um den Wischeffekt auf dem Touchscreen zu unterstützen, haben wir statt des Plug-in-Standards `fade` die Animations-Methode `slide` gewählt. Bei nicht vorhandenem Java-Script wird nur das erste Bild angezeigt. Dafür haben wir wieder das kleine Skript für die JavaScript-Erkennung eingebaut, das wir Ihnen schon in Abschnitt 9.3.4, »Select-Menü«, (Praxisbeispiel: TinyNav), als Fallback vorgestellt haben, falls es keine JavaScript-Unterstützung gibt (siehe Listing 11.4).

```
<script src="../js/jquery.flexslider-min.js"></script>
<script>
   $(document).ready(function(){
      $('html').addClass('js-on');
      $('html').removeClass('js-off');
   });
   $(window).load(function() {
      $('.flexslider').flexslider({
```

```
        animation : "slide"
    });
  });
</script>
```

Listing 11.4 JavaScript-Erkennung für Fallback und Plugin-Einbindung für den Flexslider und die Konfiguration im HTML-Code

Wenn die Slideshow mangels JavaScript nicht funktionieren kann, wird im Stylesheet das erste Bild von `display:none` auf `display:block` gesetzt und dient als Fallback.

```
.js-off .slides > li:first-child {
    display: block;
}
```

Listing 11.5 Fallback-CSS: Für den Fall, dass kein JavaScript aktiv ist, wird das erste Bild angezeigt.

Flexslider-Variante als Bildergalerie mit Vorschaubildern

Mit wenig Konfigurationsaufwand lässt sich aus der Flexslider-Basis-Slideshow eine Galerie mit Vorschaubildern erstellen. In der Konfiguration des Plugins reicht die Ergänzung von `controlNav : "thumbnails"`, um die Vorschaubild-Navigation zu aktivieren.

```
$(window).load(function() {
    $('.flexslider').flexslider({
        animation : "slide",
        controlNav : "thumbnails"
    });
});
```

Listing 11.6 Aktivieren der Thumbnails als Navigationselemente in der Plugin-Konfiguration

Im HTML-Code muss dann noch der Pfad zu den Vorschaubildern in den `data-thumb`-Attributen der Listenelemente ergänzt werden. Das Plugin liest diese Information später aus.

```
<div class="flexslider">
    <ul class="slides">
        <li data-thumb="../img/bild-1_thumb.jpg">
            <img src="../img/bild-1.jpg" alt="">
        </li>
        <li data-thumb="../img/bild-2_thumb.jpg">
            <img src="../img/bild-2.jpg" alt="">
```

```
        </li>
        <li>...</li>
        ...
    </ul>
</div>
```

Listing 11.7 Quellcode der Thumbnails in den data-thumb-Attributen der LIs

Im CSS kann jetzt die Breite der Vorschaubilder prozentual angepasst werden. Generell werden alle Thumbnails angezeigt, wenn nötig in mehreren Zeilen. In unserem Beispiel werden fünf Bilder in der Slideshow angezeigt, und die Breite der Vorschaubilder ist auf 20 % gesetzt. So finden alle in einer Reihe nebeneinander Platz.

```
.flex-control-thumbs li {
    width: 20%;
    float: left;
    margin: 0;
}
```

Listing 11.8 Im CSS wird die Breite der Vorschaubilder festgelegt.

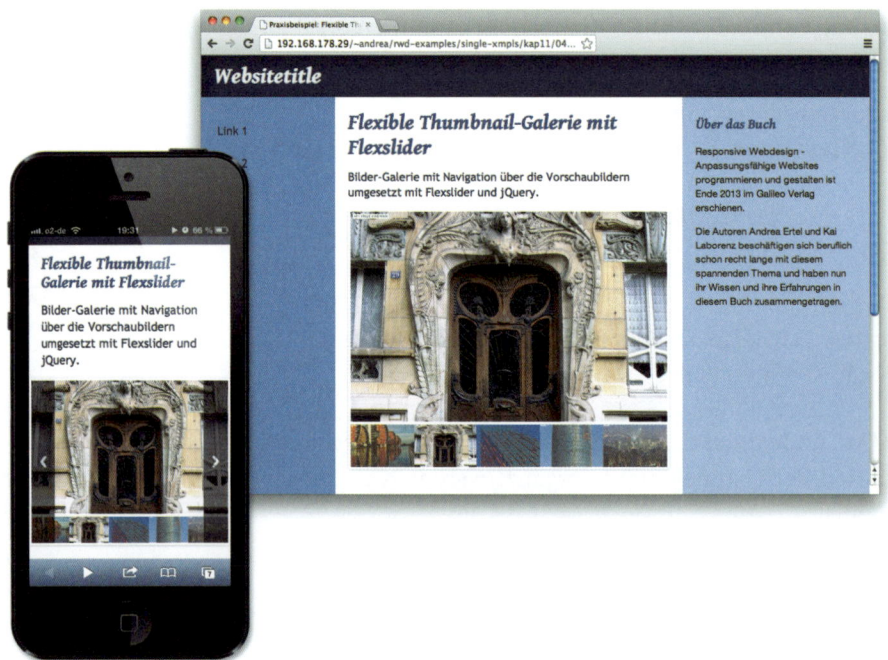

Abbildung 11.3 Flexslider-Variante mit Thumbnail-Navigation

Sie finden dieses Beispiel auf der DVD unter */praxisbeispiele/kap11/03_flexslider-thumbsgalerie/*.

Flexslider als Karussell mit mehreren Bildern nebeneinander

Auch der Umbau der Flexslider-Bildergalerie in ein Karussell mit mehreren kleineren Bildern nebeneinander ist schnell gemacht (siehe Abbildung 11.4). Die einzigen Anpassungen dafür finden im JavaScript-Abschnitt in der HTML-Datei statt:

```
<script>
  ...
  $(window).load(function() {
    $('.flexslider').flexslider({
      animation : "slide",
      animationLoop : false,
      controlNav : false,
      itemWidth : 150,
      itemMargin : 0
    });
  });
</script>
```

Listing 11.9 Anpassung in der JavaScript-Konfiguration

Die Statusanzeige (runde Navigations-Dots) brauchen wir hier nicht und schalten diese mit `controlNav: false` aus; ebenso deaktivieren wir das Loopen in einer Endlosschleife. Mit `itemWidth` und `itemMargin` steuern Sie die Größe und Ausrichtung der einzelnen Bilder.

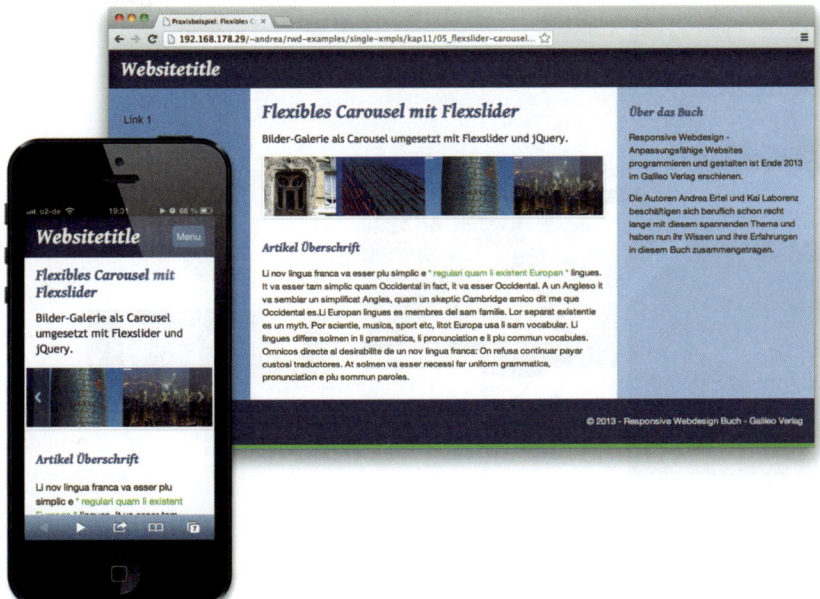

Abbildung 11.4 Flexslider-Variante Karussell mit mehreren kleinen Bildern nebeneinander

Auch dieses Beispiel können Sie auf der DVD unter */praxisbeispiele/kap11/04_ flexslider-carousel/* finden.

11.1.3   Andere Bildergalerietools

Es gibt jede Menge responsive Galerietools für unterschiedliche Anforderungen, und ständig kommen neue hinzu. Wir haben für Sie zusätzlich zu ResponsiveSlides und Flexslider einige weitere herausgepickt, die wir interessant finden.

Photo Swipe (*http://www.photoswipe.com*) macht einen sehr guten Eindruck und bietet Bildergalerien für alle Geräte, wie der Name schon erahnen lässt, ebenfalls mit der *Swipe*-Funktionalität (»Wischen«).

Schöne Karussell-Lösungen und Thumbnail-Image-Galerien gibt es mit dem jQuery-Plugin Elastislide von Tympanus (*http://tympanus.net/Development/Elastislide/ index.html*).

Beim jQuery-Plugin *least.js* werden die Bilder mit der Lazy-Loading-Technik nachgeladen, wenn sie in den Fokus kommen (*http://kamilczujowski.github.io/least*). Wir beschreiben diese Technik näher in Kapitel 12, »Qualitätssicherung und Optimierung«.

Abbildung 11.5 Es gibt viele Tools für responsive Bildergalerien.

Neben einer einfachen Implementierung und einem schicken Layout mit modernen Techniken sollte auch die Zugänglichkeit Ihre Entscheidung für eine bestimmte Lösung beeinflussen. Fragen, die Sie sich dabei stellen sollten, sind unter anderem:

- Welche technischen Raffinessen könnten dazu beitragen, dass die Bildergalerie nicht auf älteren Geräten bedient werden kann?

- Gibt es eine Fallback-Lösung für diese Fälle?

- Gehen dem Nutzer wichtige Informationen verloren, wenn er Inhalte, die beim Hovern über ein Bild angezeigt werden, auf Touchscreens nicht bekommen kann (wie beispielsweise bei *least.js*)?

- Ist eine Bildergalerie auch alleine per Tastatur bedienbar? Dann werden Sie auch Nutzer, die darauf angewiesen sind, nicht ausschließen.

Es gibt viele gute Lösungen – vergessen Sie trotzdem nicht, unter möglichst vielen verschiedenen Bedingungen immer wieder zu testen.

11.2   Responsive Image Maps

Verweissensitive Grafiken (*Image Maps*) sind Grafikdateien, auf denen verlinkte Bereiche (Kreise, Rechtecke, Polygone) liegen, die bestimmten Bildausschnitten mittels Koordinaten zugeordnet wurden. Im responsiven Webdesign stößt diese statische Technik allerdings an ihre Grenzen.

Während Sie Grafikdateien flexibel in jede Layoutbreite einpassen können, wenn Sie einen Prozentwert der Bildbreite definieren, gelingt das für die Image Maps aufgrund der fixen Koordinatenwerte nicht alleine mit einer CSS-Lösung (siehe Abbildung 11.6).

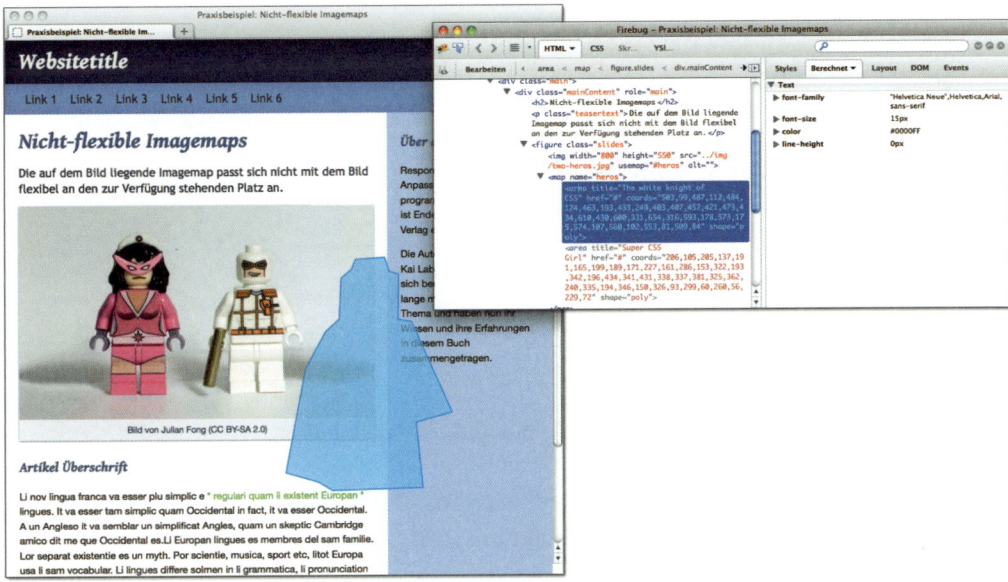

Abbildung 11.6 Die Image Map behält immer die Dimensionen, mit der sie angelegt wurde.

Sie ahnen es wahrscheinlich schon: Es gibt eine Lösung ...

11.2.1   Praxisbeispiel: jQuery-rwdImageMaps.js

Der Entwickler Matt Stow hat ein jQuery-Plugin veröffentlicht, mit dem sich auch Image Maps flexible in jeden Content anpassen, und die definierten Koordinatenbereiche vergrößern und verkleinern sich mit dem Bildkontext. Zu finden ist das Plugin auf GitHub unter *https://github.com/stowball/jQuery-rwdImageMaps*.

Sie können es in unserem nächsten kleinen Anwendungsbeispiel testen (auf der DVD unter */praxisbeispiele/kap11/05_responsive-imagemaps/*).

```
<img width="800" height="550" alt="" usemap="#heros" ⏎
    src="../img/two-heros.jpg" />
<map name="heros">
  <area shape="poly" coords="503,99,487, ..." href="#" ⏎
      title="The white knight of CSS">
  <area shape="poly" coords="206,105,205, ..." href="#" ⏎
      title="Super CSS Girl">
</map>
```

Listing 11.10 HTML-Ausschnitt für die Image Map

Das JavaScript wird wie gewohnt hinter der jQuery-Bibliothek im HTML-yCode der Seite eingebunden und die Funktion an die Image Map geknüpft.

```
<script src="../js/jquery.js"></script>
<script src="../js/jquery.rwdImageMaps.js"></script>
<script>
  $(function() {
    $('img[usemap]').rwdImageMaps();
    $('area').on('click', function() {
      alert($(this).attr('alt') + ' clicked');
    });
  });
</script>
</body>
```

Listing 11.11 JavaScript-Einbindung für jQuery-rwdImageMaps.js

Das war auch schon alles! Probieren Sie es aus: Die Bereiche der Map skalieren jetzt gemeinsam mit dem Bild (siehe Abbildung 11.7).

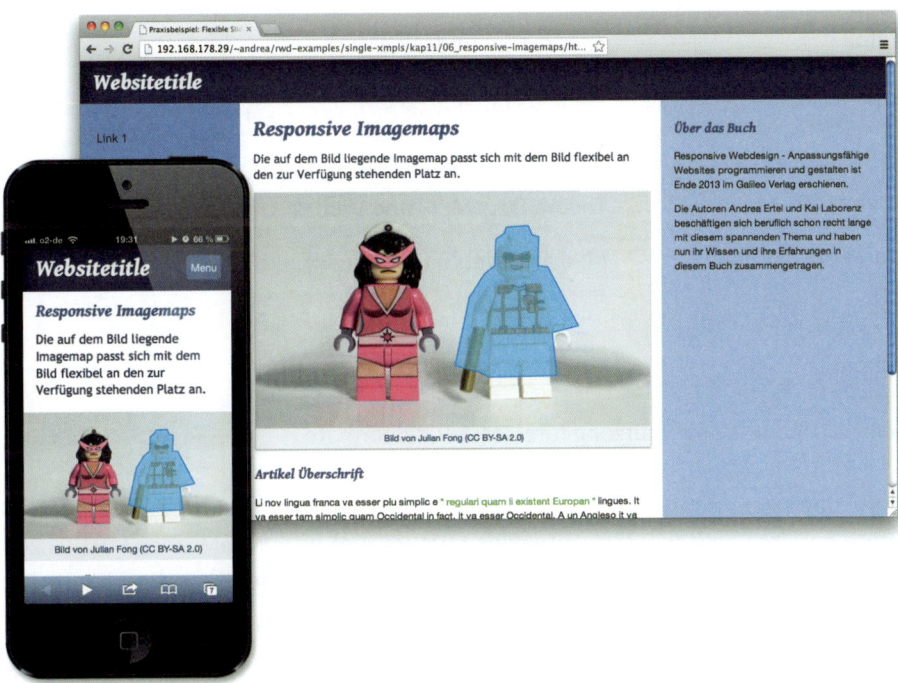

Abbildung 11.7 Anpassungsfähige Image Maps mit rwdImageMaps.js: Das blaue Polygon über der rechten Figur skaliert mit dem Bild mit.

11.3   Anpassungsfähige Videos

HTML5-Videos sind das Mittel der Wahl, wenn es darum geht, Videos direkt im Browser abzuspielen. Das HTML5-Videoelement wird von fast allen modernen Browsern unterstützt – nur der Internet Explorer 8 und Opera Mini 7 sind laut »Can I use« (*http://caniuse.com/#search=video*) noch Querulanten. Im Gegensatz zum lange Zeit gebräuchlichen Flash-Format können direkt per `<video>`-Element eingebundene MP4-Videos auch auf iOS-Geräten (also iPhone und iPad) angezeigt werden. Für die meisten Browser sind keine Plugins oder externen Videoplayer mehr zum Abspielen notwendig. Für den Internet Explorer (9+) und Safari müssen jedoch Quicktime und der Mediaplayer installiert sein, damit diese HTML5-Audio- und -Videodateien abspielen können. Nur über die Formatunterstützung gibt es leider immer noch keine Einheit bei den Browserherstellern.

Welche Browser unterstützen welche Videoformate?

Ian Devlin liefert auf *http://html5doctor.com/multimedia-troubleshooting* noch weitere nützliche Informationen, worauf bei der Verwendung von `<audio>` und `<video>` geachtet werden sollte (siehe Tabelle 11.1).

Firefox	Theora Ogg und WebM
Opera	Theora Ogg und WebM
Safari	MP4
Chrome	Theora Ogg, MP4, und WebM
Internet Explorer 9+	MP4 and WebM (mit Plugin)
iOS	MP4
Android	MP4 und WebM (2.3+)

Tabelle 11.1 Browserunterstützung für HTML5-Videoformate

Um alle oben genannten Browser zu unterstützen, müssen mindestens zwei Video-formate bereitgestellt werden, entweder MP4 (H.264) und WebM oder MP4 (H.264) und Ogg Theora. Innerhalb des `<video>`-Elements stellen Sie die unterschiedlichen Videoformate jeweils über ein `<source>`-Elemente zur Verfügung.

Im Responsive Layout sind mit `<video>` eingebundene Videos genauso leicht in den Griff zu bekommen wie die Bilder – genau genommen verwenden Sie auch die glei-chen Anweisungen. Alles, was Sie für die Flexibilität definieren müssen, ist also wie-der eine maximale Breite von 100 % und eine automatisch angepasste Höhe. Natürlich müssen Sie wie bei den Bildern auch darauf achten, dass Ihre Videoressour-cen in ausreichender Größe zur Verfügung stehen.

Um die erforderliche Mindestgröße der Ressourcen (ob das nun Bilder oder Videos sind) zu ermitteln, prüfen Sie, wie sich die Breite der Hauptinhaltsspalte Ihrer Web-site in den unterschiedlichen Viewports verändert. Messen Sie nach, und machen Sie die größte erforderliche Weite auf diese Art ausfindig.

Die größte Spaltenbreite für den Hauptinhalt kommt in unserem Praxisbeispiel bei einer Viewport-Breite von 1023 px zustande; danach springt das Layout in die drei-spaltige Darstellung, und die Breite des Hauptinhaltes kommt auch in der größt-möglichen Darstellung nicht mehr an die bei 1023 px erforderliche Mindestbreite von 716 px heran (siehe Abbildung 11.8).

Um sicherzugehen, dass alle Medien (Bilder und Videos) in optimaler Auflösung dar-gestellt werden können, haben wir im Praxisbeispiel eine minimale Ressourcen-breite von 720 px vorgesehen.

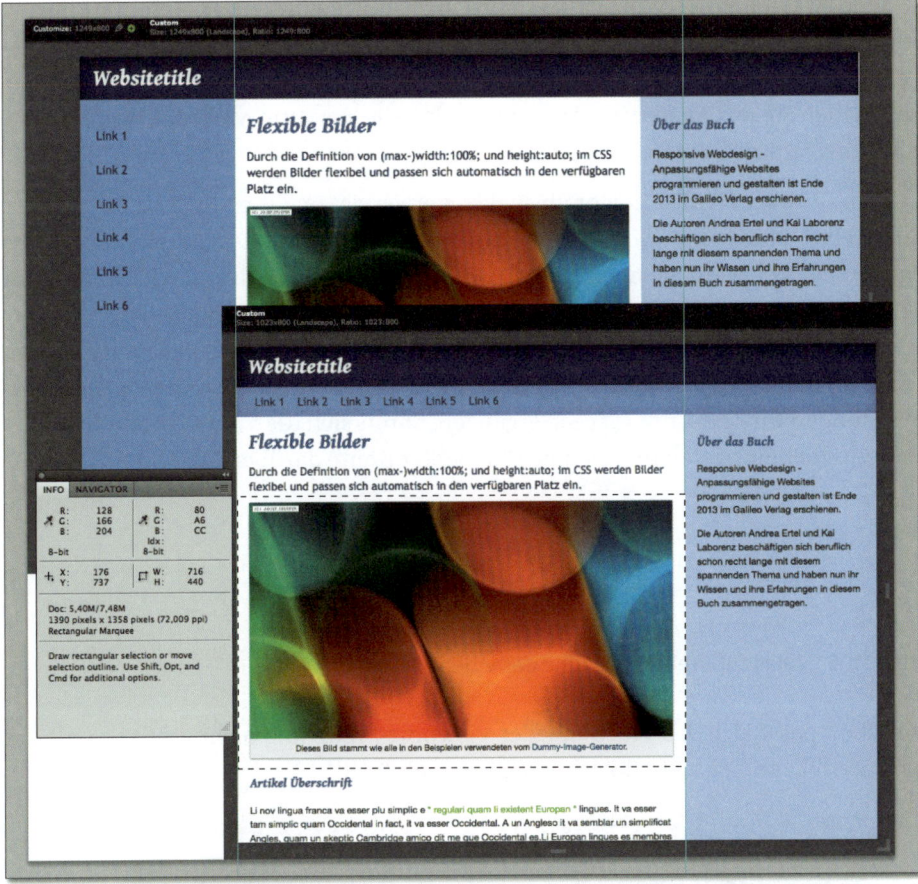

Abbildung 11.8 Vergleich der größten Ansichten unseres Praxisbeispiels

11.3.1   Praxisbeispiel: HTML5-Videos

Wir haben im Praxisbeispiel (auf der DVD */praxisbeispiele/kap11/07_html5videos/*) für die HTML5-Videoeinbindung die Videoquelle in den Formaten MP4, WebM und Ogg Theora im `<video>`-Element eingebunden. Kann der Browser keines der drei Videos darstellen, wird ein Text ausgegeben, in dem Sie z. B. einen Downloadlink für die Videos setzen könnten:

```
<video poster="vorschau.png" controls tabindex="0">
   <source src="video.mp4" type="video/mp4"></source>
   <source src="video.ogg" type="video/ogg"></source>
   <source src="video.webm" type="video/webm"></source>
   <p>Ihr Browser unterstützt keine HTML5-Videos...</p>
</video>
```

Listing 11.12 HTML5-Video mit unterschiedlichen Videoformaten

Im `<video>`-Tag selbst ergänzen Sie dann noch die gewünschte Konfiguration und optional ein Vorschaubild (`poster`). Mit `controls` stellen Sie sicher, dass die browsereigenen Videoplayer-Elemente verwendet werden. Durch das Setzen von `tabindex` ermöglichen Sie das Ansteuern des Players über die Tastatur. Mögliche weitere Konfigurationsparameter sind `autoplay`, `loop` und `preload`.

Kann der Browser HTML5-Videos abspielen, verwendet er das erste Videoformat, das er darstellen kann, und ignoriert alle weiteren Inhalte im `<video>`-Element. Ganz sicher gehen Sie, wenn Sie neben den HTML5-Videos auch noch einen Flash-Fallback einbauen. Wie das aussehen könnte, wird im Advance-Sharp-Blog (*http://www.advancesharp.com/Blog/1021/html5-video-and-browser-compatibility*) schön beschrieben. In Ihrem Stylesheet müssen Sie nun nur noch die altbekannten CSS-Anweisungen für `<img>` um `<video>` ergänzen, damit sich die Videos in den umgebenen Container einpassen und sich nicht in voller Breite darüber legen.

```
video {
    max-width: 100%;
    height: auto;
}
```

Listing 11.13 Styles für Breite und Höhe des video-Elements

Und schon passt sich das Video in jeder Viewport-Breite (die nicht größer ist als das Video) perfekt an. Das geht doch wirklich sehr einfach!

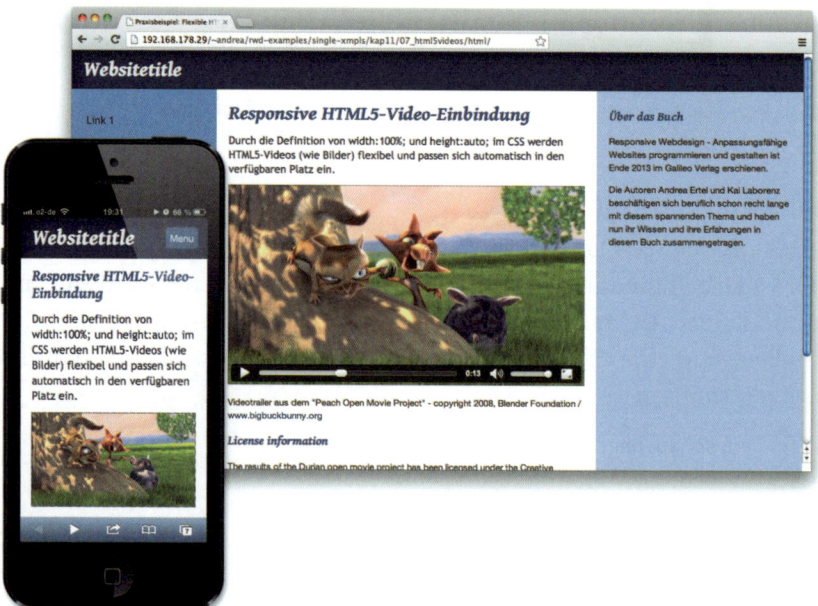

Abbildung 11.9 Flexible HTML5-Videoeinbindung

Lesetipp: Einführung zum Thema HTML5-Videos

Eine ausführliche Einführung zum Thema HTML5-Videos hat Ernest Delgado auf HTML5 Rocks veröffentlicht (*http://html5rocks.com/de/tutorials/video/basics*).

11.3.2   Responsive Embedding von YouTube & Co: Videos im iFrame

Nicht ganz so einfach ist eine flexible Einbindung von Videos über einen iFrame, wie er von Vimeo, YouTube und ähnlichen Diensten zur Verfügung gestellt wird. Ohne zusätzliche Styles für den iFrame weitet er sich auf seine feste Größe aus und sprengt das Layout, wie Sie das auch von den anderen Medien kennen (siehe Abbildung 11.10).

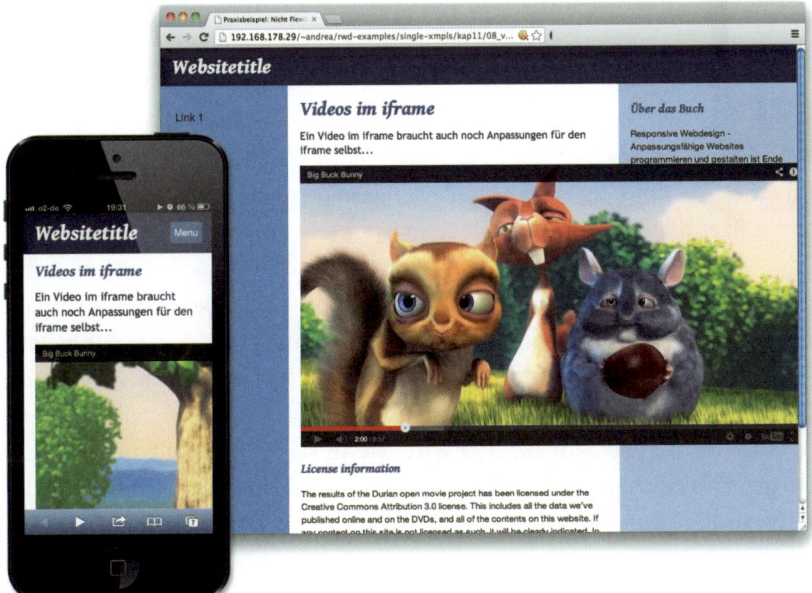

Abbildung 11.10 Dieser Video-Einbindung fehlen noch die Styles für die Flexibilität des iFrames.

Aber auch wenn Sie die beiden CSS-Anweisungen, die bei `<img>` und `<video>` wie Magie helfen, auf das `<iframe>`-Element legen, ist das erzielte Ergebnis noch nicht das gewünschte (siehe Abbildung 11.11).

```
iframe {
    max-width: 100%;
    height: auto;
}
```

Listing 11.14 Führt noch nicht zu dem gewünschten Ergebnis: Die Höhe des Videos im iFrame passt sich leider nicht proportional an.

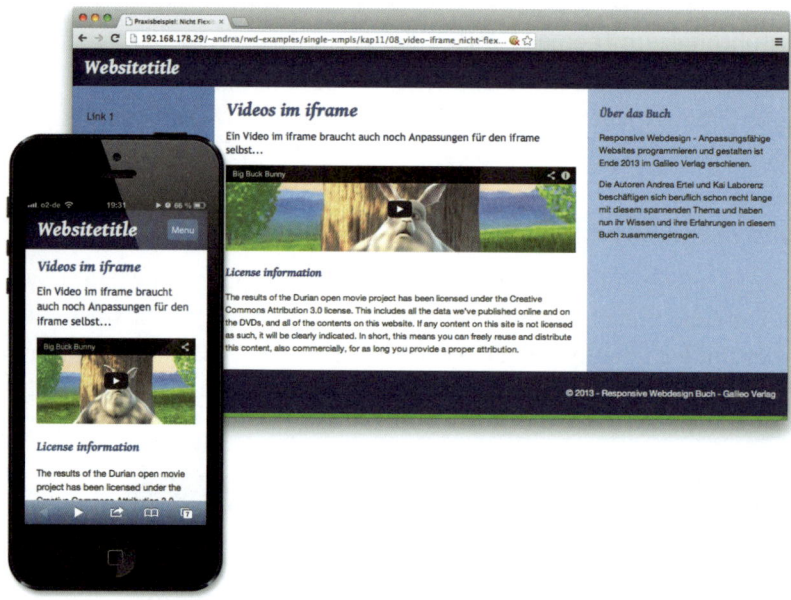

Abbildung 11.11 Auch das führt noch nicht zum gewünschten Ergebnis: flexible Breite mit fixer Höhe (150 px) der Videos im iFrame.

Die Einbindungsbreite für den iFrame wird zwar mit `width: 100%` flexibel, aber auf die Videohöhe haben Sie mit `height: auto` in diesem Fall keinen Einfluss. Die Höhe wird hier immer mit 150 px dargestellt – egal, wie breit das Video wird. Das liegt an der Standardgröße von 300 × 150 px, die den Elementen `iframe`, `canvas`, `embed` und `object` in allen Browsern automatisch zugeordnet wird, wenn sie nicht explizit überschrieben wird. Darum müssen Sie hier einen weiteren Trick anwenden und um den `<iframe>` einen zusätzlichen Container legen, über den Sie dann die Höhe steuern können:

```
<div class="iframe-wrapper">
    <iframe width="853" height="480" src="http://www.youtube.com/embed/..." ↵
        frameborder="0" allowfullscreen></iframe>
</div>
```

Listing 11.15 iFrame mit einem zusätzlichen Container div.iframe-wrapper

In dem Codeschnipsel in Listing 11.15 sehen Sie auch noch die Angaben zur Weite und Höhe des Videos von YouTube. Die Größenangaben überschreiben wir zwar mit unseren flexiblen Werten, trotzdem enthalten sie auch wichtige Informationen, nämlich das Seitenverhältnis des Videos. Dieses brauchen Sie gleich, um die relative Layouthöhe zu berechnen. Der Trick besteht darin, dass Sie dem `div.iframe-wrapper` ein `position: relative` geben und den iFrame mittels `position: absolute` darin platzieren. Die Höhe des Wrappers setzen Sie auf `0`, legen aber über sein `padding-bottom` die Höhe des Containers fest. Diese wird als Prozentwert über die Breite des Videos berechnet. Die Videobreite (hier 853 px) entspricht 100 %, und die Videohöhe (hier 480 px) umgerechnet in Prozent entspricht dem Wert, den Sie als `padding-bottom` einsetzen. Der iFrame selbst füllt dann durch `width: 100%` und `height: 100%` den Wrapper komplett aus, und das Video wird dadurch in der richtigen Höhe dargestellt.

```
.iframe-wrapper {
    position: relative;
    padding-bottom: 56.272%;
    height: 0;
}
iframe {
    position: absolute;
    top: 0;
    left: 0;
    width: 100%;
    height: 100%;
}
```

Listing 11.16 Styles für iFrame und Wrapper des YouTube-Videos

Relative iFrame-Höhe berechnen

Die Videohöhe in Prozent ergibt sich aus folgender Formel:

$$\frac{\text{iFrame-Höhe in Pixeln} \times 100\%}{\text{iFrame-Breite in Pixeln}}$$

In unserem Fall sieht das so aus:

$$\text{Videohöhe in Prozent} = \frac{480\ px \times 100\%}{853\ px} = 56{,}272\%$$

Der umliegende Container braucht also ein `padding-bottom` von 56,272 %.

Jetzt können Sie auch externe Videos in Ihre responsive Website einbinden. Sie finden dieses Beispiel auf der DVD unter */praxisbeispiele/kap11/08_video-iframe/*, falls Sie es sich noch einmal ansehen möchten.

Diese Lösung funktioniert, solange alle Videos das gleiche Seitenverhältnis haben. Wie aus der oben genannten Formel leicht erkennbar ist, muss für jedes Video mit abweichendem Seitenverhältnis eine neue Berechnung stattfinden und eine eigene `.iframe-wrapper`-Klasse gesetzt werden. Und Sie müssen dann noch den Überblick über die unterschiedlichen relativen Höhen behalten, die Sie den einzelnen Videos zuordnen. Sie sehen, das kann kompliziert werden, und sollten Sie für ein Content-Management-System planen, ist das wohl auch recht aussichtslos in der Handhabung.

Das ist also für alle Situationen, in denen Sie nicht wissen können, in welchen Seiten-verhältnissen die Videos später eingestellt werden, nicht praktikabel. Aber auch dafür gibt es eine Lösung: JavaScript.

11.3.3 Automatische Anpassung für unterschiedliche Video-Seitenverhältnisse durch fitvids.js

Die Berechnung, die Sie eben von Hand gemacht haben, um die prozentuale iFrame-Höhe zu ermitteln, liefert Ihnen das jQuery-Plugin *fitvids.js* (*http://fitvidsjs.com*) automatisch für jedes eingebundene Video. Chris Coyier und die Agentur Paravel haben dieses praktische Tool entwickelt und veröffentlicht.

Hinter Ihrer jQuery-Bibliothek binden Sie die JavaScript-Datei *fitvids.js* ein. In einem kleinen Funktionsaufruf dahinter müssen Sie dann nur noch die Container-Klasse oder -ID zuweisen, die Ihre Videos beinhaltet. In unserem Beispiel ist das die Klasse .mainContent:

```
<script src="../js/jquery.js"></script>
<script src="../js/jquery.fitvids.js"></script>
<script>
  $(document).ready(function(){
    // Target your .container, .wrapper, .post, etc.
    $(".mainContent").fitVids();
  });
</script>
```

Listing 11.17 Einbindung von fitvids.js für flexible Videos

Wie in unserem Anwendungsbeispiel (auf der DVD unter */praxisbeispiele/kap11/09_video-fitvids/*) zu sehen, klappt das hervorragend. Das div.iframe-wrapper, das Sie für die manuelle Lösung aus dem letzten Beispiel setzen mussten, brauchen Sie mit *fitvids.js* auch nicht mehr. Der Wrapper wird für die benötigten Werte mit JavaScript gesetzt.

fitvids.js unterstützt Videos von YouTube, Vimeo, Blib.tv, Viddler und Kickstarter und hat einen anpassbaren Selektor für eigene Videoplayer (*https://github.com/davatron5000/FitVids.js/blob/master/README.md*).

11.4 Adobe Flash

Eine ganze Weile war die Technologie Flash von Adobe der Standard in Sachen Video-integration – für alte Browser gibt es immer noch keine andere Möglichkeit. Eigent-lich ist Flash aber ein Tool für Animationen und interaktive Anwendungen.

Eingebunden wird es über `<object>` oder JavaScript, und es lässt sich ähnlich behandeln, wie wir es für das Einbetten von iFrames beschrieben haben. Allerdings wird Flash von keinem iOS-Gerät unterstützt (und auch auf Android muss das Plugin inzwischen aufwändig manuell installiert werden), sodass Sie für eine responsive Website, die auch auf Smartphones und Tablets vollständig angezeigt werden soll (und welche responsive Website soll das nicht ...), auf Flash verzichten müssen.

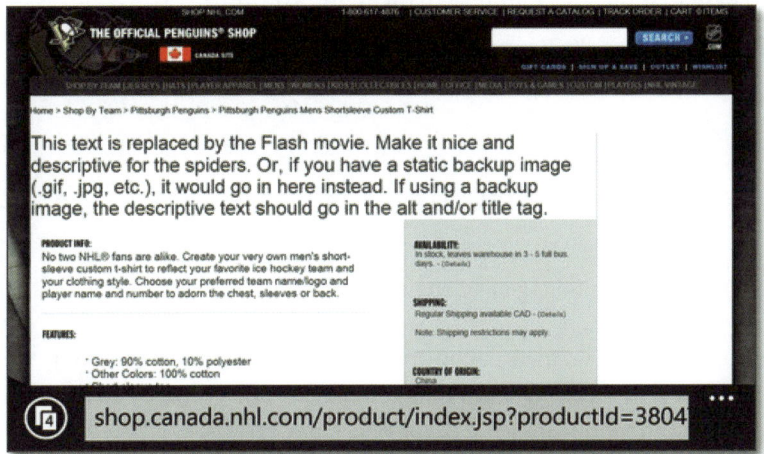

Abbildung 11.12 Es gibt kein Flash – lediglich einen mehr oder weniger guten Alternativtext.

11.5   Flexible Karteneinbindungen (Google Maps)

Ähnlich wie Videos können auch Google Maps (und natürlich auch Karten von Open Street Maps) eingebunden werden. Auch hier gilt es, über einen umgebenden Container die Breite zu bestimmen, mit `width: 100%` die Karte an diese Breite anzupassen und per `padding-bottom` eine sich selbst anpassende Höhe zu erzeugen. Im Praxisbeispiel (auf der DVD unter */praxisbeispiele/kap11/10_flexible-maps/*) ist der umgebende Container das Element mit der ID `#map-canvas`, das auch das Maps-JavaScript verwendet, um die Karte zu erzeugen. Alles, was Sie noch benötigen, um eine Google Map im Verhältnis 16:9 einzubinden, ist:

```
#map-canvas {
    padding-bottom: 56.25%;
    height: 0;
}
```

Listing 11.18 Google Maps responsive einbinden

Das war's schon. Weil das recht einfach war, möchten wir Ihnen noch eine kleine Verbesserung vorstellen.

Auf dem Smartphone ist der Platz für die Karte naturgemäß deutlich kleiner als auf dem Tablet oder Desktop. Wenn Sie die Karte aber in einem kleineren Fenster anzeigen, bleibt der Maßstab erhalten – es verkleinert sich also der sichtbare Ausschnitt. Je nach Anwendungsbereich wäre es unter Umständen angebracht, den Zoomlevel der Karte anzupassen, um weiterhin den gleichen Bereich abbilden zu können. Auch das geht – allerdings müssen wir dazu etwas im Stoff vorgreifen, da wir eine Technik nutzen, die eigentlich erst am Ende des Kapitels an die Reihe kommt.

Bei der Karteneinbindung wird die Zoomstufe als Option an die Karte übergeben:

```
var mapOptions = {
    center: defaultLocation,
    zoom: 5,
    mapTypeId: google.maps.MapTypeId.ROADMAP
};
```

Listing 11.19 Optionen für die Einbindung der Google Map

Um nun diesem Zoomwert mit den Breakpoints zu synchronisieren, bedienen Sie sich eines Tricks. Mit diesem Media Query erzeugen Sie ein unsichtbares Objekt mit einer Bezeichnung der aktuellen Ansicht, z. B. `tablet`:

```
@media only screen and (min-width: 40em) {
    body:after {
        content: 'tablet';
        display: none;
    }
}
```

Listing 11.20 Erzeugen eines per JavaScript auslesbaren Labels für die aktuelle Ansicht

Diesen Wert können Sie per JavaScript auslesen und in einer Abfrage verwenden:

```
var size =
 window.getComputedStyle(document.body,':after').getPropertyValue('content');

if (size.indexOf("tablet") !=-1) {
    var mapOptions = {
        center: defaultLocation,
        zoom: 10,
        mapTypeId: google.maps.MapTypeId.ROADMAP
    };
}
```

Listing 11.21 JavaScript-Abfrage und Bedingung für den Zoomwert

Abbildung 11.13 Unterschiedliche Startzoomstufen in unterschiedlichen Viewports

Mehr über diese sehr nützliche Technik, mit der Sie CSS-Media-Queries in JavaScript nutzbar machen können, erfahren Sie in Abschnitt 11.9.4, »Conditional Loading Content via JavaScript (und CSS) – Conditional CSS«.

11.6   Flexible Tabellen (MediaTable)

Umfangreiche Tabellen stellen generell eine Herausforderung dar, wenn man sie benutzerfreundlich auf einer Webseite präsentieren will. Die unterschiedlich großen Bildschirmbreiten, auf denen sich eine Tabelle im Responsive Webdesign darstellen lassen muss, sind nicht ohne Umdenken in den Griff zu bekommen.

Eine Tabelle ohne feste Pixelabmessungen mit einer Weite von 100 % wird jeden Inhaltsbereich gut ausfüllen, solange die Inhalte ausreichend Platz haben. Wenn allerdings die Tabelleninhalte mehr Platz in Anspruch nehmen, als auf der Website vorhanden ist, kann die Tabelle Ihr Layout komplett zerstören.

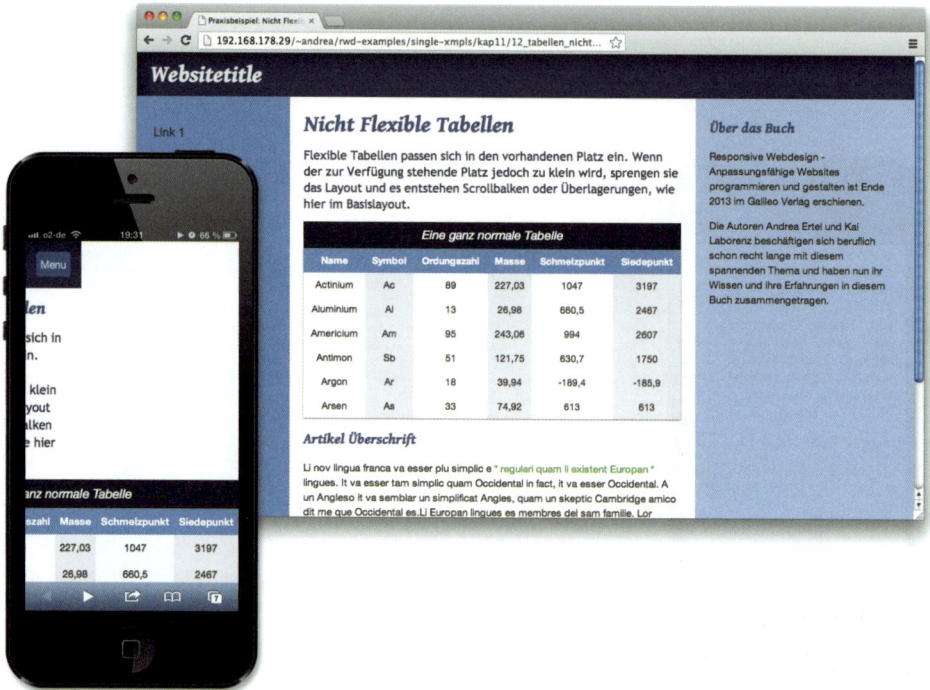

Abbildung 11.14 Auf dem iPhone schiebt sich die Tabelle aus dem Viewport, weil sie mehr Platz braucht als vorhanden ist.

11.6.1   Tabelleninhalte deaktivieren (hide on mobile)

Eine einfache und brutale Lösung: Machen Sie sich Gedanken, welche Spalteninhalte besonders wichtig sind und zentral auch auf kleinen Bildschirmen sofort sichtbar sein sollen. Alles andere wird über eine entsprechende Klasse ausgeblendet.

```
<table>
    <thead>
    <tr>
        <th>Name</th>
        <th>Symbol</th>
        <th>Ordungszahl</th>
        <th class="hideOnMobile">Masse</th>
        <th class="hideOnMobile">Schmelzpunkt</th>
        <th class="hideOnMobile">Siedepunkt</th>
    </tr>
    </thead>
```

```
    <tbody>
    <tr>
        <td>Actinium</td>
        <td>Ac</td>
        <td>89</td>
        <td class="hideOnMobile">227,03</td>
        <td class="hideOnMobile">1047</td>
        <td class="hideOnMobile">3197</td>
    </tr>
    <tr>...</tr>
    </tbody>
</table>
```

Listing 11.22 Einige Tabellenzellen bekommen die Klasse .hideOnMobile.

```
.hideOnMobile {
    display: none;
}
@media only screen and (min-width: 46.875em) {
    .hideOnMobile {
        display: table-cell;
    }
}
```

Listing 11.23 Für die Basisversion wird alles mit der Klasse .hideOnMobile versteckt, für größere Screens wieder angezeigt.

Der Vorteil dieser Methode ist, dass sie sehr einfach umzusetzen ist. Der Nachteil: Dem Benutzer von kleinen Geräten werden Inhalte vorenthalten, und falls ein Besucher vorher mit einem größeren Gerät Ihre Tabelle angesehen hat, wird er sich wundern, warum hier plötzlich Daten fehlen.

Der Smartphone-Besucher unseres Praxisbeispiels wird also nicht erfahren, dass wir auf unserer Website auch Informationen zu »Masse«, »Schmelzpunkt« und »Siedepunkt« der chemischen Elemente in der Tabelle präsentieren (siehe Abbildung 11.15).

Allerdings gibt es eine Lösung, um die ausgeblendeten Spalten mit JavaScript nach Bedarf auch wieder einzublenden. Das werden wir Ihnen in Abschnitt 11.6.3, »Anpassungsfähige Tabellen mit FooTable«, zeigen.

Dieses Anwendungsbeispiel finden Sie auf der DVD unter */praxisbeispiele/kap11/12_ tabellen_hide-on-mobil/*.

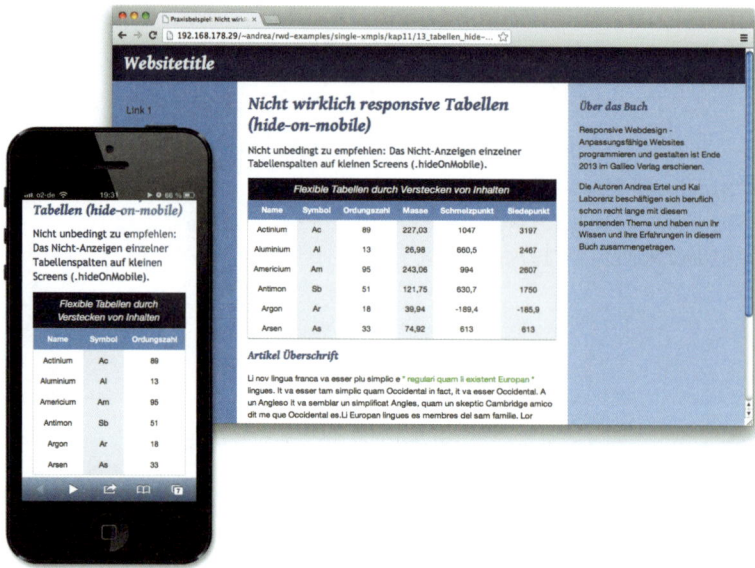

Abbildung 11.15 Tabellenspalten verstecken auf kleinen Screens ist die Billiglösung.

11.6.2   Die Tabelle mit CSS umstrukturieren

Eine Umsetzung einer skalierbaren Tabelle nur per CSS finden Sie in unserem zweiten Beispiel.

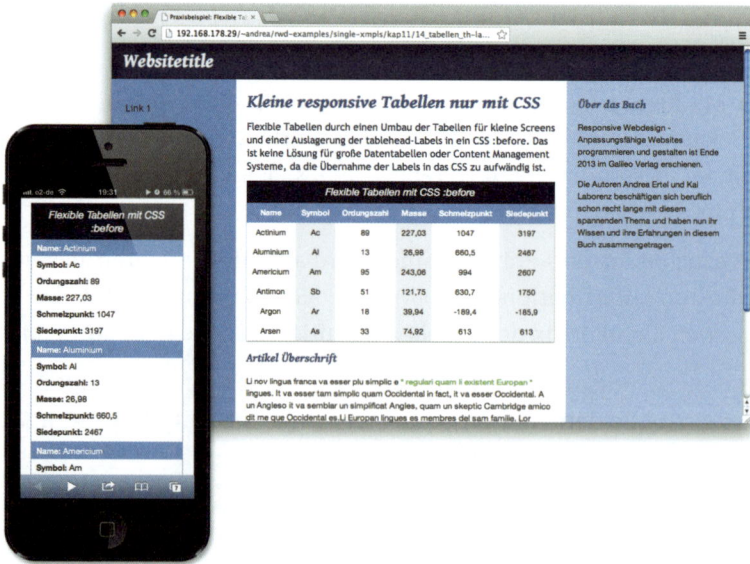

Abbildung 11.16 Umstrukturierung der Tabelleninhalte für unterschiedliche Viewports nur mit CSS (:before)

Hier wird mit einer normalen Tabelle gearbeitet, die sich jedoch in der Basisversion und auf größeren Screens recht unterschiedlich darstellt. Der Trick besteht darin, den Tabellenkopf `<thead>`, der in der normalen vollständigen Darstellung die Spalten-überschriften beinhaltet, auf `display: none` zu setzen. Dadurch werden die Inhalte hier weder angezeigt noch von Screenreadern (oder Ähnlichem) vorgelesen. Ein `aria-hidden: true` kann zusätzlich nicht schaden.

Wie bekommen Sie nun aber diese wichtigen Informationen aus dem Tabellenkopf in Ihre Tabelle? Dafür ist ein bisschen Feinarbeit notwendig, und Sie müssen leider die Philosophie der Trennung von Inhalt und Layout durchbrechen und die Inhalte der einzelnen `<th>`-Elemente als CSS-Content in Ihr Stylesheet mit einbinden. Dafür benutzen Sie das Pseudo-element `:before` und die strukturelle Pseudoklasse `:nth-child(x)`. Für die sechsspaltige Tabelle in unserem Beispiel sieht das dann so aus:

```
table {
    width: 100%;
    text-align: left;
    font-size: 0.938em;
}
tr {
    border: 1px solid #85A5CC;
    display: block;
    overflow: auto;
    padding-bottom: 0.2em;
}
thead {
    display: none;
}
td {
    width: 100%;
    float: left;
    display: block;
    box-sizing: border-box; /* Präfixe */
    padding: 3px 10px;
}
td:first-of-type {
    color: #fff;
    background: #85A5CC;
}
td:before {
    font-weight: bold;
}
```

```
td:nth-child(1):before {
    content: 'Name: ';
}
td:nth-child(2):before {
    content: 'Symbol: ';
}
...
td:nth-child(6):before {
    content: 'Siedepunkt: ';
}
```

Listing 11.24 Auszug der Tabellen-Styles in der Basisvariante

Jede Zelle <td> bekommt eine Weite von 100 %, wird mit display: block ausgerichtet und bekommt ein float: left. Die Tabellenreihe <tr> braucht noch ein Clearing für die Floats und bekommt dafür ein overflow: auto. Fertig! In der Basisversion werden jetzt alle Tabellenzellen über die gesamte Inhaltsbreite dargestellt, und in jeder einzelnen wird der dazugehörende Titel vor den eigentlichen Inhalt gestellt. So bleibt die Übersicht erhalten (siehe Abbildung 11.16).

Da wir ja nach dem Ansatz Mobile First arbeiten, haben wir hier auch die mobile Version für unsere Tabelle zuerst definiert. Jetzt müssen Sie den richtigen Breakpoint finden und innerhalb eines Media Querys die Styles der Basisversion wieder aufheben bzw. die Tabelle weiter anpassen.

```
@media only screen and (min-width: 46.875em) {
    table {
        box-shadow: 0 1px 2px rgba(0, 0, 0, 0.5);
        text-align: center;
    }
    thead {
        display: table-header-group;
    }
    tr {
        display: table-row;
        border: none;
        padding-bottom: 0;
    }
    th, td {
        padding: 0.5em;
        float: none;
        display: table-cell;
        width: auto;
    }
```

```
th {
    color: #fff;
    background: #85A5CC;
}
td:first-of-type {
    color: inherit;
    background: none;
}
td:nth-child(n):before {
    content: '';
}
td:nth-of-type(2n+2) {
    background: #ededed;
}
}
```

Listing 11.25 Tabellen-Styles für Viewports ab 750 px (46,875 em)

Das `<thead>` bekommt seinen eigentlichen Style als `table-header-group` zurück, das `<tr>` wird von `display: block` wieder auf `display: row` gesetzt und die `<td>`-Elemente auf `display: table-cell`. Am Ende müssen Sie natürlich für die großen Viewports auch den CSS-Content der einzelnen `td:nth-child(n):before`-Elemente wieder leeren. Dazu genügt glücklicherweise eine einzelne Zeile, da ja `:nth-child(n)` von selbst von 1 hochzählt.

Nun ist es zwar beim manuellen Erstellen von HTML und CSS möglich, auch Inhalte wie hier die Kopfzeilen in das Stylesheet zu schreiben. Beim Einsatz eines CMS scheitert dies aber daran, dass Redakteure in der Regel keinen Zugriff auf die Stylesheets haben (und das ist auch ganz gut so). Es gibt aber eine Möglichkeit, Inhalte unsichtbar in das HTML zu schreiben und dann später per CSS auszulesen – über die HTML5-`data`-Attribute. Seit HTML5 ist es nämlich erlaubt, eigene Attribute in HTML-Tags zu verwenden. Für das Beispiel heißt das, dass Sie in die Tabellenzellen jeweils den Header mit hineinschreiben dürfen:

```
<tr>
    <td data-header="Name">Actinium</td>
    <td data-header="Symbol">Ac</td>
    <td data-header="Ordungszahl">89</td>
    <td data-header="Masse">227,03</td>
    <td data-header="Schmelzpunkt">1047</td>
    <td data-header="Siedepunkt">3197</td>
</tr>
```

Listing 11.26 Header in den HTML-Code integriert

Das Attribut `data-header` haben wir uns ausgedacht – Sie können beliebige Namen als Attribute verwenden, solange sie mit `data-` beginnen.

Im CSS-Code ersetzen Sie alle Deklarationen von `td:nth-child(1)...` bis `td:nth-child(6)...` durch eine einzige:

```css
td:before {
    content: attr(data-header) ": ";
}
```

Listing 11.27 Die Inhalte aus den data-Attributen werden mit der CSS-Eigenschaft content angezeigt.

Es gibt auch einen kleinen Nachteil dieser Methode: Sie müssen nun die Header in jede Reihe schreiben – kein Problem bei Verwendung eines CMS, aber bei manuellem Arbeiten ist die CSS-Variante kürzer.

Die beiden Anwendungsbeispiele finden Sie auf der DVD unter */praxisbeispiele/ kap11/13_tabellen_th-labels-im-css/ und /14_tabellen_th-labels-data-attribut/*.

11.6.3   Anpassungsfähige Tabellen mit FooTable

Das jQuery-Plugin FooTable (*https://github.com/bradvin/FooTable*) hilft Ihnen beim Erstellen responsiver Tabellen über eine einfache Konfiguration von `data`-Attributen in den `<th>`-Elementen einer Tabelle. Binden Sie jQuery und das Plugin in Ihre Website ein, und knüpfen Sie die Funktion an die Klasse Ihrer Tabelle:

```html
<script src="../jquery.js"></script>
<script src="../footable.js"></script>
<script>
$(function () {
    $('.myTable').footable();
});
</script>
```

Listing 11.28 FooTable einbinden und initialisieren

Jetzt können Sie beispielsweise die Sichtbarkeit einzelner Spalten mit dem Attribut `data-hide` und den entsprechenden *Keywords* steuern:

```html
<table class="myTable">
  <thead>
    <tr>
      <th>Spalte immer sichtbar</th>
      <th data-hide="phone,tablet">Spalte in bestimmten ⤸
Viewports verstecken</th>
```

```
      <th data-hide="all">Spalte immer verstecken</th>
    </tr>
  </thead>
  <tbody>
    ...
  </tbody>
</table>
```

Listing 11.29 data-hide steuert die Sichtbarkeit von Spalten.

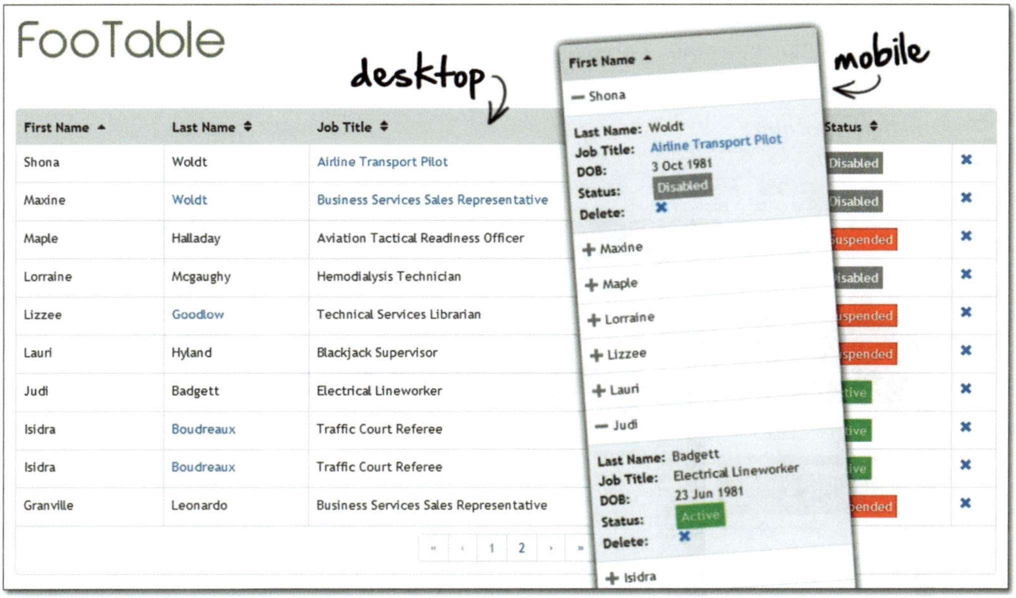

Abbildung 11.17 FooTable-Plugin

Für die Keywords phone und tablet gibt es vordefinierte Viewport-Größen, die Sie
natürlich anpassen können.

```
breakpoints: {
  phone: 480,
  tablet: 1024
}
```

Listing 11.30 Vordefinierte Breakpoints für phone und tablet

Mit data-sort und data-filter stehen zusätzlich Sortier- und Filterfunktionen für
Tabellen zur Verfügung sowie eine *Pagination*-Funktion, um Tabellen nach einer bestimmten Anzahl von Reihen auf weiteren Seiten darzustellen. Auf der Seite *http://
fooplugins.com/footable-demos* gibt es Demos für alle möglichen FooTable-Tabel-

len-Varianten und auch gleich die jeweilige Dokumentation, die zeigt, wie jede Variante konfiguriert wurde.

Praxisbeispiel: Tabelle mit FooTable

Wir haben FooTable auch in unser Praxisbeispiel eingebaut und das FooTable-Layout aus der Plugin-CSS-Datei an unseres angepasst. In kleinen Viewports werden jetzt nur noch die ersten drei Spalten angezeigt. Nach dem Klick auf eine Tabellenreihe öffnet sich dann darunter ein Feld mit den weiteren Spalteninhalten (siehe Abbildung 11.18). Mittels `data-class="expand"` übergeben Sie die Klasse `.expand` an das `<th>`-Element und greifen somit auf die Plugin-CSS-Konfiguration für die Plus- und Minus-Icons als Symbole für das Öffnen und Schließen eines Bereiches zurück. Sie finden das Anwendungsbeispiel auf der DVD unter */praxisbeispiele/kap11/15_tabellen_footable/*.

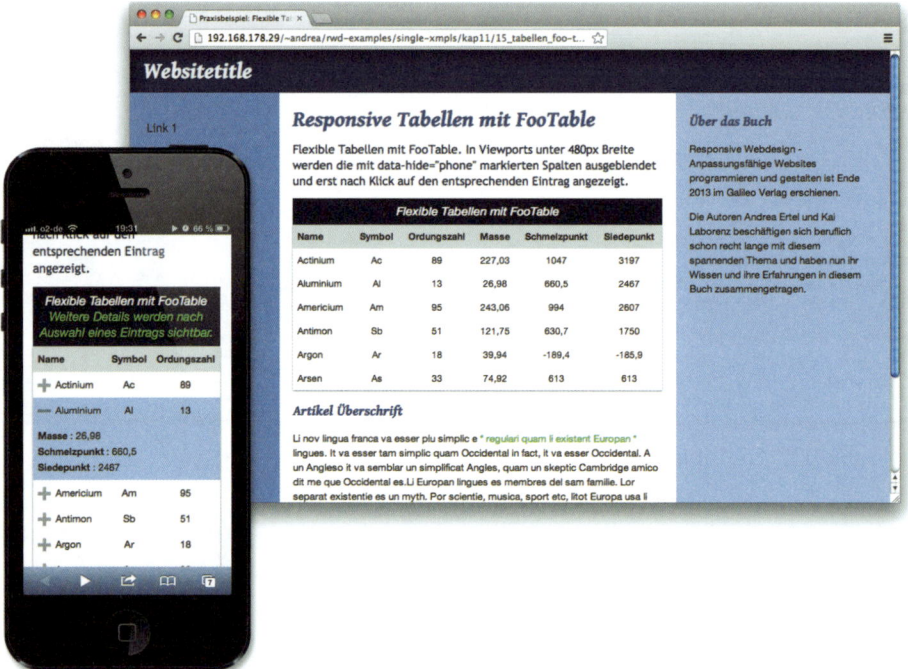

Abbildung 11.18 Mit FooTable stellen Sie die wichtigsten Daten in den Vordergrund und lassen alle weiteren nach einem Klick bei Bedarf anzeigen.

11.7   Akkordeons und Inhaltsboxen mit Reitern

Akkordeons bieten eine ausgezeichnete Möglichkeit, viele Inhalte auf kleinen Bildschirmen zu präsentieren, ohne dass diese zu viel Platz in Anspruch nehmen. Nutzer müssen nicht endlos lange scrollen, um zu den weiter unten liegenden Themen zu gelangen. Alle Inhalte sind erst einmal verborgen – nur die Überschriften werden angezeigt. Nach Klick auf eine Überschrift öffnet sich der entsprechende Unterbereich. Je nach Konfiguration des Akkordeons schließt sich beim Öffnen eines neuen Bereiches der letzte, oder es wird der Aktion des Nutzers überlassen, welche Bereiche offen bleiben und welche wieder geschlossen werden – wobei das automatische Schließen insbesondere auf Smartphone-Screens für mehr Überblick sorgt.

Inhaltsboxen mit Reitern verfolgen ein ähnliches Ziel. Platzsparend werden alle Inhalte immer in der gleichen Inhaltsbox dargestellt, und der Nutzer kann durch die Tabs (Reiter) einen anderen Inhalt in der Box aufrufen. Für die Verwendung von Inhaltsboxen mit Reitern dürfen die Begriffe in den Tabs (über die navigiert wird) nicht zu lang werden, damit diese nebeneinander Platz finden. Das macht auch die generelle Problematik der Verwendung dieser Technik im responsiven Layout deutlich: Sie wissen nicht, wie viel Platz für die Darstellung im Browser eines Nutzers zur Verfügung stehen wird, und ab einer bestimmten Größe passen die Reiter nicht mehr nebeneinander. Das führt dann zu ungewollten Umbrüchen, und die Reiter werden in mehreren Reihen untereinander angeordnet, wodurch die Zuordnung des aktiven Tabs zum Inhalt verlorengeht (siehe Abbildung 11.19).

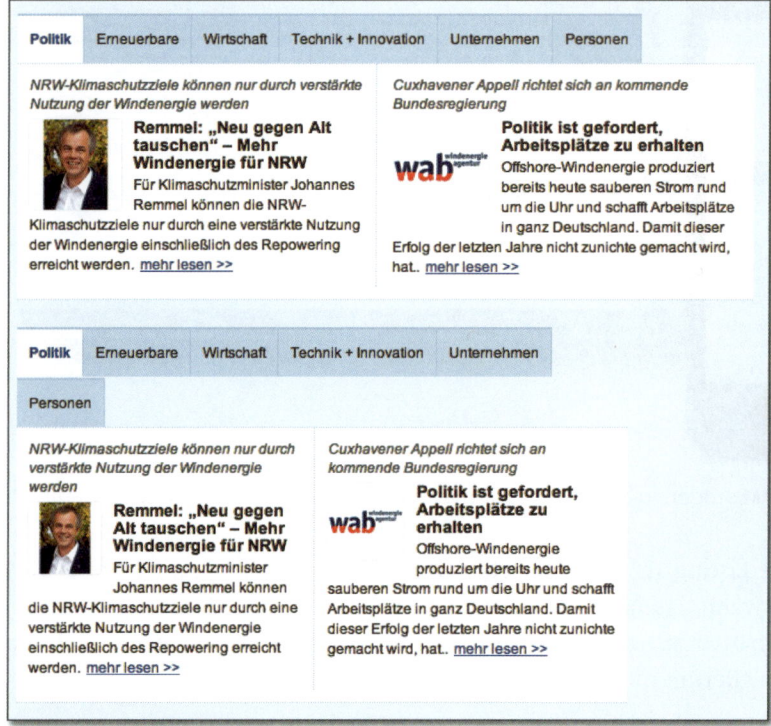

Abbildung 11.19 Die Reiter finden hier in kleineren Viewports nicht mehr genug Platz nebeneinander. Das ist nicht schön, und der Kontext zwischen aktivem Reiter und Inhalt geht verloren.

Für dieses Problem gibt es eine schöne und einfache Lösung: das responsive Reiter-Akkordeon.

Anwendungsbeispiel: Responsive Tab Accordion

Mit diesem kleinen jQuery-Plugin von Derek Barnes (*https://github.com/kazmeyer/ ResponsiveTabAccordion*) werden die Inhalte als Inhaltsbox mit Reitern präsentiert und per Media Query ab einer bestimmten Viewport-Breite für kleine Screens als Akkordeon (siehe Abbildung 11.20). Für unser Anwendungsbeispiel, bei dem ja die Basisversion die Ansicht für die kleinen Screens ist, haben wir diese Logik im CSS umgestellt. Das Akkordeon wird per Media Query als Box mit Reitern dargestellt, sobald dafür genügend Platz vorhanden ist.

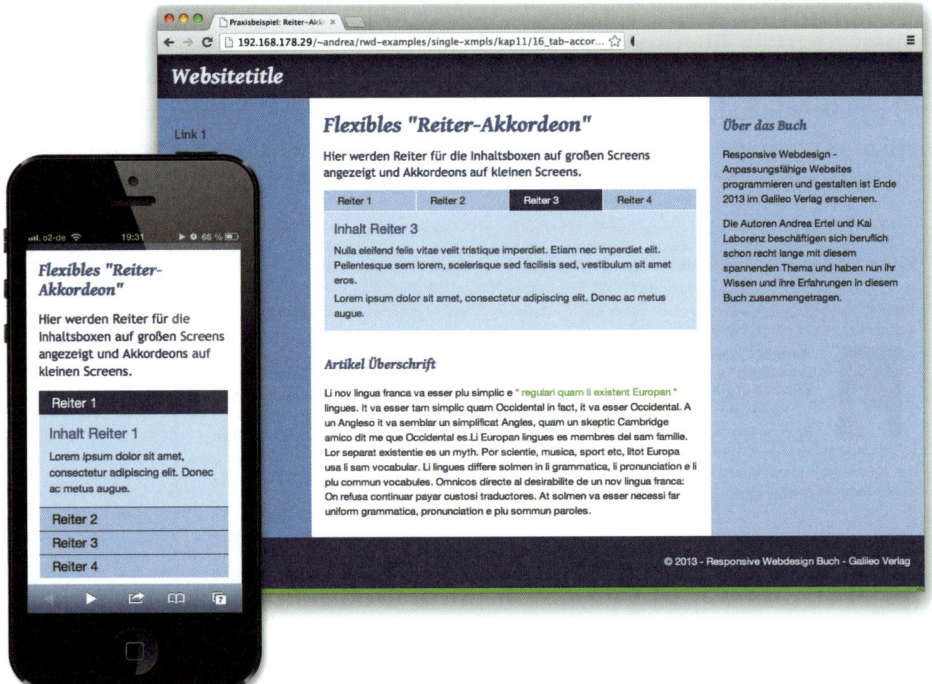

Abbildung 11.20 Akkordeon in der Basisversion und Reiternavigation für größere Screens

Das HTML (siehe Listing 11.31) enthält eine UL für die Reiternavigation. Diese wird nicht angezeigt, wenn das Akkordeonlayout aktiv ist. Dann werden die `<h3>`-Überschriften aus dem `DIV.tab_container` zum Auf- und Zuklappen der einzelnen Inhalte verwendet (die wiederum nicht im Akkordeon genutzt werden).

```
<section>
  <ul class="tabs">
    <li class="active" rel="tab1">Reiter 1</li>
```

```
            <li rel="tab2">Reiter 2</li>
            <li rel="tab3">Reiter 3</li>
            <li rel="tab4">Reiter 4</li>
        </ul>
        <div class="tab_container">
            <h3 class="d_active tab_drawer_heading" rel="tab1">Reiter 1</h3>
            <div id="tab1" class="tab_content">
                <h4>Inhalt Reiter 1</h4>
                <p>...</p>
            </div>
            <!-- #tab1 -->
            <h3 class="tab_drawer_heading" rel="tab2">Reiter 2</h3>
            <div id="tab2" class="tab_content">
                <h4>Inhalt Reiter 2</h4>
                <p>...</p>
            </div>
            <!-- #tab2 -->
            ...
            <!-- #tab3 -->
            ...
            <!-- #tab4 -->
        </div>
    </section>
```

Listing 11.31 Markup der Reiter als UL.tabs und des dazugehörigen
Inhalts im .tab_container

Per JavaScript werden dann die Inhalte versteckt und für die Reiterbox nur der erste
angezeigt. Die Zuordnung von Reiter zu Inhaltsbereich erfolgt über das rel-Attribut
in den <li>-Elementen. Durch das Setzen und Entfernen von Klassen im Markup
können die aktiven Inhalte bzw. Reiter hervorgehoben gestylt werden.

```
<script src="../js/jquery.js"></script>
<script>
  $(".tab_content").hide();
  $(".tab_content:first").show();
  /* als Reiter-Box */
  $("ul.tabs li").click(function() {
      $(".tab_content").hide();
      var activeTab = $(this).attr("rel");
      $("#"+activeTab).fadeIn();
      $("ul.tabs li").removeClass("active");
      $(this).addClass("active");
```

```
    $(".tab_drawer_heading").removeClass("d_active");
    $(".tab_drawer_heading[rel^='"+activeTab+"']").addClass("d_active");
});
/* als Akkordeon */
$(".tab_drawer_heading").click(function() {
    $(".tab_content").hide();
    var d_activeTab = $(this).attr("rel");
    $("#"+d_activeTab).fadeIn();
    $(".tab_drawer_heading").removeClass("d_active");
    $(this).addClass("d_active");
    $("ul.tabs li").removeClass("active");
    $("ul.tabs li[rel^='"+d_activeTab+"']").addClass("active");
});
$('ul.tabs li').last().addClass("tab_last");
</script>
```

Listing 11.32 JavaScript für das Responsive Tab Accordion

Wann der Inhalt als Akkordeon oder Reiterbox dargestellt wird, weisen Sie per CSS zu, indem Sie ab einer bestimmten Größe die Akkordeon-Überschriften verstecken und die Reiter einblenden.

```
.tabs {
    display: none;
}
.tab_drawer_heading {
    background-color: #C2D2E5;
    padding: 5px 20px;
    display: block;
    cursor: pointer;
}
.d_active {
    background-color: #30395C;
    color: #fff;
}
@media only screen and (min-width: 30em) {
    .tabs {
        display: block;
    }
    .tab_drawer_heading {
        display: none;
    }
```

```
    ul.tabs li:hover {
        background-color: #85A5CC;
        color: #fff;
    }
    ul.tabs li.active {
        background-color: #30395C;
        color: #fff;
        display: block;
    }
}
```

Listing 11.33 Auszug aus dem CSS-Code für Responsive Tab Accordion

In der Praxis ist noch eine Änderung sinnvoll: Wenn kein JavaScript verfügbar ist, sollten der gesamte Inhalt ein- und die Reiter ausgeblendet werden. Das erreichen Sie über eine JavaScript-Erkennung, wie wir sie in Abschnitt 9.3.4, »Select-Menü« (im Kasten »JavaScript-Weiche über CSS-Klassen mit und ohne jQuery«), vorgestellt haben. Alternativ verwenden Sie Modernizr und dementsprechende Styles für .tab_ content/.tab_drawer_heading (ohne JavaScript display: block) und die <ul class= "tabs">, die Sie am besten gleich per JavaScript erzeugen.

Das vollständige Anwendungsbeispiel finden Sie auf der DVD unter */praxisbeispiele/ kap11/16_tab-accordion/*.

11.8   Flexible Formulare

Um Formulare auf die vorhandenen Viewport-Breiten reagieren zu lassen, dürfen für einzelne Formularelemente keine festen Breiten definiert werden. In der Basisversion für kleine Screens sollten Label und Formularfeld untereinander stehen; dafür setzen Sie die Weiten der einzelnen Elemente auf 100 %. Das ist prinzipiell auch die beste Anordnung für alle anderen Bildschirmgrößen. Durch diese Anordnung stellen Sie sicher, dass auch Menschen mit starken Sehbehinderungen, die auf große Zoomstufen und damit sehr kleine Bildausschnitte der Website angewiesen sind, die Informationen von Label und Eingabefeld im Zusammenhang erfassen können.

Möchten Sie in größeren Viewports mit einem zweispaltigen Formular arbeiten, sollten Sie darauf achten, dass bei der Anordnung der Label-Eingabefeld-Paare diese Übersichtlichkeit trotzdem gewahrt bleibt. Ein zweispaltiges Formular, in dem die <label>-Elemente auf der einen und die <input>-Elemente auf der anderen Seite dargestellt werden, erreichen Sie wieder mit prozentualen Werten, die den verfügbaren Platz in jedem Layout ausfüllen.

Abbildung 11.21 Was man ausfüllen soll, ist hier (links im Bild) beim Schreiben nicht mehr zu erkennen, da die Labels nach dem Klick in ein Feld und dem Ausklappen der Tastatur nicht mehr im sichtbaren Bereich des Bildschirms sitzen. Im Beispiel rechts ist es besser.

11.8.1   Anwendungsbeispiel: Formular

Wie ein responsives Formular in der Praxis aussehen könnte zeigen wir Ihnen anhand des Anwendungsbeispiels (auf der DVD unter */praxisbeispiele/kap11/17_ kontaktformular/*).

Dieses kleine Formular besteht aus `<label>`-, `<input>`- und `<textarea>`-Elementen; es enthält also erst mal nichts Aufregendes. Mit einigen neuen Formularattributen haben wir zusätzliche HTML5-Features für das Formular ergänzt. So werden Platzhaltertexte in allen Browsern angezeigt, die das Attribut `placeholder` unterstützen. Diese ermöglichen es Ihnen, beispielhafte Inhalte vorzugeben, ohne dabei die Beschriftung in den Labels zu lang werden zu lassen.

Formularlabels und das Placeholder-Attribut

Achtung: Die Placeholder ersetzen nicht die Labels, sondern können ergänzend hinzugefügt werden! Durch die Verknüpfung der `<label>`-Elemente durch das `for`-Attribut mit der jeweiligen `id` des `<input>`-Elements wird der Fokus beim Klick auf ein Label auf das zugehörige Eingabefeld gelegt. Das wiederum ist nichts Neues, aber ein wichtiger Bestandteil für mehr Benutzerfreundlichkeit, und es wird leider immer noch häufig vergessen.

Den Cursor können Sie mit dem Attribut `autofocus` auf ein Eingabefeld Ihrer Wahl setzen, sodass beim Seitenaufruf sofort mit der Eingabe begonnen werden kann.

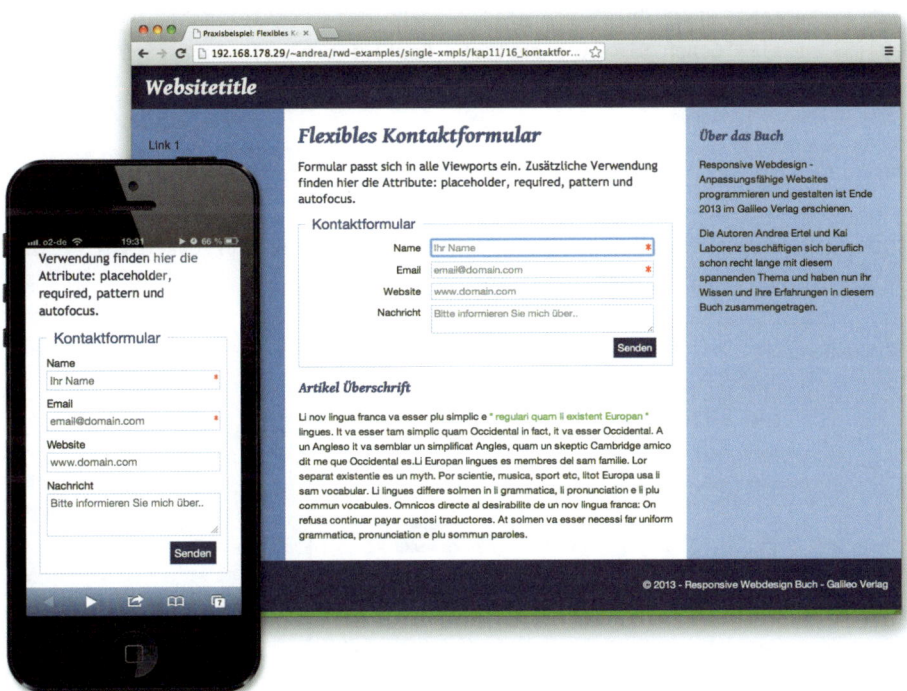

Abbildung 11.22 Label und Eingabefeld sitzen immer dicht beieinander, sowohl auf kleinen als auch auf großen Screens.

Mit dem Attribut `required` markieren Sie Felder als Pflichtfelder. Dieses praktische Feature ist noch nicht wirklich einsatzbereit, da die Browserunterstützung noch zu wünschen übrig lässt. Die aktuellen Versionen von Firefox, Chrome und Opera und auch der IE10 beherrschen das `required`-Attribut, aber Safari kränkelt noch, und auch die Unterstützung der mobilen Geräte durch Android und Opera-Mini ist noch nicht gegeben. Für eine verlässliche Validierung Ihrer Formulare müssen Sie daher immer noch auf server- oder clientseitige Skriptlösungen zurückgreifen.

Wenn es funktioniert, gibt der Browser eine eigene Fehlermeldung aus. Bei Chrome wird ein Text, den Sie in das `title`-Attribut des entsprechenden Feldes setzen, schon bei einer Pflichtfeld-Browsermeldung ergänzt. Bei den anderen Browsern wird der Text aus dem `title`-Attribut nur unter Validierungs-Fehlermeldungen angezeigt (siehe Abbildung 11.23).

Neben dem Attribut `required` gibt es eine weitere mächtige Möglichkeit der Validierung in HTML5-Formularen: Mit `pattern` können Sie die Eingabe mit regulären Ausdrücken überprüfen. Reguläre Ausdrücke sind sehr mächtig und erlauben auch komplexe Prüfungen. Noch nicht so komplex wäre beispielsweise die Überprüfung einer PLZ-Eingabe – benötigt wird eine fünfstellige Zahl. Als regulärer Ausdruck liest sich das so:

```
<input type="text" name="plz" id="plz" placeholder="Postleitzahl" pattern= ⤸
"[0-9]{5}" title="Geben Sie eine deutsche Postleitzahl (fünfstellig) ein!">
```

Listing 11.34 Überprüfung auf eine fünfstellige Postleitzahl (Zahl von 0 bis 9 – fünfmal)

Reguläre Ausdrücke sollten immer mit Bedacht gewählt werden, da Sie mit unklaren oder fehlerhaften Validierungen Ihre Nutzer auch zur schieren Verzweiflung bringen können (z. B. wenn bei der Validierung einer Hausnummer vergessen wurde, dass auch »19A« eine Hausnummer sein kann).

Abbildung 11.23 Die Browser (v. o. n. u.) Chrome, Firefox und Opera geben ganz unterschiedliche Rückmeldungen für Pflichtfeldmarkierungen mit required.

Lesetipp: Infos zu regulären Ausdrücken

Auf der Website *http://html5pattern.com* finden Sie Beispiele zu verwendbaren Patterns thematisch geordnet, und Sie können unter *http://html5pattern.com/Make_Your_Own* Ihre eigenen Ausdrücke zusammenstellen und dabei dort auch gleich testen.

Eine schöne Einführung zu regulären Ausdrücken finden Sie bei Daniel Fett unter *http://www.danielfett.de/internet-und-opensource,artikel,regulaere-ausdruecke.*

Der Quellcode des Kontaktformulars in unserem Beispiel sieht folgendermaßen aus:

```html
<form action="post">
    <fieldset>
        <legend>Kontaktformular</legend>
        <div class="formset type-text">
            <label for="name">Name</label>
            <input type="text" name="name" id="name" placeholder="Ihr Name" ⊃
                   required autofocus title="Bitte geben Sie Ihren Namen an!">
        </div>
        <div class="formset type-mail">
            <label for="email">Email</label>
            <input type="email" name="email" id="email" ⊃
                   placeholder="email@domain.com" ⊃
                   required title="Bitte geben Sie Ihre E-Mail-Adresse an!">
        </div>
        <div class="formset type-url">
            <label for="website">Website</label>
            <input type="url" name="website" id="website" ⊃
                   placeholder="www.domain.com">
        </div>
        <div class="formset type-text">
            <label for="message">Nachricht</label>
            <textarea name="message" id="message" ⊃
                      placeholder="Bitte informieren Sie mich über...">⊃
            </textarea>
        </div>
    </fieldset>
    <input class="submit-btn" type="submit" value="Senden" />
</form>
```

Listing 11.35 Markup des Kontaktformulars aus dem Anwendungsbeispiel

Durch die Zuweisungen der unterschiedlichen Typen für die `<input>`-Felder werden auf mobilen Geräten die Tastaturen entsprechend angepasst. So sorgt das `type="email"` dafür, dass das @-Zeichen ohne einen weiteren Klick zugänglich ist, und `type="url"` liefert eine zusätzliche Taste `".com"` für die schnelle Eingabe dieser Domainendung. Weitere Elementtypen haben wir in Abschnitt 6.3, »HTML5-Formularattribute für mehr Semantik«, beschrieben.

Abbildung 11.24 Tastaturanpassungen für unterschiedliche Eingabearten (input type)

Mit dem Container `div.formset` gruppieren wir hier die einzelnen Label-Eingabefeld-Paare und vereinfachen damit deren Ausrichtung. Dann bekommt das Formular sein Styling für die Basisversion. Mit einem Media Query stellen wir Label und Eingabefeld ab einer Viewport-Breite von 30 em nebeneinander und richten die Labels rechtsbündig aus, um sie möglichst dicht am Eingabefeld zu platzieren:

```
@media only screen and (min-width: 30em) {
    .formset label {
        width: 34%;
        text-align: right;
    }
    .formset input, .formset textarea {
        width: 62%;
    }
}
```

Listing 11.36 Auszug aus dem CSS-Code für die Platzierung der Formularelemente auf großen Screens

---

Lesetipp: HTML5-Formulare

Eine umfangreiche und schön gemachte Übersicht über HTML5-Formularelemente finden Sie unter *http://www.wufoo.com/html5*. Dort werden nicht nur die Attribute und ihre Möglichkeiten beschrieben, sondern die Website nennt auch den aktuellen Stand der Browserunterstützung. Lesenswert!

11.9   Inhalte selektiv anzeigen und laden

Nachdem Sie alle Inhalte sauber strukturiert, semantisch ausgezeichnet und responsiv umgesetzt haben, können Sie diese auch noch abhängig von den technischen Gegebenheiten laden und anzeigen (das nennt man *Conditional Content Loading*). Denn letztlich bleibt ein Smartphone-Bildschirm bei aller Flexibilität immer noch sehr viel kleiner als ein Desktop- oder Tablet-Bildschirm. Er bietet nicht genug Platz für alle Inhalte auf einen Blick – zumindest nicht in der gleichen Form wie auf einem großen Bildschirm. Da wir möglichst vermeiden wollen, auf Inhalte tatsächlich zu verzichten, bleibt noch die Möglichkeit, sie unterschiedlich schnell zur Verfügung zu stellen (»schnell« nicht nur im Sinne von Geschwindigkeit, sondern unkomplizierter Erreichbarkeit).

11.9.1   Inhalte entfernen oder ergänzen – wann und wie?

In vielen Fällen besteht die Anpassung mobiler Seiten an kleine Layouts darin, Dinge einfach wegzulassen: Bilder beispielsweise, Elemente oder ganze Inhaltsbereiche. Wer diesen Ansatz konsequent verfolgt, gelangt irgendwann an einen Punkt, wo so viel entfernt wurde, dass der Unterschied zur vollen Desktopversion so groß wird, dass es auffällt. Schnell wird dann noch ein Link zur »vollen Version« integriert. Halt! Das ist nicht responsives Design, wie wir es verstehen. Wir wollen dem Nutzer kein abgespecktes zweitklassiges Erlebnis auf kleinen Bildschirmen bieten, sondern ihm einen anderen, aber ebenso vollständigen Zugang zu unseren Inhalten gewähren. In Abschnitt 5.3, »Designanforderungen für responsive Sites«, hatten wir darüber gesprochen, warum eine reduzierte Mobilversion keine angemessene Umsetzung ist.

Abbildung 11.25 Digitas Health verspricht »facts on the go« – aber leider nicht auf mobilen Geräten ...

Es bieten sich also drei Strategien an, wie Sie mit Unterschieden bei den Inhalten umgehen können:

- Inhalte ausblenden (Desktop-First-Ansatz, nur für kleine und wenig ladeintensive Inhalte geeignet)
- Inhalte ergänzen (Mobile-First-Ansatz)
- Inhalte anders anordnen

11.9.2   Inhalte per CSS ausblenden (display: none)

Am einfachsten zu implementieren ist eine »gesteuerte« Darstellung von Datensätzen via Media Queries und Klassen wie `.hideOnMobile`, `.showOnMobile`, `.hideOn-Bigscreen` und `.showOnBigscreen`, die dann jeweils entsprechende Inhalte mit `display: none` ausblenden.

Sie könnten zum Beispiel Teaser auf unterschiedlich großen Displays mit unterschiedlich vielen Informationen ausgegeben. Hat man auf großen Screens ein Bild, einen Titel, einen mehrzeiligen Anleser und den Weiterlesen-Link, ist die Liste auf kleinen Screens vielleicht viel übersichtlicher, wenn hier auf den Anleser und den Weiterlesen-Link verzichtet wird (vorausgesetzt natürlich, die Verlinkung ist trotzdem über Bild oder Titel gegeben). Solange es sich nur um ein paar kleine Textzeilen handelt, können Sie diese mit CSS verstecken, und der Effekt auf die Performance bleibt überschaubar.

Wenn es aber um größere Inhaltsmengen geht, wie zum Beispiel Linklisten zu ähnlichen Artikeln, Produktbilder oder gar Videos, ist es aus Performancegründen nicht mehr akzeptabel, sie über eine `.hideOnMobile`-Klasse lediglich zu verstecken. Da die Inhalte in dieser trotzdem geladen werden, vergrößert sich unnötigerweise das übertragene Datenvolumen und damit die Ladezeit der Website. Guy Podjarny, Autor der mobilen Testsuite von Akamai (*http://mobitest.akamai.com*), hat bei eigenen Tests (*http://www.guypo.com/uncategorized/real-world-rwd-performance-take-2*) festgestellt, dass viele responsive Sites auf dem Smartphone genauso große Datenmengen verwenden wie auf einem Desktoprechner. In Kapitel 12, »Qualitätssicherung und Optimierung«, beschäftigen wir uns damit noch näher.

11.9.3   Inhalte per CSS hinzufügen

Der umgekehrte Weg ist schon besser. Sie können Inhalte aus `data`-Attributen mittels der CSS-Eigenschaft `content` auslesen und per Media Query unterschiedlich zuordnen. Wir haben das einmal in unseren Websitetitle eingebaut (auch wenn der Anwendungsfall vielleicht etwas konstruiert ist).

Der HTML-Code für `<h1>` in diesem Beispiel sieht so aus:

```
<header role="banner">
  <h1 data-icon="&#xe00e;" data-title-short="rwd-exempli" ↵
      data-title-middle="Responsive Webdesign: e.g." ↵
      data-title-large="Responsive Webdesign: exempli gratia">
    <span>Responsive Webdesign: Praxisbeispiele zum Buch</span>
  </h1>
</header>
```

Listing 11.37 Auf die unterschiedlichen data-Attribute wird in unterschiedlichen Media Queries zugegriffen, um den Inhalt für die Frontend-Ausgabe je nach Viewport zu verändern.

Wir haben in diesem Beispiel einen Icon-Font hinterlegt und greifen ab dem ersten Media Query bei 36 em über das Attribut `data-icon` auf das Zeichen "" aus diesem Font zu.

Den eigentlichen Titel

```
<span>Responsive Webdesign: Praxisbeispiele zum Buch</span>
```

lassen wir für alle Ansichten mit `text-indent: -9999px` aus dem Blickfeld verschwinden und blenden dafür je nach Viewport den Inhalt eines der drei `data`-Attribute ein:

- `data-title-short="rwd-exempli"`
- `data-title-middle="Responsive Webdesign: e.g."`
- `data-title-large="Responsive Webdesign: exempli gratia"`

Im CSS-Code sind die wichtigsten Anweisungen dafür:

```
h1 span {
    text-indent: -9999px;
    display: inline-block;
    width: 0;
}
h1:after {
    content: " " attr(data-title-short) " ";
}
@media only screen and (min-width: 36em) {
    h1:after {
        content: " " attr(data-title-middle) " ";
    }
    h1[data-icon]:before {
        font-family: 'rwd';
        content: " " attr(data-icon) " ";
        color: yellowgreen;
```

11

369

```
        ...
    }
}
@media only screen and (min-width: 46.875em) {
    h1:after {
        content: " " attr(data-title-large) " ";
    }
}
```

Listing 11.38 Auszug aus dem CSS-Code für die Zuordnung des Inhalts aus den data-Attributen

Aussehen tut das Ganze dann, wie in Abbildung 11.26 dargestellt. Auf der DVD zum Buch finden Sie das Beispiel unter */praxisbeispiele/kap11/18_website-title-icon*.

Abbildung 11.26 Je nach Viewport-Breite wird per CSS ein anderes data-Attribut aus h1 verwendet.

Eine Alternative wäre es, den Title-Text eines Links auszulesen und bei entsprechendem Platz anzuzeigen.

Chris Coyier hat auch ein schönes Beispiel (*http://css-tricks.com/examples/ MediaQueriesSidebar*) erstellt. In seinem Artikel »CSS Media Queries & Using Available Space« (*http://css-tricks.com/css-media-queries*) beschreibt er, wie man mit Media Queries Icons als Hintergrundgrafiken und textliche Zusatzinformation als CSS-Content aus einem `data`-Attribut jedes Links zuordnen kann.

11.9.4   Conditional Loading Content via JavaScript (und CSS)

Wenn Ihnen die Performance Ihrer mobilen Website wichtig ist – und das sollte sie sein –, führt in den meisten Fällen bei reichhaltigen Inhalten kein Weg am Nachladen dieser mittels JavaScript vorbei. Hierbei werden Inhalte in einer Grundausstattung Mobile First) im statischen Code untergebracht und je nach erkannter Auflösung ergänzt.

Location aware Content

Meist wird ausschließlich die Gerätegröße als Basis genommen, um Inhalte zu arrangieren. Bei modernen Smartphones stehen Ihnen allerdings diverse Sensoren zur Verfügung, aus denen Sie ebenfalls Informationen beziehen können. In Abschnitt 6.1.1, »Wahrnehmbarkeit«, haben wir schon beschrieben, wie sich der Helligkeitssensor eines Smartphones nutzen lässt, um den Kontrast der Seite zu verändern. Stellen Sie sich vor, Sie ermitteln per Lokalisierungsfunktion des Smartphones, dass die Website eines Restaurants aus diesem Restaurant selbst aufgerufen wird. Sie könnten vermuten, dass der Nutzer eine Bewertung abgeben oder jemandem, mit dem er verabredet ist, die Adresse schicken möchte, und diese Funktionen in den Vordergrund stellen.

Aber Vorsicht: Nicht jede Vermutung trifft zu, und wenn sich die Seite zu stark von Besuch zu Besuch unterscheidet, kann das die Besucher auch verwirren (siehe dazu auch Abschnitt 5.3, »Designanforderungen für responsive Sites«).

Links in Inhalte umwandeln – das Anchor-include-Pattern

Der Entwickler Scott Jehl hat diese Technik für Listen von Artikeln unter dem Namen Anchor-include-Pattern bekannt gemacht. Die Idee ist, in einer kleinen Ansicht zunächst nur einen Link auf potenzielle weitere Inhalte anzuzeigen. Wenn das Display groß genug ist, werden die per `data`-Attribut verlinkten Inhalte nachgeladen und angezeigt.

Auf GitHub finden Sie die Quellen seines jQuery-Plugins (*https://gist.github.com/scottjehl/983328*).In unserem Beispiel haben wir eine Variante von Aaron Gustafson verwendet, die auch noch eine CSS-JavaScript-basierte Größenabfrage implementiert hat (*https://gist.github.com/aarongustafson/5877063*).

Im Detail bedeutet dies, dass Sie zunächst Ihre (nachzuladenen) Artikel als eigenständige HTML-Seiten anlegen und zum Nachladen zusätzlich Links erstellen. In diesen Links werden Parameter ([data-append], [data-replace], [data-after]und [data-before]) untergebracht, mit denen Sie angeben, ob der nachzuladende Inhalt vor oder nach dem Link bzw. stattdessen integriert werden soll.

```
<div class="more-content">
    <a href="news-list.html" data-include-size="tablet" ⤵
        data-replace="morenews.html">Weitere News</a>
</div>
```

Listing 11.39 Die Inhalte der Datei morenews.html ersetzen beim Nachladen den Link.

In unserem Beispiel (Sie finden es auf der DVD im Verzeichnis /praxisbeispiele/ kap11/19_conditionalLoading/) ersetzen die Inhalte der Datei morenews.html beim Nachladen den Link. Praktisch wäre es, man könnte auch Bereiche aus vollständigen HTML-Dokumenten extrahieren – vielleicht fühlt sich ein JavaScript-Experte angesprochen, dies im Script zu ergänzen. Das Attribut data-include-size="tablet" verwendet einen per Media Query gesetzten CSS-Content. Wenn der CSS-Content "tablet" vorhanden ist, ist der Viewport groß genug, und das JavaScript zum Nachladen greift.

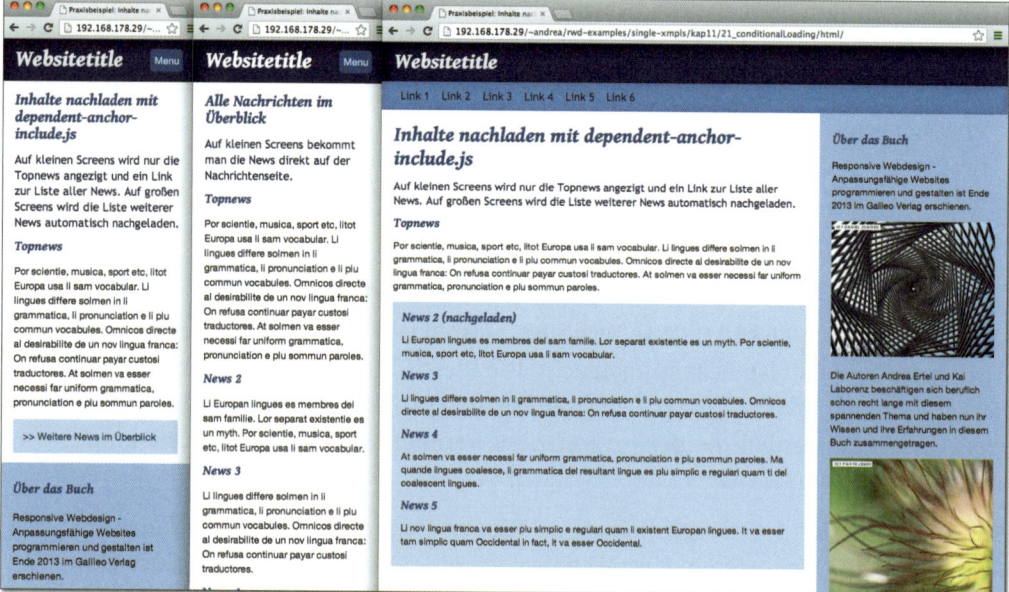

Abbildung 11.27 Auf kleinen Screens entscheidet der Nutzer, ob er die weiteren News lesen will, und gelangt nach einem Klick auf den Link zur Newsliste. Auf großen Screens wird der Link gar nicht angezeigt, sondern die News werden automatisch nachgeladen.

```
@media (min-width: 30em)    {
    body:after {
        content: 'tablet';
        display: none;
    }
}
```

Listing 11.40 Ab einer Viewport-Breite von 30 em gibt es den versteckten CSS-Content tablet, und er wird zur Adressierung des JavaScriptes verwendet.

Lesetipp: Content Loading

Scott Jehl beschreibt diesen Ansatz ausführlich in seinem Blogartikel (http://filamentgroup.com/lab/ajax_includes_modular_content).

Das gleiche Prinzip nutzt Andrew Fischer und beschreibt es in seinem empfehlenswerten Artikel »Selective Content Loading« (http://www.sitepoint.com/selective-content-loading).

Media Queries in JavaScript

Wenn Sie Inhalte nachladen oder andere Dinge mittels JavaScript umsetzen wollen, müssen Sie auch im JavaScript auf die Größen des Geräts oder Browserfensters zugreifen können. Grundsätzlich ist das kein Problem; die Eigenschaft documentElement.clientWidth liefert beispielsweise die Breite des Fensters. Auch für andere Parameter gibt es entsprechende JavaScript-Abfragen.

Alles inklusive erhalten Sie mit window.matchMedia, mit dem Sie Media Queries in JavaScript ausführen können (https://developer.mozilla.org/en-US/docs/Web/API/window.matchMedia). Allerdings unterstützt der Internet Explorer dies erst ab der Version 10. Das passende Polyfill finden Sie bei Paul Irish (https://github.com/paulirish/matchMedia.js). Allerdings müssen Sie einerseits alle Abfragen zweimal definieren (einmal für das CSS und einmal für das JavaScript), andererseits ist es auch unschön und der Performance abträglich, die eigentlich schon per CSS erkannte Größe noch einmal per JavaScript abzufragen.

Conditional CSS

Es gibt einen besseren Weg, die in CSS definierten Media Queries in JavaScript zu verwenden; wir haben ihn im Beispiel zum Nachladen von Inhalten schon vorweggenommen. Und zwar erzeugen Sie einfach mit dem generierten Content ein passendes Element via CSS. Dieses können Sie dann per JavaScript abfragen:

```
@media all and (min-width: 20em) {
    body:after {
        content: tablet;
```

```
        display: none;
    }
}
```

Listing 11.41 Media Queries in JavaScript sichtbar machen

Diese Syntax erzeugt ein unsichtbares Pseudoelement nach `<body>` mit dem Inhalt `tablet`. Dieses Element können Sie per JavaScript abfragen und auswerten:

```
var size = window.getComputedStyle(document.body, ⟳
':after').getPropertyValue('content');
...
if (size.indexOf("tablet") !=-1) {
    // Anweisungen, die bei (min-width: 20em)
    // ausgeführt werden sollen
}
```

Listing 11.42 Abfrage und Auswertung des Media Querys im JavaScript

In unserem Beispiel zum Anchor-include-Pattern finden Sie diese Technik ange-wandt; sie steckt in der JavaScript-Bibliothek. Die geniale Idee stammt von Jeremy Keith (Applaus!), dessen Blog immer für interessante Gedanken und Tricks zu Java-Script, CSS und Barrierefreiheit gut ist (*http://adactio.com/journal*).

11.10   Flexible Werbung

Responsive Werbung ist ein großes und spannendes Thema. Auf den ersten Blick sind es nur die Werbebanner, die Ihnen Sorgen bereiten werden, wenn für diese im flexiblen Layout auf kleinen Screens plötzlich zu wenig Platz ist (oder auf großen Screens ungeplant viel Weißraum darum herum). Aber es ist noch komplizierter.

Für Werbebanner im Web gibt es feste Standardgrößen (siehe Tabelle 11.2), und in der Regel richtet sich ihr Preis sowohl nach ihrer Größe als auch nach ihrer Position auf der Website. Bezahlt wird entweder per Klick, per Impression (Einblendung der Wer-bung) oder nach einem zeitbezogenen Modell.

Es ist im responsiven Design unmöglich, eine fixe Größe und eine feste Positionie-rung der Banner auf der Website für alle Layoutstufen einzuhalten. Schlimmer noch: Werbung kann nach diesem Modell im responsiven Design einfach aus dem Rahmen fallen – zumindest diejenige, die außerhalb des eigentlichen Websitebereichs liegt, wie der Skyscraper am rechten Rand. Aber auch ein Super Banner mit 728 × 90 px werden Sie auf dem Smartphone nicht anzeigen können, zumindest nicht, wenn auch noch etwas anderes dargestellt werden soll – Inhalte zum Beispiel ... Wenn Sie die Werbung mit `display: none` verstecken, um Ihr Layout zu retten, wird trotzdem die gesamte Source vom Ad-Server gezogen, was uns zu dem nächsten Problem von Werbeeinblendungen führt – Performanceeinbußen.

Manche Werbung funktioniert auch bedingt durch das verwendete Dateiformat auf bestimmten Geräten gar nicht, wie beispielsweise viele multimedial aufgewertete Banner, die auf Flash basieren. Schwierig wird es auch mit sogenannten *Take-overs*, die sich über mehrere Werbeplätze einer Website fortsetzen, oder *Fly-Outs*, die beim Hovern weitere Layer anzeigen.

11.10.1   Bewusstsein schaffen

Ein Problem ist das noch fehlende Bewusstsein für die Bedeutung von anpassungs-fähiger Werbung bei allen Verantwortlichen eines Projektes.

Spätestens bei der Umsetzung einer Website, die mit klassischer Werbung versehen werden soll, fallen die Probleme mit der Werbeplatzierung auf. Meist ist es dann für grundlegende Überlegungen zu spät. Stattdessen muss schon im Vorfeld mit dem Kunden geklärt werden, wie auf der geplanten Website Banner in den unterschiedlichen Ansichten behandelt und platziert werden können und was das für die Vermarktung bedeutet. Genauso wie beim Design erfordert ein responsiver Ansatz auch ein Umdenken bei der Werbung. Das Umdenken bezieht sich zum einen auf die Formate, in denen Banner zukünftig ausgeliefert werden müssen, um sie möglichst vielseitig einsetzen zu können. Damit sind sowohl die Dateiformate als auch die Abmessungen gemeint; wir kommen gleich noch darauf zurück.

Das Umdenken betrifft aber auch die *User Experience* (Nutzerzufriedenheit) beim Anklicken der Werbung. Es macht die Nutzer nicht glücklich, wenn Sie auf einem Smartphone auf ein Werbebanner drücken und dann dahinter gar keine mobiltauglichen Inhalte verfügbar sind. Das gilt im Übrigen nicht nur für Werbebanner, sondern auch für andere Arten mobil-spezifischer Werbung. Der Automobilkonzern BMW hat eine Kampagne zur Einführung eines neuen Modells mittels QR-Code (!) beworben. Das Problem: Die Kampagne hat schlichtweg keine mobile bzw. repsonsive Landing Page. Informationshungrige Surfer erhalten nach dem Scannen des QR-Codes diese Fehlerseite und können entweder zur allgemeinen Mobilsite (auf der die Inhalte nicht vorhanden sind) oder zur Desktopkampagnenseite (die nicht mobil optimiert ist) wechseln.

Wie schafft man nun das Bewusstsein für die Vorteile (und Notwendigkeiten) responsiver Werbelösungen? Am besten, indem man als Verkaufsperson seinem Kunden ein paar Demos zeigen kann. Die Begeisterung ist Ihnen sicher, wenn Sie als Webentwickler Ihrem Kunden bei der Vorstellung der responsiven Website auch vorführen können, wie sich Werbebanner mit dem Rest der Seite flexibel an alle Größen anpassen. Aber auch die Marketing-Abteilung eines Portals muss den potenziellen Werbe-kunden klarmachen, dass hier mehrere unterschiedliche Bannerlösungen notwendig sind, um die Werbebotschaft sowohl auf dem Desktop als auch auf Tablets und Smartphones hervorgehoben präsentieren zu können.

Abbildung 11.28 Diese mittels QR-Code (!) beworbene Kampagne von BMW hat schlichtweg keine mobile Landing Page.

11.10.2   Alte und neue Bannerkonzepte

Wenn die responsiven Werbekunden (also jene für responsive Banner und mit responsiver Landing Page) erst mal gefunden sind, kommt die Kreativagentur ins Spiel, die für die Erstellung der Werbung beauftragt wird. Um einmal produzierte Werbebanner mittels Bannertausch oder Media-Agenturen vielseitig verwendbar zu machen, wurden für den klassischen Einsatz Standardformate entwickelt.

Bezeichnung	Pixel	Mögliche Formate
Super Banner	728 × 90	GIF/JPG/Flash
Wide Skyscraper	160 × 600	GIF/JPG/Flash
Rectangle	180 × 150	GIF/JPG/Flash
Medium Rectangle	300 × 250	GIF/JPG/Flash
Wide Skyscraper alternative	200 × 600	GIF/JPG/Flash
Standard Skyscraper	120 × 600	GIF/JPG/Flash
Universal Flash Layer	400x400	Flash
Expandable Skyscraper	420 (160) × 600	GIF/JPG/Flash
Full Banner	468 × 60	GIF/JPG/Flash
Expandable Super Banner	728 × 300 (90)	GIF/JPG/Flash
Flash Layer individuell		Flash

Tabelle 11.2 Standardbannerformate auf dem deutschen Markt

Wie oben schon erwähnt, gibt es hier zwei Probleme, nämlich das Dateiformat Flash, das auf den iOS-Geräten (iPad und iPhone) nicht dargestellt werden kann, und die festgelegten Abmessungen pro Banner.

Anstelle des fix positionierten Banners in einer starren Größe muss es also weitere Werbekonzepte geben. *Full Banner* könnten beispielsweise mit der Seitengröße mitskalieren und sich immer exakt dem zur Verfügung stehenden Platz anpassen. Banner, die auf dem Desktop als *Skyscraper* angezeigt werden, könnten ihre Größe und Positionierung in kleineren Screens mehrfach ändern.

11.10.3   Bannererstellung

Wahrscheinlich wird es auch für den responsiven Einsatz bald neue Standards geben. Die Kreativagenturen müssen dann ganze Serien eines Banners in verschiedenen Größen für die unterschiedlichen Layoutgrößen und Geräte erstellen. Also bedeutet das auch hier einen höheren Aufwand und mehr Kosten pro Banner. Die kostengünstigere und einfacher zu implementierende Alternative stellen hier die skalierbaren Formate dar.

11.10.4   Bannerauslieferung

Wenn es diese unterschiedlichen Formate gibt, ist dafür auch eine responsive Auslieferung der Banner für die erforderlichen Größen, aber auch für das richtige Dateiformat notwendig. Flash-Banner werden auf iOS-Systemen mangels fehlender Formatunterstützung ja gar nicht angezeigt – von daher werden diese wohl durch die interaktiven HTML5-Techniken ersetzt werden.

Generell ist eine gezieltere Zulieferung von Werbung denkbar. Vorstellbar wäre hier, dass bestimmte Werbung nur an mobile Geräte geleitet wird (wenn es zum Beispiel Werbung für Apps ist) oder dass Werbung nur an Geräte geliefert wird, die eine bestimmte Interaktivität des Nutzers in einem Werbebanner auch ermöglichen. Alternativ wird Werbung von Unternehmen ohne optimierte mobile Ansicht ihrer Website nur auf Desktopseiten geschaltet. Vorstellbar sind hier viele Fälle, in denen man Unterscheidungen treffen könnte.

Bis die alten Werbekonzepte an die neuen Bedingungen heranreichen, wird noch etwas Zeit vergehen. Einen Anfang hat jetzt das Unternehmen ResponsiveAds (*http://www.responsiveads.com*) mit einem Framework für unterschiedliche Bannerdesigns in unterschiedlichen Viewports gemacht (siehe Abbildung 11.29) Es bietet Unternehmen an, deren Desktopwerbung responsive zu machen.

Sicher können wir sein, dass die Werbeindustrie nicht schläft. Derzeit ist der effektive Preis pro tausend Seiten-Impressions (eCPM) auf mobilen Geräten fünfmal geringer als auf dem Desktop (Quelle: *http://www.netmagazine.com/features/responsive-web-design-and-advertising-advertiser-perspective*). Vermutlich können wir schon bald mit weiteren interessanten Lösungen rechnen.

Herausgeber, die für ihr Portal mit einem eigenen Bannerserver arbeiten, sind hier viel eher in der Lage, schon jetzt zu reagieren und beim Werben um die Werbekunden das Thema responsive Auslieferung in Bezug auf Banner und Landing Pages auf den Tisch zu bringen. Wenn sie dann auch noch die eigene Kreativagentur im Haus haben, steht auch der Erstellung der flexiblen Banner oder Bannersets (und vielleicht der einen oder anderen Landing Page) nichts mehr im Weg.

Bis die großen Media-Agenturen responsive Banner(-Sets) an definierte Slots je nach Viewport in ihrer Website ausliefern, müssen Sie sich also noch mit anderen Tricks behelfen.

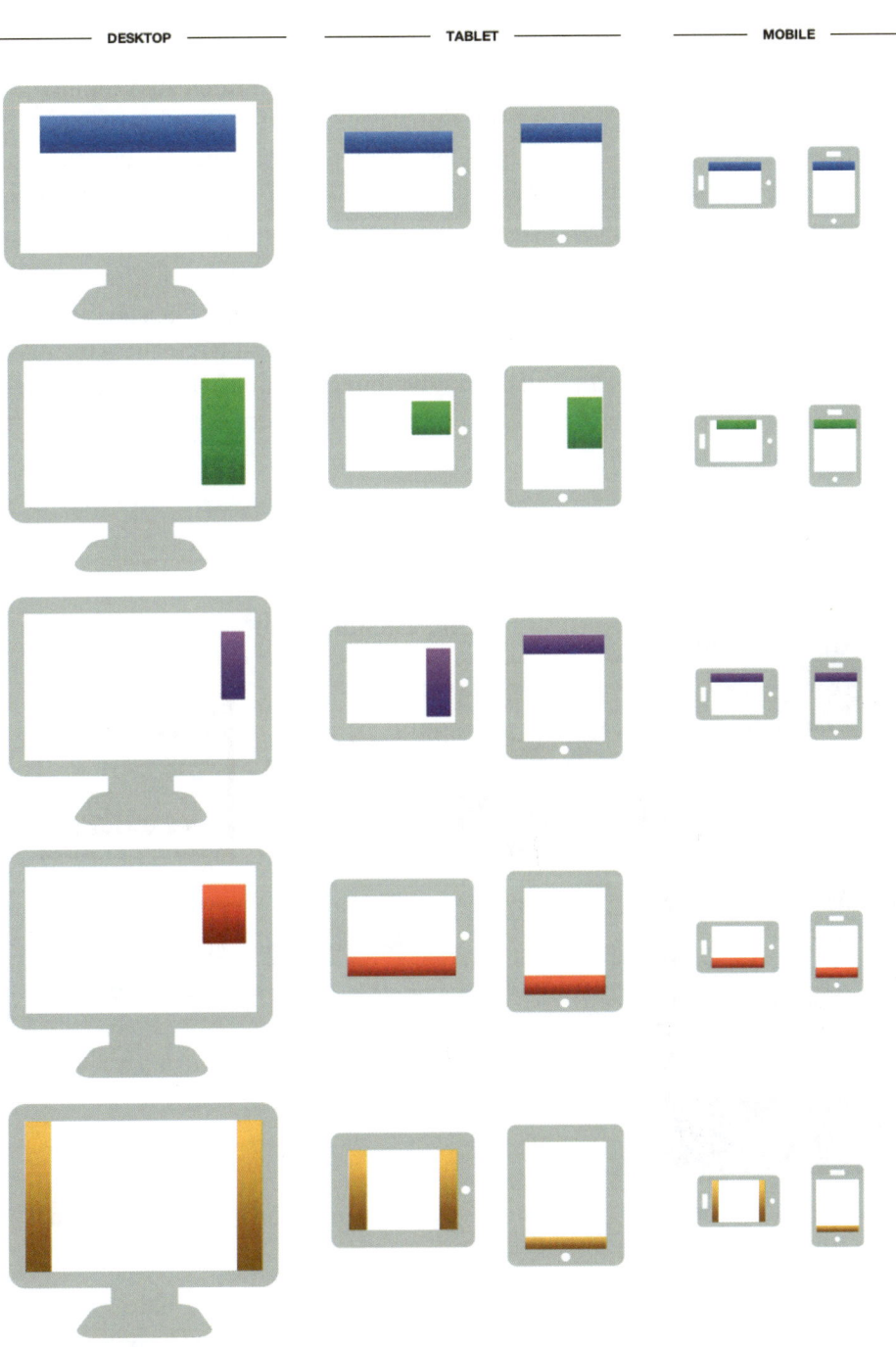

Abbildung 11.29 Flexible Werbebanner, wie ResponsiveAds sie vorschlägt
(http://www.responsiveads.com/ad-formats-showcase)

11.10.5   Fixe Spalte und nur ein Rectangle-Format

Ein Ansatz, wie responsive Websites zurzeit mit Media-Agenturen zusammenarbeiten könnten, ist die Verwendung nur eines einzigen Bannerformats, zum Beispiel ein Medium-Rectangle (300 × 250 px) in einer festen Spaltenbreite der Website. Das bedeutet, die Werbung bestimmt die Spaltenbreite. Wenn die Werbung auch noch auf einem iPhone angezeigt werden soll, bestimmt die Gerätgröße das Format der Werbung.

Die Website des Boston Globe (*http://www.bostonglobe.com*) ist beispielsweise so aufgebaut. In der Desktopversion steckt das Banner in der Marginalie ganz oben. Wenn die Marginalie umbricht, rutscht die Werbung entsprechend tiefer. Auf dem Smartphone hat das 300 px breite Banner auch im Portraitmodus noch genügend Platz (siehe Abbildung 11.30).

Abbildung 11.30 Beim Boston Globe wurde bewusst nur ein Bannerformat gewählt, das immer passt – nur die Position ändert sich.

11.10.6   Unterschiedliche Google AdSense Ads im responsiven Design ausliefern

Wie sich Google AdSense Ads in unterschiedlichen Formaten abhängig vom Viewport anzeigen lassen, beschreibt Amit Agarwal in seinem Blog Digital Inspiration (*http://www.labnol.org/internet/google-adsense-responsive-design/25252*). Dafür erstellen Sie im AdSense-Dashboard mehrere Werbeeinheiten und ersetzen die Werte von `google_ad_client` und `google_ad_slot` durch eigene Werte, die Sie über ein JavaScript einbinden.

Durch dieses Vorgehen werden keine Banner skaliert (was ja nach den aktuellen Verträgen nicht erlaubt wäre), es wird nur je nach zur Verfügung stehendem Platz ein anderes Format geladen. Die Programmierer haben sich ihr Manipulationsskript von Google offiziell anerkennen lassen.

11.10.7 Werbeblöcke zwischen Inhalte schieben mit CSS-Regions (Polyfill)

Um unterschiedliche Werbeformate für unterschiedliche Viewports anzuzeigen, braucht man pro Werbebanner also mehrere Container im HTML, die dann per JavaScript mit den passenden Bannern gefüllt werden.

CSS-Regions könnten zukünftig für die Anordnung von relevanten Inhalten auf kleinen Screens sehr interessant werden, wenn sie denn irgendwann die notwendige Browserunterstützung haben. Zurzeit ist der Internet Explorer 10 der einzige Browser, der diese Technik rudimentär unterstützt, und für Safari 7 (auch iOS) ist eine Unterstützung angekündigt.

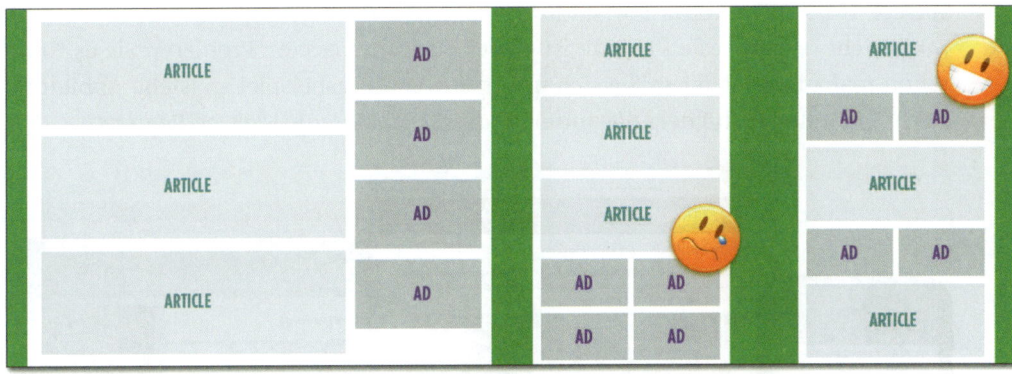

Abbildung 11.31 Beispiel von Chris Coyier: Werbung aus der Marginalie wird mit CSS-Regions zwischen die Artikel statt ganz ans Ende verschoben.

Von Adobe gibt es ein Polyfill, das auch den anderen Browsern unter die Arme greift und CSS-Regions zumindest schon mal zum Experimentieren zulässt. Chris Coyier hat einen Artikel mit Demoseite (*http://css-tricks.com/content-folding*) dazu verfasst, und auf der Website von Adobe (*http://html.adobe.com/webplatform/layout/regions*) gibt es das Polyfill und weitere Beispiele.

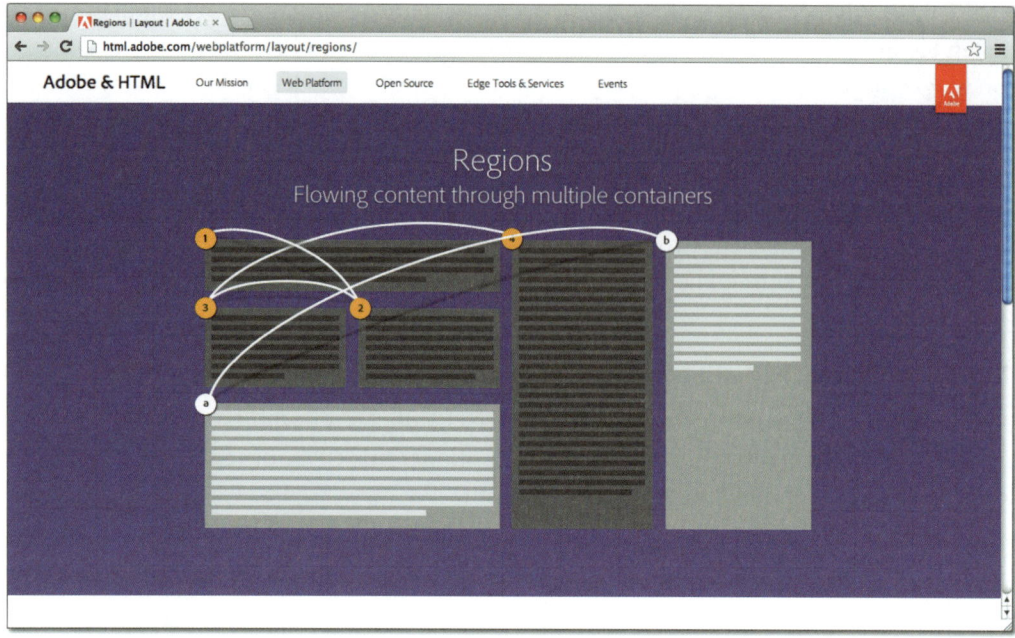

Abbildung 11.32 CSS-Regions-Polyfill von Adobe

Unsere Tests mit Adobes Polyfill (*cssregions.js*) haben gezeigt, dass diese Technik noch nicht reif für reale Projekte ist – aber doch interessant. Probieren Sie es ruhig schon mal aus, oder sehen Sie sich unser Anwendungsbeispiel an (siehe Abbildung 11.33), Sie finden es auf der DVD unter */praxisbeispiele/kap11/20_cssRegions/*.

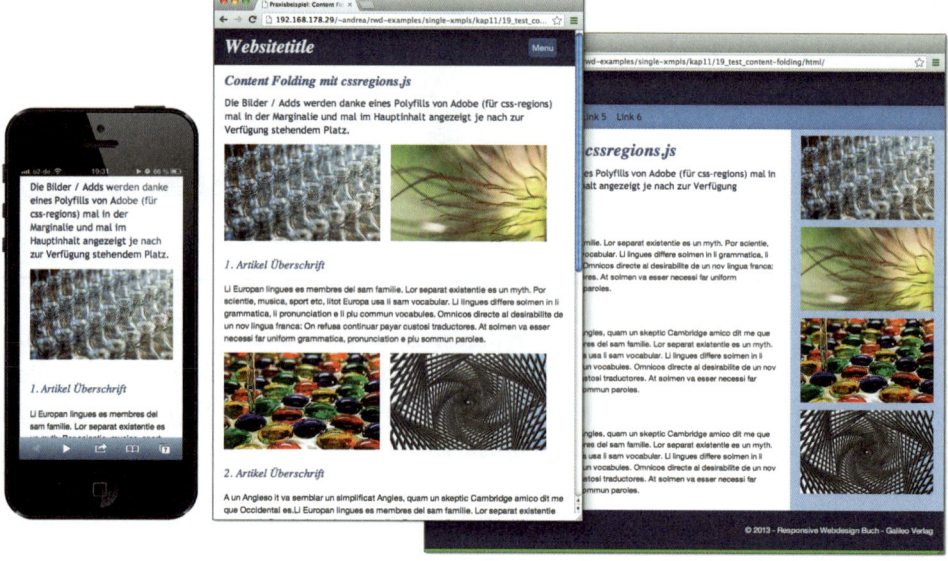

Abbildung 11.33 Inhalte neu verteilen mit cssregion.js

11.10.8   Inhalte dynamisch verschieben

Eine Lösung, die überzeugt und mit der Sie ebenfalls Inhalte auf Ihrer Website je nach Viewport unterschiedlich positionieren können, ist das jQuery Plugin *append-Around.js* von Scott Jehl und der Filamentgroup (*https://github.com/filamentgroup/AppendAround*).

Diese Technik ist natürlich nicht nur für Werbebanner verwendbar. Wann immer es nicht ausreichend ist, einen ganzen Inhaltsblock (z. B. die Marginalie) auf einmal zu verschieben, können Sie diese Lösung einsetzen. Sie binden das Skript wie immer hinter dem Pfad zur jQuery-Bibliothek in den Quelltext Ihrer Seite ein. Inhaltsbereiche können dann über gleichbenannte `data-set`-Attribute von einem Container zu anderen weitergereicht werden. Geben Sie den Containern zusätzlich Klassen, mit denen Sie dann die Sichtbarkeit über Media Queries steuern können:

```
<section>
   <div class="appendItem-top" data-set="appendItemData-1"></div>
   <div class="appendItem-top" data-set="appendItemData-2"></div>
</section>
...
<aside>
   <p>...</p>
   <div class="appendItem-side" data-set="appendItemData-1">
      <a class="appendItem-1" href="#"><img src="dummy-1.jpg"></a>
   </div>
   <p>...</p>
   <div class="appendItem-side" data-set="appendItemData-2">
      <a class="appendItem-2" href="#"><img src="dummy-2.jpg"></a>
   </div>
</aside>
```

Listing 11.43 Im <section>-Tag stehen zwei Container bereit, die auf die Inhalte der Container mit den gleichen data-set-Attributen aus dem <aside>-Tag warten.

Ein vollständiges Anwendungsbeispiel (siehe Abbildung 11.34) mit *appendAround.js* finden Sie auf der DVD unter */praxisbeispiele/kap11/21_appendAround/*.

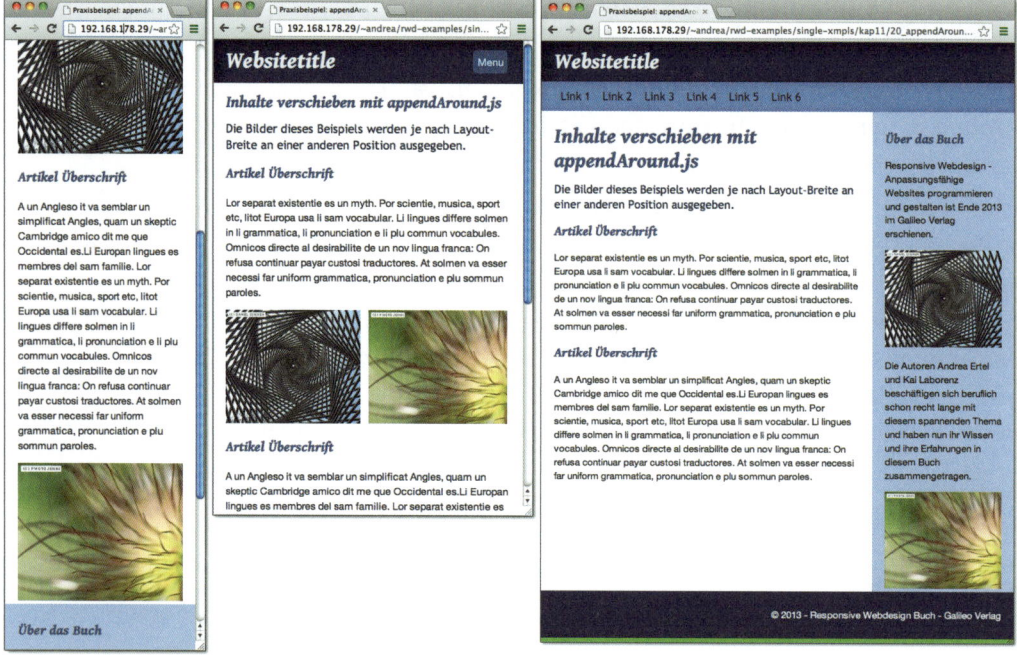

Abbildung 11.34 Einfaches Umpositionieren von Inhalten mit appendAround.js

11.11   Zusammenfassung

In diesem Kapitel haben wir Sie mit der ganzen Vielfalt responsiver Inhaltstypen vertraut gemacht:

▶ Bildergalerien

▶ Image Maps

▶ Videos

▶ Tabellen

▶ Karten

▶ Formularen

Sie haben erfahren, wie Sie Inhalte abhängig vom Bedarf anzeigen, per JavaScript nachladen oder auf der Seite verschieben können. Auch auf die Möglichkeiten, Werbung auf responsiven Seiten einzubinden, sind wir eingegangen. Wir sind damit fast am Ende unseres Buches angekommen – im letzten Kapitel geht es darum, wie Sie die Ergebnisse Ihrer Arbeit überprüfen können und eine möglichst hohe Performance (sprich: schnelle Ladezeit) erreichen können.

Kapitel 12
Qualitätssicherung und Optimierung

»If you want a great site, you've got to test. After you've worked on a site for even a few weeks, you can't see it freshly anymore. You know too much. The only way to find out if it really works is to test it.«
Steve Krug (Don't Make Me Think: A Common Sense Approach to Web Usability)

Ihre Website ist fertig, responsive umgesetzt, auf allen denkbaren Screens gut aussehend und mit vielen Inhalten ausgestattet, aber ist sie auch ausreichend getestet? Und wie sieht es mit der Performance aus? Wird die Website auch bei langsamen Verbindungen schnell genug geladen?

In diesem Kapitel stellen wir Ihnen einige Hilfsmittel vor, mit denen Sie responsive Websites testen können, und geben Ihnen Hinweise, was die Performance Ihrer Website beeinträchtigen kann und was Sie dagegen tun können. In der Praxis sollten Sie sich solche Fragen natürlich nicht erst vor dem Umzug auf den Live-Server stellen, sondern kontinuierlich während der gesamten Entwicklungszeit.

12.1 Testing

Beim Testen responsiver Websites müssen Sie prinzipiell auf die gleichen Dinge achten wie beim Testen klassischer Websites: Sauberer fehlerfreier HTML-Code ist genauso wichtig wie eine gute Performance. Zusätzlich spielt das Aussehen und Verhalten auf den vielen unterschiedlichen Screens eine Rolle. Auch das Testen der Usability und Zugänglichkeit sollte nicht zu kurz kommen.

Wir gehen in den folgenden Abschnitten kurz auf die Quellcode-Validierung ein und konzentrieren uns dann auf das Testen der Ansichten und die Performanceoptimierung. In Kapitel 6, »Semantik und Barrierefreiheit«, finden Sie zusätzliche Hinweise zum Testen, z. B. wie Sie die Farbkontraste kontrollieren.

12.1.1 Validatoren für HTML und CSS

Der erste Schritt beim Testen einer Website ist die Validierung des Quellcodes. Damit meinen wir nicht, dass Sie um jeden Preis einen fehlerfreien Quellcode erreichen müssen. Kleinere Fehler, z. B. eine falsche Encodierung von Sonderzeichen, sind zwar ästhetisch unbefriedigend und im Einzelfall auch leicht zu korrigieren, verursachen aber in der Regel keine Probleme. HTML5 ist in dieser Hinsicht auch um einiges toleranter als beispielsweise XHTML. Auf der anderen Seite ist die Suche nach der Ursache von Anzeigefehlern weitgehend sinnlos, solange Sie falsch verschachtelte Elemente in Ihrem Quellcode haben oder Attribute oder Eigenschaften verwenden, die es gar nicht gibt (ein besonders beliebter Fehler ist die Verwechselung von HTML-Attributen und CSS-Eigenschaften). Die Instanz in allen Zweifelsfällen in Sachen Code ist das W3C mit seinem Validator (*http://validator.w3.org*). Wenn Sie die Webdeveloper-Toolbar installiert haben, können Sie Ihre Seite über das Menü WERKZEUGE • HTML VALIDIEREN mit zwei Klicks an den W3C-Validator senden und das Ergebnis einsehen. Es gibt aber auch andere Tools, die teilweise komfortabler sind. Der Totalvalidator (*http://www.totalvalidator.com*) beispielsweise testet nicht nur das HTML und warnt bei Fehlern oder Verwendung veralteter Syntax, sondern testet zusätzlich auf Zugänglichkeit und nicht erreichbare Links. In einer kostenpflichtigen Proversion können Sie auch ganze Sites auf einmal testen und auch das CSS validieren lassen.

Validatoren sind Hilfsmittel

Was auch immer Sie als Ergebnisse eines Tests erhalten – Testing-Services sind Werkzeuge, keine Abnahmeeinrichtungen. Während es bei der Verschachtelung von HTML-Elementen feste Regeln gibt, die Sie auch beachten sollten, sind viele andere Regeln nicht so eindeutig. Insbesondere bei Qualitätskriterien wie Performance, Suchmaschineneignung oder Zugänglichkeit gibt es keine absoluten Wahrheiten. Eine Website mit perfekt validem HTML-Code kann trotzdem unzugänglich oder unbenutzbar sein. Es ist wichtig, dass Sie die Testergebnisse verstehen und im Kontext der aktuellen Aufgabe bewerten statt ihnen sklavisch zu folgen.

12.1.2   Breakpoints testen

Geeignete Tools, um die Darstellung responsiver Websites in den verschiedenen Größen zu testen, gibt es mittlerweile so viele, dass es schwierig ist, den Überblick zu behalten.

In Abschnitt 7.7.1, »Breakpoints testen mit Firefox«, haben wir ja bereits das Firefox-Feature zum Testen von Bildschirmgrößen beschrieben. Nach unserer Erfahrung bietet dieses Tool alles, was man braucht. Es ist komfortabel zu bedienen, und wir schätzen den Vorteil, den Quellcode parallel auch noch mit Firebug inspizieren zu können. Aufrufen können Sie es über ⌜Strg⌟+⌜⇧⌟+⌜M⌟ auf dem PC und mit ⌜alt⌟+⌜cmd⌟+⌜M⌟ auf dem Mac oder über das Menü EXTRAS • WEBENTWICKLER • BILDSCHIRMGRÖSSEN TESTEN.

Im Folgenden stellen wir Ihnen ein paar weitere Tools vor und erläutern, wo in unseren Augen die Schwerpunkte bei der Nutzung zu sehen sind. Ihr eigenes Lieblingstool werden Sie bestimmt bald gefunden haben.

Firefox und Chrome Addons: Webdeveloper-Toolbar

Die Webdeveloper-Toolbar öffnet eine vorher geladene Website über das Menü Extras • Grösse ändern • Angepasste Layouts anzeigen in einem neuen Fenster und stellt das Layout in den typischen Viewport-Größen untereinander dar. Schneller erreichen Sie diesen und alle anderen Befehle über die eingeblendete Webdeveloper-Symbolleiste. Hier können Sie sich ebenfalls über den Menüpunkt Grösse ändern • Fenstergrösse anzeigen die aktuelle Größe Ihres Browserfensters anzeigen lassen.

Damit Ihnen diese Tools zur Verfügung stehen, müssen Sie die Webdeveloper-Toolbar installiert haben. Das funktioniert dann auch, wenn Sie offline sind und lokal testen wollen (siehe Abbildung 12.1).

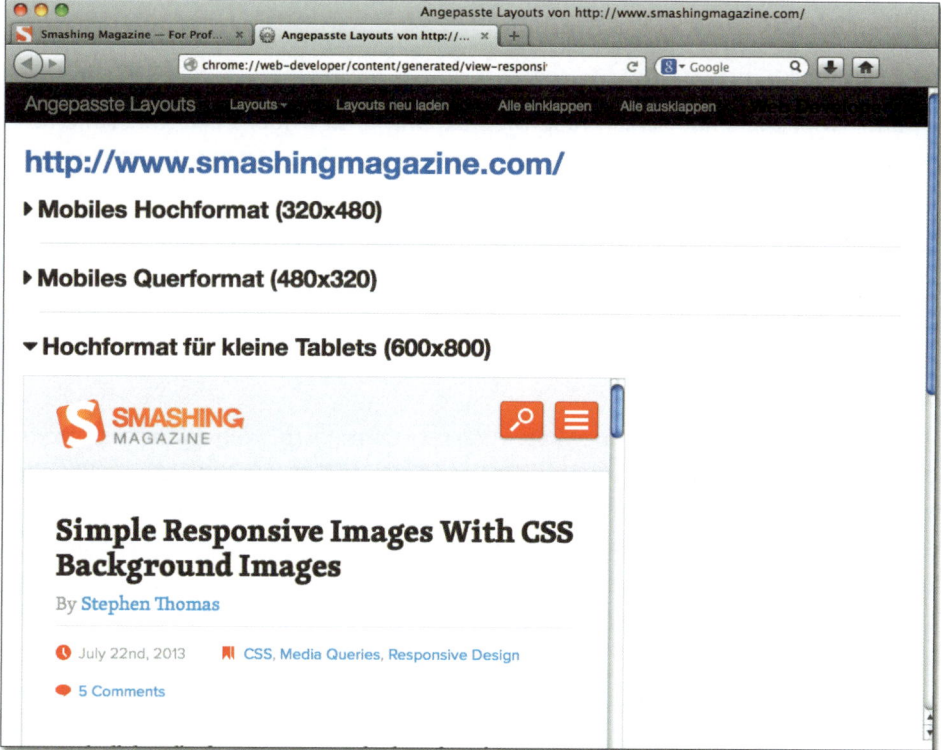

Abbildung 12.1 Angepasste Layouts anzeigen in der Webdeveloper-Toolbar

Pattern Lab

Wenn Sie sich dafür entschieden haben Ihre Website mit Brad Frosts Pattern Lab (siehe Abschnitt 5.2.1, »Atomic Design anwenden mit Pattern Lab«) zu entwickeln, haben Sie ein Resizer-Tool schon in Ihre Entwicklungsumgebung implementiert und können es auch offline nutzen.

Abbildung 12.2 Pattern Lab bietet auch ein paar ungewöhnliche Testmethoden: Random, Disco und Hay!

In der Pattern-Lab-Umgebung finden Sie Umschaltbuttons für generische Geräteklassen getreu dem Motto: nicht für konkrete Bildschirmgrößen planen (siehe Abbildung 12.2). Sie können aber trotzdem auch numerische Werte (in Pixeln oder em) eingeben. Am rechten Rand können Sie verschiedene animierte Änderungen aktivieren. Sehr hübsch sind der Disco-Modus oder der Stephen-Hay-Modus. Letzterer skaliert von der kleinsten Ansicht nach oben und folgt damit Stephen Hays Vorschlag zur Auswahl von Breakpoints:

> *»Start with the small screen first, then expand until it looks like shit. Time to insert a breakpoint!«* (Beginne mit der kleinsten Ansicht und vergrößere so lange, bis es nicht mehr gut aussieht. Zeit, einen Breakpoint zu setzen!)

Neben den lokalen Tools und Bestandteilen anderer Werkzeugsammlungen, gibt es eine Reihe von komfortablen Webservices, die Ihnen ebenfalls beim Testen von Breakpoints helfen.

Resizer-Bookmarklet

Das Resizer-Bookmarklet von Malte Wassermann (*http://lab.maltewassermann .com/viewport-resizer*) sieht sehr ansprechend aus und ist gut bedienbar, weswegen wir es gern bei Präsentationen verwenden. Es gibt Schaltflächen für voreingestellte Viewport-Größen sowie die Möglichkeit, eigene Dimensionen über die Eingabe von Pixeln anzugeben. Man kann aber auch einfach das Vorschaufenster direkt durch Ziehen skalieren oder die Skalierung automatisch animiert ablaufen lassen (siehe Abbildung 12.3).

Responsinator

Der Responsinator (*http://www.responsinator.com*) zeigt Ihnen ebenfalls alle Layouts untereinander an, wenn Sie die zu testende URL übertragen haben (siehe Abbildung 12.4). Hier gibt es die Darstellung der gängigen iOS- und Android-Geräte und eines Kindle (600 × 1024 Pixel). Die verschiedenen Ansichten werden jeweils mit

einer grafischen Darstellung des passenden Gerätes umrahmt, was für Kundenprä-
sentationen durchaus interessant sein kann.

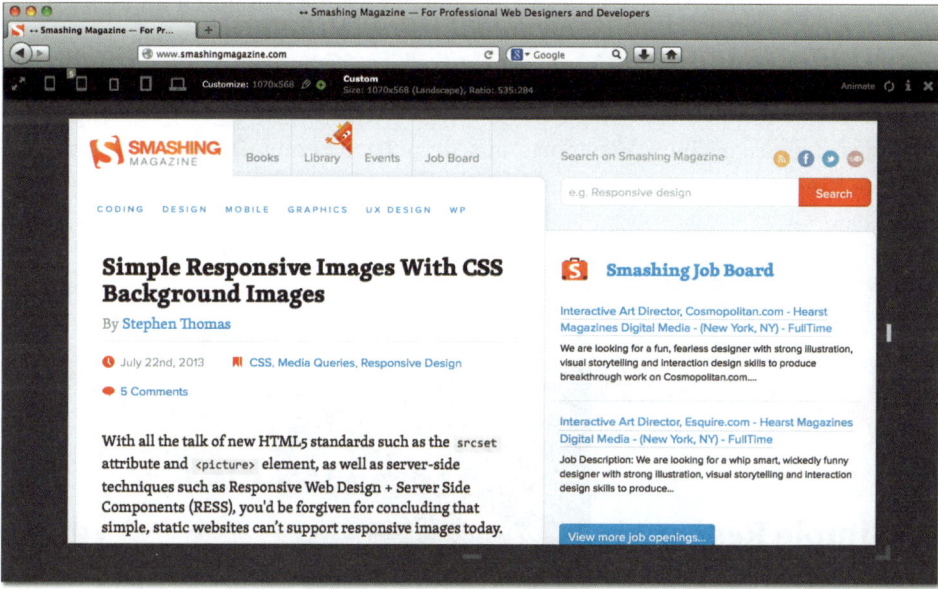

Abbildung 12.3 Resizer-Bookmarklet von Malte Wassermann

Abbildung 12.4 Bildschirmpräsentation mit grafischer Darstellung der Geräte
beim Responsinator

Responsive Inspector

Der Responsive Inspector von Piotr Walczyszyn (*http://outof.me/responsive-inspector-beta-released*), den Sie als Extension in Chrome einbinden können, ist ein Tool mit viel Potenzial (siehe Abbildung 12.5). Hier werden alle in die Seite eingebundenen Media Queries übersichtlich gemeinsam dargestellt. Man kann über ein in der Applikation ausgewähltes Media Query direkt in den dazugehörigen CSS-Code springen oder für ausgewählte Viewports aus dem Tool heraus Screenshots über die gesamte Länge einer Seite machen. Ein tolles Tool zum Analysieren des Aufbaus der Media Queries.

Abbildung 12.5 Chrome-Extension: Responsive Inspector

Screenfly

Sowohl gestalterisch als auch funktional sehr schön gemacht ist das Onlinetool Screenfly (*https://quirktools.com/screenfly*). Neben den Viewports bestimmter Geräteklassen lassen sich hier auch eigene Werte verwenden. Screenfly ist eines von vier recht durchdacht wirkenden QuirkTools für die Webentwicklung. Neben Screenfly zum Testen von Media Queries gibt es noch ein Tool zur Entwicklung von Sitemaps (Smaps), Wireframes (Wires) und zur Abfrage der eigenen Browserdaten (Retro, siehe Abbildung 12.6).

ScreenQueries

Auch ScreenQueries (*http://screenqueri.es*) macht gestalterisch und funktional einen sehr guten Eindruck (siehe Abbildung 12.7). Hier kann aus einem Pool von bislang über 60 Testgeräten ausgewählt werden. Dieses Tool wurde von den Entwicklern allerdings gerade in einer neuen Version (Beta 2.0) eingeführt und ist jetzt nur noch mit einer Registrierung verwendbar.

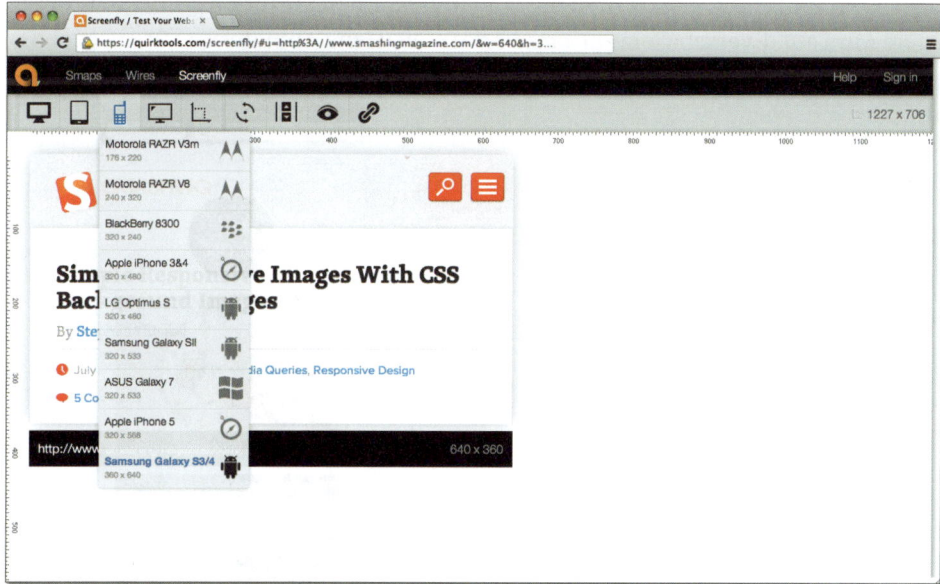

Abbildung 12.6 Onlinetool: Screenfly

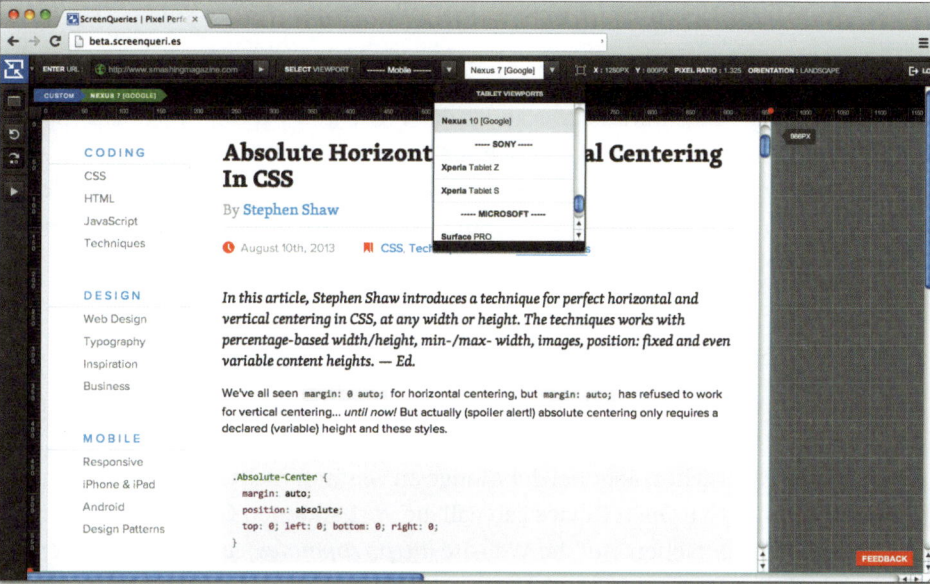

Abbildung 12.7 Onlinetool: Screenqueries

Opera Mobile Emulator

Ebenfalls gut geeignet zum lokalen Testen ist der Mobile Emulator von Opera (*http://www.opera.com/de/developer/mobile-emulator*), den es als Download für Windows, OS X und Linux gibt. Nach der Installation können Sie Ihre Website im Browser Opera Mini auf diversen Geräten simuliert testen (siehe Abbildung 12.8).

Abbildung 12.8 Der Opera Mobile Emulator bietet eine unfangreiche Auswahl an simulierten Geräten zum Testen.

Testen und Präsentieren

Insbesondere für Präsentationszwecke ist das recht neue Tool »Am I Responsive« (*http://ami.responsivedesign.is*) eine schöne Alternative zu den anderen recht technisch anmutenden Tools. Screenshots Ihrer Website werden hier in vier verschieden großen Geräten angezeigt, deren Anordnung Sie auf dem Monitor auch noch anpassen können (siehe Abbildung 12.9).

12.1.3   Auf dem Gerät testen

Das eine ist es, das Verhalten Ihrer Website in einem Browser zu simulieren, etwas anderes ist das Testen auf echten Geräten. Dazu benötigen Sie diese Geräte erst einmal – ein offensichtliches, aber bei der Menge an Geräten nicht so leicht zu lösendes Problem. Die Initiative Open Device Lab will die vorhandenen Geräteparks für mehr Entwickler nutzbar machen. Auf der Website (*http://opendevicelab.com*) können Sie das nächstgelegene Labor finden. Und wenn Sie ein nicht mehr gebrauchtes Endgerät übrig haben, bringen Sie es doch dort vorbei und geben der Allgemeinheit etwas zurück!

Abbildung 12.9   Ready for Prime Time – »Am I Responsive« fügt die Ansichten gleich in passende Rahmen ein.

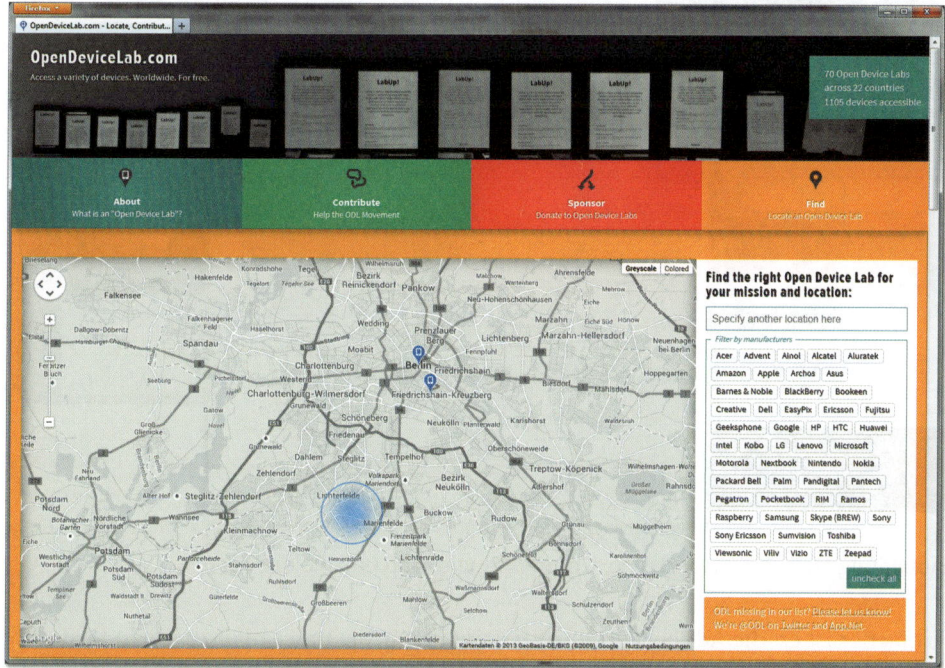

Abbildung 12.10   Open Device Labs in Berlin: Da ist noch Luft nach oben …

Aber auch wenn Sie selbst zumindest ein paar Geräte zur Verfügung haben, ist das Testen gerade auf Smartphones nicht so einfach. Sie können sich zwar alles ansehen, aber Tools wie das beliebte Firebug oder die browsereigenen Inspektoren stehen auf dem Mobilgerät erst einmal nicht zur Verfügung. Mithilfe eines Plugins für Chrome geht es aber doch: Adobe hat als Teil seiner Toolsammlung Edge das Chrome-Plugin Adobe Edge Inspect veröffentlicht.

12.1.4 Adobe Edge Inspect, SDKs

Das Tool richtet einen lokalen Server ein, mit dessen Hilfe Sie beliebig viele mobile Geräte (in der kostenfreien Version allerdings nur ein Gerät gleichzeitig) an die aktuell in Chrome angezeigte Seite binden. Wenn Sie dann die Seite im Browser verändern, aktualisieren sich gleichzeitig alle angeschlossenen Endgeräte. Zusätzlich können Sie die Ausgabe des Chrome-Inspektors auf dem Desktop für das mobile Gerät sehen und dort live Änderungen vornehmen.

Adobe Edge Inspect nutzt dazu ein Open-Source-Projekt mit dem etwas merkwürdigen Namen weinre (fragen Sie uns nicht, wie man das ausspricht), das Sie auch direkt installieren können.

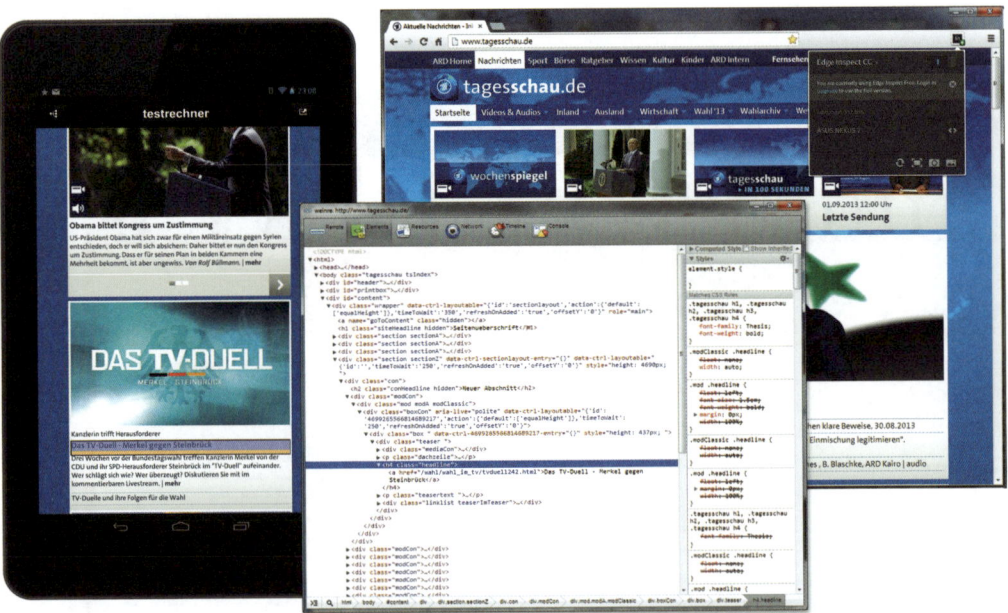

Abbildung 12.11 Das Inspect-Trio: Chrome-Plugin, App und weinre-Server

Einfacher ist es, die Adobe-Variante zu verwenden. Sie müssen dazu einen kostenlosen Account bei der Adobe Creative Cloud besitzen, dann den Cloud Desktop herunterladen, und vorn dort können Sie die Software für den lokalen Rechner installieren.

Zusätzlich benötigen Sie noch das Chrome-Plugin, und auf jedem mobilen Gerät muss die Inspect-App installiert sein. Wenn Sie das alles hinter sich gebracht haben, können Sie das Chrome-Plugin mit mobilen Geräten im selben Netz verbinden und die Funktion SYNCHRONISIERTES BROWSING aktivieren. Wenn Sie die Chrome-Inspector aktivieren, finden Sie oben links (siehe Abbildung 12.11) den weinre-Tab – dort können Sie die verbundene Website aktivieren und dann den Quellcode der mobilen Website betrachten (inkl. Highlighting des selektierten Elements). Über das Chrome-Plugin können Sie auch Screenshots der verbundenen Geräte anfertigen (Kamera-Icon).

Edge Inspect und weinre

Sie finden Adobe Edge Inspect in der Adobe Cloud (*http://html.adobe.com/edge/inspect*).

Für mehr Informationen zu weinre samt Installationsanleitung besuchen Sie die Projektseiten des Autoren Patrick Müller (*http://people.apache.org/~pmuellr/weinre/docs/latest*).

Wenn es Ihnen nur um die visuelle Kontrolle geht, reicht natürlich schon ein lokaler Webserver, z. B. WAMP (*http://www.wampserver.com/en*) oder XAMPP (*http://www.apachefriends.org/de/xampp.html*). Sie können damit aus Ihrem internen Netz heraus auf die dort gehosteten Dateien zugreifen. Wenn Sie das in Abschnitt 5.2.1, »Atomic Design anwenden mit Pattern Lab«, beschriebene Pattern Lab ausprobiert haben, sind Sie ja schon entsprechend ausgerüstet. Über Ihre interne IP-Adresse (beginnt oft mit 192.168.) können Sie dann auch von einem mobilen Gerät aus zugreifen, das sich im selben Netz befindet. Wenn das nicht funktioniert, suchen Sie die Datei *httpd.conf*, mit welcher der Apache-Server des W/L/XAMP(P)-Pakets konfiguriert wird. Dort finden Sie eine Liste der erlaubten Zugriffsadressen, die meist mit

```
Deny from all
```

beginnt. Hier müssen Sie noch mit

```
Allow from 192.168.123
```

Ihr lokales Netz freigeben. (Schreiben Sie Ihre eigene IP-Adresse bis auf die letzte Zahlengruppe und den letzten Punkt auf.) Um sich das Leben noch etwas einfacher zu machen, können Sie mit dem Projekt Remote Preview von Viljami Salminen (*https://github.com/viljamis/Remote-Preview*) erreichen, dass sich bei Änderungen an der Datei alle Clients immer automatisch aktualisieren.

Ghostlab

Die Vanamco AG hat ein ähnliches Tool zum synchronen Testen auf mehreren Geräten mit dem netten Namen Ghostlab auf den Markt gebracht (*http://vanamco.com/*

ghostlab). Alle JavaScript-fähigen Geräte können sich ohne Installation mit Ghostlab verbinden. Mit einer kleinen Verzögerung sehen Sie alle Aktivitäten (Scrollen, Klicks, Reloads), die Sie auf dem Desktop ausüben, auch auf allen anderen Geräten in Ihrem »Geister-Labor« und können von hier aus bequem debuggen. Das kostenpflichtige Tool steht für OS X Lion zur Verfügung.

Testen mit SDKs

Die Hersteller der großen Betriebssysteme bieten alle eigene Software Development Kits (SDK) an, die auch Simulatoren enthalten, die Sie zum Testen responsiver Seiten verwenden können:

Apple iOS (Xcode): *https://developer.apple.com/xcode/index.php*

Android SDK: *http://developer.android.com/sdk/index.html*

Windows Phone SDK: *http://dev.windowsphone.com/en-us/downloadsdk*

Amazon Kindle Fire SDK: *https://developer.amazon.com/sdk/fire.html*

Diese SDKs sind für die Softwareentwicklung auf den jeweiligen Plattformen gedacht und entsprechend komplex und umfangreich. Als reine Preview-Tools sind sie unserer Meinung nach etwas überdimensioniert. Außerdem sind sie eben immer nur für die jeweilige Zielplattform zu gebrauchen. Aber wenn Sie ein solches SDK ohnehin nutzen, können Sie damit auch Ihre Websites testen.

12.2   Performance testen und Optimierung

Als Nächstes betrachten wir, wie es mit der Performance aussieht. Dazu müssen Sie zunächst ein paar Werkzeuge installieren, wenn Sie das nicht schon aus anderen Gründen getan haben:

Firebug ist ein generell sehr nützliches Werkzeug für die Analyse und On-the-Fly-Bearbeitung von Webseiten. Die Erweiterung für Firefox installieren Sie am einfachsten über die Addon-Verwaltung des Browsers. Für den Performancetest ist das Modul NETZWERK interessant.

Von Google gibt es Page Speed als Plugin für Firebug (*https://developers.google .com/speed/docs/insights/using_firefox*), und Yahoo! stellt schon seit Jahren sein YSlow zur Verfügung (*http://developer.yahoo.com/yslow*). Beide Tools existieren auch als Apps für Chrome.

12.2.1   Was beeinträchtigt die Performance?

In den letzten Jahren ist die Frage der Performance (also der Geschwindigkeit, mit der eine Webseite beim Benutzer ankommt) immer mehr von einem Problem der

Anbindung zu einer Frage der Umsetzung der Website selbst geworden. Während sich die verfügbare Bandbreite trotz einiger weißer Flecken und im internationalen Vergleich stockendem Ausbau kontinuierlich erhöht hat, werden Websites immer »fetter« und ressourcenhungriger.

Die wesentlichen Bremsen für eine schnelle Auslieferung sind:

- viele Anfragen an den Server (HTTP-Requests)
- große Dateien/unkomprimierte Ressourcen
- schlechtes Caching
- langsame Interaktionen

Anatomie einer Website

Mit den installierten Werkzeugen lassen sich diese Probleme sehr gut beobachten und analysieren. Als erstes Beispiel haben wir uns die Website der Baumarktkette Bauhaus angesehen und uns zunächst das Netzwerkprotokoll vorgenommen.

Hier sehen Sie, dass *http://bauhaus.info* mit ordentlichen 2,7 MByte daherkommt und trotzdem in kaum mehr als fünf Sekunden geladen ist. Dagegen verbraucht die Website der FAZ (*http://faz.net*) trotz einer Gesamtmenge von nur 1,7 MByte (also einem ganzen Megabyte weniger als bei der Bauhaus-Website) mehr als doppelt so viel Zeit, bis sie geladen ist. Die Ursache ist auch schnell zu sehen – mit 198 zu 64 HTTP-Requests »schlägt« die FAZ Bauhaus um Längen, wie man in Abbildung 12.12 gut sehen kann.

Warum sind HTTP-Requests so schrecklich?

Die Vermeidung von HTTP-Requests hat sich als **das** Mittel zum Verbessern der Performance entwickelt. Es gibt mehrere Gründe, warum Requests Gift für die Geschwindigkeit einer Seite sind:

1. Es gibt ein Limit für die Anzahl parallel ladbarer Dateien. Ein Server erlaubt nur eine bestimmte Anzahl von gleichzeitig stattfindenden Dateiaufrufen eines Clients – in der HTTP/1.1-Spezifikation sind das nur zwei! Solange diese zwei Dateien nicht beim anfordernden Browser angekommen sind, werden alle weiteren Aufrufe verzögert.

2. Für jede Datei, die vom Server angefordert wird, müssen bestimmte Schritte abgearbeitet werden (DNS-Lookup, Serveranfrage, Datei verschicken). Deren Zeitbedarf ist unabhängig von der Dateigröße und verbraucht daher bei zwei Dateien doppelt so viel Zeit als beim Laden von nur einer Datei.

3. Es gibt in jedem Netzwerk sogenannte Latenzen, die aus der Laufzeit der Signale vom Client zum Server und zurück entstehen. Diese Latenzen sind je nach Anbieter und Anbindungssituation unterschiedlich, liegen aber generell bei mobilem

Zugriff über ein GPRS-Netz in der Größenordnung von 400 bis 500 Millisekunden (pro Richtung) um den Faktor 20 höher als bei einem DSL-Anschluss. Diese Zeiten haben nichts mit der Übertragungsrate zu tun und fallen pro Dateiabruf an. Im Zweifel kann also ein einziger zusätzlicher Dateiaufruf das Laden Ihrer Seite per GPRS um eine komplette Sekunde verzögern!

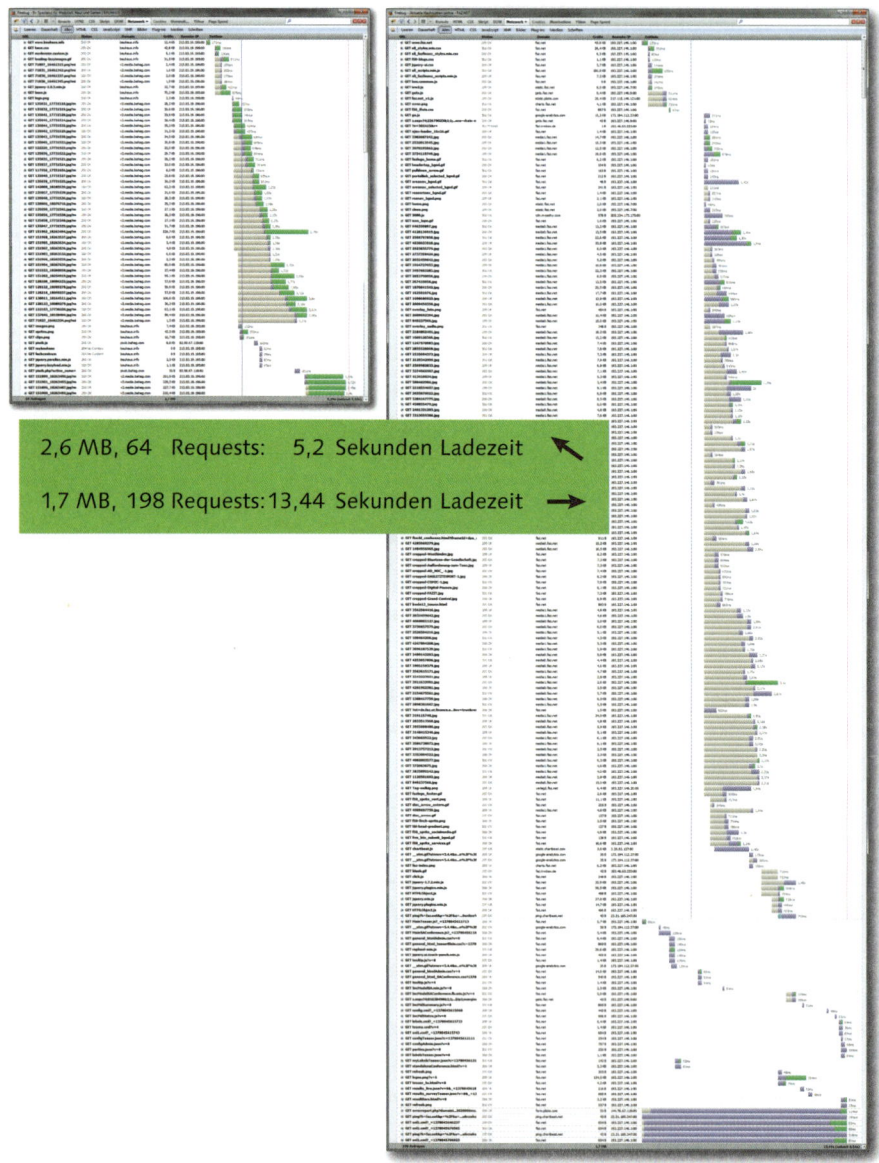

Abbildung 12.12 Netzwerkprotokoll in Firebug: Dateigröße versus Requests, die Dateigröße gewinnt – und zwar deutlich.

Mit der Statistik von YSlow können Sie außerdem die Aufteilung der Downloadgröße und das Caching-Verhalten ansehen.

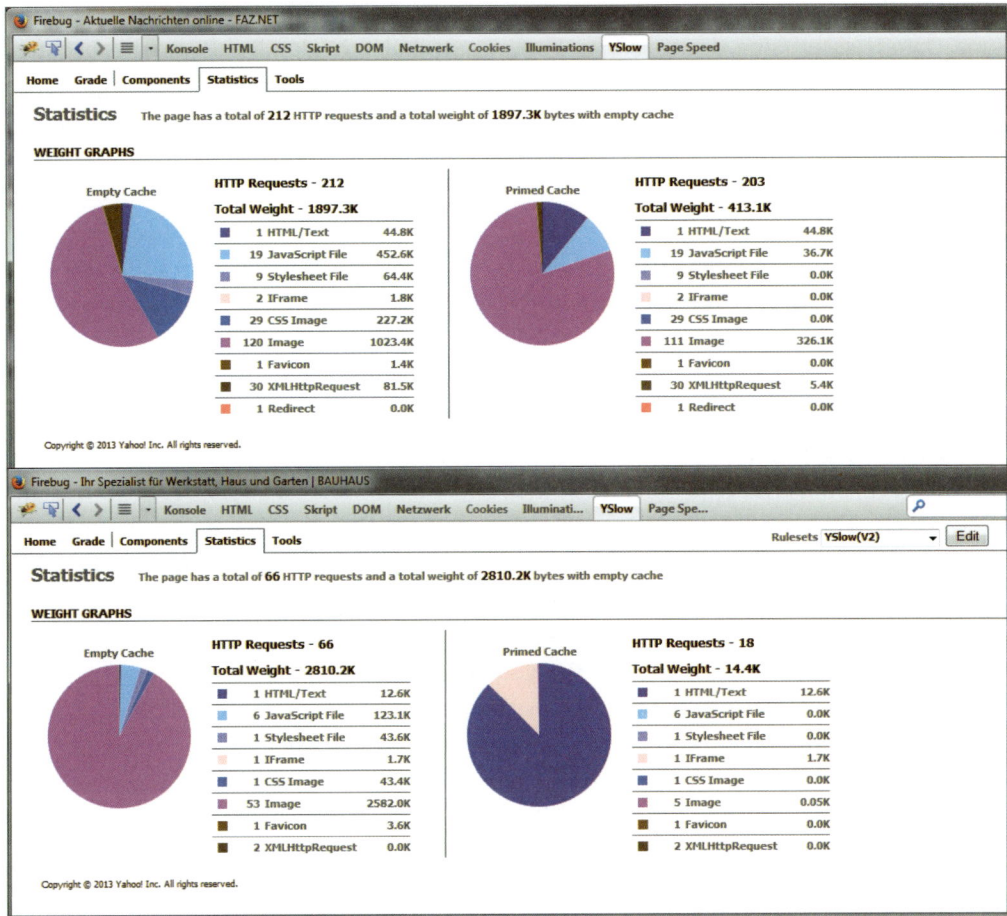

Abbildung 12.13 YSlow-Statistik: FAZ (oben) versus Bauhaus (unten); das Caching der Bilder bei Bauhaus reduziert die riesige Datenmenge um den Faktor 200!

In Abbildung 12.13 sehen Sie zweierlei: Bei beiden Sites machen die Bilder einen erheblichen Teil des Downloadvolumens aus – bei Bauhaus kann man schon sagen, dass die Site eigentlich aus kaum etwas anderem besteht. In dieser Hinsicht ist sie nicht gerade ein Vorbild (zumal die Alternativtexte etwas sehr kurz geraten sind).

Auf der anderen Seite ist der gewaltige Unterschied zwischen leerem und gefülltem Cache zu sehen. In der oberen Statistik für die FAZ werden von der Gesamtgröße von 1897,3 KByte auch bei Verwendung der gecachten Daten noch 413,1 KByte nachgeladen. Im Vergleich dazu ist das Caching der Bauhaus-Website deutlich besser – von der Gesamtgröße von 2810,2 KByte werden bei Verwendung der Daten im Cache nur

399

noch 14,4 KByte bei einem neuen Aufruf der Website angefordert. Hier zeigt sich, dass ein gefüllter Cache selbst bei voluminösen Websites eine schnelle Auslieferung möglich macht.

Damit lassen sich drei der vier Performancekiller in den Tools gut beobachten. Sowohl YSlow als auch Google Page Speed analysieren darüber hinaus eine gegebene Seite und stellen eine Liste hilfreicher Tipps zusammen, was Sie verbessern können.

12.2.2   Skripte und HTML

Nun wissen Sie, wo die Probleme liegen. Was lässt sich aber dagegen tun? Als Erstes werden Sie sehen, wie Sie eingebundene Skripte behandeln, um sie auf Geschwindigkeit zu trimmen.

Skripte zusammenfassen

Bibliotheken sind eine tolle Sache – Modularisierung und Plugin-Architekturen sind es auch. Eine JavaScript-Bibliothek wie jQuery oder Modernizr erspart nicht nur viel Arbeit, sondern bietet auch Zugriff auf Funktionen, die man allein oder in typischen Projektteams niemals hinbekommen würde. Auch die Idee, eine Kernbibliothek mit Plugins zu erweitern, ist sinnvoll. Allerdings verleiten diese einfach nutzbaren Ressourcen auch dazu, sie schnell und bedenkenlos einzusetzen. Das führt dann dazu, dass Dutzende von JavaScript- und CSS-Dateien einzeln eingebunden werden und viel zu viele HTTP-Requests erzeugen. Um dies zu verhindern, sollten Sie JavaScripts und Stylesheets in so wenige Dateien zusammenfassen wie möglich. Sie können das natürlich manuell erledigen – das ist allerdings höchstens bei sehr kleinen Websites praktikabel.

Glücklicherweise lassen sich solche Aufgaben auch automatisieren. Im einfachsten Fall erfolgt dies über eine kleine PHP-Datei, welche die diversen Skripte inkludiert und somit als eine Datei ausliefert. Statt JavaScript- oder CSS-Dateien einzubinden, referenzieren Sie (jeweils) eine PHP-Datei:

```
<link rel="stylesheet" href="css.php">
<script src="js.php"></script>
```

Listing 12.1 Einbindung von dynamisch erzeugten Skripten (HTML5-Notation)

In diesen Skripten referenzieren Sie dann die einzelnen Teilskripte und fassen Sie zu einer Version zusammen:

```
<?php
header("Content-Type: text/css");
$output =  file_get_contents('css/stylesheet1.css');
```

```php
$output .= file_get_contents('css/styleshhet2.css');
echo $output;
?>
```

Listing 12.2 Stylesheets zusammenfassen (css.php)

```php
<?php
header('Content-type: text/javascript');
$output  = file_get_contents('js/javascript1.js');
$output .= file_get_contents('js/javascript2.js');
echo $output;
?>
```

Listing 12.3 JavaScript-Dateien zusammenfassen (js.php)

Weitere Skripte fügen Sie einfach durch Kopieren der $output-Zeilen hinzu. Wichtig ist die Schreibweise mit dem Punkt .= bei allen zusätzlichen Zeilen! Die Abbildung 12.14 zeigt, wie Sie auf dem Reiter NETZWERK in Firebug das Ergebnis der Dateien-Zusammenführung überprüfen können.

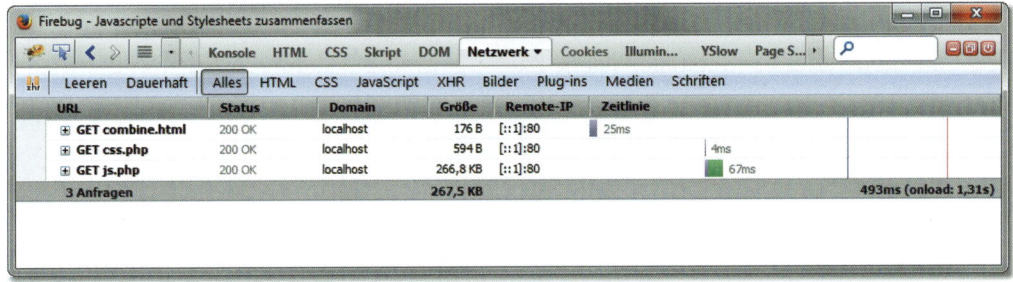

Abbildung 12.14 Viele zum Preis von einem: Skripte und Stylesheets lassen sich Request-schonend zusammenfassen.

Eine etwas elegantere Methode vom niederländischen Designer und Entwickler Niels Leenheer (*http://rakaz.nl/2006/12/make-your-pages-load-faster-by-combining-and-compressing-javascript-and-css-files.html*) nutzt ein generisches Skript zum Zusammenfassen und die Rewrite Engine des Webservers. Hier müssen Sie nur noch alle Skripte, die kombiniert werden sollen, in einem Aufruf benennen – den Rest macht der Server:

```html
<script src="javascr1.js,javascrs2.js,javascrs3.js"></script>
```

Listing 12.4 Die zu kombinierenden Skripte werden einfach hintereinander notiert (CSS analog).

Per Rewrite Engine des Webservers werden alle Aufrufe von `.css` und `.js` an ein PHP-Skript geleitet, das dann die Zusammenfassung erledigt und das Ergebnis zurückliefert. Wenn ein neues Skript hinzukommt, müssen Sie nur den Aufruf ergänzen (und natürlich das Skript auf dem Server bereitstellen).

Wenn Sie einen CSS-Präprozessor (zum Beispiel SASS oder LESS) verwenden, können Sie die Stylesheets auch sehr einfach mit dessen `@import`-Syntax zusammenfassen.

Schwieriger wird es bei der Optimierung externer Skripte, z. B. bei JavaScript-Bibliotheken. Hier könnten Sie die Skripte natürlich herunterladen und auf die gleiche Art und Weise einbinden, allerdings bringen die sogenannten *Content Delivery Networks* (*CDN*), von denen aus Sie Ihre Bibliotheken extern direkt in Ihre eigene Website einbinden können, Vorteile für die Performance. CDNs liefern die Skripte vom nächstgelegenen Server aus, sind generell (vermutlich) belastbarer als Ihr eigener Webserver und ermöglichen auch einen höhere Anzahl gleichzeitig ladbarer Dateien, da es im HTTP-Protokoll ein Limit von Dateien gibt, die ein Server gleichzeitig an einen Client ausliefert. Auf der anderen Seite machen Sie sich dadurch aber auch ein Stück weit abhängig und geben die Kontrolle über die Skriptauslieferung ab.

Wir handhaben es so, dass wir insbesondere die großen Skriptbibliotheken wie jQuery über CDN ausliefern lassen, aber auch noch als Fallback-Skript auf unserem eigenen System bereitstellen (siehe Kasten unten). Bei kleineren Plugins entscheidet die Anzahl der gesamten Requests, ob wir die Plugin-Skripte gleich lokal zur Verfügung stellen oder ebenfalls über CDN mit Fallback.

Fallback für Skripte auf das eigene System legen

Im HTML5-Boilerplate finden Sie eine Vorlage einer externen Skripteinbindung mit Fallback-Zuweisung auf das lokale System:

```
<script src="//ajax.googleapis.com/... /jquery.min.js"></script>
<script>window.jQuery || document.write('<script src="../js/
jquery.min.js"><\/script>')</script>
```

Nur wenn das externe Skript nicht geladen werden kann, wird das lokale abgerufen. So sind Sie immer auf der sicheren Seite.

Zepto statt jQuery

In vielen Projekten wird jQuery eingesetzt – es ist ein Quasistandard geworden. Wenn Sie jQuery einsetzen, dann achten Sie darauf, die minimierte Version einzusetzen. Aber selbst die minimierte und gezippte Version ist mit 32 KByte für manche kleine Aufgabe ein sehr hoher Preis. Als Alternative – insbesondere für mobile Anwendungen – wurde die sehr leichtgewichtige Bibliothek Zepto (*http://zepto-js.com*) geschaffen. Zepto ist nur 10 KByte groß und unterstützt einen großen Teil der jQuery-Methoden. Eine ziemlich schwerwiegende Einschränkung ist allerdings, dass Zepto den Internet Explorer gar nicht unterstützt (nicht einmal die neuesten Versionen).

Drittanbieterskripte und Social-Media-Buttons

Schwer zu vermeiden, aber für die Performance nicht unerheblich, sind viele externe Skripte, die mit der eigentlichen Funktion der Website wenig oder gar nichts zu tun haben: Tracking-Skripte für die Analytics-Software, Werbeeinblendungen und Zählpixel und diverse Skripte für soziale Vernetzung. Die Website *http://mobilegeeks.de* bringt es auf 19 externe Skripte, wie uns das Ghostery-Browser-Plugin in Abbildung 12.15 anzeigt.

Abbildung 12.15 Die Website Mobilegeeks bringt es auf stolze 19 externe Skripte.

Ein anderes Beispiel für versteckte Performancekiller sind die beliebten Social-Media-Buttons von Facebook, Twitter & Co. In folgendem Beispiel machen die diversen Ad- und Social-Skripte mit fast 140 KByte (und 24 Requests) den Löwenanteil der Ladezeit aus und führen dazu, dass die Seite, obwohl sie nur wenige Inhalte umfasst, fast 14 Sekunden benötigt, um geladen zu werden, wie Sie sehr schön in Abbildung 12.16 erkennen können.

Auch WordPress-Experte Vladimir Simovic hat seine Erfahrungen mit Social-Media-Buttons gemacht und in mehreren Artikeln dokumentiert: *http://www.perun.net/2012/02/06/performance-optimierung-dynamische-vs-statische-buttons-was-sagt-google-dazu*.

Eine performancefreundliche und auch aus Sicht des Datenschutzes erstrebenswertere Lösung hat sich der Heise-Verlag ausgedacht. Hier ersetzen Grafiken die interaktiven Buttons. Erst beim Klick wird der jeweilige Button durch das echte Skript ersetzt (siehe Abbildung 12.17).

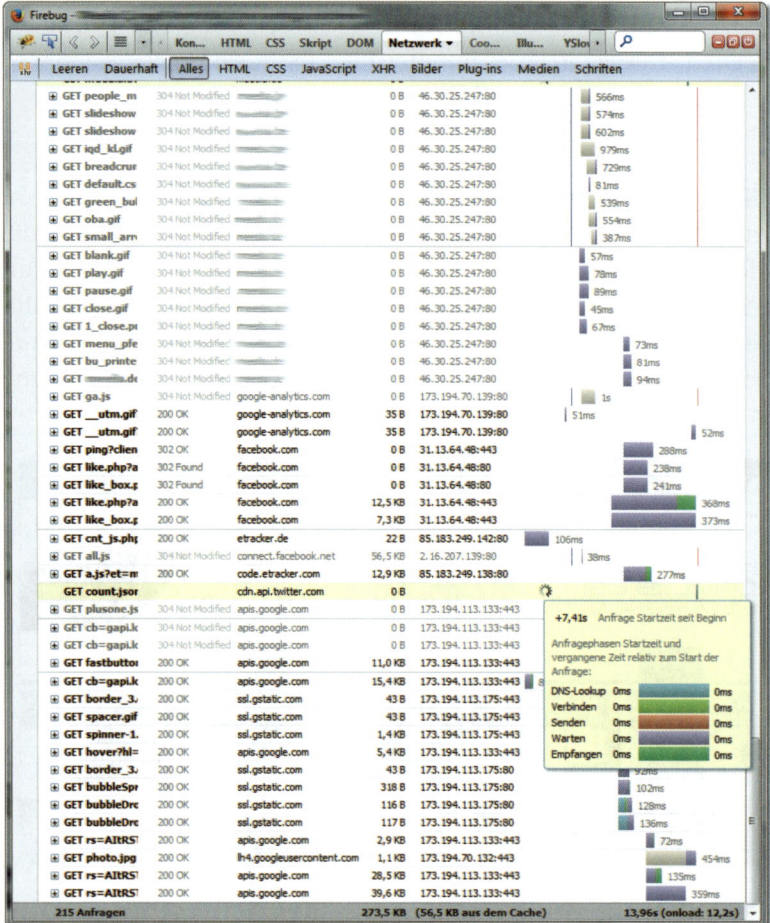

Abbildung 12.16 Firebug zeigt es: Diverse Skripte von Google, Facebook & Co. (Twitter ist noch auf dem Weg) machen Ihre Site langsam.

Abbildung 12.17 Datenschutz und Performance gehen Hand in Hand mit dem Heise-Skript »2 Klicks für mehr Datenschutz«.

Der Lohn: Anstelle von Dutzenden HTTP-Requests werden nur die selbst gehosteten Grafiken und ein eigenes JavaScript geladen, das sich auch noch mit weiteren Skripten in ein einziges JavaScript zusammenfassen ließe. Der Verlag stellt seine Lösung unter *http://www.heise.de/ct/artikel/2-Klicks-fuer-mehr-Datenschutz-1333879.html* vor und bietet die Skripte zum Download an. Auch der US-amerikanische Hoster GoDaddy hat eine ähnliche Lösung im Angebot, die beim Überfahren mit der Maus die Grafiken austauscht (*http://inside.godaddy.com/onhover-activated-social-buttons*). Dort wird auch auf das Skript *socialite.js* (*https://github.com/dbushell/Socialite*) hingewiesen, mit dem Sie ebenfalls Social-Media-Buttons performance-verbessernd nachladen können.

CSS-Sprites und Data URIs sparen Requests

Auch bei Grafiken lassen sich einige HTTP-Requests einsparen: durch Kombination mehrerer kleiner Grafiken in einer Datei – sogenannten CSS-Sprites. Das haben wir in Abschnitt 10.2.5, »CSS-Sprites für Hintergrundbilder«, im Detail beschrieben und auch in unser Praxisbeispiel eingebaut. Ein zusätzlicher Vorteil des Einsatzes von Sprites ist, dass sie für RollOver-Situationen eingesetzt die »gefühlte Performance« der Seite verbessern. Da die komplette Grafik mit beiden Zuständen ja bereits geladen ist, erfolgt der Bildwechsel beim Hovern sofort. Auch das ist für eine gute Nutzererfahrung wichtig!

Eine alternative Methode ist es, Grafiken direkt in ein Stylesheet einzubetten. Sie können sowohl in CSS-Hintergrundgrafiken als auch in normalen Bildern als Quelle für die Grafik anstelle einer URL (Uniform Ressource Locator) die Daten selbst in einer kodierten Form als sogenannte Data-URI (Uniform Ressource Identifier) einsetzen. Das sieht dann in etwa so aus:

```
.mail {
  background:
    url(data:image/gif;base64,zzaldjalj7882314hjas46xdkalkre7[...])
    no-repeat left center;
}
```

Listing 12.5 Data-URI (Schema) für Hintergrundbilder im Stylesheet

Oder so:

```
<img width="20" height="20" alt="Mail senden!" src="data:image/gif;base64,zzaldjalj7882314hjas46xdkalkre7[...]" >
```

Listing 12.6 Data-URI (Schema) für eingebettete Bilder

Der merkwürdige Buchstaben- und Zahlensalat stellt dabei die Bilddaten in einer *Base64*-kodierten Form dar (in Wirklichkeit ist das viel länger). Derartige Datenein-

12

bettungen machen ein Stylesheet oder ein HTML-Dokument leider ziemlich unübersichtlich – wenn Sie einen CSS-Präprozessor (wie SASS) verwenden (siehe Abschnitt 8.4.3, »Elegante Stylesheets mit Präprozessoren: SASS«), können Sie die langen Base64-Codes für die Grafiken in eigene Stylesheets auslagern, die erst beim Kompilieren in das Hauptstylesheet importiert werden. Wenn Sie Compass mit SASS verwenden, hilft dieses Ihnen nicht nur bei der Erstellung von Sprites, sondern sogar bei der Konvertierung von Bildern in das Base64-Format.

Statt einzelne Hintergrundbilder im CSS mit

```
background-image: url("img/bg.png");
```

zuzuweisen, schreiben Sie dann in der SASS-Datei:

```
background-image: inline-image("img/bg.png");
```

In Ihrem Stylesheet sieht das konvertiert in etwa so aus wie diese stark gekürzte Version hier:

```
background-image: url('data:image/png;base64,iGXRFWHRTb2Z0d2Fy...');
```

Wenn Sie Bilder ohne SASS/Compass in das Base64-Format konvertieren wollen, gibt es auch dafür Hilfsmittel online, z. B. *http://dopiaza.org/tools/datauri/index.php* oder *http://websemantics.co.uk/online_tools/image_to_data_uri_convertor*.

Zum Analysieren von Stylesheets und eingebundenen Grafiken sowie zum automatischen Umwandeln dieser in Data-URIs gibt es ein sehr praktisches kleines Java-Programm namens CSSEmbed (*https://github.com/nzakas/cssembed*). Das Tool konvertiert aber auch normale Grafiken. Die Bedienung wird im Blog des Entwicklers Nicholas Zakas detailliert beschrieben (*http://www.nczonline.net/blog/2009/11/03/ automatic-data-uri-embedding-in-css-files*).

Eine Warnung: Die Internet Explorer 6 und 7 unterstützen Data-URI gar nicht und der Internet Explorer 8 nur bis zu einer Dateigröße von 32 KByte. Wenn Sie Data-URIs verwenden, sollten Sie auf jeden Fall die Gzip-Komprimierung des Webservers nutzen.

Stylesheets werden immer geladen – in ihnen verlinkte Ressourcen nur, wenn sie gebraucht werden!

Ein Grund, Stylesheets mittels Media Queries im HTML-Code zuzuweisen, könnte der Wunsch sein, nur das für die aktuelle Bildschirmgröße benötigte Stylesheet zu laden. Die Idee ist gut, aber laut CSS-Spezifikation müssen alle verlinkten Stylesheets vom Client geladen werden – egal, was im Media Query steht (in Abschnitt 3.7, »Media Queries im HTML-Header oder im Stylesheet«, haben wir das schon kurz erwähnt).

Die Browser handhaben das auch in der Praxis so; durch ein bloßes Aufteilen Ihrer Stylesheets können Sie also nichts sparen.

Sie könnten auf die Idee kommen, statt der Media Queries JavaScript für die Zuweisung der Stylesheets je nach Viewport-Größe einzusetzen. Chris Heilmann schreibt in seinem Blog darüber (*http://christianheilmann.com/2012/12/19/conditional-loading-of-resources-with-mediaqueries*), und Scott Jehl hat sogar eine passende Bibliothek namens eCSSential dazu veröffentlicht (*https://github.com/scottjehl/eCSSential*).

Allerdings ist dieser Aufwand nur in sehr wenigen Fällen wirklich gerechtfertigt. Der Browser lädt zwar alle Stylesheets herunter, wendet aber nur die tatsächlich zutreffenden Eigenschaften an. Wenn Sie also z. B. Bilder per CSS-Hintergrundgrafik austauschen, werden diese nicht alle geladen, sondern nur die tatsächlich benötigten für die aktuelle Auflösung, wie die Firebug-Netzwerkansicht in Abbildung 12.18 zeigt.

```
<link rel="stylesheet" media="screen and (min-width: 500px)" href="eins.css">
<link rel="stylesheet" media="screen and (min-width: 800px)" href="zwei.css">
```

Listing 12.7 Je nach Größe soll das eine oder andere Stylesheet verwendet werden.

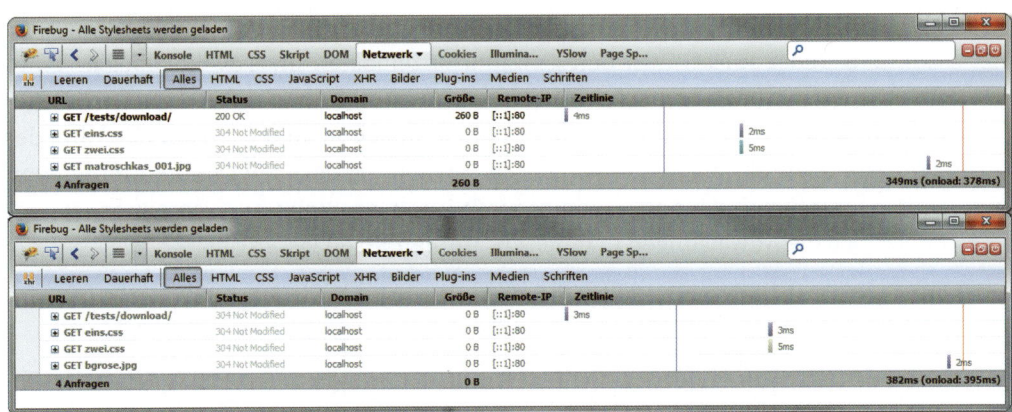

Abbildung 12.18 Das Netzwerk-Modul von Firebug zeigt es: Die Stylesheets werden immer alle geladen, aber Bilder, auf die aus ihnen verwiesen wird, nur dann, wenn sie tatsächlich benötigt werden.

So groß ist also der unnötige Ballast gar nicht. Stattdessen müssten Sie, wenn Sie sich für eine JavaScript-Lösung zum Laden der richtigen Stylesheets entscheiden, per Skript erst einmal das passende Stylesheet ermitteln und können es dann erst laden lassen. Wenn ihr Nutzer z. B. sein Smartphone dreht, wird das neue Stylesheet erst jetzt angefordert – eine deutliche Verzögerung ist unvermeidbar. Nur wenn die einzelnen Stylesheets sehr groß sind, weil Sie z. B. größere Bilder als Data-URI eingebettet haben (siehe vorheriger Abschnitt), könnte sich das Laden per JavaScript lohnen.

In jedem Fall müssen Sie das Ladeskript direkt in die Seite einbetten und nicht als Bibliothek nachladen (die dadurch erfolgende Verzögerung würde jeden Gewinn zunichte machen), und das Ganze können Sie mit dem Firebug-Netzwerkprotokoll gut testen.

Stylesheets nach oben, JavaScript nach unten

Dass Stylesheets in den Seitenkopf gehören, ist weitgehend bekannt. Nur so werden geladene Teile der Seite auch sofort dargestellt. Weniger bekannt ist, dass das Platzieren von JavaScript-Dateien am Seitenende kurz vor dem schließenden </body> den Seitenaufbau deutlich beschleunigen kann. Dies liegt daran, dass die Browser das JavaScript sofort laden und ausführen, wenn sie darauf stoßen. Dadurch wird das Laden weiterer Ressourcen erst mal blockiert. Wenn Sie mit dem JavaScript Änderungen am HTML-Code der Seite durchführen wollen, sollten Sie es aber vor dem <body> laden. In einem solchen Fall und wenn das Skript kurz ist, sollten Sie es komplett (also nicht als verlinkte Datei) oben platzieren. Wenn Sie auf Bibliotheken wie jQuery zurückgreifen, müssen diese natürlich vor dem Skript geladen werden, das auf die Bibliotheken zugreifen soll.

Minifying und Dateikompression

Während Bilder meist noch den größten Einzelposten im Downloadbedarf einer Website ausmachen, haben Textdateien – also JavaScript und CSS – enorm »aufgeholt« und finden sich mit ihren Dateigrößen oft schon an Stelle zwei oder drei der Rangliste. Viele Skripte lassen sich durch Umstellung des Codes und Entfernen von Kommentaren verkleinern. So gibt es für CSS und JavaScript Kurzschreibweisen, mit denen sich die Anweisungen manuell zusammenfassen lassen:

```
body {
    background-color: #ffffff
    background-image: url('img.jpg');
    background-repeat: no-repeat;
    background-position: right top;
}
body {background:#fff url('img.jpg') no-repeat right top;}
```

Listing 12.8 Die vier background-Eigenschaften lassen sich in einer Zeile zusammenfassen.

Auch sprechende Variablennamen sind zwar gut zu verstehen, verbrauchen aber meist mehr Zeichen als unbedingt nötig. Also kann man auch hier ein paar Zeichen sparen.

Außerdem ist es möglich, JavaScripts und Stylesheets zu komprimieren. Dabei werden dann automatisiert alle Kommentare und unnötigen Zeichen, also auch Umbrüche und Abstände, entfernt. Am Ende bleibt dann in der Regel eine einzige Zeile Code über. Lesen lassen sich solche minimierten Dateien von Menschen dann allerdings nicht mehr, sodass der »Schrumpfvorgang« sinnvollerweise als letzter Schritt automatisch beim Übergang zum Produktionssystem erfolgen sollte.

Ein Tool, das Skripte minimiert und zusätzlich auch mehrere Dateien zusammenfasst, ist das PHP-Skript Minify (*http://code.google.com/p/minify*) von Steve Clay.

Der nächste Schritt zu einer schnellen Website kostet nur etwas Konfiguration auf Seiten des Webservers: die Komprimierung aller dafür geeigneter Dateien mittels Gzip. Damit ist neben allen Textdokumenten im Übrigen auch das Favicon gemeint. Bei anderen Grafikformaten wie JPEG, GIF und PNG bringt Gzip nichts mehr, da sie schon intern komprimiert sind. Eine Anwendung von Gzip kann hier sogar zu größeren Dateien führen. Sehr kleine Dateien (< 1 KByte) sollten auch nicht gzippt werden – auch sie werden dadurch eher größer.

Die Gzip-Komprimierung aktivieren Sie im Apache-Webserver mit folgendem Befehl in einer *.htaccess*-Datei:

```
<IfModule mod_deflate.c>
AddOutputFilterByType DEFLATE text/html text/plain text/xml text/php text/
css text/js text/javascript text/javascript-x
</IfModule>
```

Listing 12.9 Gzip beim Apache-Webserver aktivieren

Weitere Details zur Konfiguration finden Sie im Apache-Handbuch (*https://httpd.apache.org/docs/2.4/mod/mod_deflate.html*).

12.2.3   Caching

Caching bedeutet, Inhalte zwischenzuspeichern um diese nicht noch einmal zu laden. Es gibt viele verschiedene Möglichkeiten zum Cachen von Webinhalten auf dem Webserver selbst, irgendwo zwischen Server und Empfänger oder im Cache des Clientbrowsers. Hier soll es aber nur um den Browsercache gehen. Dieser ist besonders attraktiv, da er die Ressourcen so nah am Nutzer speichert und nicht nur deren Download vermeidet, sondern dadurch auch sämtliche zusätzliche Serveranfragen unterbindet. Zudem werden die Inhalte vom lokalen System geliefert und sind dadurch sofort verfügbar.

Zwar cachen moderne Browser das meiste von selbst, aber durch eine explizite Angabe eines Cache-Control-Headers können Sie das Caching besser und individueller steuern. Das Senden von Cache-Control-Headern muss von Ihrem Webserver aus erfolgen.

```
<IfModule mod_expires.c>
ExpiresActive On
ExpiresByType image/gif "access plus 1 year"
ExpiresByType image/png "access plus 1 year"
ExpiresByType text/css "access plus 1 year"
ExpiresByType text/javascript "access plus 1 year"
ExpiresByType application/javascript "access plus 1 year"
ExpiresByType application/x-javascript "access plus 1 year"
</IfModule>
```

Listing 12.10 Bilder und andere Ressourcen können ruhig großzügig gecacht werden – das HTML lieber nicht.

Setzen Sie dabei lange Zeiten für den `Expires`-Wert (also den Zeitpunkt, nach dem der Browser nachschaut, ob sich an der Ressource etwas geändert hat), und reagieren Sie auf Änderungen in den Ressourcen durch Anhängen eines ansonsten funktionslosen Parameters an die URL (siehe Listing 12.11) oder *Fingerprinting*. Beide Techniken setzen darauf, dass sich die URL einer Ressource ändert und dadurch ein Neuladen angestoßen wird. Sie können z. B. einfach einen Parameter an die Dateien anhängen:

```
<link href="../css/styles.css?v=2" rel="stylesheet">
<img src="image.png?v=1" height="450" width="400" alt="Version 1">
```

Listing 12.11 Mit Parametern können Sie das Neuladen erzwingen.

Beim *Fingerprinting* wird gleich der gesamte Dateiname durch eine Version mit einem generierten Zusatz ersetzt, zum Beispiel einem Zeitstempel. Auch eingebundene Schriften und das Favicon sollten gecacht werden. Weitere Tipps zum Caching finden Sie im Google Developers Network (*https://developers.google.com/speed/docs/best-practices/caching*).

12.2.4   Performanceoptimierung für Grafiken und Bilder

Über Bilder haben wir schon viel in Kapitel 10, »Flexible Bildelemente« geschrieben, daher werden an dieser Stelle einige Themen nur kurz angerissen. Die unterschiedlichen Ansichten eines responsiven Designs und die Bedienung von hochauflösenden Retina-Displays erfordern unterschiedliche Bildgrößen. Aus Performancegesichtspunkten gibt es die folgenden Strategien, damit umzugehen.

Nur die größte Version laden und per HTML herunterskalieren

Das klingt zwar nach einer primitiven, wenig intelligenten Lösung, ist aber manchmal die beste Lösung. Vor allem, wenn es um Bilder geht, die in verschiedenen

Ansichten gar nicht so unterschiedlich groß sind und/oder sich gut komprimieren lassen, ist die unnötig geladene Datenmenge nicht so entscheidend. Außerdem werden eventuell zusätzliche Serveranforderungen eingespart. Daan Jobsis hatte in seinen Tests (siehe Abschnitt 10.4.2, »Und wer erstellt die ganzen Bilder?«) festgestellt, dass hochauflösende Bilder mit starker Komprimierung auf niedrigauflösenden Bildschirmen bei gleicher Dateigröße besser aussehen als Bilder, die für die Auflösung angepasst und weniger stark komprimiert waren.

Auch Icons mit wenigen Farben lassen sich sehr gut komprimieren und daher auch in größeren Versionen einsetzen – zumal sie normalerweise ohnehin (absolut gesehen) wenig zum Downloadvolumen beitragen.

Automatische Generierung passender Bildversionen

In Kapitel 10, »Flexible Bildelemente«, hatten wir Ihnen auch das PHP-Skript Adaptive Images und den Service Sencha.io Src vorgestellt. Mit diesen Lösungen können Sie passend aufgelöste Versionen Ihrer Bilder automatisch generieren lassen. Gerade in Einsatzszenarien, die mit Content-Management-Systemen zu tun haben, ist es oft gar nicht anders möglich. Nachteilig an dieser Technik ist, dass die automatische Kompression per Skript meist nicht so optimale Ergebnisse bringt wie eine manuelle Lösung. Außerdem können Sie so nur Bilder komplett skalieren – nicht aber zum Beispiel einen eigenen Bildausschnitt für die kleineren Versionen definieren, wie wir es in Abschnitt 10.1.2, »Bilder ausschnittweise anzeigen«, beschrieben haben.

Bilder einzeln zuordnen

Der dritte Weg ist die Verwendung individuell komprimierter Bilder und die Zuordnung über das `srcset`-Attribut bzw. ein entsprechendes Polyfill (bis die Browserunterstützung vollständig ist). Dieser Weg ist mit relativ viel Arbeit verbunden, bringt aber im Einzelfall die besten Ergebnisse. Nicht nur können Sie hier bei jedem Bild einzeln entscheiden ob es überhaupt nötig ist, eine große (oder kleine) zweite Version zu erzeugen. Sie können auch das Bild selbst optimal komprimieren und gegebenenfalls einen passenden Ausschnitt für jede Ansicht wählen. Über das `srcset`-Attribut und andere Möglichkeiten, unterschiedliche Grafiken über das HTML zuzuliefern, haben wir in Abschnitt 10.4.1, »Wie ordnen wir die richtigen Bilder im HTML-Code zu?«, geschrieben.

SVG-Optimierung

Ebenfalls in Kapitel 10 haben wir beschrieben, wie Sie durch den Einsatz von SVG-Grafiken nicht nur bei Infografiken Dateigrößen mindern, sondern auch noch die Qualität verbessern und das Problem unterschiedlicher Auflösungen in den Griff bekommen.

Aber auch in vielen SVG-Grafiken steckt noch Optimierungspotenzial. SVG-Grafiken sind reine Textdateien, die oft jede Menge unnötige Informationen enthalten. Mit einem passenden Optimierungstool können Sie diese überflüssigen oder redundanten Informationen entfernen, zum Beispiel mit dem SVG Editor (siehe Abbildung 12.19) von Peter Collinridge (*http://petercollingridge.appspot.com/svg-editor*). Damit reduzieren Sie die Dateigröße signifikant.

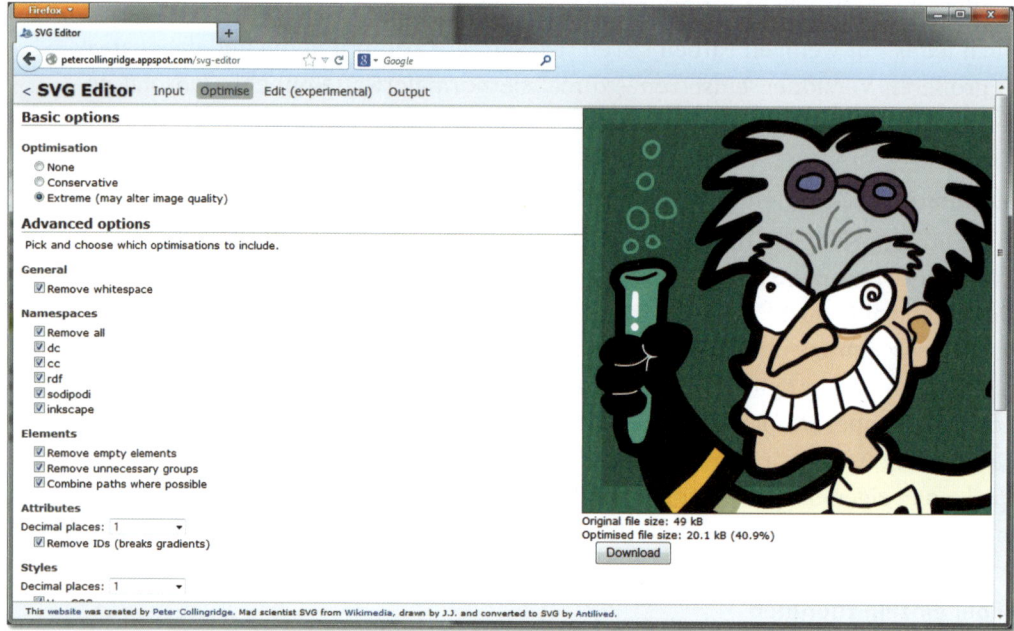

Abbildung 12.19 SVG Editor von Peter Collinridge: 60 % Ersparnis – da freut sich auch der nette Herr Doktor.

Wenn Sie SVG im größeren Stil einsetzen, möchten Sie diese Arbeit vielleicht nicht per Hand erledigen. Das ist auch nicht nötig; mit einem Kommandozeilentool auf *node.js*-Basis (*https://github.com/svg/svgo*) können Sie die Optimierung automatisch beim Speichern von Grafiken oder auf dem Server erledigen lassen. Yegor Bolshakov stellt seine Lösung auf GitHub zur Verfügung – es gibt eine Grunt-Task, eine OS-X-Ordneraktion und sogar eine grafische Oberfläche.

12.2.5   Schriften optimieren

In Abschnitt 10.3.2, »Icon-Fonts«, haben wir Ihnen Icon-Fonts als Ersatz für Grafiken vorgestellt, und auch generell sind Webfonts inzwischen ja ein beliebtes Gestaltungsmittel. Webfonts sind ein fantastisches Mittel, auf das Designer und Typografen schon ewig gewartet haben. Durch ausdrucksstarke Schriften lassen sich schöne Websites mit wenig Grafikeinsatz gestalten. Allerdings gibt es auch dafür einen Preis:

Webschriften müssen – im Gegensatz zu den alten Systemfonts – erst einmal geladen werden, bevor sie eingesetzt werden können. Das kann bei schlechter Anbindung und vielen Schriften schon einmal dauern. Und während dieser Zeit werden entweder die Standardschriften angezeigt oder gar nichts (je nach Browser und Implementierung). T-Mobile macht vor, wie es jedenfalls nicht geht (siehe Abbildung 12.20).

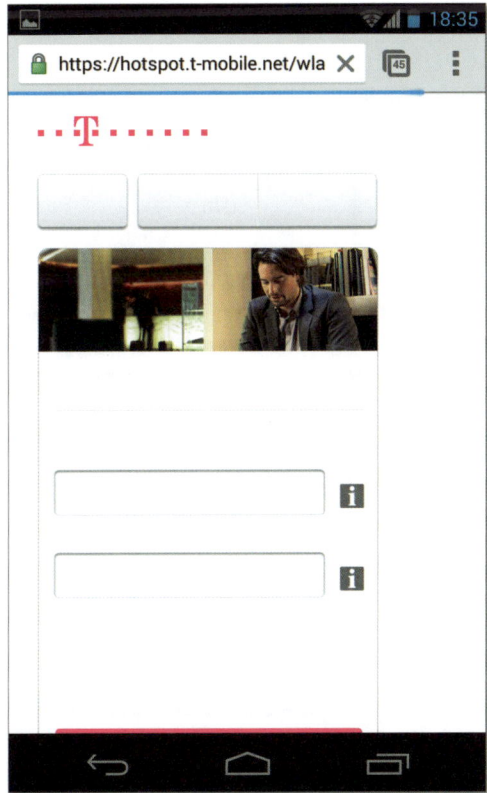

Abbildung 12.20 Drei Minuten nach dem Aufruf:
Irgendetwas fehlt hier doch ...
(Screenshot von Chris Heilmann @codepo8)

Buchstabenauswahl verkleinern

Viele frei verfügbare Webfonts sind mit einem umfassenden Satz an Zeichen ausgestattet. Ein Unicode-Font muss beispielsweise ja auch über kyrillische oder chinesische Zeichen verfügen. Wenn der Schriftsatz verschiedene Zeichensätze enthält, sollten Sie diese gegebenenfalls reduzieren. Bei den Google-Fonts funktioniert das über &subset=latin beim Aufruf. Für andere Schriftanbieter können Sie eventuell Zeichensätze beim Zusammenstellen des Fontpakets auswählen (z. B. gibt es bei Adobe Typekit (*https://typekit.com*) die Option LANGUAGE SUPPORT, und bei Font Squirrel (*http://www.fontsquirrel.com*) heißt sie SUBSETTING).

Wenn Sie wissen, dass Sie nur einen bestimmten Satz an Buchstaben benötigen, z. B. weil Sie die Schrift nur für eine Zeile Text verwenden, können Sie die Buchstaben dieses Textes spezifizieren:

```
<link rel="stylesheet" type="text/css" href="http://fonts.googleapis.com/css?
family=Kavoon&text=WerbrauchtnochComicSans?">
```

Listing 12.12 Einbettung des Fonts Kavoon nur mit den benötigten Zeichen

Abbildung 12.21 Um den Effekt sichtbar zu machen, ist der Displayfont auch für den Text spezifiziert. Deutlich zu sehen ist hier, dass nicht alle Zeichen mitgeliefert werden.

Ohne weitere Maßnahmen schlägt der komplette Download der Schrift Kavoon mit knapp 30 KByte zu Buche. Wenn Sie lediglich den Text »Wer braucht noch Comic Sans?« setzen wollen und den Download darauf beschränken, bleiben gerade einmal 7 KByte übrig, wie die Abbildung 12.21 zeigt. Ganz besonders lohnt sich die Beschränkung auf wenige Zeichen, wenn Sie Icon-Fonts einsetzen (siehe Abschnitt 10.3.2, »Icon-Fonts«). Der sehr umfangreiche und beliebte Font Awesome bringt komplett (als *.ttf*-Datei) fast 80 KByte auf die Waage. Wenn Sie nur vier Icons verwenden, wie in Abbildung 12.22 zu sehen, verringert sich die Downloadgröße auf 2 KByte!

Zum Generieren eigener Icon-Fonts nutzen Sie Webservices wie ICNFNT (*http://www.icnfnt.com*) wie in der Abbildung oder Fontello (*http://fontello.com*) – dort können Sie Ihre eigene Version sogar aus mehreren unterschiedlichen Icon-Fonts zusammenstellen (in Kapitel 10 sind noch weitere Icon-Font-Generatoren benannt).

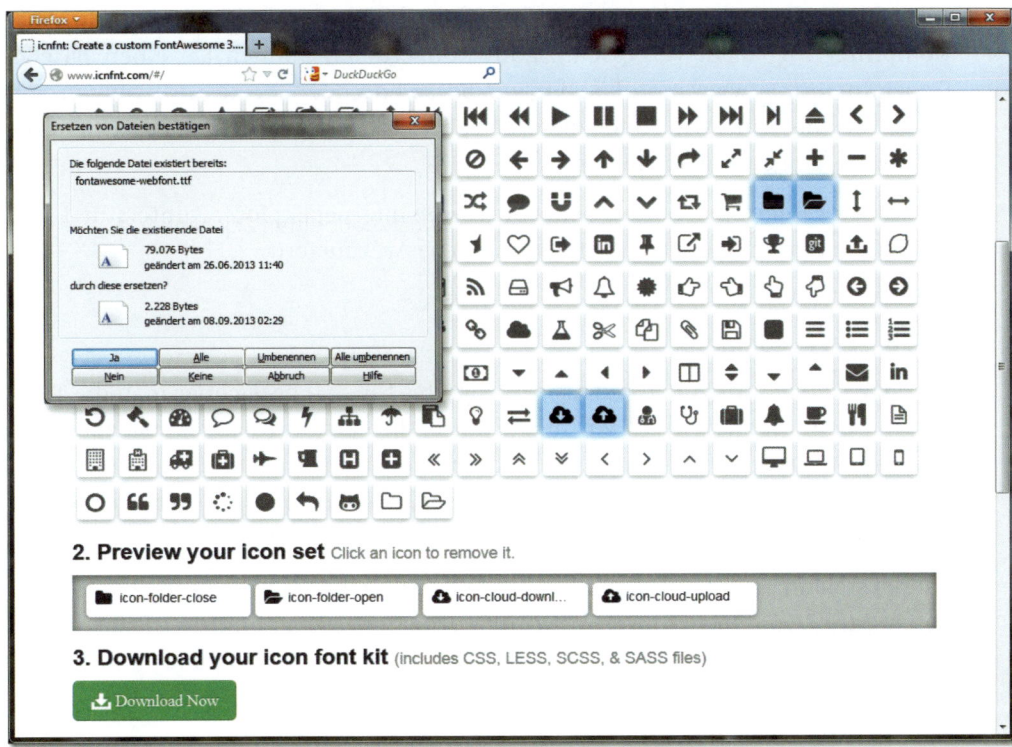

Abbildung 12.22 Reduktion um den Faktor 35 für ein paar ausgewählte Icons – das lohnt sich!

Fonts direkt einbetten

Mit der reduzierten Größe lassen sich die Icons dann auch direkt in das Stylesheet einbetten. Genau wie Sie Grafiken direkt in das Stylesheet einbetten können (siehe Abschnitt 12.2.2, »Scripte und HTML«), können Sie das nämlich auch mit Webfonts tun (vorausgesetzt natürlich, Sie beziehen diese nicht über einen externen Service), wie folgendes Listing zeigt:

```
@font-face {
    font-family: "Iconfont";
    src: url("data:font/opentype;base64,hasdahd6aDSG[...]");
}
.icon {
    font-family: "Iconfont";
}
```

Listing 12.13 Eingebetteter Icon-Font

Auch das spart HTTP-Requests und sorgt für eine schnelle Anzeige der Schrift (Gzip-Komprimierung nicht vergessen!). Zum Konvertieren können Sie einen Base64-Generator (*http://www.motobit.com/util/base64-decoder-encoder.asp*) nutzen oder – wenn Sie Ihre Fonts von Fontsquirrel beziehen – dort als Einbettung Base64 Encode für die CSS-Einbettung auswählen.

Allerdings werden eingebettete Fonts nicht vom Internet Explorer 8 unterstützt – für ihn müssen Sie Schriften auf die herkömmliche Art zuliefern.

12.2.6   Lazy Loading

Als *Lazy Loading* (frei übersetzt als »verzögertes Laden«) bezeichnet man die Technik, mit dem Laden bestimmter Inhalte absichtlich erst anzufangen, nachdem alle anderen Inhalte schon fertig geladen sind. Sinnvollerweise macht man das mit Inhalten, die nicht sofort angezeigt werden müssen, oder solchen, die weiter unten auf einer Seite erscheinen.

Yahoo! stellt in seiner YUI-Bibliothek ein Skript zum verzögerten Laden von Bildern bereit (*http://yuilibrary.com/yui/docs/imageloader*). Der YUI Image Loader erlaubt es, Bilder als Elemente (`<img>`) und Hintergrundbilder verzögert zu laden und zwar sowohl nach einer bestimmten Zeit als auch per Event. Dazu binden Sie das Skript ein und registrieren die Bilder, die verzögert geladen werden sollen:

```
<script src="http://yui.yahooapis.com/3.12.0/build/yui/yui-min.js"></script>
<script>
    YUI().use('imageloader', function (Y) {
        var bGroup1 = new Y.ImgLoadGroup({ timeLimit: 4 });
          bGroup1.registerImage({
            domId: 'imgID1', ↵
            srcUrl: url_des_bildes.jpg'
        });
});
</script>
```

Listing 12.14 Aufruf des Skriptes und Aufbau der Bildgruppe mit verzögert zu ladenden Bildern

Die Bilder werden dabei in Gruppen angesprochen – alle Bilder einer Gruppe werden dann gemeinsam nachgeladen. Eine Gruppe muss mindestens erstellt werden. In der einfachsten Form geben Sie mit der Variable `timeLimit` an, wie viele Sekunden nach Laden der übrigen Seite der Ladevorgang initiiert werden soll. Danach können Sie Ihre Bilder einzeln über eine ID registrieren. Diese ID muss dann im HTML-Code in das `<img>`-Tag geschrieben werden. Das `src`-Attribut lassen Sie im HTML-Code weg und platzieren die URL des Bildes im Skript. Im `alt`-Attribut können Sie auch noch einen Hinweis auf das bevorstehende Laden unterbringen. Vergessen Sie aber nicht, dass der Alternativtext in erster Linie den Nutzern von Screenreadern zugutekommen soll; also verwenden Sie höchstens einen sehr kurzen Text.

```
<img id="imgID1" width="400" alt="Bild ... lädt">
```

Listing 12.15 HTML-Code für die nachzuladenden Bilder

Alternativ können Sie pro Bildergruppe bestimmte Events festlegen, die das Nachladen sofort anstoßen. Denken Sie zum Beispiel an ein Panel, das mehrere Inhaltsboxen enthält, die über eine Reiternavigation umgeschaltet werden können.

Abbildung 12.23 Typische Reiternavigationen verlangen nach Lazy Loading.

Hier muss zunächst nur der erste Reiter geladen werden. Spätestens dann, wenn jemand auf einen der Reiter klickt (oder die Maus darüber schwebt), werden die Bilder und Inhalte benötigt. Dazu fügen Sie der Konfiguration ein oder mehrere Event(s) hinzu:

```
.addTrigger('#imgID1, 'mouseover').addTrigger('#clickTrigger', 'click');
```

Listing 12.16 Zusätzliche Event-Trigger zum sofortigen Anzeigen der Bilder

Mit diesen Triggern würde das Bild sofort nachgeladen, wenn entweder die Maus darüber schwebt oder auf ein anderes Element mit der ID `clickTrigger` geklickt wird.

Weitere Informationen und Konfigurationsbeispiele finden Sie in der oben genannten YUI-Bibliothek des Image Loader. Der Image Loader ist (wie der Name es vermuten lässt) auf Grafiken beschränkt; Sie können aber auch andere Ressourcen – JavaScripts oder Stylesheets – nachladen. Dafür ist bei Yahoo! ein anderes Tool zuständig: Get (*http://yuilibrary.com/yui/docs/get*). Und auch für die beliebte Bibliothek jQuery gibt es natürlich eine Lösung, um Inhalte nachzuladen: Unveil (*http://luis-almeida.github.io/unveil*).

12.2.7   Aus den Augen, aus dem Sinn?

Inhalte, die nicht gebraucht werden, sollten auch nicht geladen werden. Das klingt banal, wird aber in vielen Fällen vergessen, wo sich Inhalte doch so leicht per CSS entfernen lassen. In diesem Fall gilt aber das Motto »aus den Augen, aus dem Sinn« nicht, zumindest nicht, wenn es um die Performance geht. Inhalte, die per `display: none` oder `visibility: hidden` ausgeblendet werden, werden trotzdem vom Browser geladen. Wenn Sie z. B. ein Bild verwenden, das in der Standardansicht nicht gezeigt wird, aber bei einer höheren Auflösung erscheint, könnten Sie so etwas machen (Achtung: diese Vorgehen ist nicht ratsam!)

CSS:

```css
.asideContent img {
    display: none;
}
@media (min-width: 800px) {
    .asideContent img {
        display: inline;
    }
}
```

HTML:

```html
<div class="asideContent">
    <img src="weniger-wichtiges-bild.jpg" alt="Nicht so wichtig"/>
    Wichtiger Text ...
</div>
```

Listing 12.17 Keine gute Lösung: Inhalte, die per CSS ausgeblendet werden, werden trotzdem geladen.

Obwohl die Grafik nicht mehr zu sehen ist, wird sie trotzdem geladen, was ein Blick in die Netzwerkanalyse von Chrome zeigt (siehe Abbildung 12.24).

In solchen Situationen bietet es sich an, die Inhalte per JavaScript nachzuladen. In Abschnitt 11.9, »Inhalte selektiv anzeigen und laden«, haben wir verschiedene Möglichkeiten zum fallweisen Anzeigen von Inhalten beschrieben und entsprechende Techniken vorgestellt.

Anders sieht es aus, wenn Sie eine Hintergrundgrafik in einer Ansicht laden, aber in einer anderen durch Überschreiben der CSS-Eigenschaft nicht laden. Hier wird die nicht benötigte Ressource nicht heruntergeladen (etwas weiter vorn hatten wir schon darüber gesprochen, dass Stylesheets immer geladen werden, Ressourcen aber nicht).

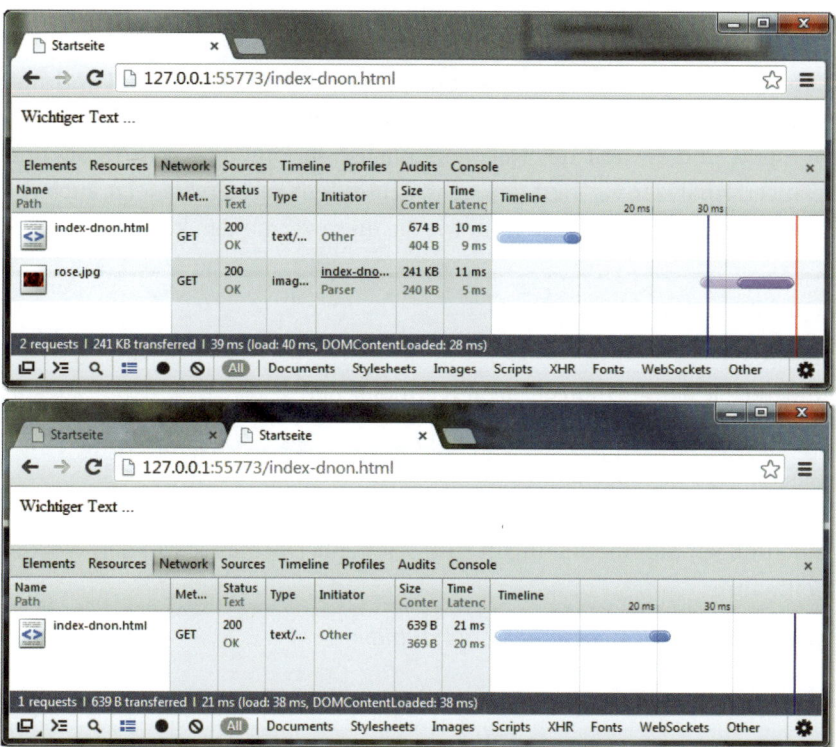

Abbildung 12.24 Mit display: none versteckte Inhalte werden trotzdem geladen (links), während CSS-Hintergrundgrafiken rückstandslos entfernt werden können.

CSS:

```css
.asideContent {
    background: none;
}

@media (min-width: 800px) {
   .asideContent {
      background: url(grosses-bild.jpg);
   }
}
```

HTML:

```html
<div class="asideContent">
   Wichtiger Text ...
</div>
```

Listing 12.18 So ist es richtig: Im CSS-Code überschriebene Inhalte werden auch nicht geladen.

12.3   Zusammenfassung

In diesem Kapitel haben wir uns damit befasst, wie Sie Ihr Werk testen und optimieren können. Wir haben Ihnen eine ganze Batterie an Testtools für Responsive Designs vorgestellt und Sie mit der Netzwerkanalyse in Firebug sowie YSlow und dem Google Speed Analyzer vertraut gemacht. Außerdem kennen Sie jetzt auch die wichtigsten Performancekiller und wissen, wie Sie diese vermeiden können.

Performancekiller vermeiden:

▸ Verringern Sie Ihre HTTP-Requests.

▸ Komprimieren Sie alle Ressourcen, die das ermöglichen.

▸ Verwenden Sie »aggressives« Caching mit möglichst langen Zeiten.

▸ Laden Sie nur, was Sie brauchen.

Schließen möchten wir die Überlegungen zum Thema Performance mit den Worten von Chris Heilmann:

»If your website is 15MB it's not HTML5, it's stupid.«

Kapitel 13
Fazit

»This is a new year. A new beginning. And things will change.«
Taylor Swift

Sie nähern sich dem Ende dieses Buches. Wir hoffen, wir konnten Ihnen einen Einblick in die wundersame Welt des responsiven Webdesigns geben und Sie ein wenig inspirieren und befähigen, Ihre eigenen Websites in Zukunft flexibel zu gestalten.

Werfen wir zum Abschluss noch einen kurzen Blick in die Kristallkugel: Wie wird es in Zukunft wohl weitergehen im Webdesign?[1]

In Sachen CSS-Layout werden einige vielversprechende Neuentwicklungen mit dem Aussterben älterer Internet-Explorer-Versionen (8 und 9) endgültig die Produktionsreife erlangen (vor allem Flexbox, aber auch Grid-Layout). Damit werden die zeitraubenden Browseroptimierungen für das Layout endgültig der Vergangenheit angehören. Frameworks und Bibliotheken werden das Erstellen von Websites so einfach machen wie nie zuvor. Das ist auch dringend nötig, denn wir müssen uns in Zukunft um so viel mehr Geräte kümmern, dass eine individuelle Optimierung nicht mehr denkbar ist.

Die Verschmelzung von mobilem und stationärem Surfen wird weiter verschwimmen, und »always on« wird für viele Nutzer der Regelzustand sein. Schon heute nutzen viele Fernsehzuschauer Smartphone, Tablet oder Laptop parallel zum Kommentieren von Sendungen – gleichzeitig werden Fernsehgeräte webtauglich, und Google schickt sich an, auch den TV-Markt zu erobern. Die Anzahl der Geräte wird weiter wachsen und immer unüberschaubarer werden: Wie wird eine Website auf Google Glass oder einer Smartwatch aussehen? Wie müssen Informationen aufbereitet sein, damit sie auch im *Internet der Dinge* verwendbar bleiben?

Diese Entwicklung bedeutet auch, dass der Grundgedanke, den wir Ihnen in diesem Buch mitzugeben versuchen, weiter an Bedeutung gewinnt: *Content First* – die Inhalte sind das einzige, auf das wir uns stützen können, um den vielen Benutzern unserer Produkte ein jeweils angemessenes Erlebnis zu bieten.

---

1 Alle Angaben ohne Gewähr

Abbildung 13.1 In Zukunft werden Webinhalte auf noch unterschiedlicheren Geräten »angezeigt« werden.

Sie sehen, es bleibt spannend im Webdesign. In diesem Sinne wünschen wir Ihnen auch in Zukunft viel Spaß beim Erforschen der neuen Möglichkeiten und viel Erfolg beim Realisieren Ihrer eigenen Projekte!

Wenn Sie mit uns Kontakt aufnehmen möchten: Wir haben unter *http://www.rwd-praxis.de/diskussion* eine Website angelegt, wo wir uns auf Ihre Kommentare zu diesem Buch, aber auch auf Ihre Erfahrungen und Projekte in Sachen Responsive Webdesign freuen.

Andrea Ertel und **Kai Laborenz**

Anhang A

A.1 DVD zum Buch

Diesem Buch liegt eine DVD mit allen Praxisbeispielen bei. So können Sie diese einfach nachvollziehen oder nachbauen. Zusätzlich haben wir noch zwei Lektionen aus dem Video-Training »Responsive Webdesign« von Jonas Hellwig hinzugepackt.

- ▶ Praxisbeispiele
  - Kapitelweise zugeordnet
- ▶ Ressourcen
  - Kapitelweise zugeordnet
- ▶ Videotraining
  - Lektion 1, »Praxisprojekt ›Graceful Degradation‹«
  - Lektion 2, »Best Practices für Responsive Webdesign«

A.2 Website zum Buch

Unter *http://rwd-praxis.de* finden Sie die Website zum Buch – die Codebeispiele sowie alle im Buch genannten Links sind auch dort abrufbar und dort finden Sie ebenfalls einen Bereich für Errata.

Wenn Sie Fehler entdecken sollten teilen Sie uns diese doch bitte mit! Falls Sie Fragen haben oder aus einem anderen Grund mit uns Kontakt aufnehmen möchten, können Sie das gerne ebenfalls über unsere Website tun.

A.3 Quellennachweise der verwendeten Bilder

Die in den Praxisbeispielen verwendeten und teilweise im Buch abgedruckten Bilder sind unter Creative Commons lizensiert bzw. mit persönlicher Erlaubnis des Fotografen verwendet. Eine Liste aller Quellennachweise wie sie hier abgedruckt ist, liegt auch der DVD als Textdatei bei.

Bild | Fotograf | Lizenz | Quelle

Kapitel 1:

This is for Everyone | Ferenc Domsodi | persönliche Erlaubnis | http://www.flickr.com/photos/55350999@N07/9524154239

Kapitel 4:

Moodboards | VFS Digital Design | CC BY 2.0 | http://www.flickr.com/photos/vfsdigitaldesign/5647858923

Moodboards | VFS Digital Design | CC BY 2.0 | http://www.flickr.com/photos/vfsdigitaldesign/5648418982

Marc Hillis * Excellent Higher Art Investigation Board | Jordanhill School D&T Dept | CC BY 2.0 | http://www.flickr.com/photos/designandtechnologydepartment/3973244302

Lifestyle Boards/Moodboards/Market Research | Jordanhill School D&T Dept | CC BY 2.0 | http://www.flickr.com/photos/designandtechnologydepartment/3972528235/

Praxisbeispiele:

Red lines | Marja van Bochove | CC BY 2.0 | https://secure.flickr.com/photos/on1stsite/5848936450

Armada reflections | Marja van Bochove | CC BY 2.0 | https://secure.flickr.com/photos/on1stsite/3595259410

Bunte Lichtreflexe | Josef Stuefer | CC BY 2.0 | https://secure.flickr.com/photos/josefstuefer/18697485

No. 29 Avenue Rapp | Steve Cadman | CC BY-SA 2.0 | https://secure.flickr.com/photos/stevecadman/772155372

DC Supervillain Minifigs – Wave 8 | Julian Fong | CC BY-SA 2.0 | https://secure.flickr.com/photos/levork/3302713522

Zamenis longissimus | CC BY-SA 3.0 | FelixReimann | https://commons.wikimedia.org/wiki/File:Zamenis_longissimus.jpg

Torre Agbar in Barcelona, Spain | David Iliff | CC BY-SA 3.0 | https://en.wikipedia.org/wiki/File:Torre_Agbar_-_Barcelona,_Spain_-_Jan_2007.jpg

Skyline von Hong Kong | Victoria Peak | https://de.wikipedia.org/wiki/Datei:Hong_Kong_Skyline_-_Dec_2007.jpg

Skulptur am Platz der Synagoge in Göttingen | Daniel Schwen | CC BY-SA 2.5 | https://commons.wikimedia.org/wiki/File:Goe_Platz_der_Synagoge_Detail_2_noCA.jpg

Flower | Jenni Douglas | CC BY 2.0 | https://secure.flickr.com/photos/jenni40947/5676988858

vessels as soldiers | Vladimer Shioshvili | CC BY-SA 2.0 | https://secure.flickr.com/photos/vshioshvili/2918113318

Water Glass | JD Hancock | CC BY 2.0 | https://secure.flickr.com/photos/jdhancock/3737975047

Index